U0933510

珍藏本
纪念版

汉译世界学术名著丛书

人文地理学问题

〔法〕阿·德芒戎 著

葛以德 译

商务印书馆
SINCE 1897 The Commercial Press
2017年·北京

Albert Demangeon

PROBLÈMES DE GÉOGRAPHIE HUMAINE

（Quatrième édition）

Librairie Armand Colin，Paris，1952

（根据巴黎阿尔芒·科兰出版社 1952 年第四版译出）

汉译世界学术名著丛书
（120 年纪念版·珍藏本）
出 版 说 明

2017 年 2 月 11 日，商务印书馆迎来 120 岁的生日。120 年前，商务印书馆前贤怀揣文化救国的理想，抱持“昌明教育，开启民智”的使命，立足本土，放眼寰宇，以出版为津梁，沟通中西，为中国、为世界提供最富智慧的思想文化成果。无论世事白云苍狗，潮流左右激荡，甚至战火硝烟弥漫，始终践行学术报国之志，无改初心。

迻译世界各国学术名著，即其一端。早在 20 世纪初年便出版《原富》《天演论》等影响至今的代表性著作，1950 年代后更致力于外国哲学和社会科学经典的译介，及至 1980 年代，辑为“汉译世界学术名著丛书”，汇涓为流，蔚为大观。丛书自 1981 年开始出版，历时三十余年，迄今已推出七百种，是我国现代出版史上规模最大、最为重要的学术翻译工程。

丛书所选之书，立场观点不囿于一派，学科领域不限于一门，皆为文明开启以来，各时代、各国家、各民族的思想与文化精粹，代表着人类已经到达过的精神境界。丛书系统译介世界学术经典，引领时代思想，为本土原创学术的发展提供丰富的文化滋养，为推动中国现代学术和现代化进程做出了突出的贡献。

为纪念商务印书馆成立120周年，我们整体推出“汉译世界学术名著丛书”120年纪念版的珍藏本，寄望既利于文化积累，又便于研读查考，同时向长期支持丛书出版的译者、编者和读者致以敬意。

两甲子后的今天，商务印书馆又站在了一个新的历史时间节点上。我们不仅要铭记先辈的身影和足迹，更须让我们的步伐充满新的时代精神。这是商务人代代相传的事业，更是与国家和民族的命运始终紧密相连的事业。我们责无旁贷，必须做好我们这代人的传承与创造，让我们的努力和成果不仅凝聚成民族文化的记忆，还能成为后来人可以接续的事业。唯此，才能不负前贤，无愧来者。

商务印书馆编辑部

2017年10月

出版说明

阿·德芒戎(1872—1940)是法国近代知名地理学家,在西方近代地理学史上亦占有席位,他一生从事人文地理学的研究,由于忙于教学和编辑业务,并未写成独立的理论专著。本书是他去世以后,法国地理学界为纪念他的科学功绩而编辑出版的一本文集,收集了他一生中代表性的论文。这些论文,对当时法国和西方地理学界都产生过影响。

从这本文集,我们可以看到德芒戎的理论体系,他对人文地理学的定义和研究对象、方法的阐述与探讨,以及第一次世界大战以后法国人文地理学家所关心和研究的种种问题。

此书的各篇论文写成于四十年代以前。现在世界政治地图发生了巨大的变化,法国和其他欧洲国家的殖民地都已经挣脱镣铐,获得独立。德芒戎生活的年代,是法国向外扩张殖民的年代,这影响到他对一些问题不能作出客观、公正的表述。

本书正文前面有德芒戎的同事、法国另一位近代知名地理学家德·马东写的文章,概述了德芒戎的生平及其作品的科学价值。

商务印书馆编辑部

1990 年 6 月

目　录

阿尔贝·德芒戎[①]

(1872—1940)

自从维达尔·德·拉·布拉什去世以后,《地理学年鉴》杂志和法国地理学派遭受的最惨重损失是阿尔贝·德芒戎之死。他是在完成他的顶峰著作《法国经济地理》后,与家人、朋友、同事及学生相隔绝的情况下,在那段最悲惨时期内的 1940 年 7 月 25 日逝世的。他至少已经竭尽所能了。六十八年愉快、有条不紊、成果丰硕的勤奋工作的一生,把他一步一步地导向人文地理学大师的地位。他的指教,在法国受到广泛的谛听和遵循,甚至在外国也不是不被重视的。从他开始对地理学特别感兴趣的时候起,就怀着朋友的忠诚和同情与他亲密相处的我,也许有资格来追溯他这一生的各个阶段。

阿尔贝·德芒戎的整个家族都定居在洛林省的孚日山地,而且在厄比纳尔附近还有不少姻亲。他的引起同情和留下光辉印象的辛勤劳动、通情达理、纯朴、正直的性格,可能就来自这种强劲的农民根源。

① 节录自《地理学年鉴》,第 280 期,卷 XLIX,1940 年 10—12 月。

阿尔贝·德芒戎1872 年 6 月 13 日出生于加荣(厄尔省)镇。早在小学就已杰出的他,经过埃夫勒中学、圣巴尔贝中学而进入高等师范学校;1895 年从该校毕业,取得历史学和地理学教师资格。那时他已经受到地理学的强烈吸引而显示出维达尔·德·拉·布拉什的标记。他到圣康坦、兰斯和亚眠等中学教了四年书。作为献身于工作的教师,他在这几年内,出于他的性格,特别注意教学方法。简化问题使之易于理解,是他一贯的主要目标,所以他在晚年挤出时间去撰写学校教科书这件事就不令人惊异了。

可是当时这位青年教师已经把他的全部闲暇用于旅行研究问题。一望无际、经过人类千百年耕耘而土地肥沃的皮卡底原野吸引了他,他觉得这是区域地理论文的好题目。作为学监而在高等师范学校度过的新的四年,使他能够完成这篇精心撰写的论文。

大家都知道这本《皮卡底平原》①写了些什么,自 1905 年以来它一直是法国区域地理专论的典范。应当指出,在它以前,他的论文没有一篇达到这样完美的程度。他充分利用在巴黎生活的四年,既取得为理解自然地理问题所必需的博物学家(尤其是地质学家)的素养,也补充了为阐明人文地理问题所必需的历史学家的素养。人们重读这部著作的任何一章,都不会不从中发现他对探讨的问题进行了最完全的研究,不管这些问题是河谷的起源与构造的关系、海岸的演变、海洋影响已被觉察到逐渐向东减弱的一种气

① 《皮卡底平原,皮卡底—阿图瓦—康布雷西—博韦西,法国北部白垩平原的地理研究》,巴黎,阿尔芒·科兰出版社,1905 年,第一卷计 496 页,附图 42,照片 3,插图 3。该书出版时书名稍有更改:《皮卡底及其邻接区域,阿图瓦等等》,1925 年重新印刷一次。

候上的细微差别、殖民与农村居住地、被聪明的农民为适应经济需要而改变这么多次的农耕制度，以及这么奇怪地继续存在的农村工业，或者还是城市中心的面貌。维达尔·德·拉·布拉什的这位青年弟子满意地实现了他当时怀有的唯一理想：对法国的一个区域作出经过推理的、完全的和生动的描述。在以后的几年内他没有别的理想。受聘到里尔大学以后，他细心地组织迅速得到非常赞赏的教学工作，但是他利用假期的闲暇，立即开始撰写一篇新的关于利穆赞的区域地理专论。虽然专论一直没有完成，但有两篇文章足以表明他在自然和人文两方面进行准备的功力之勤①。一篇是按照作者始终信守的方法而描述被人叫作"山"的那些高地上的农民生活；另一篇是分析地形及其演变——他后来断然离开的问题。他在后一篇文章里表现出来的机敏和精审，使人们对他放弃这方面的研究感到惋惜。和其他许多人一样，受到侵蚀循环学说吸引的阿·德芒戎，实际上认为利穆赞特别适合运用这一学说。他利用大量照片的优美论证，和对挑选的几处全景描述，特别受到坚持要同他一起探访这个区域的大师 W. M. 戴维斯的欣赏。这篇文章可以作为许多初学者的范例；后来的研究只是以翔实说明许多细节的方式对它进行补充。

然而德芒戎放弃必须有自然地理内容的区域地理研究，以便专一地献身于人文地理这件事是并不令人惊讶的。在里尔逗留期间，引起他注意的那些强烈经济活动的场面，和商会主办、由他讲

① 《利穆赞的地形》，《地理学年鉴》，卷 XIX，1910 年，第 120—149 页，照片 8；《利穆赞地区的山地》，出处同上，卷 XX，1911 年，第 316—337 页，照片 2，转载于本书第 227 页。

授的专门课程，助成了这一转变①。《皮卡底》的撰写，已经要求他在人文地理方面特别顽强地努力，而且他也有机会使用一种对历史学家比对地理学家更熟悉的方法，即向国家档案馆的卷宗索取关于过去几百年经济生活的最确切的细节。他用于开列这些宝贵档案库所能提供资料的清册的那篇补充论文②，后来已成为许多研究者的向导。所有的法国区域地理论著，都坚持实行德芒戎首先示范的那种研究方法：追溯手写的历史资料，用过去来阐明现在。尽管有些人可能过分地依靠过去，但他们的先行者却懂得给予现在以地理学家应该给予的注意；他的《皮卡底》表明他对农庄和工厂所作的深入调查。《利穆赞》的撰写准备，使他有机会制定一种用调查表来进行调查的方法。这个方法后来在区域地理论文中得到广泛的利用③。

当德芒戎在里尔大学度过六年以后，于1911年被聘到索尔蓬（即巴黎大学本部——译者）的时候，他坚决要在人文领域内崭露头角。他的教学、研究、给学生的指示都不应当偏离这条他自认为能取得最丰硕成果的道路。从一开始他就定下两个目标：出版一种比让·布吕纳的论著更简明、更适于教学的人文地理学课本，和出版一部更详尽的关于法国经济地理的著作。他在工作三十年之

① 1913年在《地理学年鉴》，卷XXII，第227—244页上发表的关于《法国北部与美洲的联系》一文是这一时期调查研究的成果。参看本书第320页转载的这篇文章。

② 《国家档案馆中法国地理学的原始资料》，巴黎，1905年，120页。两年以后，阿·德芒戎又就同一论题谈到出版关于法国大革命时期经济史的未刊文献的问题：《档案中的地理学研究》，《地理学年鉴》，卷XVI，1907年，第193—203页。

③ 《区域调查研究：调查表的形式》，《地理学年鉴》，卷XVIII，1909年，第78—81页。

后与世长辞的时候还没有写成的原因，一部分当是他过于严格认真，难于自我满意，但更多的还是由于各种环境使他做别的重要工作。

阿尔芒·科兰出版社出版的新版《世界地理》，能以阿·德芒戎关于不列颠群岛、比利时与荷兰的两卷著作作为开始，无疑是最幸运的。妥善安排这项伟大事业计划的老师维达尔·德·拉·布拉什要里尔的青年教授描述国门前几个国家的邀约，只能被愉快地接受下来。当 1914—1918 年的战争中断其业已开始的编纂工作时，多次的旅游已经使德芒戎熟悉他承担的课题的所有自然和经济面貌①；直到 1927 年，这两卷优美的著作才出版。人们很难想象《世界地理》②会有比它们更光辉的开始。译成三种外文的这些著作足以使他赢得一项荣誉③。这不再像《皮卡底》那样是他个人对所有问题的研究成果，而是一项既指出一般关系，也阐明主题每一方面的综合性研究。如果说，人文地理内容，甚至历史，在书中占有最多篇幅的话，那就不单纯是由于作者已经显示出来的偏爱，而是因为对它们在这些经济生活紧张强烈、而历史内容又如此丰富的

① 这方面的证据是 1909 和 1910 年在《里尔地理学会通报》上发表的关于苏格兰高地及爱尔兰的报告，和在《地理学年鉴》上发表的对比利时和荷兰的大港口的研究论文《安特卫普》，卷 XXVII，1918 年，第 307—339 页；《多德雷希特》，卷 XXXIII，1924 年，第 70—73 页。

② 在维达尔·德·拉·布拉什和吕·加鲁瓦领导下出版的《世界地理》丛书，第一卷：《不列颠群岛》，巴黎，1927 年，320 页，照片 56，彩色插图 1；第二卷：《比利时，荷兰，卢森堡》，巴黎，1927 年，250 页，照片 40，彩色插图 1。

③ 捷克文和西班牙文的译本是用这两种文字出版全套法国的《世界地理》的开始；但作为不列颠群岛的最佳描述而特意供英国公众阅读的英译本，则是一项特殊的尊荣。

国家内重要性的正确理解。自然地理得到熟练轻快的探讨，能够解释的现象都得到了解释[①]；地形和构造的大轮廓、气候与植被、海水运动与海洋的生命，都从未得到比这里更清楚简洁的阐述。困难消失了，那是有素养的读者所不知道、专家所忘掉的事。独特之处更在于作者用以构思其著作格局的那种广阔的视野。他不忽略特有的细节和区域的特点，但他首先对准大的整体，在这些整体中每一细节每一区域都有其存在的理由。在涉及英国时，这一构思特别令人高兴。英国是群岛国家，它在自然和人文的各个方面都浸透着包围它的那些海洋的影响，不考虑它借以建成最广大殖民帝国的海洋和遥远的土地，就不能理解它所起的作用。

关于不列颠帝国，阿·德芒戎阅读的资料和思考的内容已多到《世界地理》给他的一卷篇幅容纳不了的程度。我们有幸能读到一本可纳入他最辉煌著作之列的小书[②]。选用的副书名《殖民地理学研究》是非常恰当的，人们从来没有更确切地构想和实现作为一门独立学科的殖民地理学是什么样子。作者对我们说："它不是去叙述征服，那是历史学的任务；它也不是去描述这些地区，那是区域地理的任务。它首先是去研究被召唤同住在一块殖民地内的两类居民的接触：一类是先进的，具有资本和物质手段，寻求新的财富，在空间上是移动的，对事业、冒险、外来的观念是

① 如果说，作者很少运用他已经能够掌握的方法来探讨地形演化问题的话，那是因为这方面的研究工作几乎没有人做过。

② 《不列颠帝国：殖民地理学研究》，巴黎，1923 年，280 页；英文译本，1925 年；德文译本，1926 年。

开放的;另一类是孤立的、退缩自守,坚持古老的生活方式,眼界狭小,武器和工具钝劣。"作者充分掌握在广度和复杂性上都对他具有吸引力的主题,阐明了它的各个方面。全书分为三部分:帝国的形成,这是对使形成可能的征服和巨大迁移的生动叙述;殖民化与不列颠文明,这是对到处保证其有力控制的多种组织方法的描述;最后是帝国的问题,这里说的是直至今天它懂得如何对付的那些困难和危险。

在这一光辉的尝试之后,人们可能要说,阿·德芒戎似乎真正有资格来确立殖民地理学的规律及其地位了。然而本义的地理学,尤其是经济地理学以及越来越占优势的本义的人文地理学却留住他的喜爱。

在 1919 年条约后不久问世的一本小书,已经引起广大公众对他精通经济问题,甚至国际政治这一事实的注意。在为激发公众兴趣而精心制定的书名——《欧洲的衰落》[①]——之下,他利用从 1915—1919 年所作的分析,以惊人的方式,指出战争期间物质财富和人力的极度浪费的后果,以及相应地美国和日本的势力上升。

阿·德芒戎的声誉在法国和国外牢固地树立起来。从此以后,他的活动受到多方面约稿和他个人爱好及打算的双重制约。

他被邀请参加《地理学年鉴》的领导工作,为它花费许多时间和精力:向它提供有益的建议,刊登许多由他引起、经他修改的经济地理文章和越来越多的他个人的稿件。每年都有好几篇;总计

① 巴黎,1920 年,314 页;英文译本,1921 年。

是31篇文章和89条注记。有三、四篇是开辟新研究道路的创始性著作。例如《法国的农村住宅》①就是一篇这样的文章。他在此文中确定了能够指导这类研究的内容丰富的观念:“确定和划分农村住宅类型,不要根据它们的物质,而要根据它们的内部布局,根据它们在人和物之间建立起来的关系,也就是根据它们的农业职能。”他提出来的分类,后来经过他自己改进,甚至深刻地改变。这个内容丰富的观念留存下来,并且继续启迪所有关于这个论题的地理学研究。更重要的是在1927年分两期发表的《农村居住形式地理》。该文明确地提出人文地理学的主要问题:辨明和解释或多或少明显集中或分散的现象;这个问题“要求进行多方面的研究:如自然条件、社会条件、人口条件、农业条件等”②。从其全部内容、事实和观念的丰富上,人们推测该文是长期努力的成果。实际上从1925年开罗国际地理学大会起,德芒戎就呼吁人们注意农业制度对西欧居住形式的影响③。当时他引起的讨论,导致任命一个以他为主席的“农村居住地委员会”。他以这个身份制定一种为向剑桥国际地理学大会(1928)提出、并由《地理学年鉴》保证出版的一份主要研究报告作准备的调查表④,按照一项实际可行的计划组成的研究机构,后来向巴黎国际地理学大会(1931)提出一大卷引人入胜的论文集,委员会主席将其主要成果概括在一本精彩

① 《地理学年鉴》,卷XXIX,1920年,第352—375页,转载于本书第251页。

② 《地理学年鉴》,卷XXXVI,1927年,第1—23及97—114页,转载于本书第141页。

③ 《国际地理学大会汇报》,开罗,1925年,卷IV,第92—97页,转载于本书第136页。

④ 《农村居住地调查表》,《地理学年鉴》,卷XXXV,1926年,第289—292页。

的小册子内①。

德芒戎没有中止他对农村居住地的关心②，但他的兴趣使他移向一些更加复杂、实用意义更迫切的问题：在《公路与铁路》③一文中探讨的交通地理的新面貌；在像澳大利亚这类的殖民地国家和欧洲的一些老国家内生殖率自然或有意降低所提出的人口过剩问题④；由一些新国家的发展（如日本及印度工业的突飞猛进）和在主要流通路线中出现的改变所引起的国际经济问题。德芒戎有两次探讨这些接近政治的问题，每次都写出引证资料非常丰富的文章⑤。人们不应对他曾就政治地理学本身发表议论一事感到惊奇⑥。

当初在他放弃区域地理和自然地理时似乎受到限制的研究领域越来越开阔了。洛克菲勒学会在法国创立的“社会研究大学委员会”请他制定一项调查计划，并注视其发展。《地理学年鉴》出版了为农村居住地、土地结构及法国农业中的外国人⑦等项研究制

① 国际地理学联合会：《农村居住地委员会报告之二》，巴黎，1931 年，91 页。

② 参看《埃及农村生活的现实问题与新面貌》，《地理学年鉴》，卷 XXXV，1926 年，第 155—173 页，这是开罗大会时旅行考察的成果；转载于本书第 359 页，《农业经济与农村殖民》，出处同上，卷 XLIII，1934 年，第 1—21 页，本文分析了克鲁特、芬奇、普拉特、瓦尔乔尔格等人的著作，转载于本书第 194 页；《法国农村聚落的类型》，出处同上，卷 XXXIX，1939 年，第 1—21 页，转载于本书第 281 页。

③ 《地理学年鉴》，卷 XXXIX，1930 年，第 113—132 页，转载于本书第 112 页。

④ 《人口过剩问题》，《地理学年鉴》，卷 XLVII，1938 年，第 113—127 页，转载于本书第 14 页。

⑤ 《国际经济的新面貌》，《地理学年鉴》，卷 XXXVIII，1929 年，第 10—25 及 97—112 页；《国际经济现状》，出处同上，卷 XLI，1932 年，第 1—21 及 113—130 页，两文转载于本书第 68 及 32 页。

⑥ 《政治地理学》，《地理学年鉴》，卷 XLI，1932 年，第 22—31 页。

⑦ 《人文地理学的三种调查表与三项调查研究》，《地理学年鉴》，卷 XLV，1936 年，第 512—518 页。

定的调查纲要。最后的这个课题是他和日·莫科合编的一本大书探讨的内容①。

人们也许以为,为阐明种类如此繁多、内容如此复杂的问题而进行如此深入的研究工作,将使德芒戎没有时间去撰写他从1911年来到索尔蓬时起,就打算撰写的那部关于法国经济地理的巨著。实际上他没有中断过这方面的工作;当他同意扩大该书范围以包容全部人文现象,并将其编入《世界地理》以完成该丛书出版计划时,撰写工作已经结束。该书分作两卷出版。当第一卷正在印刷,第二卷亦已写成的时候,一种隐伏的疾病——无疑由于时代的悲惨而更加剧其危害——在几个月之内夺去了一位本来还可以多创作几年的学者的生命。

阿·德芒戎留下的足迹,是一位大师的足迹;他的逝世,在法国地理学家的行列中造成一个很难填补的空缺,就在外国也不能不感到这一损失的影响。

在他探索过的所有方向里,他都指明了正确的道路。从他所有论著中体现出来的他的个人形象,也许是:他首先是一位教师。虽然他著述很多,但他也以各种形式竭尽所能地做好教学工作。人们知道,他不大愿意做长途旅行②,而愿多读书,多思考,并且不厌其烦地尽力为别人解决最难解决的问题。研究和论述,在他看

---

① 《供研究〈法国农业中的外国人〉的资料》,巴黎,1939年,654页。

② 国际地理学大会并非总是成功地吸引他去参加。开罗那一次大会,使他得以为我们写出上述那篇关于埃及农村生活的文章。

1913年在威·莫·戴维斯指导下组织的纽约地理学会五十周年大会,邀请他作横穿美国的长途旅行。之后,他写成《德卢斯——铁矿与该市的飞跃发展》这篇有意思的文章,《地理学年鉴》,卷XXII,1913年,第120—133页,转载于本书第342页。

来是同等重要的。所以他几乎没有拒绝过关于撰写文章的要求。他不仅在巴黎大学讲学，而且也在于尔姆街、塞夫勒、丰特内等高等师范学校、商业高等学校、人种学专科学校授课。他创立并长期领导巴黎区域研究会，该会聚集了一些希望在日常教课之余能提高学术水平的小学教师。在他最后著作中有几本插图精美的关于巴黎地理和房屋的小书①；它们既可用作学校课本，也能引起稍有文化素养的法国人的兴趣，是同类书籍中真正的杰作。

人们将会保留阿·德芒戎的《皮卡底》，他指示利用档案资料的方法及其本人所作出的范例，和他阐述人文地理学中甚至触及政治的重大问题的那些论文，这些都对法国区域地理学和人文地理学等方面的研究产生影响。他的全部活动的最突出特点似乎是，他在追求阐述清楚方面所作的有意识的和成功的努力；对于范围如此广阔、问题如此复杂的地理学这门学科来说，这是首要的优点。他的光辉著作能长期引人注意的秘密，也许就在这里。

埃马纽埃尔·德·马东

① 《巴黎：城市及其郊区》，在拉·布朗夏尔和德·福歇指导下的省区专论，巴黎，1934年，62页。《人类的房屋：从茅屋到摩天大楼》，《知识之乐》丛书，巴黎，1938年，127页。

第 一 编

通 论 地 理 学

人文地理学的定义[①]

从远古时候起，许多作家、好学的和善于观察的人已经看到地表上人类习俗的差异。自希罗多德以来，许多旅行者描述了这些差异；自修昔的底斯[②]以来，许多历史学家和伦理学家把它们作为哲学思考的基础。但是，把它们建成一门科学，即对它们寻求解释的想法，直至很晚近的时候才有，差不多到18世纪末才开始出现。在那时以前，对那些被我们现在归入人文地理学名下的事实，即地球表面上人类生活方式和聚居方式的研究，只是一种单纯的描述。这种描述主要被当作一种具有实用性质的知识，或是人类的习俗及不同存在方式的一种生动别致的写照。它们是一些为旅行者导游的资料汇编，一些常常穿插着许多使读者心旷神怡的惊奇故事的报道，一些充满历史回忆的地名和距离的罗列。它们有时是一些考古学和系谱学的论述一些统计的和行政的基本知识。这类作品当然是为了满足所有的人——甚至是最卑微的人——在聆听谈说外国人及异地风光时油然而生的好奇心。但实际上它们只是一

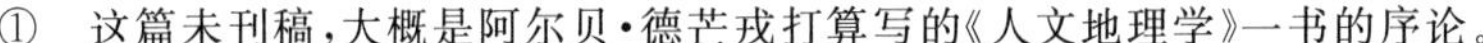

① 这篇未刊稿，大概是阿尔贝·德芒戎打算写的《人文地理学》一书的序论。

② 修昔的底斯（公元前460—前400年），希腊历史学家。——译者

堆未经整理、未加解释的，也就是没有科学性的杂乱无章的知识。

科学人文地理学的发展，主要起始于18世纪进行的发现航行和殖民活动所导致的我们对地球知识的增长：主要由科学家或具有科学好奇心的探险家进行的航行。这些航行使人们能够收集到世界各地文明程度不同的各人类社会之间可以对比的资料；可是，对比的精神激发了科学的精神，因为它创造了概括现象的意识。

法国人文地理学创始人维达尔·德·拉·布拉什指出，这一地理学的科学性质起始于两位德国地理学家：亚历山大·冯·洪堡(1769—1859)和卡尔·李特尔(1779—1859)，他们两人都论证了自然现象和生活现象之间存在着确实的因果关系，但又各自以其独特的方式来构想这种关系。主要是博物学家的《宇宙》作者洪堡致力于研究自然现象，例如他曾指出高度、温度、潮湿和干旱这些因素对植物群系的影响。历史学素养精深的《普通比较地理学》作者卡尔·李特尔指出，在人文地理学中自然不是唯一的原因力量，人类自身也是地球表面上改变和生活的因素。因此，自然和人类——按李特尔的说法是"自然和历史"——是两个永远结合在一起的条件，地理学家的思考应当时时地向着这两者之间。

在以德国的拉策尔和法国的布拉什这两位为学派创立人的人文地理学，一直在沿着这条道路向前发展。他们的学说和教诲几乎传布到所有的国家。在他们的启迪下，到处都涌现一些有助于推广这门新科学和渗透着这些原理的论著，以及超越学术领域而至一般文化领域的课程。人们可以举出下列这些代表人物：法国的让·布吕纳、德国的菲利普松、英国的麦金德和赫伯森、美国的森普尔小姐、南斯拉夫的斯维伊斯、意大利的马里内利，与俄国的沃埃科夫。

一、人文地理学的定义和对象

如果我们先说清楚人文地理学论著的主导思想和它们顺应着什么共同的趋势，我们就能逐步接近确定这门科学的研究对象。

首先，我们觉得人文地理学是**研究人类和自然环境的关系的**。我们这一观念主要是通过洪堡和贝格汉斯的中介而来自植物地理学，尤其是叫做生态学的这门植物科学。生态学研究的，是气候和土壤因素在什么样的程度上决定着植物的生命。同样，它们能在很大程度上决定着人类的生活。地理学家的首要工作之一，是把人文现象和那些能够解释这些现象、并将它们纳入所属那个系列之内的自然原因联系起来。我们理解了这些原因，也就明白了人类的生活方式和物质习俗。正如某些美国人说的那样，周围自然环境的这种影响，在人类活动的所有领域内到处都有表现。这类的例证太多，使得地理学家不知选择哪些才好。在一种植物、一种家畜和一种生活方式，也就是地衣、驯鹿和拉普人紧密结合在一起的这一组合中，它的三个要素相互间就存在着一种因果的依存关系。环境的强有力的影响导致中非森林的土著居民过着狩猎和采集的生活，导致中亚草原的土著居民过着游牧的生活。在干旱地区，泉水和村庄位置之间有着密切的联系；在高山地区，在稀少的、坡向好的小片沃土和人类住所之间，也有密切的联系。从文明发展的观点来看，在位于陆半球中心的欧洲和孤悬在辽阔海洋中的澳大利亚之间，不是有着深刻的差异吗？半岛和岛屿，难道不有助于形成某些民族和国家的特性吗？葡萄牙之所以与西班牙分离，

难道不能部分地用它西方面向大洋，东方与西班牙隔着崎岖山地及荒凉峡谷来解释吗？

但是，我们觉得，即使把这第一个定义说到底，它也包括不了整个关于人类与自然环境关系的研究内容，它也显得过于广泛，因为这些关系中有许多肯定不是人文地理学所能研究的，它们属于别的科学部门。L.费弗尔在其所著《地球与人类进化》一书中，已经清楚地指出人文地理学的这些禁区。例如，尽管人类的某些种族表现出与某一界限明确的地理区域有联系，人文地理学就不必去解释他们在肤色对气候因素反应方面的差异了。把这类问题留给研究人类特性的生理学内容的其他学科吧。我们不要忘记，人类有一种来自遗传的解剖学、生理学和病理学特征，它们是人类学和医学的研究内容。现在我们来修正第一个定义。

我们可以提出第二个定义：人文地理学是研究人类集团和自然环境的关系的。我们不再把人类作为个体来考虑。通过对个体的研究，人类学和医学可以取得科学的成果；而人文地理学就不能。人文地理学所研究的，是作为集体和集团的人：是作为社会的人的作用。我们应当不从个人而从集体出发来进行研究。从最远古的时候起，我们看到的就不是一些孤立的人，而是一些集团的人在行动。不管我们追溯的时代多么久远，我们总是看到：在社会中生活，和具有同样生活方式的同伙在一起生活，是与人类特性不可分离的一种状态。这些集团有时很小，如我们已经发现遗址为数甚多的那些新石器时代的村庄。它们有时很大，如那些在世界各地工具都很类似的旧石器时代的社会。甚至是远古的人类，就是这样成集团与自然环境接触的。我们发现，文明及其对自然的物质征服，是从一种合作、团结的努力起源的。像石棚的建筑，美索不达米亚和埃及的灌溉设施，以及动物的驯养，都不可能不是集体的事业。但这个定义仍然不足以概括人文地理学的全部概念，下面一个经过最后修正的定义才使我决定性地接近于真实情况。

人文地理学是研究人类集团和地理环境的关系的科学。地理环境这个词组比自然环境的含义更广；它不仅包括可以表现出来的自然的影响，还包括一个有助于形成地理环境，即整个环境的人类自身的影响。在其存在的初期，人类当然是自然的奴隶，即依附者。但这个裸体和赤手空拳的人，由于其智慧和主动性，很快就成为对环境施加强大影响的一个因素。他成为彻底改变自然景观的一个自然因素，他创造一些新的动植物组合，创造从事灌溉种植业的绿洲，改变像荆棘、荒原这类侵害森林的植物群系。而这些改变又已扩展到广大地区，因为有过从一个人类集团到另一集团的迁移活动和借用、仿效的行为。人类社会的主动性使他们活动的范围延伸越远，取得的成果越多，他们施加于自然的这种活动也就越丰富、越强烈。有过这样一些人类活动深刻改变自然状态的事例：在古代，不列颠群岛是在已知世界的尽头，处于偏僻的位置；在从新大陆的发现和殖民开始的新时代，它占据了中心的位置。在我们这个时代，由于科学所提供的武器和交通运输对征服距离的保证，人类施加于自然的活动更增强了。因此，从整个以往时期内人类劳动成果的本身构成了这个环境——影响人类生活的地理环境。因此，我们可以采用“对人类集团和地理环境的关系的

研究”这个词组，作为人文地理学的定义。

人文地理学的这个定义使我们能够具体地构想它的研究对象，并确定其范围和界限。它包括四大组确切是由人类社会和地理环境的关系中产生的问题。

首先是人类社会对自然向他们提供、或他们从自然那里夺取的资源的开发利用。这指的是大自然地带为他们塑造的生活方式：寒冷地区的人类生活；温和地区的人类生活；干旱地区的人类生活；暖热地区的人类生活，以及上述每一地带所拥有的栽培植物和驯养动物；山地的人类生活；海滨的人类生活。

第二是人类社会为了自身的生存，随着时间的流逝与空间的延展和迁移，对利用自然资源——从最简单到最复杂的——的方法所作的不断演进：不管它们是采集、狩猎和渔业，还是农业和畜牧业，或是工商业和贸易及运输业。总之，这里说的是文明类型的演化问题。

第三是随着自然条件及被开发利用的资源而变化的人类分布：人类的扩展、人数和密度、运动和迁移。

第四是人类的定居，也就是从最简单到最复杂的集群的形式，从房屋、村庄到城市、国家占有土地的方式。

我觉得这些就是人文地理学专有的内容。它的全部研究工作及所有的著述，都不出这一广阔的领域。

二、人文地理学的方法

光是构想和限定人文地理学的内容和研究对象还不够。我们还需要一些能严格限制，使其不逸出范围的方法原则。

第一原则 不要认为人文地理学是一种粗暴的决定论，一种来自自然因素的命定论。人文地理学中的因果关系是非常复杂的。具有意志和主动性的人类自身，就是扰动自然秩序的一个原因。例如，一个岛屿不一定向往航海的生活。航海生活常常起源于文明的接触。因此，英国人只是在斯堪的那维亚和汉萨商人的熏陶下才成为水手的。同样，农业也不仅仅是土地质量的函数，有些肥沃的土地没有被开垦，有些瘠土却被开垦了。这常常取决于农业社会的文明阶段。例如，人类有时由于实行灌溉而成为土地肥沃程度的主宰者。以前，西欧葡萄园向法国北部、比利时直至英国扩展，是在与这种植物的自然要求相矛盾的情况下发生的；它之所以能如此远远进入这些凉爽而又日光不多的地区，是因为人们做弥撒时需要酒而又缺乏便宜的运输条件把它从较南的地区运进来。但是，随着运费的逐渐下降，葡萄种植业也向南退缩到风险较小、更适合这种植物生长和成熟的地方。同一地区的价值，可以由于占有者文明程度、利用方法的不同而有巨大的变化。在欧洲人到达以前，澳大利亚还处于野蛮阶段：除不多的袋鼠以外，没有供猎捕的大动物；由有袋类、蛇和昆虫构成的贫乏猎物；没有可驯养的动物；供食用的野生植物很少；饥饿的土著居民游荡着寻找贫乏的食物。欧洲人到了，他们带来栽培的植物和驯养的动物，接着又带来高功效的耕耘和交通的手段。他们把一个长期落后的大陆，建成一个具有大面积耕作业和集约化畜牧业的，文明进步、生活舒适的地区。因此，没有绝对的决定论，只有人类主动的开发利用的可能性；没有命定论，只有人类的意志。

第二原则 人文地理学家应当依靠地域的基础进行研究。凡是人类生活的地方，不论何处，他们的生活方式中，总是包含着他们和地域基础之间一种必然的关系。使人文地理学不同于社会学的，正是这种对地域联系的考虑。社会学家倾向于只看人类集团的心理学方面，忘掉人和土地的关系；他们所探讨的，是与地表脱离的人。再有，人们也不要不承认还存在着土地以外的一些别的社会纽带，特别是那些以心理学根源为基础的纽带，例如亲属关系和宗教。研究它们的，不是地理学家而是社会学家的工作。

但是人文地理学的特性是确认不能离开人所居住的土地去研究人，确认土地是整个社会的基础。人们甚至可以说，这个基础越广阔越富庶，它和它的居民的关系越深。人口的密度越大，土地的开发越集约，联系就越密切。

人们可以同意桑德森的说法：甚至在狩猎部落中，对同一片土地的利用也造成一种与血缘无关，而且强于血缘的社会团结。在北美洲的狩猎民族阿尔昆琴人那里，每一部落的土地，都从远古的时候起就划分成地段，分配给各个单一的家族。这个家族的集团组成一个真正的社会单元，这个单元的纽带不是亲属关系，而是同一地段同一块土地上的权力共同体。阿尔昆琴人这些地段的面积，在部落地域的中部，平均为200—400平方英里；在边缘部分则2—4倍于此。每个家族在它的地段内狩猎。狩猎的规定是：猎食的分量只能相当于动物自然增殖的那一部分。他们有意识地在每一猎季之后留下足够的动物，以保证来年的供应；他们知道，轻率地滥行猎杀，将使家族有饥饿的危险。在哥伦布时期以前的美洲，所有的狩猎区域（加拿大驯鹿、野牛、原驼）内都存在着同样的组织。在澳大利亚的原始居民中，各个部落也同样有权在明确划定的一块土地上采集和狩猎；在部落地域的内部，每一个家族单元也享有类似的权利。在农业居民中，作为社会纽带来说，土地的基础就更有理由胜过心理学的基础。所有的农业社团，都有一个把他们拴在土地上的那些纽带所决定的结构：起因于防卫的需要，尤其是因共同劳动需要而在村庄中的聚居；根据作物从一块地到另一块地的轮茬而建立的极有规律的使用耕地的组织；土地界限的永久性；某些地区的灌溉设施——它们的位置支配着耕地的地域分布。桑德森还说："村社是给予人类一种以土地而不是以亲属关系为基础的地方政府的手段。"使这一土地组织取代部落组织的，是从远古以来大部分的文明给予农业集团的那个地理学基础。人类聚居和劳动的这些生活区的范围很不相等，可以是简单的村庄，也可以是广大的地域。它们就形成了环境，在这些环境的内部分布着地理现象。各个环境以其专有的特点，给予人类一种集中表现的、独特的印象。理解和描述这些区域单元是地理学的首要任务之一，因为每一个单元都常常形成一种应当使其再现的个性。这个地理区域是一般地理学研究的主要基点之一，因为人们常常只有通过小地区的分析，才能构想它们所组成的大的整体。为了清楚地看到一般现象的全貌，最好从特殊的、局部的现象开始去观察这个区域内包含的特殊植物、居民……，去明确某种由一片土地和一群人类的结合而产生的有活力的东西。这样，我们就不得不回到对世界认识的起点，回到我们的物质存在的直接基础上。人们常常要在对组成一个区域面貌的各个特征进行分析以后，才能更好地理解把人类和环境结合在一起的那些关系。

第三原则 为了全面地说明问题，人文地理学不能局限于只考虑事物的现状。它必须设想现象的发展，追溯过去，也就是求助于历史。许多现象，从现在的条件来考虑似乎是意外的，如果从过去的条件来考虑就可以解释明白了。历史展开了辽阔的视野，使我们看到过去这么多相继出现的人类经历。这种时代的发展观念是必不可少的。没有它，我们对现存的事物常常不能理解。例如，城市地理学怎么能不要历史？不了解过去，怎么能解释罗马、巴黎、伦敦？如果我们不知道开垦、伐光树木、分割耕地、排水和筑堤工程的历史，怎么去理解像法国这样一个古老国家的殖民情况？关于这种征服土地的一切研究，都要以历史为基础。这就是人文地理学的著作中总是含有很多历史的研究，和地理学家时常在档案库中遇见历史学家的原因。为了解释他所观察到的现象，地理学家不应满足于把它们放在空间的合理位置上，还应把它们投射到历史的屏幕上。所以他应当懂得使用历史资料，并且知道到哪里去找这些资料。单以法国来说，就有一些大档案库；巴黎的国家档案馆，它对各个系列都至少有一份简要的清册；各省档案馆，它们未编出全部清册；市镇档案馆，它们可利用的程度有相当大的差异。许多图书馆——从巴黎的国家图书馆到法国的一些大城市以及像桥梁公路学校这类公共机构的图书馆——都藏有一些未刊的资料。其次，有一些档案存在政府部门里：公共工程部、商业部、农业部。又如土地册。还有商会、铁路公司、矿业公司、航运公司、农业及工业公司的档案库；甚至一些公证人也有档案，它们对研究产业和开发非常有用。最后，我们可以举出关于法兰西革命经济史的一份未刊资料集作为例子。这是研究者可以利用的一套数量很大的文献，多达一百余卷。它生动地揭示了这么多的人文地理学的现象:土地的开垦,市镇的财产,共同牧畜权与共同放牧场,农村工艺与家庭工业,冶金工业与森林,机械化的开始,公路网与航道,人口的运动,农业的发展,耕作制度。因此,研究过去,对于人文地理学现象的解释是必要的。人类在时间中发展,为了理解这种发展,历史的证明和自然规律的认识对我们是同样必需的。

人口过剩问题[①]

地球上人口不断增长，是一件事实。[②] 在不足三个世纪内，它已几乎增长到4倍。这样的发展，引起那些考虑人类未来的人们的不安，是不足惊异的。有这么一些人，他们断定会有人口过剩的情况出现，而且相信要发生可能威胁我们的种种贫困的危险。某些人甚至宣称：从现在起，有几个国家已经处于人口过剩状态。可是要确切说明这种人口过剩包含着哪些内容和如何表现出来的话，则人们的意见并不一致。有的人说，人类的数量由于不可避免的自然增殖而增加。另一些人则拒绝这种粗暴的假说，断言存在

① 本文载于《地理学年鉴》，第266期，XLVII卷，1938年3月。

② 引用及参考著作：《人口问题，人口科学国际会议报告》，慕尼黑，莱曼，1936年。尤其要参阅第一部分：《出生率下降的国际意义》，特别是F.布尔格迪费的文章；A.M.卡尔·桑德斯，《世界人口》，牛津，克拉伦敦出版社，1936年，XV＋336页，F.S.邓，《和平的变化，国际程序的研究》，国际高等学术讨论会，1937年，156页；I.菲伦济，《人口的综合最佳状态》，出处同上，123页；H.格利威克，《论人口最佳状态的概念》，出处同上，30页；P.古鲁，《红河三角洲的农民》，巴黎，艺术出版社，1936年，666页；M.F.冯·黑克，《倾向于自给自足的农业地区的人口压力的计算》，国际高等学术讨论会，1937年，23页；P.勒罗伊—博留，《人口问题》，巴黎，阿尔坎，1913年，512页；《十位作家论土地拓居的限度》，第十次国际学术讨论会报告，巴黎，1937年，伊·鲍曼作序，341页；St.E.纳利克，《人口的自然增长及其因素》，国际高等学术讨论会，1937年，42页；W.F.威尔科克斯，《自1650年以来世界及各大洲的人口增长》，载于《国际迁移》第二卷内，纽约，全国经济研究局，1931年，第33—83页。

着一种因国家和文明而异的人口最佳状态，即一种理想的平衡状态。在这一状态下，每人都拥有最大量的收入，使他没有困难地生活；但收入如果降低，人口过剩即开始出现。

如果我们从这些理论的论题走向对事实的观察，我们的思想上就出现了许多问题。如果人口过剩威胁我们，甚至爆发的时刻到来了，我们会看到哪些征象？如何说明和测定这些征象？在这种寻求解释的过程中，我们应当如何分别地考虑人口密度、外移、生活水平这些问题？如果这种人口过剩状态真被确认了，我们有什么办法去补救？这是一些棘手和复杂的问题，不容许对它们作出——人们有时作出的——那些专断的回答。

一、地球上人口的增长

就是在现代，人们所能提供的人类实有人数，对某些国家和地区——如中国和非洲——来说，仍然只能依据估计。在 1800 年，地球上 4/5 的人口还只能以至少 10％的误差来计算。向过去追溯的时间越远，数字就会越不确切。可是在 W. F. 威尔科克斯和卡尔·桑德斯的批评考证的论著中，人们可以认为有一些可能是真实的估计数字。从十七世纪中期以来，地球上的人口即以很高的比率在增长；其数字大致如下：1650 年，545 百万；1750 年，728 百万；1800 年，906 百万；1850 年，1 171百万；1900 年，1 608 百万；1933 年，2 057 百万。因此，在 1650—1750 年期间，每年增长率大致是 351/100 000，1750—1800 年间是 474，1800—1850 年间是 549，1850—1900 年间是 693，1900—1933 年间是 553。人们从中看到截至 1900 年以前，人口一直是持续增长的。从 1900 年起，增长率下降了;但这种下降,并未以值得重视的程度来阻止人类增长的浪潮。

亚洲在这一人口扩展中先于欧洲。在1750年以前的那一世纪内,世界人口增长的最主要部分来自该洲。这种增长的原因是它所特有的;它当时生活在与世界其他部分不相关联的状态下。但三个世纪以来,世界人口统计学的基本特点表现在欧洲人口非常迅猛的增长上:它的增长率是亚洲的2倍。人们看到白种人惊人的增殖。在1650年,非洲和亚洲的人口大约仍占世界人口80%,欧洲人则占18.3%。在1933年,非洲和亚洲人口的比例不过是61.5%,欧洲则升达25.2%;而且在计算白种人数量的时候,我们还应当考虑来自欧洲的美洲人口。按照威尔科克斯的说法:"在现代,人类居住地的热带性减弱了,他们在更大的程度上是温带,甚至是凉温带的居民。"

只有由于生活手段改善而繁育、并向全世界扩张的大量欧洲人口及其子孙,才是人类现代充分发展的原因。人们甚至可以说,没有欧洲的影响,许多非欧洲的国家如印度、埃及和爪哇的人口增长也许是不会发生的。尽管自二十世纪初期以来稍有缓慢,但人口的这种增长仍然显示为一个基本的现象。正是这一现象导致人口过剩观念的产生。面对这一持续增长的浪潮,一些计算家已经大胆地预言了未来。按照各家的说法,世界人口将在不同的年限内增加一倍:罗斯,50年;卡尔·桑德斯,60年;克尼布斯,70年;鲍特基维茨,77年,库钦斯基,110年。至于更远的未来,则这类预测已达到了天文数字。因此,我们应当考虑人口增长的可能性究竟能达到什么程度。有些人说,人类的自然增长似乎是不可避免的。

另一些人则说，应当考虑到存在着一种人口最佳状态，一个受许多自然和社会因素制约的、必要的人口数。

二、人口过剩与人口最佳状态

在十八世纪中期以前，人们似乎没有害怕过人口太多，即人口过剩。人们以为接近于最大数量的全部人口，都是合乎要求的。对亚当·斯密来说，人口增长就相当于福利的增长。人们认为，不断被战争、流行病、疾病和饥荒下压的人口水平，没有任何机会上升得太高。但是不久，当人们看到——特别是在英国——工业经济的前所未闻的扩展，通过工资的增加，使人口增长强烈，很快达到令人害怕的过多的水平，这些观念就和事实相抵触了。

1798 年，马尔萨斯在其《论人口原理》中提出一条规律：每一个人类集团的人数增加都有快于生活资料增加的趋势。他说："一个人出生在一个已被占有的世界上，如果他的家庭不能养活他，或者社会不使用他的劳动，他就没有丝毫权利来要求任何一份食物，而且真正是世界上多余的人。在自然的盛大宴会上，没有供他使用的餐具。自然命令他离开，而且毫不延迟地将它这道命令付诸执行。"

马尔萨斯的这些观念，很适合产生它们的那个社会环境。工厂可怕的飞跃发展，召唤大量的不仅是男子而且还有妇女和儿童参加工业劳动，同一个家庭兼领好几份工资，人们认为已不再害怕贫困，人们听任儿童的数目增加。种痘在使以前毁灭这么多人的天花消失方面，也对人口增长有很大作用。强大的出生率与下降的死亡率合在一起，导致经济学家所看到的这么一种人口压力，以致重新出现了饥馑的幽灵。英国的人口增长率，从1701—1741年的0.013％上升到1741—1777年的0.456％。按照马尔萨斯的说法，人口每25年要增加一倍；它按几何级数增长，而生活资料则按算术级数增长。如果人们想保持平衡，就需要战争和疾病来毁灭人类的生命；或是一种道德的约束，以节制婚姻的方法来阻止人口的增长。这些观念后来为J.米尔和J.S.米尔，以及再后的法国J.-B.塞所采纳。后者认为，"鼓励人们多储蓄和少生孩子"是适当的。总之，在他们看来，世界似乎受到了作为一条永恒规律的结果——人口过剩的威胁。

人们已经批判了马尔萨斯的理论。批判来自事实的本身。这些理论的基础是那个错误的假说：人类增长的速度在许多世代内一直是不变的。可是我们知道，人类自1800年以来，也就是在一个半世纪内，已经将人类翻了一番。但是，为了在1800年达到906百万人这个数字，他们却需要好几百个世纪。因此，在人口的发展上没有固定的速度。不论人们考虑同一个国家，还是在各国之间进行对比，这种无规律性都是一个通常的现象。例如欧洲人口的年增长率是：1800—1850年，0.707％；1850—1900年，0.823％；1900—1930年，0.785％。人们估计：1850—1900年，美国的增长率是2.4％，加拿大1.62％，澳大利亚4.47％，新西兰6.8％。在1701—1770年，法国是0.184％；在1741—1777年，英国是0.456％；在1748—1770年，瑞典为0.664％，普鲁士是0.844％。

另一方面，马尔萨斯没有，也不可能有科学技术进步的观念。这些进步，过分刺激了食粮的生产和运输，某些国家可以说已不再生产生活资料，廉价的运输使它们能够从海外取得供应。最后，马尔萨斯在断言人类繁殖没有极限时也说错了。在他以后的整个世纪表明，智慧和远见与生育的本能发生了矛盾。知识水平和生活水平的提高，在许多欧洲文明国家内带来了出生率的降低，这是傅立叶已经预料到的现象。P. 勒罗伊—博留说："傅立叶这位人物的光辉，就在于他能预感到福利的进展可能引致人口减少，并且转到与马尔萨斯及其门徒的恐惧完全相反的方向上去。"

一些英国、德国和瑞典的学者，用另一个较敏锐、较细腻、较接近于真实的理论来代替马尔萨斯的理论，即人口最佳状态理论。存在着一种理想的、当人口享有最高的经济福利或——这实际上是一回事——最多的按人头实际收入所实现的平衡状态。如何造成这种平衡？这种最佳？人们可以用把决定消费食物生产的自然资源的数量和决定生产增长可能性的文明的质量结合起来的办法，来取得这种最佳状态。但是，自然因素和人文因素的这种结合，能帮助我们来确定一个国家是处于人口过剩或人口不足的状态吗？它至少使我们能够说明问题。例如，在一个人口稀疏的国家，也就是总收入可以在较少人口中分配、每人可以得到较多一份的国家内，人口的最佳状态就不一定会实现。实际上还存在着一些得自合作和分工的利益，它们可使每一个人得到更多的福利；但这种情况只有在人口较密时才可以出现。

同样，人们可以在一个人口稠密的国家内创造最佳或接近最佳状态。如果人们懂得使用机器和化肥，或进行灌溉以提高土地肥力，或者懂得发展工业生产，从而能以制造品去换购所缺的食物。但是，不应当仅仅考虑生产；为了说明最佳状态，人们也应当谈到消费。到处都存在着个人消费力的差别。在居民情况相等的两个国家内，一个可能是人口过剩，如果它有高的生活水平，要求高度的舒适；另一个可能不是，如果它的居民生活水平较低。这样，人们就找到一个比较灵活、比较全面的研究人口过剩概念的方法。这不仅是人类数量问题，而且还有质量问题，即质量概念不能简单化的问题，它较好地说明问题的复杂性。我们运用这条新的导线来探索是否存在着一些能辨认最佳状态本质的方法，探索哪些情况可能是人口过剩的征象。

三、人口过剩的征象

如果在某一时刻，人们在某一国家内觉察到人口过剩的可能性，那么，他们是怎么看出来的？如果不是要测定它（因为社会科学还未具有这样的精确度）而是为了确认，人们可以利用某些启示性的现象：人口密度与生活水平。

人口密度　人们可以用好几种方法来表示人口密度：或是用总面积的单位，或是用可耕地面积的单位。

在计算总面积单位内居民的平均数时，人们获得一种纯算术的概念。这种以平方公里计的密度概念，只给予我们一种很不完善的评估人口最佳状态的手段，因为它既不考虑土地的价值，也不考虑居民的质量。像澳大利亚、加拿大、美国或瑞典、挪威这些低密度的国家，都享有高生活水平；这不能仅以地广人稀来解释。又如印度和中国这些高密度人口的国家，人们的生活水平低；这也不能仅用人多来解释，因为某些和它们密度相同的欧洲国家却跻身于世界上最富裕的行列。如果人们想评估某一人口最佳状态，就不能把对算术密度的考虑和对生活方式及文明形式的考虑隔离开来。和这种生活方式对应的是一种最佳状态，和另一种生活方式对应的则是另一种最佳状态。撒哈拉以南的一些广阔原野，被放牧的土著居民占有和充分利用；平均密度很少超过每平方公里4人。很明显，如果耕种者移居到那里，密度将会提高，并将建立另一种最佳状态；但这将以非洲经济的极大动荡为代价。在同一个国家内，两种不同类型的文明，创造出不同人口最佳状态的情况：在相同的平原上，以前居住着几十万猎野牛的印第安人，今天却拥有7 000万以上的白种人。

人们可以用按可耕地面积单位计算的密度，来改正算术密度的概念。常有大片土地一直是荒芜的、不生产的。所以人们如果算出可耕地上每平方公里内的居民数，就更加接近真实。下面是取得的一些密度值：日本，993；荷兰，802；大不列颠，800；瑞士，772；比利时，640；巴西，639；挪威，412；奥地利，349；意大利，307；德国，305；爱尔兰，252；印度，205；法国 178；波兰，160。然而这仍然是一种不充分的评估，因为在这些国家中，有很多不是以农业为唯一衣食来源的。人们看到在这个名单内并列着一些经济上很不相同的国家：一些是非常工业化的，如大不列颠和比利时；另一些则主要从事农业，如日本、印度和巴西。人们在名单上还看到：在农业占用其四分之一人口的德国旁边，是占用一半人口的意大利；四分之三人口从事农业的波兰，挨着这一比率降为三分之一的法国。因此，显然有必要分别考虑农业国家和工业国家，分别观察它们人口过剩的征象。

关于农业国家，人们可以计算其农业密度，即可耕地单位面积

上以农业为生的居民数。这样，人们就取得每平方公里耕地上的农业密度：法国，35；英国，83；德国，91；比利时，98；荷兰，168；中国，360（算术密度如下：法国，74；英国，195；德国，137；比利时，263；荷兰，237；中国，111）。这些数字仍然不能用来对比，因为“耕地”这个术语包括价值不等的土地质量，集约程度不同的耕作方法，对生产有利程度不同的气候条件。有时，人们还在“农业”一词内包括农民所从事的副业。必须能计算出从事农业的每人的农业净产值。拿这个数值同生活水平相对照，无疑能使人们确定一个特定国家的人口最佳状态究竟如何。没有这种完整的资料，我们就不得已而使用某些在事前就已批评过的指标。

关于农业人口，人们一致认为农业经营的规模，是人口过剩的一个标准。在某些国家内，过小的农场面积导致经济的贫困。在波兰，人们计算约有 200 万农民都在耕种小于 5 公顷的租地；此外，在这种小农场上，生产率比荷兰农场低 7—8 倍。由于这两种原因，人们估计每平方公里上的多余居民数为 5.4；这就是说，波兰在 1931 年有 300 万过剩人口。这是使人印象深刻的论证，某些国家因此认为它们被称为无产者国家是有道理的。同样确实的是，即使人们不能未经批评核实即予接受，这些计算已经能使人产生一种对人口过剩的合乎情理的揣测。

当人们着手研究远东某些农业社会的时候，这种揣测就变为确信了。在印度，72％的农场都太小，不足以养活一个正常的家庭；每一个从事农业的居民，其土地面积，在 1911 年为 49 公亩，在 1931 年为 48 公亩。这样的规模使人想象出一种痛苦的拥挤状态，一种被马尔萨斯断言为“在他那个时代，在时间和空间上都或多或少普遍的"情况；一部分人口处于生存可能性的边界上。在1815—1930年间人口增加10倍的爪哇，可能担心同样的困难。在中国，五分之四人口以农业为生，平均的农场面积为1公顷零44公亩，但三分之一的农场不超过60公亩。在这些小片土地上，农民只有付出极大量的劳动才能生活下去。他们经常处于贫困的边缘，总是不能储备一点食物以防意外。在小地产占优势的红河三角洲上，存在着同样的贫穷情况。古鲁先生报道说，在北江省内，森林局想租用两公顷半高地稻田以建立苗圃，不得不同分占这片地面的76个地产所有者商谈，签订76份租约。面对2万人拥有3.6—18公顷、800人拥有18—36公顷、250人拥有36公顷以上的情况，人们计算在三角洲上有869 000人的土地少于1公顷8公亩。这显然是人口过剩的情况。

如果人们考虑一下工业国家，人口过剩状况显得更加难于确定。人们有时主张，一个苦于失业的国家——像人们自欧洲和美国发生危机以来所看到的那样——是一个人口过剩、不能养活其居民的国家。然而可能有非人口过剩的失业，失业不一定是人口过剩的征象。美国的人口密度只有每平方公里20人，它的失业只能归咎于"经济制度"和"工业机器的运转不好"；问题常常是地区性的，而不是全国性的，因为整个国家还是人口不足的。同样，法国这么多工业所经受的停产失业，不是来自人口过剩，而是起因于封闭国外销路、扼杀出口的经济局势。大不列颠也显然是一个非人口过剩的国家，如果它的人民接受低生活水平，人口压力感的强度就小得多了。

首要的事情是考虑生活水平，否则就不会说清楚，更不会解决人口过剩问题。人们有时认为外移是一项指示性要素，因为对某些国家来说，它有时是暂时性或地区性人口过剩的安全阀。但是，如果我们把单位面积(例如100平方公里)上人口的自然增长称作人口系数，我们就看到，系数高达300的荷兰人口并不外移，而系数低至23的爱尔兰却经常向外移民。此外，卡尔·桑德斯还指出："在最近一些时期内欧洲人的外移，是在欧洲经济情况良好时达到最高潮的。他们之所以外移，并非因为家里情况糟糕，而是因为他们认为美国的情况更好。"很明显，我们不应忽略心理和精神因素的影响。

生活水平　为了确定人口过剩状态，不要仅仅考虑生存可能性的概念(数量的概念)；应当分析生活水平的概念，也就是应当包括全部经济生活及其所含有的质量生活。如果人们局限于生产和消费的数量大小，生活水平就不能得到理解；应当通过对文明状态，甚至民族心理的分析来说明这种水平。这就意味着不可能用纯数量的语言来说明人口过剩现象。

为了说明生活方式，人们可以试行确定一下食物的消费：像雷辛格为欧洲许多国家所做的那样。他辨认出一些高生活水平国家如英国、瑞典、法国、比利时，和一些低生活水平国家如波兰等。按每人公斤计，英国人消费小麦155，糖48，咖啡0.4，土豆177；波兰人则消费小麦51，糖10，咖啡0.2，大麦159，土豆932。从这些数字，我们看到相反的两类国家：一个非常先进，它大量消费，因为它的人口增长很少，尤其因为他运用集约的生产方法；一个较不先进，它的人口数量与落后的技术状态联在一起，就压低了生活水平，因为"孩子们有口无手"。

这种消费品的概算，只能显示生活水平的一个方面，对大量的家庭收支的深入研究，肯定能使我们更好地衡量人口最佳状态和人口过剩的可能性。通过多种调查和灵巧计算，冯·赫克成功地确定出中国人口过剩最甚的省份；他断定其中5个，按其人口计算，收成的欠缺是：江苏12%，浙江18%，湖北19%，山东8%，河南5%。他认为，如果地租和捐税全部取消，人口就不过剩了。1922年在中国作的另一项对7 000户的调查，表明“华东地区17.6%和华北地区62.2%的家庭年收入在50元以下。在北平附近的两个村庄，34%的家庭年收入在100元以下。可是人们认为150元是保证一个家庭的最低水平的必要收入”。

关于红河三角洲，古鲁先生对人口过剩问题作出卓越的分析。过着封闭的经济生活、与外界仅有少量交易的北部农民，生活方式非常简单，而且易于考察。那里一个五口之家的中等农民，每月总收入为66纸法郎(1935)，或每天2法郎，收支勉强相抵。在贫穷农民中，一个六口之家，每天支出最多为1.20法郎。“他们过一天是一天，而且不能经常吃饱。”人们应当承认——但不能举出比例数字——红河三角洲拥有超过它所能养活的居民。如果人们想提出数量的论据，就需要确切了解三角洲上粮食(米)和补充食物(玉米、甘薯、木薯)的生产情况。再有，脂肪和含氮物质的生产肯定是不足的，这就是“他们为什么拼命捕鱼和热衷于吃老鼠、昆虫、蚕蛹、潜水蝽、蝗虫、蝉、蜜蜂、蚁卵和毛虫的原因”。事实上，正如古鲁所描述的，那里的农民生活在缺粮和贫困的边缘；他们的密度高达430，只有接受很低的生活水平

才能生活下去。我们可以说,越南北部的农民在以低于法国农民6—7倍的资源生活着。

人的数量和商品的负担还不足以说明人口过剩问题。这就使人们进行心理因素影响方面的解释。如果一个很低的生活水平毫无怨尤地被接受了,我们就看到一个有可能像最佳状态的高人口密度。如果一个高生活水平被采取了,我们就面对一个有可能很快变成人口过剩的人口最佳状态。正如古鲁所说的,"越南北部农民在贫困中生活,但并不感到绝望",因为他生活于其中的那个家庭和村庄世界,传统地给他以这么多的满足,使他不觉得贫困。使一个国家感受到人口压力的,不是低生活水平自身,而是它对人口压力的意识程度,和它所怀有的或人们给予它的,似乎在某些情况下能提高生活水平的希望。这就是人口外移,常在不同国家之间一旦存在着一定生活水平差距时就发动的原因。在这种情况下,人口外移不能证实一种绝对的人口过剩,只能证实一种相对的和可以说是主观的人口过剩。

四、对人口过剩的补救

当存在着一种人口过剩状态,尤其是当某些人民群众已经有忍受过剩痛苦的意识时,有哪些方法去补救呢?人们可以增加生产,人们可以重新分配土地和自然资源,人们可以限制人口增长。

人们可以通过扩大耕地面积来增加农业生产。世界上还留有一些可利用的土地,一些待征服的空间。人们已为澳大利亚、阿根廷、加拿大、美国、中国东北、西伯利亚造了清册;人们已经试行估算那些被美国人称为“人类拓荒地带”的各个地区的面积。例如，根据美国西部和澳大利亚雨量相等区域的面积，从美国西部现有人口出发，人们已经计算出整个澳大利亚的人口可能达到29 603 000人，而不是现在的6 576 000人；卡尔·桑德斯说：“可以肯定，在纯农业的基础上，澳大利亚的人口比美国稀得多了。”巴勒斯坦的例子表明，某些国家在不多几年内，可以转变为有能力在保证和以前同样美好生活——至少从经济角度上看——的情况下，容纳更多的人口。从1919—1934年，巴勒斯坦人口从700 000增至1 171 000，其中穆斯林人数由568 000增至807 000，犹太人由58 000增至254 000。该地犹太人的出生率，比其来源国的出生率高得多。这首先是由于其人口组成，该地以育龄的年轻人占多数；其次是由于增加故国居民的希望。巴勒斯坦是通过一种更集约、更有生产力的农业制度的引进，才能够向一个迅猛增加的人口提供衣食的。

凭借同样的集约耕作方法，世界上几乎到处都还有一些增加生产率的可能性。人们已经能够凭借更抗寒的品种，把小麦栽培推广到加拿大北部；凭借更抗旱的品种，推广到美国西部、俄国东部和澳大利亚西部。“马基(Marquis)小麦比以前使用的品种提早成熟达10天之多，它已使小麦栽培的界限向北方后退100英里。人们估计，仅加拿大的可能麦田就增加了一亿英亩。”在爪哇，荷兰的种植者通过新品种的创造，已经成功地把每公顷的蔗糖产量提高一倍。最后，在很多国家内，都存在着一定的小麦和稻米的增加余力。小麦的每公顷产量，在丹麦为33公担，在比利时为25公担，在法国和美国分别为13和9公担。稻米的产量在埃及为每公顷 35 公担，在印度及菲律宾则分别降至 14 和 11 公担。

至于农业国家，人们可以在工业化中寻求对人口过剩的补救办法；工业化将会提高人口最佳状态的条件。德国、意大利和日本就是这样才消除一大部分外移现象的。其他一些可能性似乎是增加人类的资源。单就能源来说，面对着煤炭和石油矿层枯竭的威胁前景，人们已经意识到用从多种植物中提取酒精的办法来生产更多的碳氢燃料，用拦引河流水力的办法来生产更多的电力。甚至还有一些似乎被人们忽略而又应当重振的生产方法，特别是国际贸易。某些老的文明国家，几乎不再以自己土地上的产物来生活。人们可以说，它们已不再向其居民提供衣食，而仅仅提供住所。为使它们繁荣并保持其人口最佳状态，需要全世界的流通恢复它运动的规模。只有国际分工，才能维持多种的生活方式。否则，自给自足的倾向，就有引起人口过剩点形成的危险。国际关系的发展有可能"减轻"人口密度的负荷。

外移，越来越不是阻止人口饱和的一种实际可行的办法了；它已不再像以前那样能消除各国之间人口压力的差异。于是某些国家的政治家和经济学家就断言，必须以某一方式减轻这些差异。高出生率的国家认为必须修改各国之间现实的分布状况，因为它们在其过于狭隘的边界之内感到窒息。它们声称，繁殖快的种族有权分享由老国家积聚起来的一部分财富，而且有必要牺牲供应较好者以保证供应不好者的未来。这就是 1936 年一位政治家以下面这句话所表明的意思："德国的生存空间对我们打算有的七八或九千万居民来说，是太狭隘了。"正是出于同样的意图，另一位政治家认为要解决问题只有一个选择：扩张或者爆炸。应当考虑构成人口最佳状态的各因素的复杂性；如果人们力求确定人口过剩的起点的话，似乎难于承认领土扩张是仅有的、唯一减轻人口压力的方法。难道在侵占别国领土以前，没有必要在本国境内革新和改善生产条件，借以从国有化农业的高生产率、加强工业制造、国际贸易增长的供应中，为他们所抱怨的拥挤人群取得衣食？

最后，如果出现人口过剩，如果有了太多的人，最好的办法是阻止人的出生。某些人认为地球上人太多了，他们估计人类每天增加 5 万口。某天，一位政治经济学教授不是说过“从我开始讲课时起，已经生出来 500 个可以成活的婴儿，他们用结实的拳头把长辈推进到生活的混战中去”？按照这样的发展速度，人类在二十一世纪内将达到 48 亿。那时世界岂不要面临饥饿的威胁？难道不存在一个可以养活的最高人口限额？伴随着这些忧惧，我们看到马尔萨斯精神的再现；当然，它已具有必须限制人口增长的新观点。这些新马尔萨斯理论的主要内容是进行所谓生育节制，即用一整套使妇女不育的人为方法，自愿地限制儿童数量。这些观念已经在一群具有同样文明类型和同等文明程度的国家内传播流行。它们从西北欧开始，现已传到北美洲。它们直到很晚以后，才通过所谓上流社会进入南欧和东欧。这些社会的精神状态，迫使父母限制家庭人数，因为工资并不和家庭负担成比例，新儿童的到来将降低家庭的生活水平。因为要给他们的孩子以超过自己的社会地位，在没有金钱的情况下，他们就必须不再生别的孩子。因为，如果他们要想享受生活的各种乐趣，孩子们就成为一种障碍。舒适和安逸的需要，对高生活水平的追求，是这种小家庭制度的原因，因为大家庭似乎是一种金钱上的灾难。

当然，不让人数增加是否有益这个问题，应当从人类利益这方面来讨论。在理论的阵地上，这种讨论使两个学派，也许是两种精神发生争吵：主张节制生育的说，人口少了，分配的产品就多了；主张多人口家庭的人说，人口多了，劳动创造的产品也多了。一个是想推拒贫困，另一个则相信努力的功效。但是，问题现在已不再停留在理论上了，因为到处都有一些迫使人们不得不注意的现实。在常常实行避孕的国家内，人们已经在考虑：儿童的出生数是否足以阻止人口的减少？如果人们希望人口自己更替，那么应当考虑的，就不是死亡率的降低，而是妇女的生育力。我们看到，在几乎所有欧洲文明的社会里，净繁殖率都在不断地下降。在某些国家内，这个率现已降到1以下，即一个人死了，得不到另一个人来替换。在将近1930年时，这个率在俄国还保持在1.7，意大利为1.18，加拿大为1.51。但在英国，则从1921年的1.087降到1933年的0.734；德国从1881—1890年的1.448降到1913年的0.7；法国从1896—1901年的0.979降到1933年的0.82；新西兰从1871—1881年的3.92降到1932—1933年的0.87；澳大利亚从1871—1881年的2.3降到1931—1932年的0.82。如果这个率继续下降，这些国家的人口就必然会停止增长，然后开始减少。计算表明，如果这些人口状况不变，下列国家的人口数将是：英国1976年为3 270万（1934年4 540万）；法国1980年为3 890万（1933年4 190万）；德国1975年为5 000万（1933年6 550万）；美国1975年为12 650万（1933年12 600万）。

这就使人们要考虑，希望说服人类无权生育另一些人来替换自己的这种想法究竟好不好。如果人们希望国家的劳动产品得到足够的销路，如果人们希望文明和福利之源的劳动分工仍然是可能的话，在经济上是不是必须使一个国家的居民不要变得过少？最后，人口减少的国家是不是还有下列危险：语言和文化影响的减小，导致了外部活力的削弱？青年一代固有的主动精神的衰落？求助于国外人员的必要性？多育民族的觊觎？人们已经听到那些多育的民族在声言：他们对人口正在减少的古老国家的财富享有权利了。

所有这些要求，使得人们强烈地关心人口过剩问题。然而从我们已作的简短探讨中可以看出，给人口过剩状态下一个明确定义不是一件简单的事情。人口过剩，不是一种仅靠密度数字和生产统计就能确定的状态。要确立这一定义，必须考虑生活水平；这里面既有质的，也有数的论据。在比较生活水平时，人们才能确认出一种人口过剩状态：远东的某些地区就是这种情况，那里的极度贫困，排除了一切人口最适宜状态的观念，而且事实本身就是人口过剩的明证。但在其他大多数情况下，怎样才能有把握地断定那种未经科学论证、常常表现为被满足于低生活水平的人民所忽视、被要求高生活水平的人民所斥责的主观事实呢？

经济问题

国际经济现状[①]

那种认为世界大战在搞乱世界经济时已强加给它一种新方向的意见，是经不起探讨的。废墟和死亡，确实使冲突的世代蒙受极大的痛苦；某些国家的物质生活，确实苦于国界的压制和束缚。但是，大战的毁灭性虽然如此巨大，它在人类经济命运上所引起的剧烈变革，却远不如蒸汽的利用所导致的那样深刻和广远。人们在国际经济中，看到一些被战争加强和加快，但不是来自战争的某些普遍的趋势。早在1914年以前，它们像深处的波浪，就已开始动摇人们相信是坚不可摧的工业结构，和转移人们以为是永恒不变的贸易路线。在经济的有机结构中，有许多由于其规模或活力而使人们不得不重视的巨大脉搏，例如：石油、橡胶、木浆、人造丝、铝等某些新产品的惊人的飞跃发展；一些巨大的工业和商业中心的缓慢迁移，它们渐渐地离开欧洲大陆而定居到美洲和太平洋国家；工业经济向全

① 本文系刊于《地理学年鉴》(1929年)，卷XXXVIII，第211和212期上两篇论文的转载。

球扩散和现代化工厂在迄今一直是古老经济地区的出现;某些国家和地区在某些制造类型上的专门化;许多农业国家中小农场的发展。予以分析,然后以一种总结的方式来概括经济发展中的这些总面貌是有意义的。

为了作出这一总结,我们利用了为“国际联盟”,特别是为国际经济会议①所搜集的极其珍贵的资料。现在还不能说“国际联盟”是否能永远阻止两个强国之间的战争。但是,通过对全世界经济问题的研究,它能够有助于指出那些使各国联合起来而不互相反对,促成它们团结而不制造它们对立的事实。我们应当提出要求:在国际经济会议上进行的这项调查研究将是长期性的。我们在罗马已经有了一个国际农业研究所。在日内瓦,我们有一个工业、一个商业和一个人口研究所,它们都是在同一意愿的激励下建立起来的。学者们将感激“国际联盟”从其巨额的预算中匀出一份给予经济科学。M.路舍尔的话很生动:“日内瓦将成为警铃总站,……我们应该在那里装置经济生活的警铃。”这种铃确实有点太响了;不应该让警觉恶化成惶乱。但是,我们知道在日内瓦事业的合作者中,有些人是能够在工作过程中拒绝科学精神以外的任何冲动的想法的。

除“国际联盟”的资料以外,我们还利用了当前杂志和报纸中几乎到处涌现的情报来源。“经济学”现在正引起许多人的注意,人们已经看到它在调整人类的生活水平和支配国家的生命力。因

① 参看F.莫雷特注记:《国际经济会议资料汇报》,《地理学年鉴》,卷XXXVII,1928年,第261—265页。

此，现在经济学出版物的繁复是前所未有的。

一、原料和食品

生产的一般进展　在浮现于混乱的局部性事实之上的那些普遍性事实当中，有一件事实将会——至少是暂时地——减轻那些害怕人类死于饥饿的人们的焦虑，那就是：人们看到在地球上人口不断增长的同时，世界上的生产也在持续增长。

如果我们考虑到全部原料和食品生产，就会看到各处统计资料所表明的一种普遍进展（只是欧洲除外）。1925 年的世界人口比 1913 年多 5%，与此同时，生产却增长了 16—18%。

乍一看来，人们似乎可以认为出现了生产过剩，因为人的数目和商品数量没有以同样的比例增长。实际上，允许更多消费的生产增长，表现为生活水平的普遍提高。这种增加人类财富的进展，扩大了人类的安全系数。那种认为世界购买力过分低于商品的增长，所以要减少生产的想法是错误的。如果某些产品确实销路不佳，那是由于它们的成本过高，也由于生产者不懂得放弃售量小的产品，和不转向生产需求增加的商品。因此，我们不要说一般的生产过剩。地球表面上生产的产品比人多是一件好事，这样，饥荒和贫穷才能少些。

生产进展的分布情况如何？虽然世界上的食品和原料比以前更丰饶了，而这种丰饶的地理分布，却在不断地发生有损于欧洲而有利于较年轻的美洲和太平洋国家的变化。

根据 64 种主要产品计算，1926 年的生产比 1913 年增加的情况是：亚洲和大洋洲四分之一，南、北美洲三分之一，非洲三分之一以上，中美洲二分之一以上，只有欧洲还未恢复其战前水平。从下表所列的百分比中，我们看到了从 1913—1926 年在世界总生产中各大洲所占份额的这一不利于欧洲的变化：

	欧洲	北美洲	中美洲	南美洲	非洲	亚洲	大洋洲
1913	42.7	26.1	1.5	5.1	2.3	20.4	1.9
1926	36.2	29.7	2.2	5.7	2.8	21.4	2.0

自 1913 年以来，欧洲的谷物收获已经下降。如以战前(1909—1913)的平均数为 100，则 1926 年欧洲的生产不超过 97，而北美洲的指数却上升至 114，南美洲为 143，大洋洲为 159。欧洲的收获量，在 1913 年占世界收获量的 52.2%，在 1926 年仅为 48.6%。因此，为了养活其众多的人口，欧洲不得不从洲外购进数量渐增的粮食：1926 年，10 930万公担(100 公斤)小麦，4 860万公担玉米，此外还有黑麦、大麦和燕麦。与此同时，俄罗斯和罗马尼亚在国际小麦市场上只是次要的角色。现在世界上的最大粮仓是加拿大、阿根廷、澳大利亚和美国：在 1925 年，它们输出了共 1.37 亿公担的小麦。

肉类生产是同样的情况，除欧洲以外，所有大洲都增加了生产。为了食用，欧洲从洲外购进数量日增的肉类：它几乎接受了阿根廷、澳大利亚和新西兰的全部肉类出口。

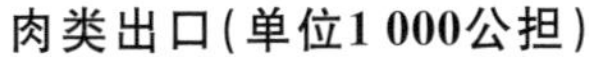

肉类出口(单位1 000公担)

	阿根廷		澳大利亚		新西兰	共计
	冷冻牛肉	冰藏牛肉	冷冻牛肉	羊肉	肉类(主要是羊肉)	
1912—1913	325	30	82	73	131	641
1926	227	431	97	39	154	948

就原料(食品除外)生产来说，自 1913 年以来，全世界的指数

增加四分之一以上，其中，中美洲由于石油和亚洲由于橡胶，它们的增加量超过二分之一，有时达四分之三。除某些产品如铝和人造丝以外，欧洲的地位几乎全在下降。下表表明在采矿和冶金工业方面，已经出现了有损于欧洲形势的颠倒变化。

世界生产的分布(%)

		金　属	生　铁	钢	煤
欧　　洲	1913	52.1	57.94	56.62	50.9
	1926	39 .1	45.13	44.21	47.3(1925)
北 美 洲	1913	41.5	41.23	42.91	42.7
	1926	51.1	51.46	53.46	44　(1925)
中 美 洲	1913	1.3	〃	〃	0.1
	1926	1.7	〃	〃	0.1
南 美 洲	1913	0.5	〃	〃	0.1
	1926	1.5	〃	〃	0.1
非　　洲	1913	0.1	〃	〃	0.6
	1926	0.5	〃	〃	1
亚　　洲	1913	3.4	0.77	0.45	4.5
	1926	4.8	2.72	2.02	6.2(1925)
大 洋 洲	1913	1.1	0.06	0.02	1.1
	1926	1.3	0.63	0.53	1.3

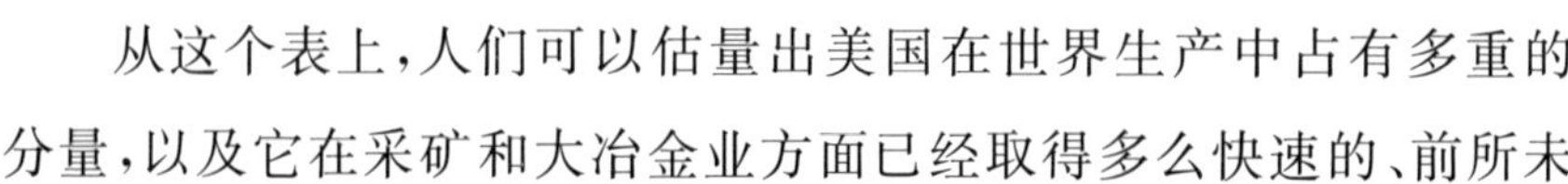

从这个表上，人们可以估量出美国在世界生产中占有多重的分量，以及它在采矿和大冶金业方面已经取得多么快速的、前所未

有的发展。通过亚洲和大洋洲的进展，人们加快了印度、中国、日本和澳大利亚冶金业发达前景的到来。

产品的主要类群 在按大洲说明生产的地理分布之外，我们还要指出按产品类群的经济分布。这样，我们就取得经济发展的另一幅图景，并从中看到由某些产品走红、某些产品衰退所反映出来的世界性需求。有一些在世界上的产量减少了，如甜菜糖、亚麻、羊毛、智利硝石、煤。另一些则增加了：或者是适量地，如粮食和肉类、烟草、咖啡、大麻、棉花、铜、铅；或者是大量地，如甘蔗糖、可可、椰干、花生、天然丝；或者是极大地，如橡胶、石油、木浆、人造丝、铝、人造肥料。现在我们来探讨每一个产品类群，以便明确其在当代经济中的地位。

在食品中，有一些比战前减产了，如大麦、黑麦、啤酒花，尤其是甜菜糖。糖是战争行为毁灭欧洲许多工厂的牺牲品：在1926—1927年，主要受俄国歉产打击的欧洲糖产量，只回升到1909—1913年平均产量的93%。人们到处看到甘蔗糖的胜利。在1909—1913年，它占世界糖产量的55%，到1926—1927年已达67%。与此相反，人们在世界上却收获了更多的小麦，生产出更多的肉、奶、咖啡、茶和可可。这些增长显示了生活水平的提高，特别是对某些欧洲国家来说，它导致对这些珍贵食品更大量的需求和更积极的生产。

矿物领域的趋势也是增产。铜、铅、锌、锡、镍、银、铝都是如此。就是半成品的生铁也在增产。就钢来说，它1926年的世界产量比1913年多四分之一以上；当然这也得益于对残屑碎料和废钢铁日益广泛的利用。这一增长的大部分来自美国，它的人均铁消费量，现在超过欧洲主要国家平均消费量一倍以上。但由于铁的用途增多，无可怀疑，欧洲钢消费的增长，将导致其大冶金业的发展。

伴随着煤矿，出现了当代经济最普遍的问题之一。在煤矿的胜利历程中，似乎已发生过一次停顿，而燃料经济的一个新纪元却正在开始。全世界煤的生产速度，在1926年以前都在减慢，1927年刚超过1913年的数字。与此相反，它的消费量却在减少，于是它留下一份超采的数额：在1913年，全欧洲高达0.685亿吨，1925年为1.171亿吨，1926年为0.924亿吨，1927年为1.102亿吨。这种存煤积累的原因有二：首先是经济利用的方法，即燃烧方法的改善，和用以制造煤气与发电等对煤炭间接使用的发展；另一个是石油和白煤对煤炭的取代。重油的使用几乎扩展到所有的工业领域。消费重油的船舶吨位逐年增加①。机动和能燃用石油的船舶毛吨位，在1914年为1 544 000吨；至1927年7月即增至22 752 000吨。阿根廷的铁路正在越来越多地燃用石油②。智利的硝石矿已经改装其机器，以便燃用重油来代替煤炭。白煤到处都在扩大其在能源中的作用，特别是在瑞典、意大利和加拿大。美国的工业实力虽然飞跃发展，而它煤炭的消费却增加很少③：在1923—1925年间，每人每年的消费只比1909—1913年间多89公

① 在1918—1919年，世界下水的船舶总吨位中，66.2%烧煤，33.8%烧重油。在1925—1926年，这两个百分数已分别变为31.6%和68.4%。

② 在1924—1925年是21.5%。

③ 在美国的能量生产中，煤在1901—1905年占88%，在1926年占67%；石油在1901—1905年占6%，在1926年占21%；水电在1901—1905年占3%，在1926年占6%。

斤(4 673对4 584公斤)。美国、英国、德国及意大利铁路的用煤量正在减少,其原因是人们采用了经济的利用方法,或者是用电来代替煤,或者是以公路运输来减少铁路运输。在经济发展的当前时刻,煤炭似乎有开采过多的危险,因为需求有下降的趋势。

就纤维原料来说,由于俄国的危机,亚麻的生产下降了。羊毛的供应仍然是困难的,因为非洲、澳大利亚和北美洲的增产补偿不了其他国家的短缺。羊毛依然是珍品,供少求多。与此相反,棉花生产显示出一种引人注目的进展。早在战前,人们就害怕棉花歉收;他们狂热地寻求适宜这种作物的殖民地。事实上,它的栽培面积和收获量各处都在增加。如以 1909—1914 年间的指数为 100,则 1926—1927 年棉田面积的指数,在美国是 138,南美洲 230,印度 111,埃及 106,非洲的其余部分 545,全世界 127。棉花的世界收获量,从 1909—1914 年的(年平均)48.40 亿公吨增至 1925—1926 年的 59.80 亿公吨(此两数字原文有误。——译者)。

最后,在蓬勃发展的产品中,需要指出热带国家的含油种子:大豆、花生、椰仁、棕榈仁,后者的收获量在 1913—1926 年间增长了一倍多。亚洲单独提供了 44.3%,非洲为 12.8%,大洋洲为6.6%。这些进展,是热带国家在世界经济中地位不断提高的征兆。

某些产品的惊人的发展 在经济演变的现阶段,某些产品的惊人发展简直是一种独特的事件。它们主要是一些新工业所需要的原料,与运用新的科学方法而大量生产的食物,或是突然大规模开采的矿产。如果撇开石油不谈,我们就会看到一种从橡胶种植园的土地中长出来的全新的经济。1913 年和 1926 年的统计数字,显示出野生橡胶林的迅速衰微和栽培橡胶林的惊人扩展。如以 1913 年的指数为 100,则 1926 年南美洲的橡胶生产已跌至 67,非洲已跌至 45,而亚洲却跃升至1 186。橡胶的世界收获量分布情况如下：

	南美洲	非　洲	亚　洲
1913	39.4	15.8	44.8
1926	4.7	1.2	94.1

全世界报纸的增加,把木浆的生产推向经济活动的前列。它从 1913 年(指数为 100)到 1926 年的增长情况是:欧洲,154;北美洲,207;亚洲,888;全世界,183。总生产量分布情况如下(%)：

	欧　洲	北美洲	亚　洲
1913	55.3	43.9	0.8
1926	46.6	49.7	3.7

人造丝红运当头。它的产量从 1913 年的 1.3 万吨增至 1926 年的 10.1 万吨,其中三分之二以上来自欧洲的工厂。电力、汽车和飞机工业所需要的铝,产量从 1913—1926 年增加一倍以上。军用转为民用工厂所制造的人造肥料,产量达到了极不寻常的数字：硝酸钙几乎是 3 倍,氰氨化钙在 5 倍以上。欧洲工厂在这一领域的胜利,导致智利硝石的一场开采和销售危机。

二、国际贸易

非常奇怪,国际贸易并未伴随生产的增长而增长。主要原因是超产的原料和食物没有完全投入普遍的流通。首先,某些生产原料的国家,倾向于将其留供本国工厂去加工成成品,日本、加拿大、中国和美国就是这种情况。其次,在罗马尼亚、保加利亚和俄国这些国家，农业改革已经改变了农村的产业结构，农民自己消费的小麦比以前多了，投入国际贸易的数量也就相应地减少。欧洲的贸易能力也受到战争后果的损害：小国林立，关卡重重，缺少有利于贸易的领土统一，不能形成美国那样的广大而均一的市场；没有俄国和正在统一中的中国所拥有的那种有朝一日可以形成贸易大国的均一文化。

贸易的地理分布　总起来看，国际贸易是增长的。就全世界而言，1926 年比 1913 年增长 10%。但这种增长的分布，在各大洲很不均匀：北美洲和亚洲是二分之一，中美洲和大洋洲是三分之一，别处就少得多了。如果单独考虑，某些国家在 1925 年比 1913 年显现出引人注目的进展：阿根廷 58%，印度 187%，美国 197%，澳大利亚 199%，中国 222%，新西兰 256%，日本 289%，英属马来西亚 374%。因此，最年轻、最富于生命力的贸易中心，是欧洲以外的新大陆、印度洋和太平洋国家。

欧洲的贸易似乎已陷入停滞。国际经济会议的一份文件向我们表明："想起来是令人很忧伤的，对当前形势最有利的估计只能说，战后十年，欧洲的国际贸易终于恢复到接近其战前的水平。"此外，同其他大洲相比，欧洲在 1926 年世界贸易中的份额，比 1913 年显示出很大的倒退。

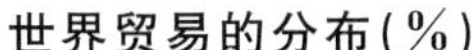

世界贸易的分布(%)

	欧　洲	北美洲	中美洲	南美洲	非　洲	亚　洲	大洋洲
1913	58.5	14	2.1	6.2	4.3	12.3	2.6
1926	47.9	19	2.6	5.8	4.4	17.1	3.2

欧洲贸易形势的原因　当人们要解释贸易活动减弱（这可能是欧洲现况的最独特的一点）的原因时，大概都要归咎于战争的后果；它改变了政治地图，创造了许多新国家和新边界，为国际贸易带来许多障碍。但人们不能轻视到处出现欧洲对手的这些普遍原因：在从前购买欧洲制造品的国家里出现了年轻的工业；在另一些地方——就像欧洲长期单独干的那样——也出现了资金积累，用以支持殖民地的企业，并扩大其贸易范围。

亚洲、大洋洲、南美洲及南部非洲的许多国家，都已开始工业化；它们现在在自己的工厂里，对其生产的原料进行加工。这对欧洲贸易来说是一种损失，因为以前是把这些原料运进欧洲，又以制成品的形式重行输出海外的。现在某些原料出口国已不再仅仅同欧洲贸易，它们也同其他来买的国家贸易。与此相应，这些国家也不再单向欧洲，而是向所有买它们原料的国家求取制造品。中国和日本对欧洲的买和卖都比对北美洲的为少。日本对欧洲的出口，已从占其总出口量的23.3%跌至6%。澳大利亚、印度、阿根廷从欧洲的购买量也在减少，有时向它的销售量也在减少。澳大利亚现在从欧洲的进口，占其总进口量的54%，而不是以前的71%；阿根廷是64%，而不是原先的80%。在1913年，欧洲在巴西的总进口量中占67%，至1926年则是50%。这样的例子还有许多。

欧洲贸易衰退的另一原因：欧洲不再是世界上唯一的投资者。在战后，它要经过一段自身苦于资金短缺的金融不景气时期，它向海外国家既不能提供开发所必需的费用资本，也不能供应经济装备所要求的“有形资本”——钢轨、机器、钢材。因此，欧洲的冶金业已丧失了很多出口量。英国在 1913 年输出火车头 4.71 万吨，1925 年为 2.93 万吨；德国 1913 年为 5.44 万吨，1925 年为 2.26 万吨。至于农业机械、机床及发电机等，英国和德国的 1925 年出口量，则分别不超过 1913 年的 84%和 74%。

中欧政治地图的新形势不利于国际贸易。和平条约在创造这么多小国时，划出了11 000公里的新国界。每一个国家都希望自给自足，都想进行工业化。这样，人们就为了取得一种在一个小国内不能充分运转的装备而浪费了资金；人们不可能进行廉价生产，因为无法对大批量商品组织专门化和标准化制造；最后，人们在每一个成为保护主义堡垒的国家周围，建立起几乎不可逾越的关税壁垒。

奥匈帝国的瓦解，向我们提供一个值得注意的有关这种新政治结构的例子。许多世纪建立起来的这样一个国家，已经形成一个大规模的经济整体。政治上那里没有谅解与和谐；但在经济上，在这个混杂结构体的农业、工业、林业的各个部分之间，已经实现了相互关连。这个帝国在其绵长的边界之内几乎是自给自足的，它对国外贸易需要的程度，比其他欧洲国家小得多。在 1913 年，它按人口平均的对外贸易额，只达到德国和法国的三分之一，是英国的五分之一。M. 齐迈尔曼说："形成一个生产整体的这片土地，拥有优良的铁路网，和把欧洲心脏及黑海连接起来的极好河道。整体已经碎裂，原先的国土被分成 7 个国家。许多世纪建立起来的经济联系已被摧毁。一些为国内市场需要而创建的、从国内获取原料和燃料的工业，碰上了把它们原先的顾客和原先的供应者分开的新边界。铁路系统从属于 7 个政府的规章、费率和程序。"

因此，奥地利这个经过清算的残余体，可以说不再有商业气氛了。由于它拥有旧帝国的一大部分工业，现在再也不能在一片太小的土地上为其工厂找到销路了。

所有这些实行孤立政策的国家本位主义，都在国际贸易前面堆置障碍。它们运用提高和多变的关税税率，使贸易关系不稳定，使长期合同成为不可能。然而，正如 M. 隆西曼透辟说明的："现代贸易中最有利于集体的活动，莫过于签订一些使大量商品的生产和交货能分期进行的长期合同。这些合同对生产者和消费者两方都有很大的好处；对工人也是如此，因为它们使就业有更大的稳定性。"

这种思想使人们不能不对分隔的欧洲土地与伟大均一的美国土地进行比较。从大西洋到太平洋的5 000公里内延展着一个单一的市场，那里的人和商品流动自由，不会每两三个小时就碰上一条新边界；一个唯一的同一的国家，它的全体公民具有相同的语言、习俗和需要；一个唯一的经济体系，那里运行着同一个银行制度。M. 埃利约说："在欧洲，这些常常是自给自足的小国的 30 条边界，30 道密不透风的隔墙，是一种与世界经济洪流的广阔、自由转动的理想不相容的理想。"

为了能充分和不受限制地进行，国际贸易需要一种专门化和标准化的生产，而这种生产又能拥有广大的经济地域作为销售市场。欧洲似乎还不能够实现这一理想。可是，几个国家在经济领域密切地相互依存的意识正在取得进展。没有一个国家能在损人利己的贸易中得到好处。既然不能消除边界，我们就要通过国家间的协议来制定国际贸易的自由。我们可以法国和德国在1927年8月17日签订的贸易条约作为这类协议的一个例子。两国互相给予最惠国待遇;它们为协议规定一个相当长的期限,以保证贸易关系的稳定;它们彼此取消对进出口的禁令。条约为法国的农业(葡萄酒、罐头食品、干酪、时鲜蔬果)、纺织工业和服装工业的产品开放了德国市场,为德国的机器制造业和化学工业的产品开放了法国市场。

三、工业经济的普遍发展

欧洲在整个十九世纪内制作的工业劳动型式,并不永远是旧大陆特有的标记,它向全世界传布,引来了老工业国家的对手。这样,就在工业经济中造成一种新的平衡。这种平衡的出现,肯定得到了世界大战的助力,但早在半个世纪以前,它的深远的趋势就已显露出来了。

世界工业化的原因 人们已经频繁地指出,世界大战是如何促进许多非欧洲国家的工业发展的。某些中立国不得不建立工厂,以制造交战国不再向它们提供的商品。在整个十九世纪内,它们向欧洲输送原料,欧洲在加工成制造品以后,又返售给它们而获取厚利。随着战争的爆发,它们也迎来了必须有自己工厂的时刻。

大战以后,一些国家出于经济国家主义的动机,希望在关税税率的保护下,创造或发展它们自己的制造业。人们看到:匈牙利在建立棉纺工业,罗马尼亚在建立冶金工业。工厂的这种突然发展,有时甚至是依靠通货膨胀来提供资金。清醒的理智本应劝阻这些狂热的做法;因为对于不能形成自给自足的统一体的小国来说,输入某些产品比自己制造要更为经济。

但是，在战争的短暂影响之外，还要看到长期以来导致大国走向工业化的经常性影响。技术知识的普及，使其成为人类的共同财产；迅速而廉价的运输，使尚未装备的国家能取得工业物资；欧洲资本的扩散，为年轻国家的设备提供资金；原料生产国自己向制造国转变，和能源占有国力求自己的工厂使用其资源的自然倾向；出生率高的国家希望开办工业以安排工人就业；已经先进的国家，需要发展一些为进口物资所不可缺少的保养工业和修理工业。我们可以举出机器制造业：它几乎是到处传布的制造业经济的先锋。

工业发展的地理分布　工业经济在老国家以外的扩展已经遍及全世界；在美洲、亚洲、澳洲、非洲，甚至在欧洲，人们都看到这种情况。

在欧洲，我们看到瑞典、瑞士这些富于水能的国家，在尽其所能地建立水电工厂，借以避免用高价去买煤；挪威因而得以建造一些大型的人造肥料工厂。在大战期间，许多中立国如丹麦、瑞典、荷兰等都扩展甜菜栽培，并大大增加制糖厂的数量。为了使用劳动力而不任其外流，意大利正有条不紊地进行工业化；它在1926年拥有棉纺锭子4 883 000个，而在1913年是460万个；它在1925年生产207 800吨棉纱，而1913年则是175 600吨；它在1925年拥有织布机139 000台，而1922年则是112 506台。但工业经济取得进展的，主要是欧洲以外的地方。

美国工业实力的成长，是震动世界经济的大事。现在这已成老生常谈。我们只要举出几个有关它新兴工业非凡发展的例子就够了。它在产量上领先于所有国家的项目有：人造丝（1913年占世界6.3％，1925年为28％）、电工器材（1913年占29％，1925年为52%)、机器制造、染料及化工产品、天然丝织造。如果计算一下1925年世界18个主要国家的电力生产,我们就看到美国独占鳌头(46%),远远超过了德国(8.2%)。所有这些情况都只能提醒我们,使欧洲丧失霸权的威胁主要来自美国。可是,如果我们忽视巴西的竞争,也是错误的。它的棉纺工业正在大踏步地前进:1925年,735 000个纱锭和26 000台织机;1926年,2 493 000个纱锭和70 500台织机。

在亚洲,也在棉纺工业中显示出最迅速的发展。我们不知道中国在战前拥有的纱锭确数;但在战后,已从1919年的659 752个增至1926年的3 436 000个。一切都对中国工厂有利:大量的廉价劳力使成本很低;煤和电力价格不高;巨大的国内市场,保证其棉纱消费量超过世界各国的总和;本地供应的棉花,适于制造中国人要求的粗布。日本的纱锭从1913年的230万个增至1926年的5 573 000个;1913年产棉纱276 000公吨,1925年45万公吨;1913年织布4.17亿码,1924年10.31亿码。很难找出具有同样活力的例子。毛纺工业也在发展,因为日本的羊毛进口量,从1913年的8 203吨增至1925年的36 998吨。

欧洲,特别是兰开夏的棉纺工业,现在遇到了最可怕的敌手——集中全力去织棉布的印度棉纺工业。印度现在进口更多的煤——这是工业化的一个指标;它棉纱的进口也多于出口,因为它正在发展织造业。它1913年有纱锭6 084 000个,1926年有851万个;1912—1913年它生产棉布11.64亿码,1925—1926年增至19.45亿码。

日本、中国和印度棉纺织业这种飞跃发展的结果,使亚洲市场对欧洲货关上了大门。中国1924年购买的棉布，比1913年少5.3万吨；印度在1925年比1913年少买13.3万吨。与此相反，日本棉织品的净出口，从1913年的0.25万吨增至1925年的10.32万吨；这些几乎全是卖给中国和印度的。只有用亚洲市场的疲弱，才能说明英国出口为什么下降：从1913—1925年减少20.7万吨。再有，人们还注意到整个远东对纺织机械的强烈需求：然而其中一部分却是英国卖出的，这就向亚洲人提供了对抗兰开夏棉纺织业的武器。

澳洲也同样地在走向工业独立。该国是1925年世界上最大的电力设备进口国，这是它工业化迅速的证明。这种发展，一般都从那些为满足广大人口消费的初级工业开始：毛纺（毛线产量在1913—1925年间增加一倍）、服装、鞋、化工产品；然后逐步地进入奢侈品。G.皮尔斯爵士在谈到澳大利亚时说："我们是一个发展时间不足一世纪的年轻国家。我们不能既要国家腾飞，同时又满足于永远充当为较老、较先进国家服务的劈柴担水的工人。我们在世界大战中已经懂得了：在经济生活的某些基本领域内，我们应当能保证自己的生活和国家安全这一点是多么必要。"

因此，在欧洲以外，各处的工业经济都在扎根、壮大和兴旺发达。现在单是美国和日本两国，每年消费的棉花比在战前的一个时期多出约200万包，而欧洲则减少约200万包。从1913—1926年，欧洲棉纺织机增加37%，而世界的其余地区则是66%。从1913—1925年，制造业加工增值的情况是：美国70%，加拿大40%，澳大利亚40%，新西兰88%，南非200%以上。

欧洲工业的现状　经济重心位置的这些转移，都使欧洲处于劣势;工业的世界分布,是在不利于欧洲的情况下进行的。此外,它还承受着沉重的战争后果。一些受军事需要过分刺激的工业,积聚了大大超过市场正常需要的多余的装备:大冶金业、造船工业,甚至一些纺织业的困境就是这么来的。面对这种生产能力的增大,我们却时常看到消费能力的减小。外部市场对大冶金业产品的需求在减少,因为这类购置要投入过多的资金。同样,在造船厂的生产能力已经增加一倍的情况下,当和平到来的时候就该停止制造,并裁减一部分船队。

既不能开动其全部机器,甚至又不能售出其全部产品,这个古老的欧洲就不再能使用其全部劳动人口了。它不得不让大量工人失业,其人数高达好几百万。当人们寻求解救危机的办法时,又碰上一种可悲的处境。为了使欧洲工业能顶住外部的竞争,就必须采用合理化的方法以降低成本。可是这些方法的自身,又造成减少雇工人数的后果,就是说,它们增加了失业者的数量。为国内巨大市场生产的美国工业,其处境多么幸运啊!与战前相比,美国生活费只提高170%,而美国的工资却提高达240%。M.路舍尔说:"一个美国工人用3个月的工资能买一辆汽车,而在法国,则要积聚3年的全部工资,才能买到同样的汽车。比率是1∶10或1∶12。"

看来,为了进行对抗,欧洲工业应该依靠优秀的工人去发展优质高价的产品。在不忽视大量生产能力的同时,人们应当期望它转向那些能将工人的优良经验和熟练技巧,最佳地投入劳动的制造业。因此,现在已经开始出现一种转向精工高值产品生产的发展。正是由于这个缘故,一些欧洲工业没有丝毫危机,例如,电器制造、汽车、橡胶、人造肥料、天然丝和人造丝、精美食品。长期以来，纺织业也在转向纺细纱和织高级布。这种专门化有赚取更多利润的好处；因为，制成品的价格比原料的价格提高得多，产品所实现的利润，随着投入劳动的增加而提高，而这些利润又使人们能买到同样增多的原料和食品。英国经济的许多方面已经出现这种趋势。现在仅以棉花为例。英国在 1926 年拥有纺埃及细绒棉的纱锭数量最大：它有1 946万个，美国仅 200 万个，法国 230 万个，德国 100.9 万个，瑞士79.6万个。一般地说，统计数字表明，在英国的出口中，优质高价商品所占的比例比战前高得多。

对初级产品来说，欧洲必须组织大批量生产。它应当使这些生产不仅在同一国家的企业之间，而且要在不同国家之间实行专门化。这类国际组织现在已不再是一种梦想，因为：目前已有了研究同一工业技术和贸易问题的国际联合会（如 1904 年成立的“棉纱厂厂主国际协会”），而且人们已签订一些协调生产和适应需求的国际协议（如 1925 年的钢协议）。同样，通过国际协议，人们将毫无疑问地能够组织专门化。

四、农业的发展

人们不会看不到农业和其他经济活动形式之间的密切关系，但有时低估其重要性。战争的严格限制和对荒歉的恐惧，把粮食供应和原料生产这些农业问题放到经济筹划的首要位置。农业为工业提供大量的原材料，为贸易提供大量的待运输和待分配的货物。农业调节、制约工人中心的衣食和工作。因此，制定农业方法，必须与制定工业及贸易方法同样地仔细。人们必须为农田配备工具，使其具有工厂或港口那样的效率，以便尽可能最廉价地进行生产。

欧洲的农业状况 欧洲农业对支配一般经济的各种影响很敏感，它没有摆脱导致制造品成本提高的工业危机的那些后果。与1914年7月（价格指数以100来表示）相比，法国1926年工业品批发价指数是804，食品是618。而且这种不相称还是普遍的。在世界各地的产品交换中，农民得到的工业品和直接服务的数量比战前少得多。主要决定于工业品消费的生活费用大大增加，因此，劳动力的价格提高了；同样，农业劳动的价格也提高了。于是农业生产的购买力下降。

农民不仅高价买进工业品，还要低价出售农产品。这种情况导致一场前所未有的农业危机。从1875—1900年，新国家的竞争曾使欧洲老国家的小麦价格下跌；那时地产贬值、农民破产，生产方向转为畜牧。接着，平衡重行建立，外来谷物的数量难以满足工业中心的巨大需求；价格再次变为正常，于是危机结束。相反地，在当前的农产品跌价中，应当看到的不是一次生产过剩，而是工业欧洲的劳动者购买力下降的影响。因此在许多国家中，农业经营者都苦于不能按合理价格出售产品。统计数字给我们几个惊人的例子。为了进行对比，我们把1912—1914年的平均指数定为100。德国60个农庄各种作物，1924年按马克和公顷计算的利润是：松土锄草作物39，谷类作物29，饲料作物20，酿酒作物37。某些年份，有的国家是亏本的：丹麦1921—1922年亏1.2%；挪威亏2.11%；瑞士在1922年亏9.5%。瑞士农业资金的净收益，在1913—1914年为3.04%，在1925年为2.33%。“在1926年，单是瑞士一国的农民，就因奶价下跌而比 1925 年赔掉 8 千万法郎。产量增加只能补偿其三分之一。”

农业在世界经济中的作用　然而农业却是世界经济的一个基本要素。它的巨大产值超过多种工业产品。1924 年，世界小麦收成的价值比采掘的煤约多 15%；是石油的 3 倍。棉花一项的价值，等于铁及铜的总和。在国际贸易中，农产品占贸易量的三分之一。亿万的人群靠土地生活：仅在印度就至少有 1.5 亿。单是大英帝国就拥有 2 亿头牛和 2 亿只羊的畜群。即使某些国家弃农就工，而以农业为财源基础的还有许多许多。在活动人口的总数中，各国农业人口所占的比例是：法国 42%，瑞典 46%，爱尔兰 42%，意大利 56%，奥地利 57%，匈牙利 64%，俄国 58%，芬兰 78%；这只是一些欧洲国家。

农业劳动不同于工业劳动的特点是，它几乎到处仍然是小规模经营；它的组织，与倾向于集中为大型企业的工业组织有深刻的差异。小农企业，特别是在俄国、罗马尼亚和波兰实行农业改革以后，有普遍发展的趋势。长期以来，它就在保加利亚、塞尔维亚以及西欧和南欧许多地区内占统治地位。随着它在一个国家内的进展，供出口的收获量就趋于减少，因为农民自己要更多地消费收成，或是以更多的土地去种植粮食作物。例如俄国，它 1926 年的土豆收获量与 1909—1913 年平均数的比例是 151∶100。目前，小农户已很发展的所有黑海国家，都从小麦的大出口国名单上消失了。

小农户拥有的手段当然不及大农庄或工业企业强大。但人们可以把它们组织起来，以扩大生产和降低成本。这就是因国而异、通过农业信贷和合作,而准备进行或已经完成的一场革命。为了更好、更多地生产,农业作坊最缺的是资金。原因是小农很少有积蓄;小农户越多,他们的农田总面积越广,就越需要资金。因此,到处都存在农业信贷问题。但从根本上说,农民只有通过合作才能克服其弱点和孤立;通过合作,农业将能取得:企业集中所给予工业的那些好处。

许多中、小农国家都已打算进行合作化。例子是很多的。正是由于合作,加拿大的农民才在组织小麦出口上取得成功。他们需要战胜铁路公司和仓库公司;他们需要对收获销往遥远的国外市场协调方法。在1925年,将近13万农场主组成一个销售处,他们的麦田面积占大草原的三分之二,小麦出口量占加拿大的三分之二。这个"加拿大小麦生产者合作有限公司"在多伦多、巴黎、卡尔加里和纽约都有办事处。在澳大利亚,四分之三的小麦收获量也同样通过合作社来销售。在美国,这个运动赢得了西部的农民。

我们都知道所有出口奶产品国家内合作社组织的威力。数量庞大的黄油和干酪,是由这样组合起来的农庄生产的:荷兰,黄油总产量的65%,干酪45%;芬兰,黄油92%,干酪70%;爱沙尼亚,乳品厂总产量的84%;澳大利亚,总产量的91%;新西兰,80%。

在丹麦,奶牛头数从1881年的899 000增至1924年的1 369 000;每头牛每年的黄油平均产量从54增至115公斤;黄油出口由1885年的15 600吨增至1924年的123 000吨。这个数字几乎是所有国家的净出口总量的五分之二。

所有这些进展,都是农民合作组织的功绩。丹麦的乳品合作社已经成功地在全国生产统一规格的黄油,即使在冬季,也能保证生产。它们规定同样的包装方法，建立自己的出口代销机构；它们吸收了五分之四以上的丹麦农民。它们的生产和销售方法，已经在全世界激发起各种各样的生产奶、黄油和干酪的合作措施。

合作的方法已进入农业经营的所有领域。法国、比利时、瑞士、意大利以及其他许多国家，到处都在仿效这一有好处的行动。关于其成功的事例还有很多，但限于篇幅，不能在此一一列举。总之，它的进展向人们表明，小农户如果合作起来，就能够生存、工作和生产，为自己取得那些迄今似乎是大企业所专有的利益。

五、英国经济①

我们觉得，研究英国经济是以一个实例来研究世界经济趋势的最好办法。英国是这个向世界扩展的欧洲经济的最十足典型：出售其制造品，为其工厂购买原材料，向新国家展示其文明。今天全世界都在运用欧洲的方法；而且依靠这种仿效，有摆脱欧洲的倾向。在工作形式上，英国是欧洲所有国家中最欧洲的国家，它的经济对世界发展影响的感应最深刻。

英国的贸易　将近一个半世纪以来，工业革命为英国经济定的方向是：通过贸易而使这个经济支持下去，并不断地富裕起来。有了它，新国家开放了，被移民定居，并且由于老国家资金的涌入而提高了生产力；有了它，一个劳动国际分工才能建立起来。这个分工使英国能致力于工业品制造，并以它来交换初级经济地区的

---

①　除其他资料来源外，本节还参考了自由党关于英国经济形势的有意思的报告：《英国工业的前途：自由党工业调查报告》，伦敦，E，本恩，1928年，8开本，XXIV—503页。

原料和食品。英国经济的特性是不自给自足,它需要对外贸易来支持自己。

英国出口其工业生产的四分之一(战前30%)。在其出口总量中,制造品占四分之三以上(76.2%),而在法国和美国仅分别占59.3%和35.7%。在销往国外市场的全部制造品中,棉纱和棉布占32%,铁、钢及其制品11.6%,毛线和毛料子9.6%,机器7.8%。没有任何别的国家像它这样地迫切需要向国外销售。按人头计,1925年制造品的出口价值是:英国1 622法郎,法国780,德国648,美国383①。英国是世界最大的供货国,因为它的出口额占世界总出口额的12.5%。英国市场吸收所有国家出口总量的五分之一。埃利约说:"在世界上每5个为出口而做工的人中,就有一个是为英国市场制造货物的。"贸易是英国经济的灵魂。

但是几个世代以来,贸易的总额和规模都已发生了严重变化。早在世界大战以前,人们已看到演变的征象在增加。它们从1875—1880年开始出现。这就是:外国高关税壁垒的建立,欧洲和美洲的逐渐工业化,以及最后一个——远东的经济觉醒。英国在国际贸易中已经后退;它的份额从1871—1875年的21.6%下降到1913年的15.3%。

由于战争的影响,世界贸易额缩减了。这当然要影响到英国的贸易。自1918年以来,英国的出口额从未超过战前的80%。受影响最重的是基础工业:煤、冶金、棉、毛、机器。举几个数字来说明其损失的情况:从1913—1925年,英国煤出

① 计算基础是124法郎=1英镑。

口量从99 702 000吨降至7 237 400吨，铁和钢从496万吨降至3 731 000吨，棉纱从104 700吨降至94 300吨，棉布从586 500吨降至381 200吨，毛线从36 500吨降至26 000吨。因此，在1925年的世界出口贸易总额中，英国只占12.43%，已落在美国(16.4%)的后面。

这种出口的缩减，表明很多市场被关闭了。近些年来，欧洲市场对它的亏欠最多：它们由于战争而损失了一部分购买力，尤其是因为它们开办工厂而力求自给自足。因此，人们曾经想到，英国贸易，或许在大英帝国内部能够找到一点好处，来补偿其在世界其他地方的损失。一些事实似乎肯定了这个希望。按人头计算，帝国的人口向宗主国购买商品的数量总是多于别国人：在1926—1927年，新西兰1 838法郎，澳大利亚1 256法郎，南非493法郎，加拿大348法郎；与此相比，法国58法郎，德国56法郎，美国48法郎。一些优惠的税率，使帝国成员之间的这类贸易更有利和更稳定。在欧洲或别处销路不佳的商品，如纺织机器、电机及火车头等，在印度、澳大利亚及南非则是畅销货。在1924—1925年，英国出口的38.5%是卖给帝国内部的。人们可以说，英国贸易在帝国市场上站住脚了。

但是，过于指望帝国就错了，因为占英国贸易额三分之一的帝国内部的贸易，永远不能发展到足以补救那个影响另外三分之二的严重危机。尽管帝国内部贸易的比例因欧洲贸易停滞而上升，人们却不应忘记，英国参加帝国内部贸易的程度已不再像40年前那么深了。在帝国各部分出口的总量中，销往联合王国的份额，在1923年占36%，而1895年则是49%；同样，在英国的出口总量中，销往帝国各部分的比率，在 1923 年是 38%，而 1895 年则是 52%。这种缩减是邻近的外国对自治领施加吸引力的不可避免的结果。再有，帝国内部市场的吸收力是有限的，因为：它们或是人口少，或是某些居民的购买力低，或是推行一种在关税壁垒后面发展自己工业的国家主义政策。很多人并不对帝国经济统一体抱有幻想，而且有些人觉得："我们是在欧洲的大门口，欧洲仍然是世界的最大市场。"

英国的工业　外贸的困难使英国工业深感痛苦。为出口做得最多的，吃危机的苦头也最多。

剥夺英国工业霸权的这场危机的根源，要追溯到世界大战以前的时期。对战争的直接后果，却又是容易辨认的，首先是某些工业在牺牲其他部门情况下的过分发展。比较一下 1911 年和 1921 年的两次统计，我们发现建筑业减少工人10.3万人，农业减少10.6万人，棉纺业3.2万人，家庭服务 30 万人。相反，矿山增招16.2万人，机械制造、造船及炼铁工业32.3万人，化学工业6.5万人。战争一旦结束，所有为陆、海军工作的工业都拥有超过正常需要的装备。没有一个部门能全力生产；外贸的要求越少，生产也就越少。此外，还有汇率下调的国家的竞争；它们用通货膨胀的手段来发展工业。但是，如果没有其他更深远的令人担心的原因，这些暂时的困难也许算不了什么。

长期以来，英国工业一直受到已经工业化或正在进行工业化国家的竞争。现在它们几乎全都采取保护主义关税的办法；这是一种宽严程度不同的经济防护的方法。人们看到，关税提高的比例，到处都高于商品价格的提高。就欧洲以外国家来说，美国是

37%，阿根廷29%，澳大利亚27%，印度16%；就欧洲新国家来说，波兰32%，匈牙利27%，捷克斯洛伐克27%，南斯拉夫23%；就欧洲的大国来说，西班牙41%，意大利22%，法国21%，德国20%。

某些弱点来自英国经济结构的本身及其生产条件。英国工业生产成本过高，它的高昂费用，使其不能和生活水平低于英国人的国家相抗衡。英国工会规定的工资一直很高，它的水平时常和工业现状的可能性不相称。根据在1927年对建筑业、机器制造业、家具业、印刷和装订业所作的调查，人们看到英国工资远远高于欧洲大陆的工资。如果以伦敦工资的水平为100，相比之下，阿姆斯特丹是85—90，柏林65—70，巴黎55—60，布鲁塞尔和布拉格50—55，罗马和罗兹45—50。工资问题在英国工业内部引起比别处更长、更广泛和更痛苦的冲突。在最近几世代内，罢工次数不断增加。平均每年损失的工作日，从1898—1905年的430万日上升到1906—1913年的1 110万日和1919—1926年的4 430万日。即使人们能算出工人损失的钱数，却无法准确推算为生产破坏和市场丢失所付出的代价。

由于方法上某些过时的特点，英国工业在对手面前的处境是不利的。合理化在任何地方遇到的偏见，都不如在英国的多。在采煤工业中，每吨煤的生产费用，在最好的和最次的煤矿之间，差额高达6—8先令。比较明智的做法应当是，关掉次的和充分开发好的。某些煤矿，现在必须采取这一长期使人望而却步的解决办法了。对很多经营亏损的炼钢业公司来说，最好是让工厂专门生产某些特定型号的钢材，并根据它们的专业而分配市场的订单。

这样，它们就能各自安排大批量生产少数几样产品。对数量太多的面粉厂也该进行汰选，它们当中有一些地点不好和装备落后。通过型号的标准化和生产的集中化，人们将能降低成本，并以同等的产品在市场上竞争。

在许多英国人对工业现状所做的这项令人不安的调查中，阶级斗争的老观念受到了批评。人们不再一般地认为雇主和工人的利益是根本对立的，资本和劳动之间也没有天然的不相容性。在像英国这样一个五分之二资本属于一小批业主（总数17 652 700个中的48 800个）的国家内，如能更好地分配产业，并以分配股票和股息的形式使工人也参与其事，看来是有好处的。正如在美国，把巨大的工业企业的产业分配给人数极多的工人，可以抵消资本的庞大集中那样，促进产业分散和建立工人资本主义的办法，对英国工业也将是一个安全的机会。但是，在等待一个解决办法成熟的当前时期，英国大工业的处境如何呢？

煤炭工业　煤是英国经济的基石。它给六分之一工人以工作；它使工厂运转；它向船舶提供货运。然而，煤炭工业现在成了危机的巨大牺牲者。

这一危机，可以用煤出口量的减少数额来衡量。从美好的维多利亚时代到世界大战前夕，煤出口量不断地增大：1886 年2 200万吨，1913 年9 900万吨。其中1 590万吨去波罗的海国家，2 590万吨去北海国家，1 720万吨去西地中海国家。非常有意义的事实是，英国在 1913 年提供德国进口煤的 90％和柏林煤供应量的将近四分之一。可是，从 1913 年以来，除去例外的 1923 年，出口量下降了：1925 年是7 150万吨，1927 年7 200万吨。与 1913 年相比，去波罗的海的减少二分之一，去北海的减少四分之一，去西地中海的减少三分之一，去东地中海的减少二分之一，去南美洲的减少三分之一。在此期间，英国占各国煤进口量的比例下降情况是：挪威，从92%至85%；瑞典，从86%至75%；荷兰，从20%至11%；法国，从18%至13%；意大利，从86%至57%；西班牙，从41.5%至24%；智利，从33%至20%；巴西，从84%至68%。这是英国大厦一根支柱的逐渐碎裂。

不幸的是，煤出口量下降的原因几乎都像是长期性的。首先是许多贫煤国家使用其他能源所带来的竞争。其次是欧洲（荷兰、西班牙、法国）、亚洲（日本、印度、中国）和澳洲采煤业的发展，从而以本地煤来代替英国煤。最后，是矿工生产率低和许多煤矿结构陈旧所造成的英国煤生产成本的提高。从1913—1925年，鲁尔矿工的年生产率，从284吨降至275吨；而英国矿工则从260吨降至217吨。英国许多矿井非常深，而且生产率低。应该把孤立的煤矿合并成一些大公司以便协调生产，同时还要关掉那些太亏本的矿山。尽管降低工资，诺丁汉盆地煤矿仍然亏本生产；单是罗瑟勒姆一个矿区，1928年7月份的亏损就高达65 000英镑；人们不得不解雇3 000矿工，甚至打算不久以后关掉4个矿井；那里已经是每星期采煤不超过3天。达勒姆南部许多煤矿已经不得不这样做了。从1925年6月2日至1928年6月30日，已有1 112个矿井停产；其中362个已被完全废弃。事实上，已经开采几个世纪的某些英国煤田，只有比年轻煤田付出更多的劳力和费用才能维持生产。

冶金业　英国冶金业的不景气表现在外销的困难。铁和钢产品的出口量，从1913年的4 969 000吨（1 016公斤）跌至1925年的

3 731 000吨。除非洲外，所有的市场都不顺心：欧洲，从1 213 000吨降至 720 000 吨；北美洲，从 364 000 吨降至266 000吨；亚洲，从1 405 000吨降至 1 120 000 吨。尽管如此，远东仍然是最大的销售市场。

人们对这个大冶金业会有这场危机可能感到惊讶，因为它具有这么多的天然优势：靠近海边的优质炼焦煤；世界最优矿砂的廉价运输。但冶金业首先是吃战争贻害的苦头。过多的装备不能全部开动；在 1925 年，461 座高炉中只有 149 座点火。即使这样减产，企业的产品还是滞销，它苦于别国(欧洲、印度、澳大利亚、巴西)工业的竞争，它也苦于对钢、机器和资本物资需求的减少，这是资金短缺的后果。它还苦于不像洛林和鲁尔那样设备更新。它的生产没有足够地为出口而集中、标准化和组织起来。

造船厂也在经受一次严峻的危机。在大战结束时，世界船舶总吨位比以前多 50%，而待运的货物数量并未依同样的比例增加。因此，造船厂接受的订货减少了。此外，它们还受到被正式保护和补贴的外国造船厂的竞争。最后，它们应当抱怨自己跟不上进步，在建造发动机船舶方面落后。在 1911—1913 年，它们造的船舶占世界下水吨位的 61.5%，到 1925 年只占 49.5%。它们现在只提供 5 522 000 吨新船，而在 1911—1913 年则是7 906 000吨。人们发现机器制造业也在同样的损耗，同样的衰退。在机器出口方面，英国远远落后于美国；美国在 1925 年输出的机器，占世界总输出量的 34.8%；英国只占 24.4%。到处都有一些外国货，火车头、钢索，甚至还有织布机，它们的售价比英国货便宜。

棉纺工业　在世界所有国家中，英国一直是棉制品的最大出口国。棉货占英国出口额的21%。然而人们在这座大厦上也看到一些裂痕和缺口。

从1913—1926年,棉布出口下降54%。除用埃及棉纺的纱线外,棉纱出口也在下降。英国在世界上的相对地位衰落了。在世界棉布出口总量中,英国的份额从1909—1913年的69.9%跌至1923—1925年的50.5%。与此相反,美国从4.4%上升至5.8%,意大利从5.6%至8%,日本从1.3%至11.1%。英国1923—1925年的棉布出口仅是战前的76.5%,日本是81.4%。最后,在中国和印度这些最佳的市场上,英国货减少最多。1925年,远东接受的英国棉布仅是其出口量的41.8%,而不是1913年的61.6%。

英国的工厂不再全力生产。它们实行短时制,缩短每日的工作时数,减少每周的工作日数。它们在1926—1927年,仅使用世界上被消费棉花量的11.6%,而在1912—1913年则是18.7%。所有这些亏损,主要来自外国(意大利、日本、印度、中国)的竞争。它们抗不住这些国家抛向市场的普通产品的浪潮。当然,它们正在转向上等布的生产,以便适应新形势。但它们的优势衰落了。1913年它们拥有世界纺锭数的38.8%,1927年是35%。

英国的资本　一笔巨大的资本储备——几世纪利润的成果——支持着英国经济的骨架。但改变着的世界的发展,没有让这项资源完整无缺。根据统计学家的计算,英国按人头平均的国民收入,自1911年以来已下降5%。在这已减少的收入中,可以储蓄的比例降至12%(不是战前年代的16%)。

英国储蓄的亏损，起源于进口的增长。这个国家向国外购买的消费品数量总在增加，因为它不断地提高生活水平。英国进口的原料在减少，进口的制造品在增多，食品、饮料和烟草更加多得多。因此，人们看到贸易平衡的不利因素在增长：入超在 1913 年为 1.34 亿英镑，到 1925 年升至 3.94 亿英镑。当然，这笔亏损仍然可从无形收入来补偿，例如国外投资的利润、海上运费的收益，和贸易佣金等。但是，可以储蓄的盈余在 1925 年只有 0.5 亿英镑，而在 1913 年则达 1.8 亿英镑；看来，到 1926 年，甚至会完全没有盈余。

由于储蓄微少，对国外投资不得不大量压缩。在 1926—1927 年，比战前年平均数低 1 亿英镑以上。英国作为资本输出国的力量削弱了。

资本输出是英国贸易富饶和增长的一个源泉，它的枯竭能不危及英国的经济吗？某些经济学家对此持肯定态度。我们读了下面引述的一段自由党调查报告也很信服。它说："但愿我们的储金向国内投资，用以改进我们的老企业并创建一些新企业。那种认为用我们英国的劳动成果——储金——去美化里约热内卢，而不去拆除伦敦的破房子和修建密得兰的公路，我们国家的财富就会增长得更多的想法是错误的。国家的利益不是无休止地继续把这么多的财富向外输出。"

英国的人力财富　一个国家的经济状况，反过来也影响人口状况。在一个人口众多而又增长的国家内，所有的人都要有工作才能生活。另一方面，如果这个国家没有足够的工作可做，那些找不到工作的人怎么办呢？因此，从经济和人口的关系中，就产生两个非常严重的问题:失业和外移。

出口困难,在英国的工业中引起可怕的失业现象,失业数字大得惊人,它是在这种形式下达到这一程度的新现象。从1921年春季以来,失业人数从未降至100万以下,有时超过140万。这场灾难对5大出口工业影响最大,单是在1928年6月,它们就有721 000名失业者。在1927年11月,煤矿的工人有36.7%失业,冶金26.5%,机器制造13.5%,造船26.7%,棉纺和毛纺工业21.4%。失业有一定的地理分布。如果我们从朴次茅斯到瓦什划一条线,就把英格兰分成两个区域:东南一个是泰晤士河流域和伦敦地区,这里在1927年1月有6.2%的男劳力失业;西北一个是密得兰、威尔士和黑英格兰,这里的失业者达16%。然而,正是在这个西北区内,地理上集中了为出口而生产的工业。

把失业比作战争和流行病那样的灾难,并不是夸大。它是国家经济的一场祸害。它浪费工人的时间,单是1924这一年,就丧失5 600万个工作周;它通过失业补贴,给国家以不堪忍受的财政压力;它迫使9个英国人凑钱去养活第10个。对于未来,它是一种经济破产的威胁;成年工人不保持他们的技巧;人们不再招收青年工人,也不再培养新学徒;优秀的员工由于不再能被提升而离开受威胁的企业;甚至技工也移居国外,他们带着一个国家既已失去就不能买回的经验和技艺去到美国。按照M.卡塞耳的妙论,失业是劳动的囤积;囤积商品要比囤积劳动力上算得多。“劳动力囤积的代价是高昂的,因为事实上,失业补贴始终是实际进行生产的工人所制造产品的一项沉重负担。它还引来另一项更加严重得多的损耗，即不能有益地使用其能力去谋生的那些人的内心堕落。”

对这些无工作的工人怎么办？想一想，单是煤矿就有 20 万矿工没有任何希望找到工作，另外 20 万人在工作，但经常是超编的，处境不稳。有人谈到把无工作的工人从一个地区运送到另一地区，但这是一个更糟糕的解决办法，因为就是在失业少的企业内，也无容纳其他工人的位子。另外还有人想到进行一些专为救济失业工人的工程，人们为此已投入约 2 亿英镑的费用，但也不过能招 75 000工人而已。剩下的就是外移。

直到世界大战的时候，外移曾长期是英国人口过多的安全阀。从大战以来，它照旧在继续运转：1921—1925 年，一共走掉394 395 名 18 岁以上的男移民，其中有 134 448 名技工；在技工中又有 58 533名是冶金工人。由于这些人的出走，失业的紧张状态得以松弛一点。但是，考虑到失业的总人数，这只是微微的减轻。事实上还能增加外移吗？英国社会从来没有像今天这样不愿外移。把两个 6 年时段对比一下，人们就看到外移人数剧烈减少：1907—1913 年，2 737 000 人；1920—1926 年，2 004 000 人。再说，工人只是不得已才外移的；由于有了失业补贴，他们可以长期避免这样做。此外，失业者也很少是自治领所需要的那类人。自治领自己城市里的人已经过多。他们只能当城市工人，自治领特别需要农民；然而他们也正是英国所最缺的。人们看到，在 1928 年夏季，上船去加拿大参加收割的最多只有几千人；但是，没有回来的打算，他们是不走的。

可是，人们正在寻求在宗主国和自治领之间达成更好的协议来组织外移。时机似乎是有利的。自治领需要人力投资，宗主国苦于人太多。自治领是外移的受益者，应当多作牺牲以吸引移民，因为这些成年的移民一经下船就是它们的一项资源。在宗主国这方面，应当针对将来在自治领内需要从事的工作，对他们进行培训。

英国的农业　当英国财富的传统要素面临衰萎威胁的时刻，人们的希望自然要转向农业——工业革命手下的大败将。有人在考虑是否已到返回肥沃土地上的时候了。目前，在英国的经济中，农业只是一个配角。农业生产的价值微微超过煤矿生产的价值。以农为生的人口，比煤矿工人的总数多得有限。他们的产品不能甚至远远不能满足国家的消费：英国进口的农产品比其生产的多两倍；它买牲口和肉类所花的钱，几乎等于它卖棉织品所得的钱。英国农业的生产率不高。自由党的报告说："土质低于英国、面积等于英国四分之一的丹麦，能够出口5 600万英镑的农产品，而英国农业的生产总值却不超过22 500万英镑。"

人们不能再提高农业在英国经济中的作用吗？这就要使英国走上一条与工业革命以来走过的方向相反的道路，这就会展现那种为平衡而过多地牺牲工业和贸易的前景。农业发展的首要条件，似乎是重建一个独立而舒适的农民阶级。应该保证耕者有其田，办法是：或者以长期租约来保证农民能稳靠土地保留增产的收益，或者发展小农户。在某些郡内，已经制定许多朝后一方向发展的法律。小农户与小农企业名称有点混淆，但实质不同。它是一个家庭的产业，它促进农村家庭的建立，并将其连结在土地上。这样，使某些农村阒寂无人的那种人口外流现象就会停止。牛津郡的农业人口，已从1871年的27 000人减至1921年的17 000人。农业工人从2万人减至1万人。可是，迄今已取得的经验表明，人们能够通过重建小农户而增加农村人口。在林肯郡已建立小农户的三个区内，居民数从1901—1921年分别增加8—9—13%。这和塞福克郡的产权制度没有改变的三个区形成鲜明的对比：这三处的人口在同期内分别下降21—23—25%。

和在许多别的国家一样，人们只有经济地组织其生产和销售，才能使农业发展。小农国家爱尔兰已经做的事，英国也该去做，甚至在重建一个小农户阶级以前就要做：通过农贷向农业经营提供所缺的资金；通过发展销售合作和降低中间费用，来保证农产品有有利可图的销路。人们可以举出这样一些销售的例子：售价的三分之二都落入中间转手人的口袋。

在人们为国家经济情况担心的英国环境里，现在有一股赞成农业繁荣——也可说是恢复——的思潮。这样一种发展，将是农村人口外流和城市居民拥挤的终止；将是一个农村阶级的形成——它的增长的购买力将扩大工业品的销路。最后，将是农业生产的发展：它将对国家的消费作出更多的贡献，并减少贸易平衡的不利因素。但是这个问题牵涉到欧洲的所有老国家。在一个深刻工业化的国家，人们能够准备回到农田和恢复农业经济吗？

国际经济的新面貌[①]

当1929年初，我们试图在此对经济发展的全貌进行分析，然后作出某种总结的时候，我们觉得世界经济的最显著事实是：世界生产的持续增长。人们在战争期间及紧接其后的几年内，对食品、原料，甚至某些制造品的缺乏心怀恐惧之后，高兴地把产品的这种丰富看作人类得以生存的保证。大家都不谈生产过剩。他们认为地球表面生出来的产品比人多是一件好事，它可以减少苦难和贫困。

可是现在，生产的轻率和普遍的增长，造成物资过多，而且正是从这种不久以前还被人们庆幸的过量财富中，突然出现了苦难和贫困。似乎被欧洲单独忍受已达四年的现代经济的这种矛盾，已经扩展到全世界。毫无疑问，世界上所有国家一齐受苦的现象，这是历史上第一次；人们还从未如此强烈地感觉到这种想把各国连结起来，并将世界造成一个单一而伟大的市场的团结一致的情况[②]。

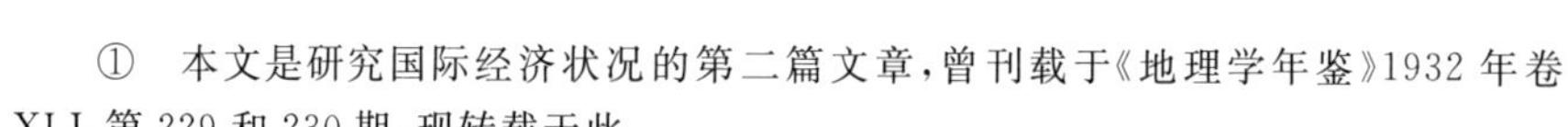

① 本文是研究国际经济状况的第二篇文章，曾刊载于《地理学年鉴》1932年卷XLI，第229和230期，现转载于此。

② 在探讨国际经济现状的众多书刊中，我们只列出下面几种：国际联盟，经济委员会，《农业危机》，卷I，日内瓦，1931年，8开本，332页。《世界经济不景气的进展和阶段：向国际联盟大会提交的报告》，奥林教授，斯德哥尔摩大学，日内瓦，1931年，8开本，375页。《当前的经济危机》，载1931年1月号《国际经济》增刊，8开本，30页。《欧洲农业国家的危机与国际影响》，1930年1月—1931年5月。资料收集与评论：A.提巴耳，国际调解出版社，卡内基捐赠基金会，1931年第2、3、4、5期，8开本，366页。《1929—1930年的农业状况》，国际农业研究所，《国际农业统计年鉴》的经济评论，罗马，政治地理研究所，1929—1930年，8开本，181页。A.舍瓦利埃，《殖民地农业生产的危机，原因，补救方法》，《应用植物学评论》，XI，1931年，第119期，44页。

一、经济状况的普遍特点

一个普遍危机的存在 在能用以说明现阶段经济情况的所有特征中，最突出的莫过于经济危机的普遍性。危机甚至深刻影响到农业。农业，由于其生产的特点，对国家或大洲条件依赖的程度，似乎更甚于对国际条件的依赖。人们经历过另几次农业危机①，但它们不像这次普遍。1820—1825 年的危机仅限于欧洲；它是在拿破仑战争以后、商品能自由流通的和平回返时期猖狂肆虐的。由于害怕缺粮，西欧到处都种上小麦和谷类；土豆产量的增长，减少了谷物的消费。农产品价格下跌一半。1875—1905年的大危机有其久远的起源，但也只限于西欧。由新国家谷类竞争促成的危机，引起小麦和土地价格的下跌，它导致一场使工业欧洲的国家转向畜牧业的伟大运动。目前这场农业危机没有放过任何一个国家，只是它的表现因地区而异：在出口谷类的国家内非常严峻；在热带国家内可能还要更加严峻，因为那里的年轻经济，还未坐稳它的位子。

同样的征兆到处伴随出现。首先是批发价突然性和灾难性的普遍下跌：在从 1929—1930 的一年内，美国下跌 14％，英国 22％，德国 14％，法国 17％。在世界市场上，羊毛和丝降价 24％，小麦 33％，铜、锌和锡 80％，橡胶 60％。外贸的减少也显示交换的疲弱：从 1929—1930 年，美国进口减少 30.4％，英国 14.5％；出口，

① 《农业危机》，第 21—22 页。

美国减少26.7%，英国21.5%[①]。最后，全世界都在经受工业部门内失业的可怕发展。接近1931年的年中，官方估计的失业人数是：德国4 104 000，奥地利196 321，比利时62 339，丹麦36 100，法国53 673，英国2 142 821，意大利693 273，荷兰65 952，捷克斯洛伐克210 908，美国大概500万。重要的是探求这一经济状况的原因，并衡量其中每一个在这普遍现象中的作用。似乎可以肯定，所有领域里的决定性影响，都属于生产过剩；人们只能把由广大购买者生活水平低所导致的消费疲弱，看作一个次要的原因。

生产过剩　生产非常发展的原因有二：一是偶然性的，是战争的后果；二则比较深远，起源于现代生产条件的本身。

在战争的破坏以后，一个十足的恢复口号响遍全世界。在既未确切估算出要恢复的破坏程度，也未摸清待满足的新需求量的情况下，人们就着手重建和制造了。在新大陆上，人们把广大的土地种上小麦；人们到处建立工厂，以保证紧缺多年的冶金和纺织产品的供应。人们按技术的进步和合理化的原理所允许达到的规模，来设想所有这些新的生产手段。因此，重新建成一股超过消费需要的生产力；供应控制了市场，消费跟不上去。

在农业领域内，生产过剩的是海外国家。美国、加拿大、澳大利亚和阿根廷在战前的小麦栽培面积共计为3 200万公顷，在1930年已增达4 800—4 900万公顷。在此期间，缺粮1.30—1.35亿公担的工业欧洲，确实是一个巨大的输入者。但这个大洲一步步地恢复了它的生产能力。俄国表明了它要在世界谷物市场上夺

① 《国际经济》，1931年，第181页。

回其地位的愿望，并且公布了有步骤地增加生产的坚决计划。同样的生产过剩也威胁到黄油和肉类市场的平衡，因为海外国家1929年出口的这类商品，比1900年多7倍①。

农业生产的增长，不仅是由于栽培面积的扩大，还由于运用了促进生产率提高的方法：机器的使用，种子的选择，品种的创造，肥料的大量施用。“在美国，拖拉机的数量从1920年的246 000台增至1929年的853 000台。农业工人人均农具的价值，在1870年为26美元，1925年为200美元。”②由于同样的原因，法国麦田面积减少，而产量却增多了；欧洲葡萄园1929年的生产率比1909年提高28%。此外，栽培含糖量较富品种的甘蔗，使较好的种植园生产率提高三分之一。因此，主要农产品的市场都塞满了糖、咖啡、棉花、谷类，尤其是小麦，全是这样。在美国市场上，小麦价格曾达51金法郎，至1930年终已跌至9金法郎。其他商品的市价也都暴跌。

我们看到工业也有这两个相同的生产过剩因素：工业经济的扩张，高生产率方法的应用。在战争的压力下，到处都聚集了巨大的工业设备。接着，突然涌现出这个“自给自足”的浪潮；它推动新国家——甚至还有老国家——进行工业装备，以求得经济上的自由；大量的资金投入许多不具备自存条件的企业。我们看到法国重行开动在洛林的强大冶金业，而德国又在鲁尔建立新工厂。虽然智利的硝酸盐矿能够向全世界供应氮素，而欧洲和美国又在建

① 提巴耳，第284—285页；《农业危机》，第18—19页。

② 《农业危机》，第18页。

立全新的人造氮素工业。几乎所有的工业都有过这一阵狂热;它转过来又过度地刺激煤、钢、锌、锡、石油、棉花、橡胶和一切原料的生产①。

与此同时,技术和合理化生产提高了生产率。一些科学发明能增加人造丝的产量,从空气中提取氮素,从石油中提炼出更多的商业燃料,从煤中获得更多的能量。许多制造品的生产手段集中于某些公司的掌握之下,它们强大到能够进行远远超过市场需要的生产。"这些公司能够支持一场持续多年的殊死战争。"②

总之,依照波恩的妙论:"世界是在一种反马尔萨斯的规律支配之下。生产机器按几何级数增加,而消费者则按算术级数增加。"

消费　面对着新的生产能力,消费不能同步跟上去是不足为怪的。此外,由于多种原因,群众的购买力也只能缓慢提高。

特别是工业品的买主在减少。人们当然会想到工业制造国已经失去了俄国及远东的完全封闭或表现推拒的市场。这些靠田地生活的好几亿人,在理论上应当是工业国的极好市场。但他们的时代是严峻的:有些是国内经济正苦于政治扰动,有些是硬币贬值减少了他们的交换资源,有些是贫穷使他们无力向国外购买。有人计算过,一个印度人的平均收入是每月 7 卢比,大约等于 70 法郎,即每日 2 法郎多一点③。这么一点点勉强够糊口的财力是谈不上任何购买力的。

① J. 波恩,《世界经济危机》,载《国际精神》,1931 年 4 月,第 189 页。

② 迪什曼,《国际经济》,1931 年,第 6 页。

③ 埃律尔泰亚,《国际经济增刊》,1931 年,第 25 页。

当然，不是世界上所有农民阶级的生活水平都和印度或中国农民一样低。但工业不景气的大部分根源，恰恰就是他们的经济困难。农产品价格的下跌，在工业国家内引起深刻的反应。它减小了千百万农民的购买力，他们不再买或买得少了。它到处带来对工业品需求的下降。波恩说："当然，从能够买到廉价食物和原料这个意义上说，工业这时的处境是有利的。但丧失了它的销路。"因此，人们肯定了这一意见：现在，正是农业危机在支持着工业危机。

贸易 即使生产过剩像是世界经济正在忍受的大病，人们也不应看不到秩序紊乱使贸易所遇到的一切困难都严重化了。实际上，经济生活的一些广大领域，正处于没有贸易自由的境地。在关税壁垒后面被保护的工业，逃避掉竞争，它们在人为的生存条件下生存，它们增建工厂，从而加重了生产过剩。提起来已成老生常谈：欧洲现在有 36 个而不是战前的 26 个国家，其中几乎半数的居民不到 1 000 万，但都有其特殊的关税制度。它们力求自给自足，但它们加重了生产过剩。

任何一个保护主义给予贸易自由的打击，都不如美国厉害。几乎从南北战争以来，美国先后制定的所有税率的目标，都是把进口税提高到使外国商品在美国市场上不可能进行竞争的程度。它是为把国内市场保留给美国工业。而且事实上可以这么说：只要美国能生产的商品，外国产的就进不了美国。1922 年的福特内税则，体现了任何工业国家从未有过的最严厉的保护主义措施。它几乎是专门对准欧洲的，因为它想打击的首先是制造品。外国丝绸得付税 50%，棉布付税 25%。1926 年丝绸进口量仅占美国产量的3%。中等棉布的进口量不超过其产量的1%。用不着说,冶金产品是不能跨过关税壁垒而进口的,可是欧洲产品却比美国的便宜。欧洲不能向美国出口钢轨、铁管、白铁,甚至整套的制成品。五金制品付47%从价税,剪子80—210%。针对机器、科学仪器、化学产品、染料的税则,同样也是为了禁止的目的。可以肯定,欧洲经济不应抱任何希望在美国找到过剩工业品的销路①。

所有这些造成封闭经济的保护主义,肯定都是贸易的障碍。对等待门户开放的库存商品来说,它们丧失掉了市场。保护主义创造了生产过剩的国家中心,从而加重了普遍生产过剩的影响。美国有这方面的严酷经验。它的巨大的工业设备,在世界市场自身胀裂的时候,导致美国市场的饱和。在这种情况下,即使现在到处都能自由贸易,也解决不了危机;在这个壅塞的市场上,一个通风口是不够的。应该重新安排的是整个的生产组织。

在妨害贸易的各种障碍中,人们也时常谴责黄金的不良分配、货币与信贷不完善的流通。有人说,五年以来,美国和法国集聚了超过其自己需要、又是别国短缺的大量黄金。他们企图把这件事看作危机的一个原因。实际上反过来看才是对的;这是结果而不是原因。正像M.李斯特②所说的:"黄金只是作为一个负责清偿各国债务结算的驯服工具而在各国之间流动的,它的去向决定于各地利润率的高低,……黄金的自由流动,仍然是我们各国之间彼此经济处境的仅有的几个真诚征象之一。"某些英国人指责法国是

① W.格罗特科普,《美国的保护关税政策》,柏林,红盾出版社,1929年,8开本,第318页。

② 见1931年4月18日《新欧洲》,《黄金:货币问题与危机》。

英国危机的制造者,因为它从英格兰银行提走了黄金。事实上,英国黄金外流的原因,是英国债务结算的不平衡。英国向国外购买商品,它向国外投放的资金数量,超过它出口所能偿付的数量。它的支出超过收入,只能动用黄金储备来支付。因此,黄金外流是病的征象,而不是病的本身。

人们可以把下列情况看作我们时代的标记:世界各国同时遭受损失;到处都看到相同的征象——价格下跌和失业;生产过剩的同一毛病同时侵袭农业和工业。整个世界像是同一个躯体,它的所有器官都靠一个共同的经济来生活。可是,如果人们想为恢复局势而求助于一些普遍的解救办法,那就大错了。实际上,这个普遍危机是由各个国家危机造成的。人们与其说它是一个独一的现象,不如说它是一群个别的危机。每一个国家都凭借自己的经济结构,以自己方式来对付普遍的事件和世界范围内的情况。生产费用高昂的工业国家英国,看着它的市场在缩小,它的销售量在减少,这是现时环境使其更加严峻的老情况。同是工业国家,但在廉价生产方面比英国组织得更好的德国,正苦于工业设备过多而难于推销产品,投入工厂的巨额资金不再能偿付应付的利息。同时兼为农业和工业国家的美国,对这两个领域的生产手段发展过度。它已经饱和的国内市场不再能吸收多余的产品;至于国外市场,也在普遍生产过剩的压力下而毫无生气。法国也是工农业兼具的国家,它的企业胆量比较小,但在经济设备方面稍具节制的精神。它的出口生产比别国少得多,它的农产品主要依靠国内市场,某些工业(如纺织业)是着眼于国外市场的,但其他很多工业则只想到宗主国和殖民地市场。因此,法国经济在某种程度上避开了这一阵

大洋的怒涛，它比别国较少地受到过量装备的引诱。这是一种持重的和中庸的态度，它在天气正常时不利于腾飞，但在天气恶劣时能起到相对不受风暴袭击的保护作用。最后是另一些以农业为主的国家，它们的抵抗力小于混合经济的国家，在农业危机到来时，整个国家的经济都在遭难。产咖啡的巴西，产谷物的阿根廷，产小麦的东欧，产橡胶、棉花、含油种子的热带殖民地，都是这种情况。总之，对国际经济现状的研究，不能满足于普遍的资料，要依靠对各个国家经济的区域性和全国性情况的认识。

二、农业

长期以来，在危机的受害者中，人们几乎只考虑工业和运输。人们毫不理会农业的抱怨，毫无疑问，这是因为它的声音较弱，较难听见。但它的境况很快就表现为整体经济的一个主要因素。人们甚至认为农业危机很可能是普遍危机的基础。我们计算了农业在世界财富中的价值：1928 年生产的谷类和植物性食物的价值可能是 275.13 亿美元，肉类 67.95 亿美元，纺织品 59.1 亿美元①；我们也看到主要农产品如小麦、玉米、棉花、羊毛，在各大洲之间海运事业中的根本作用。在所有的国际情报中心内，人们都在从事农业资料的收集。

农业状况的主要征象是价格下跌。如把 1913 年农产品价值的指数定为 100，则美国在 1928 年为 139，在 1930 年 12 月为 97；意大利在 1928 年为 144.6，在 1930 年 12 月为 91.8；在德国、匈牙

① 《农业危机》，第 49 页。

利、波兰都以同样的方式下跌。下跌特别猛的时期是在1929—1930年，在此期间，因国家而异，下跌比率自7—38%[1]不等。同样质量的小麦，1925—1926年在芝加哥的售价是163美分30公斤，至1931年2月则是79美分。价格的这种普遍下跌，显示出市场的饱和状态和未售出的库存量之大。一句话，这是非常的生产过剩。农产品之难于销售，不单是因为生产过多，而且还由于生产过贵。

其实，人们长期以来就注意到，在农民出售产品所回收的价值与他们为需要的产品和服务（工资、地租、农具、肥料、服装等）所付出的价值之间，存在着真正的不平衡。生产费用只给他们留下一点很不够的边际利益。到处都是如此。与战前时期相比，生产费用的指数超过农产品售价的指数是：因国家而异，从10%至40%。仅仅提一下荷兰的情况为例。与1911—1914年平均指数（=100）相比，该国1929年6月的农产品指数是129，工资204，生产费用163[2]。可是，在经济活动的所有分支中，农业根据市场需求而平衡其生产的可能性是最小的。和工业任意生产、支配和利用所动用力量的情况相反，农业仍然是自然力的奴隶，它必须随着气候的无常变化而接受过分的丰收和歉收年景。此外，如果它想改变产品，不能像工业那样换一下机器就行，它需要一段较长的时间来确定方向、准备和实行生产。

现在我们从几种大宗产品和几个农业大国来探讨农业问题。

---

① 《农业危机》，第9—10页；《农业状况》，第3—4页。

② 《农业危机》，第10—12页；《农业状况》，第5及15页。

农产品 三类产品(谷类、纺织纤维及热带食品)使我们能在世界范围内探求农业经济的共同特征。

在谷类中①,小麦由于在人的食品供应和国际贸易中所起的作用而占有第一位。在1914年大战前夕,小麦市场接近平衡,价格没有突然变化,只是在缓慢地上升,这表明消费增加而生产没有跟上去。这种情况使许多人不安。有人清查可用于种小麦的土地,因为他们觉得有朝一日人类可能缺乏小麦。现在一切都变了。由于我们知道的那些原因,生产强烈地进展,从1913—1930年产量增加四分之一。这种增长主要来自海外国家:加拿大、美国、阿根廷和澳大利亚。这四个国家受到东欧在战争过程中衰退的鼓舞,取代东欧而成为工业欧洲的小麦供应者。从1913—1926年,加拿大的小麦播种面积从402.5万公顷增至1 022万公顷;美国从1 906万公顷增至2 476.3万公顷。与1909—1913年(=100)相比,各国的生产指数是:加拿大215,美国119,阿根廷165,澳大利亚172。但在此期间,欧洲恢复了生产,俄国也再度进入市场。另一方面,小麦的消费量也已减少,在生活水平高的国家内,它被代之以蔬菜、水果和奶制品。这样就造成巨大的小麦库存量:1930年7月,美国达0.8亿公担,加拿大0.3亿公担。与此同时,好收成更加重了价格的迅猛下跌:以1926年的指数为100,则1927年是90,1928年83,1929年79,1930年76。

除亚麻外,所有的纺织纤维都呈现和谷类相同的情况:价格下跌,生产大量增长。从1909—1913至1929年,棉花生产从4 796

① 《农业危机》,第22—26页;《农业状况》,第8—15页。

万公担增至 5 671 万公担；丝从 220.4 万公担至 465.9 万公担；黄麻从1 531.6万公担至1 768万公担，羊毛从 733.2 万公担至 996 万公担。棉花的例子向我们表明一种基本的，几乎是排他性的作物，对一个国家的经济能招致什么样的严重损害。在这么短的时间内，跌价这么猛烈的产品是非常少见的。中等棉花的价格，在1927—1928 年是半公斤 19.72 美分，到 1928—1929 年跌至 18.67，到 1929—1930 年是 15.79，到 1930—1931 年是 9.11①。几乎只靠棉花生活的产棉地区，这样可怕的灾难，使得美国政府有必要进行干预。它责成一个政府机构——联邦农业部——去管制棉花价格。将近 1930 年年中的时候，积压到市场上的棉花大概有 1 000 万包，这个部为了储存并使价格回升，一共收购约 300 万包。棉花价格确实上升了，但这反有利于在国外市场上取代美国棉花的非美国棉花。由于危机紧迫，有人甚至绝望地想到把 1931 年的收成烧掉三分之一，但棉农对这个建议反应冷淡。危机在全世界引起可悲的回响；法国的棉纺工业区由于这一跌价而大吃其苦，因为使它们的制造品贬值。通过收购多余棉花而为棉农服务的埃及国库，经受了一次严酷的苦难。最后，在开始推广棉花栽培的好多法国殖民地内，这一危机是所有这些年轻的、贫于资金的企业的一场灾祸。

热带食品②，如咖啡、茶、可可、糖、辛香作料、香子兰等，吃生产过剩的苦头也不少。但它们是昂贵的奢侈品，它们经受的一切

① 《国际经济》，1931 年，第 250—251 页。

② 参看前引 A. 舍瓦利埃的著作。

消费不足的危机，是由很多国家某些社会阶层失去部分购买力所造成的。和许多别的作物情况一样，这些热带食品的生产过剩是来自栽培面积的轻率增加，来自对市场未来的过分信心。技术的进步，也通过新品种的发现、对害虫的防治、工业处理的改善而增加了生产。不幸，这些进步与市场的不良状况同时发生，并且联合起来使价格下跌。从1909—1931年至1929年，世界糖总产量从17 521万公担增至27 421.9万公担；到1929年年底，美国、古巴及欧洲的积压量在500万公担以上。虽然这些增长主要来自糖甘蔗，但甜菜栽培也不会获利，如果各国不以关税来保护的话。自1928年以来，法国已先后三次公布提高税额的法律；但保护却鼓励栽培面积的推广，并增大生产过剩的危险。

任何一种作物在市场历史上的变化，都不像进入二十世纪以来的咖啡那么强烈①。从巴西一国单独提供世界四分之三产量这一点来看，市场上的这些情况真可说是太不寻常了。影响咖啡的危机必将震撼巴西经济的基础。可是，咖啡的生产过剩，在巴西是一种长期的现象，经常性的危险。在价格大跌以后的1906年，已经爆发过第一次危机。圣保罗的政府当时出面收购咖啡。它从美洲和欧洲的许多大银行借到总额3 050万英镑的贷款，从市场上买回800万袋咖啡。使咖啡提价的这项尝试成功了，到1909年，人们已完全制服住这次危机，并使已经提高的价格一直维持到1917年。由战争引起的第二次危机，又在1917年导致一次新的跌价。圣保罗当局进行一次新的干预，它购贮约300万袋；一次新

① 参看《咖啡的生产过剩》，《国际经济》，1931年1月，第53—60页。

的增值措施，使价格上升，并为圣保罗的金库带来大量利润。来得很快的第三次危机，发生在 1921 年。它迫使国家再度进行干预：从伦敦借来巨款，购贮 300 万包，使价格提高。不幸的是，价格提高总是促进咖啡种植园的扩展，圣保罗州的咖啡株数从 1905 年的 68 880万增至 1929 年的 11.81 亿。所有这些新种植园——特别是丰产的——使产量从 1920—1927(年平均)年的 2 000 万袋增至 1927—1928 年的 3 600 万袋，也就是比世界消费量多 1 400 万袋。在 1928—1929 年的一般收成之后，1929—1930 年带来一次新的 700—800 万袋的超产，以致在 1930 年年底，巴西的库存咖啡达 4 千万袋，相当于世界两年消费量。这次危机迫使国家为保护种植园主而又一次进行干预。在 1930 年，它借得巨款，以便购贮 1 650 万袋，并打算在 10 年内售出。这一新的提价尝试，又一次使对一宗世界性消费品市场的控制权落到一小撮金融家手里。在此期间，这个支持价格的办法，在大量卖不掉的咖啡面前真有点捉襟见肘，于是人们把咖啡抛入海中。

在热带国家，还有很多别的生产过剩的例子：木薯、椰干、花生、油棕果。但在咖啡史之后，值得一提的是橡胶史①。将近 1909 年的时候，汽车的飞跃发展开始要求数量渐增的橡胶。被惊人利润激起的一阵真正的种植园热发作起来了，某些马来西亚公司，在 1911—1919 年期间分给股东的年股息是 215%。在同一时期内，11 家公司分的股息是 117%。当所有这些种植园达到生产年龄

① 参看 Ch. R. 惠特雷赛，《生橡胶的政府控制：斯蒂文森计划》，普林斯顿大学出版社，1931 年，8 开本，第 235 页。

时，巨量的橡胶猛扑向世界市场（1913 年是 11.4 万吨，1926 年 66 万吨，1929 年 88.2 万吨，1930 年 83 万吨），这几乎全来自马来西亚和爪哇的种植园。但生产的速度过分地超过消费的速度；价格从 1913 年的半公斤 60 法郎跌至 1930 年的 4 法郎；价格指数在 1926 年为 100，到 1930 年 12 月跌至 13。

英国的种植园主从 1920 年起已经预见到这场灾难，他们曾试图阻止，而且有几年也取得了成效。伦敦的殖民部推行一项叫作斯蒂文森计划的削减生产的政策。它在 1922 年底规定，每个种植园的输出量不得超过其 1919—1920 年的 60%。这个计划的实施，具有橡胶生产在地理上集中的有利条件，因为产量的 93%来自南亚；而在这 93%当中，又有 70%来自英国殖民地锡兰（即今斯里兰卡。——译者）和马来西亚。但它碰上许多困难和遭到许多反对。暂停割胶的耗费太大，每个种植园都已吸收了巨额资金；遣回如此困难、花了大钱才招来的劳工是非常危险的。如果法属印度支那和荷属东印度不采取同样措施，这个计划就不能成功。可是爪哇政府拒绝对几千户土著小种植者施加限制，单是他们在 1928 年，就生产 88 000 吨橡胶。最后，美国竭其全力抵制这个提高价格的政策。为了反对英国金融家和至少部分地使减产无效，它成功地组织和开发了对旧橡胶的利用。在使价格主要在 1925 年 5 月至 1926 年 4 月之间回升以后，斯蒂文森计划于 1928 年 4 月废止。由于它提高价格，促进了新种植园的开辟，橡胶市场于 1930 年初重新陷入不景气。一个英—荷委员会商定有必要停止割胶一段时期，但这次仍然是荷兰政府使协议搁浅。许多大种植园的生橡胶生产成本，是其售价的一倍。

农业国家 扩及全世界的农业危机，对各国影响的方式不同，原因也不同。我们可以说，它具有区域的面貌和国家的面貌。情况之不同，正如经济结构之不同。因此，任何一个复兴计划，如果它适于西欧，可能既不适于东欧，也不适于北美。

西欧 在不列颠诸国内部，英国经济和爱尔兰经济之间有深刻的区别；两国的经济情况和社会情况都不相像。在英国①，耕地的比例仍然是高的，因此它的农业受到谷物跌价的严重损害；仅在1930年的头4个月内，下跌已超过8%。种小麦已不再有利，农民越来越屈从于英国农业为时已久的一种演变：改耕为牧。在1920与1930年之间，英格兰和威尔士大约失去耕地81万公顷；种小麦的面积，从1918年的1 131 285公顷减至1929年的560 293公顷。英国两件相当独特的事实——劳力不足和经营规模中等——使农业状况更加严重。统计数字表明，从1921—1930年，常年农业工人的人数减少3.5万，日工减少4万。人们看到劳力在不断减少，因而农业工资在不断提高。1924年的一条法律规定了一个最低工资额并减少了劳动时数。自1913年以来，劳动小时的价格已增加一倍。人们很奇怪，像新引进东英吉利亚的甜菜那种亟须劳动力的作物，怎么能既顶住价格下跌又顶住工资上升？也许有一天，当英格兰为重建有利于生产的条件而采取一项关税政策时，它会受到保护。另一方面，英国农业最通常的经营方式，也不利于同不景气斗争。几乎全是间接经营的英国农庄，不像许多法国和爱尔兰农庄那样小，从而使农民的家庭能单独地担当起农活，它们必须

① 《农业危机》，第195—196页；《农业状况》，第113—144页及198页。

从外面雇用昂贵的劳力。同样，它们又不够大，不能像法国利木赞大平原上某些农庄那样，能够普遍使用机器来降低生产成本。因此很多英国农场主都处境困难。他们无钱去偿付债息和维持生产，他们不能指望从地产业主那里借到钱，这些人自己也很窘。

与英国相比，现在的爱尔兰①是一个直接经营和小农户国家。大家知道，爱尔兰的这种社会结构是农业法律的产物。这些法律使农民能获得土地，并以最小的代价来完成生产任务。一个完整的、国家向农民预借贷款的制度，使他们能逐步购买耕种的土地。这样，就出现了数目日增的农民产业：1870 年 877 户（52 906 英亩），1881 年 731 户（30 657 英亩），1885—1889 年 25 367 户（942 625英亩），1891—1896 年 46 834 户（1 482 749 英亩），1903—1909 年 270 396 户（9 307 392 英亩），在 1903—1909 年期间正在进行购买土地的 46 621 户（1 492.243 英亩）。事实上，今天的爱尔兰是农民产业的国家。在 1922 年，它拥有 40 万个小农产业，合计土地 1 300 万英亩。在经济上，这种小产业还必须通过广泛的合作来巩固和致富。实际情况是，农业爱尔兰的主要富源乳品工业，正在不断地完善其合作的基础；在更适于乳产品标准化的合作乳品厂的面前，个体乳品厂正在逐渐消失。可是爱尔兰的农业也未逃脱这场普遍的危机。价格的下降，大大削弱那些仍需还债的农民财力。尽管如此，他们受到的损失仍然比英国农民少。首先是因为他们的经营规模小，平均面积小于 30 英亩，所以雇工少；其次是因为他

① 参看 J. E. 彭福雷特，《爱尔兰的土地斗争》，普林斯顿大学出版社，1930 年，8 开本，第 334 页；《农业危机》，第 222—225 页；《农业状况》，第 37—38 页。

们的产品主要是肉和奶。在爱尔兰的整个农业生产中，动物占40%，奶和黄油13.7%，禽和蛋9%，大田收获仅8%。爱尔兰不得不进口谷类。在1930年，肉类（已宰或活的）占总出口量的一半。可是动物产品的价格比植物产品的价格抵抗力强一些，所以爱尔兰农业吃危机的苦头也就少一些。最后，在对付一场太深刻的不景气的危机方面，爱尔兰拥有近在门前的英国市场的保证。英国吸收肉类和黄油的数量，远多于爱尔兰能够生产的数量。甚至在英国消费能力减小的时候，爱尔兰也用不着害怕它的农产品出口会灾难性地减少。

当前时代的不正常情况，使比利时和荷兰[①]农业经济的专业特点更为突出。比利时受的损失多于荷兰，因为它用于栽培大田作物如小麦、其他谷类和甜菜的土地比较多。种甜菜的面积从1924年的84 000公顷减至1930年的45 000公顷。主要种植这些作物的大、中型农庄遭受严重灾难，而且雇工越多，灾难越厉害。他们擅长的挽马饲养，也带给他们失望。他们在1926年还能出口30 000—35 000匹马；现在外销量已下降30—40%，原因或者是机动牵引的竞争，或者是法国和德国的关税。一位比利时农学家说："我们的养马者被迫把成千的优质马驹送去屠宰。"在比利时和在其邻国一样，受危机损害较少的是那些小农，他们全家劳动，几乎自给自足，只向市场提供少量奶、黄油、蛋和兔子。他们也是合作组织的支柱。最强大的合作社是布尔联社。

---

① 《农业危机》，第114—115页和第262—263页；《农业状况》，第69—70页和第123—124页。

与比利时相比，荷兰经济有其独特之处。就其大田作物来说，它不能避开危机。荷兰对世界贸易是自由开放的，它不能不接受世界市场上的谷物价格。因此，栽培谷类、甜菜及土豆的大农庄受到沉重的打击，它们不得不承受工资提高和债务的重压。因此，长期以来谷类耕地总在退缩。现在永久性牧场面积是 1 280 000 公顷，而耕地则只有 90 万公顷。耗费过大的小麦栽培业面临消失的威胁。由于荷兰小麦产量仅及全国消费量的四分之一，而且国家的利益也不容其进一步减少，所以政府不得不进行干预。一条法律规定，制造面包时必须按四分之一的比例使用本国小麦。集中于荷兰北部及东北部的淀粉制造业，已将其产量从 1927 年的 1 209 000公担提高至 1929 年的 225 万公担；但淀粉价格指数却从 1927 年 7 月的 147(1910—1914 年＝100)降至 1930 年 9 月的 69。为了支持制造商，国家不得不向他们提供贷款。与此相反，许多运用科学方法、组织好销售过程的专门化生产，却几乎未经受危机：它们靠质量来自卫，它们实行小企业经营。荷兰的肉类、乳制品、蔬菜、水果保持住国外的买主。最后是合作也给予生产以更多的力量、团结和均匀性。在 1930 年初，单是乳品厂一类，在荷兰就有 603 个合作社，其中 433 个又合成一个联合会；这个联合会在 1929 年已经处理 22 亿公斤的奶。

和西北欧其他国家很相似的南瑞典的农业，经受着同样的困难。但它从农业制度和产品性质中取得抵抗的能力。首先，小地产业占优势，它们的数量甚至有增长的倾向，而大地产业也有分散之势；将近五分之四的小地产业拥有土地少于 10 公顷。其次它们几乎全趋向动物性生产：肉类、奶、黄油、干酪、蛋。从 1927—1930

年，牛的头数增加10%，猪增加28.2%；饲料作物在耕地面积中所占的比例正在增高(1930年43%)。因此，被迫进口谷类的瑞典却出口猪肉和蛋。它和爱尔兰、丹麦及荷兰并列为致力于动物性和供出口生产的小农国家；它们是德国和英国市场的供应者。

东欧　进入东欧①，我们就到达一些经济结构比西欧简单的国家，它们工业化程度低，主要是农业国家。以农为生的居民的比例，在保加利亚是79%，罗马尼亚78%，立陶宛和南斯拉夫76%，波兰64%，匈牙利58%。在出口总值中，农产品的比例是：保加利亚80—85%，南斯拉夫和立陶宛80—85%，匈牙利65—70%，罗马尼亚60—65%，波兰50—60%。这些都是大量生产谷类的农业国，它们受到谷类跌价的严重损害，因为它们不像西欧某些国家那样能从比较多样化和比较精巧的农业中找到一些可以平衡经济的财源。

此外，它们已经部分地失掉西欧市场。在1909—1913年期间，在工业欧洲的11个国家，平均每年进口的13 300万公担的小麦中，来自东欧的是6 100万，来自海外国家的是7 200万公担。相反，在1927—1928年，在17 200万公担中，来自海外国家的是16 200万，来自东欧的仅600万公担。在1922年，欧洲谷类缺额由东欧补充的占22%，由海外国家补充的占78%；在1928年，两个比例数分别为11%和89%；1929年是18%和82%。因此，加拿大、美国、阿根廷和澳大利亚的谷类，几乎已经把东欧的谷类赶出了西欧。西欧的消费者为什么偏爱新国家的谷类呢？首先它们

① A.提巴尔，第1—5、250、261页；《国际经济》，1930年，第272页。

生产和运输费用低，所以比较便宜。其次它们质量较好，是用精选的、均匀一致的种子生产出来的。欧洲面粉厂主买它们，以增加面粉中的面筋比例。另一方面，东欧国家现在不能把它们的生产成本降到美洲人的水平。它们既没有这样强大的生产手段，也没有这样广大的农田和这样组织良好的市场，更没有这样多的资金。钱，对它们来说是昂贵的。在罗马尼亚，官定贴现率一直是 9%，但大银行则高达 16—18%，而小银行和工商业者竟是 25—30%。沉重的债务压在农户的身上。

俄国这个东欧大国，似乎准备实现为降低生产成本所必需的农业进步。它的谷类已重返世界市场。在世界大战以前，俄国在 1909—1913 年期间平均每年出口 4 500 万公担谷类。在长期隐没以后，它又重新对外输出：1926—1929 年，1 200 万公担；1928—1929 年，几乎没有；1929—1930 年，300 万公担；但从 1930 年 8 月 1 日至 1931 年 2 月底，共计 2 200 万公担，价格非常低。这些从黑海港口输出的谷物，已经运抵欧洲市场。为什么东欧其他国家卖不出去，而俄国却能出口呢？因为它的生产成本低。两件俄国特有的事实使这种低价成为可能：首先，俄国农民的低生活水平意味着极廉价的劳动力；其次，合理化的组织正在把谷类栽培推向国有的大企业经营。半数麦田由集体农庄耕种，由国家供给机器。在 1924 年底，苏联拥有农业拖拉机 2 510 台，到 1930 年底有31 858 台。当大部分农业国家现在谋求减产的时候，只有俄国一国在原则上力图增产。谷类农田面积已从 1929 年的 8 900 万公顷增至 1931 年的 14 300 万公顷。麦田面积在 1909—1913 年间是 2 990 万公顷，在 1931 年是 4 100 万公顷。小麦收获量从 1909—1913

年的 20 600 万公担增至 1930 年的 28 100 万公担。这样大量的谷类生产，似乎是俄国经济的一项需要；因为必须向每年增加 300 万的众多人口供应面包，而且对俄国人来说，同过去相比，吃小麦就表示生活水平有了提高。再有，一个农业国家也必须以农产品来换取国家生活所需要的制造品和工业设备。

北美洲　没有哪一处的农业经济的不景气比美国[①]更深刻，价格下跌比美国更猛烈。也没有哪一处的农产品价格和农民购买的产品价格之间的差异，比美国更悬殊。如果我们把 1909—1914 年期间这两种指数都定为 100，那么就看到在 1930 年，前者不超过 117，而后者已达到 150；这个差距在 1930 年 12 月更加严重，因为它们分别是 97 和 147。同样，每英亩农业地产的价值指数从 1912—1914 年的 100 升至 1920 年的 170，又跌至 1930 年的 115。经济不景气的征象出现在农民的财力状况上：债务沉重，被迫出售地产和破产。在战后的突然兴旺时期，非常难得的农业地产价值大增，争地的农民以难以置信的价格来购买。为了支付地价，他们以抵押的方式进行借贷。因此，农业的抵押债务从 1920 年的 78.58亿美元升至 1928 年的 94.69 亿美元。农产品降价以后，农民不能偿付负债的利息，对财力较弱的来说，就只好破产。人们看到一次真正的农村人口外流。美国乡村在 1926 年失去居民 649 000人，1929 年 269 000 人；毫无疑问，将来还有人要离去，因为很多在价格高时开垦的土地，现在不能提供足够的收益。

① 《农业危机》，第 44—46 及 163—168 页；《农业状况》，第 39—45 及 103—106 页。

近些年来，棉花栽培在俄克拉荷马、得克萨斯和美国西部其他一些州内征服了广大的新土地。美国的棉田面积从1909—1914年的13 820 811公顷增到1928—1929年的18 349 049公顷。巨大的棉花收成找不到买主，价格跌到使一些农庄亏损的程度。1929年的平均价格是半公斤18美分；人们约计密西西比地区的生产费用是14美分，得克萨斯州是22美分。因此，利润很低，而且时常转为亏本。在1923年1 000万包收成的售价是16亿美元，而1926年的1 800万包收成只售得10亿美元。这一市场萧条，对几乎完全以棉花为生的农民打击最大。有人提出，为减小这一危险，要缩小棉花的栽培面积。这个解决办法做起来很困难，因为美国西部的很多棉田不适于其他商品作物。另一个较长远打算的办法被想到了：劝告美国南方的植棉者，不要把他们的财运和生存都只托付给棉花，他们要采取混作制，把更多的土地用于生产自用的粮食和喂牲口的饲料。

美国小麦的问题与世界市场情况紧密相连。我们知道，世界大战暂时中断了东欧谷类对西欧的输出，面对价格上升的海外国家，就把它们的麦田扩展到非常大的规模。这种扩展，在美国西部非常方便，因为这里有只适于小麦而不适于任何其他商品作物生长、并且极便于使用机器的辽阔平原。人们看到了单一农作物的一次新飞跃；这里不仅有拖拉机，而且还有收割脱粒机。堪萨斯州在1926年拥有8 275台收割脱粒机，到1928年已有2万台。北达科他州在1925年第一次使用这些机器，到1928年已有1 000台以上。没有这些机器，小麦是不可能在这些平原上走运的。人们估计，在1929年美国硬冬小麦的二分之一和硬春小麦的五分之一收成，是用收割脱粒机来收割的。麦田面积从1910—1914年的4 900万英亩增至1930年的5 900万英亩。消费赶不上受高价刺激、按畅销时速度组织起来的生产，于是各处都出现大量的库存。怎样控制损害的程度呢？美国联邦农业部和对待棉花的态度一样，也为小麦设想补救的办法。它希望在农业界传播的意见是：为了避免将来类似的过剩，必须限制生产。它说："我们不能保护那些故意多种小麦的农民。"不幸，增加麦田比减少麦田容易得多。在美国西部的大平原上，现在只能种小麦，不要小麦就完全是不要农业，对已经住到这片新开垦土地上的农民来说，这就是不要他的农庄和已经投入农庄的劳动和资金。他们顽强地抵抗，但比他们强大的现实状态常常迫使他们离开。对位置不很偏西、气候比较不很干燥、不很严酷地区的农民来说，事情也是难办的，但放弃小麦，使农业经营适应新经济情况的不可能性要小一些。他们中间有很多人正在转向奶的生产；奶的市场有保证，因为它在国内而不在国外。某些美国经济学家现在已经在想：就小麦来说，放弃世界市场，把市场限制在国内可能比较有利。

三、工业

由战争的破坏和浪费引起的生产神秘主义，在工业领域收得的新信徒最多。一个意识到自己力量的工业企业，控制其生产的能力远胜于最好的农业企业，它不屈从于气候的无常变化，它无所谓旱年和涝年。机器按操纵者的意志运转和生产，它的工作只受能源和原料可能性的限制。再有，工业设备价值昂贵，所以人们为从已投入的资金取得报酬，总是力求使机器不停地运转。单是它的组织的作用，就使工业机器冒着生产过剩的危险，即生产的数量多于保证能售出的数量。这样，人们就看到了某些大宗产品如煤、石油、铁、小金属等大量集聚，卖不出去，某些大国如美国、德国、英国等都在它们的工业化重压下呻吟。

几种产品的例子　战后几年的特点是煤炭生产的非常发展[①]。煤炭在1919—1920年达到的价格，诱迫煤矿公司建立新井，并使老井现代化，借以增加采掘量。几乎所有的国家都在进行装备，以谋求最高的生产率。法国在现代化的基础上，恢复它被破坏的煤矿。波兰很快就能同英国煤炭争夺波罗的海国家的市场。荷兰推进它林堡煤田的生产。德国加强其西里西亚煤矿的开发。德国上西里西亚煤矿产量在6年内翻了一番，从1924年的1 090万吨增至1929年的2 199万吨。总计起来，德国虽然失去一些领土，它的煤矿却已几乎恢复战前的产量(1913年22 300万吨，1929年20 200万吨)。

人们探求所有的增产办法。英国和欧洲大陆一样，努力把煤矿组合和集中起来。在1929年已有11 000万吨——或英国开采量的44％——是从年产100万吨以上的煤矿挖出来的。在提供英国产量五分之一的威尔士，单是7组矿井就产煤炭3 300万吨；

① 参看P.帕朗，《把煤炭工业组织起来》，《国际经济》，1931年4月，第158—170页。

几乎所有的无烟煤都是由一组矿井生产的。到处都在进行导致生产率不高的矿井衰退消亡的自然淘汰。英国在 1924 年 11 月投产矿井有 2 378 个，到 1928 年 11 月是 2 084 个。在鲁尔盆地，从 1924—1929 年，矿井数从 275 个减至 189 个。在比利时，从 1913—1928 年，矿井数从 274 个减至 240 个。在 1929 年，鲁尔盆地的集中程度，高到 26 个开采公司提供 97% 的产量。煤炭工业的效率，也通过机械开采的扩展和利用煤作原料（去制造苯、柏油、染料、酒精）的技术进步而得到提高。

所有这些努力集合起来，就导致卖不掉的巨大煤炭库存的形成：在 1931 年初，鲁尔有 1 100 万吨以上，比利时将近 300 万吨，法国和萨尔区 300 万吨。据 P. 帕朗说，生产能力扩大到这样的程度：单是英国、德国及波兰这三个国家，如果最大限度地利用设备，就足以使欧洲的当前总产量提高 20%。为了制止库存增加，各处不得不解雇工人。英国已裁减从业人数 20%，鲁尔区为 27%，波兰为 14%。

石油[①]的例子是典型的，因为它表明在美国这个国家内一些既独特又危险的开采方法的后果。美国在世界石油生产中占突出地位（占总量的 70%），它也支配着市场，因为它消费的汽油占世界总消费的 76.2%。由于它所特有的一些原因，石油比任何其他原料更难逃脱生产过剩。在 1929 年底，原油及其精炼产品的库存已经高达 68 200 万桶。俄克拉荷马的原油平均价格，在 1919 年

① 参看 L. M. 洛甘，《石油工业的稳定》，俄克拉荷马大学，诺曼出版社，1930 年，8 开本，VII—248 页。W. A. J. M. 旺·瓦特肖特·旺·代尔·格拉赫特，《防止石油生产过剩》，《国际经济》，1930 年，第 276—287 页。

曾达每桶 3.43 美元，到 1928 年又跌至 1.31 美元。同样，在美国中部，汽油每加仑平均价格，从 1919 年的 21.51 美分跌至 1929 年的 7.72 美分。

在很短的几年内，勘察方法和钻探技术的改进，导致开采量空前增加。1908 年最深的井是 3 700 英尺，现在很多已深达 7 000、8 000，甚至 10 000 英尺。不久以前，人们还以为每井日产1 000—2 000桶是通常现象，现在有些井已达 10 000—30 000 桶。人们正在运用新的方法去加深废弃的老井，使其重新出油。现在美国生产的石油，有一半来自 30 万个油井；但另一半则来自6 000个最新的井。人们甚至发明向井内注入压缩空气使其新生的方法。最后，提炼方法已经改进到这般程度：从 1 桶石油中提炼出来的汽油，已从 1908 年的 11%提高到 1930 年 1 月的 45%。

石油开采的通常方法，也有助于库存的猛增。大家知道，一个地下油层中到达输油管道的油量，顶多只有储存量的四分之一；弃留在地下的量超过实际生产的量好多倍。但这种被弃留的油，常以液柱的形式大量涌向地表，它的流量常大到人们难以全部收集的程度。这些收集到的油，也是必须卖出的一部分。

石油开采本身的特点也导致生产过剩。不管经济情况如何，人们必须继续生产。在生产过剩的情况下，农民可以不播种，矿主可以封闭矿山。石油生产者却不能停止生产，因为他的油井所在的油田，是每个采油者的共同油储。石油和煤气不是固定在矿层中的，它们被邻接的所有井主同时抽取。因此，如果邻居在钻井，油田内的每一个井主也就必须继续钻井；否则，他就失掉他一份石油和煤气。这样，一种极度的争夺，就导致大量钻井和进行最大限度的开采。生产过剩的这种持久的必然性，是石油工业的特征之一。

为了防止这一危险，同一油田的各个业主和承租人必须进行合作和达成协议。开采的单元，应当不再是产业的单元和承租的单元。同一油田的生产，不应听命于每个业主或承租人，它应当由一个代表全体的唯一机构来控制和指挥。要实现这一转变，最大的阻力是地下所有权的情况。在美国，决定财产权的是英国的不成文法律(Common law)。这个法律，把地下的财富归属于地上的地产业主。一块土地的所有者，可以自由地在他喜欢的地点和时间钻井，可以自由地把这个权利交给另一个人。如果他看到邻居在钻井，他必须自己也钻，以免失掉他的地下财产。这就造成浪费，造成生产过剩。如果在同一油田内钻许多井，油层当然要较快地枯竭；设施的增加招致许多无益的花费。最后，驱动地下石油的煤气压力，也会降低。这就使得很多石油滞留在矿层内，不能抽取利用。因此，需要想办法去剥夺为数太多的个人在开采上的主动权，这样就得改变所有权。美国政府关心这个问题，而且已经表决通过了一些法律。提出的这一个办法是：在考虑到每个业主和承租者利益的情况下，按比例限制同一油田的生产。这类的一些尝试，在俄克拉荷马、得克萨斯及堪萨斯三个州取得了成功，但在别的州遇到了挫折。第二个比较科学的办法是，把每一个油田组成一个开采单元，由一个单一的机构指挥，以避免竞争性的钻井、煤气的浪费和徒然的多花力气。在得克萨斯州已实现了一些统一计划。从 1930 年 7 月起，加利福尼亚州的日产潜力已减至 50%，俄克拉荷马州减至 30%。得克萨斯州叶茨油田能日产 250 万桶，现

在已将生产限额规定为这个生产能力的 4.5%。联邦政府提出的这一整套变化，现在得到法律的支持。这样，人们就在合作和在同一油田内部组成开采单元的基础上，逐步走向一种保持和稳定的方针。

我们将以另外几个例子来说明设备过剩和生产过剩，是现阶段工业经济的一个显著特征。在 1910 年生产 6 600 万吨生铁的大冶金业，在 1929 年把 9 800 万吨生铁抛向市场。这个庞大的数量，与消费的需要完全不相称。找不到销售市场的前景，迫使西欧（德国、比利时、法国、卢森堡、萨尔）的冶金厂厂主联合成一个钢卡特尔，并决定由它来规定生产的份额。但在将近 1929 年底的时候，市场状况迫使卡特尔减产 10%。不久，在 10 个月以后，这个缩减额又不得不从 10%改成 25%。但是，无纪律现象在支配着冶金界，人们担心到 1930 年底各个成员重得自由的时候，冶金生产就不再受限制了。

至于非铁金属，它们的市场，一年多以来经受着同样生产过剩和同样价格下跌的折磨。自世界大战以来，铜的生产①经历过深刻的变化：富矿层的发现和被开采，特别是在非洲；生产成本由于新方法的应用和电解法（可以处理以前认为不可利用的矿砂的一种技术进步）的推广而大量降低。在 1906 年，美国用以冶铜的矿砂平均含铜量是 2.5%，今天不过是 0.75%。尽管一个卡特尔（铜输出者联合会）作出种种努力，人们还是阻止不住价格下跌：1929 年初，24 美分半公斤；1930 年 7 月，13.30 美分。还有，铜遇到一

① 《国际经济》，1930 年，第 290—292 页。

个可怕的对手铝。铝合金正在取代铜在汽车工业中的地位，并且威胁其在电力工业中的地位。我们可以说，一种企求进步的工业，越是改进制造方法，越是提高生产率，就越有生产过剩的危险。化肥工业也是这种情况：人们现在看到在氮素市场上智利天然硝石的旁边，涌来一个装备超量的强大工业的产品。

几个国家的例子 不同的工业国家在普遍生产过剩的影响下，都以相同的方式行事。我们在美国和德国看到同样的发展，同样的结果。

美国 一段相当长的时期以来，在庞大装备重压下的美国工业，已经体验到制造品销售的困难。它原来期待有无限承受力的国内市场，现在不再让它抱有不断提高生产上限的希望。因此，在使制造的合理化之后，它又在努力使销售和分配方法合理化。它发展一种分期付款销售的制度。这个销售制度，在1930年底，相当于60亿美元——即零售交易额七分之一——的信贷。在1927年，销售减缓已经使人们担心；但通过大力出口，局势又得到恢复，因为从1927—1929年，制造品出口额从1.65亿美元增至2.11亿美元。不幸的是，国外市场本身也跟不上生产速度：它从1929年年中起，已显示不能再扩大其销路了。

人们可以通过美国来最佳地认识和解释生产过剩的过程。一位思想深刻的行家M. A. 西格弗里德[①]，已经以合理化这个名称阐明这一过程的机制。美国人已经通过普遍使用机器、最大限度

① A. 西格弗里德，《1930年美国概观》，《政治与国会评论》，1930年6月10日，第345—362页。

地利用劳力（泰勒化）、标准化（物品型号少而数量大的生产），和把工业生产集中在能组织分工的大公司手里的办法，来完成合理化。这是大量生产和系列生产的胜利。从1899—1927年，美国使用的原动力几乎增至4倍，产量几乎是3倍。产品的积累，迫使生产自身停顿。在那时还缺人的这个国家内，现在工业却嫌人太多了。甚至在汽车工业内，劳力使用指数也已突然下降：在1930年4月，为96.1%；在1931年4月，为76.8%。人们计算全国共有将近400万失业工人。全国的制造业经济像是被生产的过剩卡住了。在1931年6月末，美国钢厂的生产量只是其生产能力的43%（在4月初是55%）。在到1931年5月16日截止的一年内，铁路公司的运货车数只达到14 522 230辆，比1928—1929年的19 290 159辆减少27%。最后，国外贸易也显示一种危机状态，因为1931年4月份的出口，比1930年4月份的出口减少34.4%，进口则减少39%。

德国　德国工业现状的根源和美国一样，是一种有机的生产过剩。美国的例子在这里不是陌生的。由于害怕在技术上达不到美国进步的高度，德国已经建立了这么多的新工厂，或改装了这么多的老工厂。马·海尔曼①精当地说明美国这个令人真正眼花缭乱的幻景，是如何创造一个专门化与生产率的新奥秘的。这个奥秘可以用一个术语来表示：合理化。此外，在德国经济发展的路线中，早就有了这种转变：它从十九世纪末

① 马·海尔曼，《现代化德国的经济反常现象，1918—1931》，巴黎，阿尔芒·科兰出版社，1931年，8开本，第202页。

叶起,已经以此作为纲领了。

在1925—1926年,人们看到一次工业的动员——美国人所谓那种合理化的一次胜利。直到接近1920年的时候,德国的工业主要是进行同类工业各个分支之间的横向集中,例如大冶金业或煤炭工业。在1920年以后,纵向集中开始发展起来,以便"减少交换的次数,并创造一种从矿砂到收割机、从树到新闻纸、从矿山到工厂、从高炉到自行车的连续不断的链条"①。我们可用染料工业利益组合作为这类集中的例子。"参加这个组合的各个企业在1925年实现了全面的合并"。"巴登苯胺"(Badische Anilin)把它们全部吸收进来,从而把资本提高到64 500万马克,又由于是公有性质的,所以取一个组合的名称。17个化学产品公司、5个肥料厂、10个冶金和电化学工厂、20个煤矿或褐煤矿、3个压缩煤气工厂、5个纺织厂、10个设在国外的贸易公司和5个杂品工厂一齐进入这个新公司。这个新公司从那以后,又吸收了许多人造丝工厂、大部分的炸药工厂及一些新褐煤矿。它已把资本增加到9亿马克。欧洲没有一个公司资本比它多的②。在1926—1929年间,就这样展开一个涉及大部分大公司的许多结合的时期:大冶金业、光学和照相仪器、电力工业、汽车、纸张。这一惊人的飞跃发展,并不依靠国家的储蓄和储备,而是利用从国外借来的巨款。为了进行工业装备,德国在从1924至1930的5年内,共

① 马·海尔曼,《现代化德国的经济反常现象,1918—1931》,巴黎,阿尔芒·科兰出版社,1931年,8开本,第121—125页。

② 同上书,第127—128页。

借债150亿马克，大约相当于1 000亿法国法郎。但它加重了整个生产的利息负担。由于处处花钱，他们已造成资金短缺。利率提高就是这种情况的反映。人们发展了一种不能压缩生产费用的生产，因为所有的机器资本必须全力生产才能回收投资。“如果机器不是100％地运转，债务就要压垮生产者。一场销路危机就是计划的全盘失败。”可是市场跟不上生产。德国不拥有可与美国相比的国内市场。它对技术和机器问题想得太多，它忽视了贸易情况。人们希望生产能力不断增长，但如果销售节奏与生产节奏不协调，这种增长就成为不可能；而且这是危险的，因为这是在世界市场壅塞的时刻实现的。

因此，德国的工业结构已经把德国引向和其他工业国家同样的困难。到1931年年中，失业人数已超过500万，也即领取工资者(不包括农业工人)的40％。停工是合理化措施的第一个结果，它现在由于生产缺乏销路而正在增加。存煤堆在鲁尔的矿场上。工业开工率只达到生产能力的50％。运输在萎缩。杜易斯堡—鲁尔奥特港在1930年运出的煤，比1929年少300万吨，冶金产品少30万吨；到1930年9月，停驶船舶的吨位已达65万吨。在1929—1930年之间，曼海姆港的货运量减少52万吨。这场危机完全是德国工业结构的后果：通过合理化的组织而走向生产过剩。

英国　在安德烈·西格弗里德[①]的那本公正而透辟的著作发表以后，还来分析英国危机的下述征象，未免有点冒昧：出

① A.西格弗里德，《二十世纪的英国危机》，巴黎，阿尔芒·科兰出版社，1931年，16开本，第216页。

口的剧减，自1913年以来棉制品已减少三分之一；停工使200多万工人无所事事；贸易的逆差，它的表现是国家储蓄能力的下降，国际贷款国作用的削弱和黄金的外流。但探讨一下削弱英国工业实力的原因还是有意义的。我们可以把这些原因分为两类：首先是与国家工业结构紧密联系的制造品生产成本的提高；其次是主要取决于世界市场情况的制造品销售的困难。后面的这类原因显得更为严重，因为它们不是英国的愿望所能完全消除的。

英国商品生产成本的提高，是由捐税繁重、工人精神状态和工业组织的缺陷造成的。由繁重捐税反映出来的国家巨额开支，促使生产费用上升；它也妨碍工业家储集必需的资金去更换装备。在30年内，可以叫作社会服务的各项开支，已从每人14先令增至8镑6先令，总额已从2 200万镑增至36 000万镑。所有各种预算的全部开支从1913—1914年至1926—1927年增加370％①。

英国工人的工资比欧洲大陆工人高得多。人们提到1925年一个英国公司的例子：它在许多国家拥有工厂，它为同样一部机器付出的生产费用，在法国相当于400镑，在德国520镑，在英国565镑。可是美国的经验表明，高工资不一定就是廉价生产的障碍。因此，工人之所以使生产成本高，主要不是由于他们的工资，而是由于他们的精神状态。实际上参加英国

① 参看F.希利厄，《救救英国工业》，伦敦，G.阿伦出版社，1930年，12开本，第95页。

工会的工人，对机械化的扩展是不乐意的。然而要恢复棉纺工业，合理化似乎是唯一的补救办法——其中包括老厂的现代化，也就是购买昂贵的机器。但是，要使这些机器能全力生产，就必须工人同意管理两倍的机器。美国工人同意这样干，从而使机器得到最大限度的利用，他的工资也大大增加。

很多人，甚至是英国人，都认为英国的工业组织有某些缺陷：装备陈旧，对新方法不感兴趣，企业不集中不合作，过分相信操作而不相信技巧。这些缺点肯定是被夸大了，因为有些英国工厂称得上是组织的典范。但长期以来，确实有很多工业为我们提供了最破烂的生产例子，如煤炭工业①至少某些煤田是如此。大家知道，按照英国法律，地面的地产业主也是地下的地产业主，他有开采或不开采的自由，有把他的煤让给别人开采或不让给的自由。如果他允许某个公司去开一个矿井，这个公司必须付他一笔租金。可是现在这些租金的总额，在全英国内已高达每年550万镑。到地产业主和让受人所签租约满期的时候，一切都无偿地归还地产业主，这就使承租的公司不愿花钱去改善矿山设备。另一方面，由于煤矿层属于为数众多的地面地产业主，所以采煤活动常常是在许许多多小租让地上进行的。而且地面形态复杂，有些地方难于到达和整治，要耗费大量资金。很多装备不足、彼此孤立而不能协调、生产费昂贵而销售不畅的煤矿，就是这么出现的。针对这些陈旧的企业，一阵改革之风已经吹起，但征途是困难的。

① 参看F.德拉特，《战后的英格兰与煤的冲突》，巴黎，阿尔芒·科兰出版社，1930年，8开本，XIV—424页。J.H.琼斯，《英国煤贸易的现状》，《统计学会记事与评论》，1930年，第62页。

国外市场状况[1]对英国的大工业来说，是比内部不完善更为严重的忧心之事。在工业文明向全世界挺进的时代，英国大工业每天都碰上一些它们还不知道如何对付的敌手。它们的销售方法，一直是畏畏缩缩和斤斤计较的。日本的棉纺工业，依靠三大公司去集中收购原料和销售制成品，它们在产棉国家有收购代理人，在买棉布的国家有销售代理人。可是在英国，人们计算共有 300 个棉花商人，1 800 个纱厂和布厂厂主，800 家棉货行。英国的贸易还保留一些让顾客不满意的习惯。远东的买主希望为他们开 c. i. f，也就是包括运费和保险费在内的发票。可是很多英国公司却继续开只注明离岸价格（f. o. b）的发票。结果：开 c. i. f 发票的美国、德国、日本、捷克斯洛伐克的商人抢走了订货。他们还懂得让产品适应当地人的爱好，用当地的文字印制商品一览，以当地的货币标价。例如英国的汽车工业，就是由于这类原因而不能深入打进欧洲，甚至帝国的市场。美国的汽车已经夺得了年轻国家——澳大利亚、非洲、印度、加拿大、中国、荷属印度、南美洲的市场。美国懂得不向这些国家供应豪华的汽车，但向它们出售结实、不太快、力量大、燃用廉价汽油的，也即真正是劳动工具的车辆。

因此，英国工业的现状提出两个问题：一是改组工业的技术问题，二是保住市场的商业问题。如果这两个问题还没有得到解决，那也不是由于人们的忽视，因为它们是镌刻在英国经济的内心上的。事实上，人们不能在短短几年内改造一座多处陈旧倒塌，但原

---

① 参看前引 F. 希利厄的著作。又 P. 勒图译，《英国出口的危机，1920—1927》，巴黎，西雷文集，1929 年，8 开本，152 页。

先是由高明建筑师用坚实材料造成的经济大厦。

工业的改组已在进行之中，或是新产品的生产，或是使生产合理化。如果说："英国没有制造那些现在深受这么多市场欢迎的新产品的天才"①，和"被个人主义分裂的整个英国工业都表现出抗拒合并"，我们就似乎太夸张了。英国工业家很理解：未来是向着那些符合人民大众新需要的产品的：汽车、电影、无线电、人造丝、家具。他们对老工厂的合理化和现代型新工厂的建立，都已不再犹豫。伯明翰的工业，为我们提供这种演变的一个值得注意的例子②。在十九世纪前三分之二时期内已经是一个大冶金业中心以后，布莱克乡逐渐致力于精美和昂贵产品的制造。这种奇特的适应性是伯明翰的一条老规律。从 1886 年以来，人们就看到这种转变在进行之中。促使转变的原因很多：外国的竞争、铁矿砂和炼焦煤的耗竭、机械化的普遍化、爱好和习俗的变化、距海遥远。在老工业中，有的仍然兴旺（首饰、黄铜、螺丝和螺栓、链条和锚），另一些日渐萧条（金属笔尖、锁、针和钓鱼钩、刀剪、机车车辆、管子、铸铁）或完全衰落（纽扣、刀剑、鞍具、铁床、玻璃制品、钉子、拉丝厂、钟表）。与此相反，目前正在出现几种年轻工业的空前发展：自行车、汽车、电力工业、机床制造业。除这几大类以外，还有一些实力较弱但很有生气的门类：衡器和量器、化学产品、食品（巧克力）、办公室用品、皮革产品、人造丝。现在西部的密得兰有 20 万汽车和自行车工人，46 000 橡胶工人，4 万人造丝工人。在工厂从事制造

① 前引 A. 西格弗里德的著作，第 77 页。

② G. C. 阿伦，《伯明翰与布莱克乡的工业发展，1860—1927》，伦敦，1929 年，8 开本，XXVII—480 页。

要求熟练技巧和高度精美的复杂产品的同时，工业的组织也在向现代型发展(小作坊的破灭，横向和纵向集中的大公司的形成，通过股票、直接出售而导致的大工厂和大公司的增多)。在适应新工业和新方法的转变中，伯明翰找到一种能更好抵御危机的办法，它的工人受停产损害的程度比英格兰北部及苏格兰的工人轻得多。

保卫英国市场[①]比改组工业遇到的困难更严重。这个复杂问题的解决，对英国经济是极其重要的。巴尔福委员会在1929年1月25日宣布："没有商品和服务出口的支持和发展，保证英国人民生活的问题是解决不了的。"自世界大战以来，英国经济政策的发展向我们表明，通过缓慢地放弃自由贸易，它的工业正在不知不觉地转向一种防卫和保护的体制。怎样构想、确定和实行这个政策呢？在实行的时候，他们可以依照一般的保护主义的办法，也可以依照英国所特有的帝国集团的办法。这两种解决办法中没有一个是简单的。我们感到，在实行这个或那个办法之前，都必须检修整个英国经济。

人们不能说保护主义将为整个局势提供一个可靠的补救办法。例如煤炭工业，它在国内市场上并未受到外国的竞争。它所经受的危机是来自出口的减少。因此不存在保护问题。人们曾想到间接地保护它：提高它在国内市场上的售价，拿这样所得的利润，到国外市场上同外国人竞争。但是，由于煤是所有工业的原料，所以人们都抗议这个要为煤多出钱的主意。至于冶金业，英国

① 参看前引的F.希利厄和A.西格弗里德的著作。对照A.德芒戎的《不列颠帝国》，巴黎，阿尔芒·科兰出版社，1923年，12开本，280页。

从国外进口许多铁和钢(1929 年 2 816 000 吨),难道他们将为保护高炉和炼钢厂而禁止这项进口吗?这将是一个错误,因为炼钢工业的兴旺分支之一,是钢板的制造,它是国外半制品钢的进口大户。钢板占钢铁出口总量的 36.6%。造船工业也是这种情况,它也消费大量来自国外的钢。实际上,冶金业的危机是来自国外市场的封闭。保护国内市场毫无用处,加强装备可能更好些。

人们能从实施贝维布鲁克爵士所珍视的帝国自由贸易的行动中,找到解决经济危机的办法吗?这个想法是要把不列颠帝国造成受到关税壁垒严密保护的、封闭的一个经济单元。帝国将向英国提供食品和原料,从英国获取工业的多余产品。人们甚至把这个单元设想为一个真正的整体,把整个帝国内的经济资源、信贷和资金、移民、财政制度、交通工具的体系,都交给帝国成员共同经营管理。开始时,人们看到一些能为这个想法辩护的事实:英国向殖民地出口和进口增长的趋势,某些自治领经济和英国经济之间相互补充的性质,宗主国和其帝国之间的财政关系的密切。但这个主意还是碰上一些不容忽视的根本性的事实。

某些必然的贸易流是难以转移的,事实的力量不使它们转向不列颠帝国。消费者总是买比较便宜的东西,不管其来自何方。如果不是比较便宜的,那也是较合他的心意、或他较易买到的。英国人愿意买阿根廷的肉,因为它比澳大利亚的肉好些。同样,澳大利亚向美国购买一些英国不能向它供应的廉价物品。难道能迫于义务而改变这些自然的贸易流吗?当然不能,因为即使是帝国的殖民地——事实上它们是自治的——它们也不会同意这样干。此外,可能受到这类转移的损害的国家,将会采取报复措施。有人说，英国人可能只愿意吃来自帝国的小麦和肉类。现在这些食品大量地来自南美洲。可是南美洲市场是英国制造品最好的买主之一。如果不买它的农产品，英国能保住这个市场吗？

人们不可能忽视自治领境内的工业发展。每个自治领都有其工业体系，谁也不想为帝国的团结而牺牲它。它们的关税壁垒不照顾英国商品。它们最兴旺的工业，常是宗主国的基础工业。

认为英国会不顾它同欧洲的贸易关系的想法是虚妄的。英国将近三分之一的出口走向欧洲，三分之一以上的进口来自欧洲。吸收三分之二以上英国再出口的仍然是欧洲，"以致这个被北美洲摆脱掉的英国货栈，越来越成为运往欧洲的货栈。"最后，尽管存在着把它和它的帝国连在一起的利益和感情，英国依然是一个世界性国家。人们不能设想，为了它的原料、食品、商船队、资金，这个国家会摆脱它和国际贸易的联系。人们不会先验地放弃帝国自由贸易的计划，但应认识到它会激起强烈的反对。因此我们可以说，能实现英国贸易增长而又不损害其工业和工人的解决办法，只有在多次探索之后才可找到。

四、未来的展望

国际经济的现状，给我们一幅苦难重重而又令人忧心忡忡的危机图景。用危机这个词，就使人想到它是一种将来总会治好的暂时病症。这是不容置疑的。但是，如果我们忘掉这些短期的痛苦是起源于一件长期不可抗拒的事实——所有生产技术的改进——那就错了。农业机器、商品肥料、工业机器、合理的工作方法、快速和大量的运输，我们的物质文明引以自豪的所有这一切装备，导致所有领域的生产过剩。问题当然不是去抛弃人类的这些进步，而是去使这些生产手段更好地适应消费的需要。怎样实现这个适应呢？只能有两种方式：增加消费或减少生产。现在来看看我们能否使当前的经济服从这些需要。

增加消费　人们可以用发掘新的购买者阶层来增加消费。就农产品来说，这个解决办法很自然地会被人们想到，但效果只能是有限的和远期的。人们常常指出，农产品，特别是粮食的消费缺少弹性，我们不能按照价格的高低来随意地扩大或缩小。每个人对食品的需要显然是恒定的。有人说过，要到不吃面包的人当中去推广小麦的消费，但是，要把吃米饭者转变成吃面包者的想法，肯定只是一种幻想。可是，有些农产品的消费是可以增加的：肉类、黄油、糖、咖啡、可可、茶。如果人们增加贫穷人口的购买力，这事是可以办到的。可能性是存在的，但实现的过程是缓慢的。广大人群的生活状况，以强大的惯性力来对抗一切变化；没有人相信有朝一日各个民族的食品会彼此相似，他们的口味会完全一致。

用什么办法来增加工业产品的消费呢？人们当然可用提高农村群众购买力的办法来做到这一点。博士们已经竭力鼓吹在西欧和东欧之间达成协议。为了扩大工业欧洲产品的销路，重要的是提高农业欧洲农民的生活水平。如果人们想使他们成为工业的好主顾，那就要改进他们的耕作方法，向他们供应机器，给他们贷款，组织他们的销售活动。在亚洲和非洲同样存在着一些土著人的社会，他们不太穷，有较好的教养，是一股巨大的购买力。但是，这些前景在目前只能是空想而已。

不管怎样，工业销路的扩大，只有在工业品生产成本不超过消费者购买力的情况下才是可能的。可是这一总的情况，实际上又分成一系列各个国家经济所特有的情况。在各国工业的生产成本之间存在着深刻的、常常是不可消除的差异，它们使各国互相竞争，并决定各国的销售可能性。以同样效率的机械组合，某些国家就能依靠廉价劳力而实现一种不怕所有竞争的生产成本。在欧洲和美国的工业地区，工资是一个摆脱变动、摆脱普遍竞争规律的领域，它顽固僵硬地抵抗生产成本的降低。当然，我们丝毫不贬损高工资的社会价值和精神价值。但从经济观点来看，在国际竞争中，不是存在低工资的民族使高工资的民族处于不利地位的危险吗？A. 西格弗里德以动人的词语提出的，正是这个悲剧性的问题："未来，是属于工资高的民族吗？他们没有受到较俭朴民族竞争的危险吗？可能享有同样技术进步的这些人，将凭借其劳动报酬微薄的优势来反对美国人！"[①]除非有一个国际的工资齐平——这在目前是一种梦想——人们将继续看到区域的、国家的和大洲的影响，在工业生产成本这个问题中的支配地位；这是地理环境本身的表现。通过降低生产成本来扩大产品销路的可能性，只有少数的国家可以取得。

减少生产　减少生产，不是国际范围内一个切实可行的解决办法，它每行一步都要遇到常常是强大的国家经济的阻碍。人们已经为农产品发明一个反常、绝望的减产办法，即有计划地将它毁掉：1760 年，人们就是采用此法在阿姆斯特丹烧掉大量的肉豆蔻。这个无情的方法，最近导致某些加拿大农民火烧小麦，某些巴西人

① A. 西格弗里德，前引论文第 361—362 页。

把成千袋咖啡投入大海。在美国,不是有人想到烧掉联邦农业部的库存棉花吗?

现在我们来谈谈正常的减产方法。让一个农民用另一种赚钱较多的产品来代替产量过剩的产品,并不总是容易的。如果他想减少或放弃谷类生产,他必须付出一笔新开支去整治土地,他就需要有点积蓄或贷款。另一方面,受气候支配的农民,不是害怕生产过剩,而是害怕收成不好;一次歉收,可能使他后悔播种太少。当这个国家不能适应一种新作物的时候,打算放弃旧作物的农民常有破产的威胁。人们能够在协同减少的尝试中取得一些暂时的成功,例如橡胶就是例子;但他们的良好效果没有持久。

地理情况和经济情况的多样性,使很多国家的经济结构不能适应普遍削减的政策。某些欧洲出口国已被迫减少生产,罗马尼亚在 1930—1931 年减少小麦 12%。美国减少 1%,马尼托巴 2%,萨斯喀彻温 8%,阿尔伯达 11%。但另一些同样是出口的国家拒绝减少麦田:印度扩大 3%;俄国宣布一个有计划增加的计划。某些国家认为,它们的利益迫使它们不能放弃某些作物,即使这些作物不如别的作物适宜也不放弃。他们希望在经济上和社会上保持独立性,他们厌恶将会毁掉他们有益作物的那种国际分工。在他们眼中,复杂的经济完全可以与分工——文明的一种进步形式——基础上的经济相媲美,因为这种经济使他们能通过多样化的开发,来利用土地上的所有资源,并使土地富饶。

工业减产的本身,是一项比较容易的行动,因为只要让机器停工就行了。但它会带来严重的社会和经济后果;工人的失业及伴随的各种苦难,昂贵装备的停止运转。可是很多为出口而生产的国家,却不得不接受事实的力量强加的这些牺牲。相反,不论是在工业领域还是在农业领域,某些主要面向国内市场保护的经济,所蒙受的损失似乎比那些开放的经济轻得多。例如英国的工业,没有遥远的销路就不能生存。但人们不应看不到,另一些国家的工业能够在本国的基础上很好地正常运转。此外,人们的智慧不足以挽救那些濒危的企业,自然淘汰正在进行。很多企业即使减产,也抗不住海外的风暴。有些健康和生命力强的企业能够存活下来,并且继续活下去。自然淘汰的这项工作,无疑将是经济复兴的最好因素之一。

* * *

在装备过量、生产过剩的国际经济状态中,人们清楚地看到一个动乱原因的影响,这就是没有远见,各个国家经济之间完全没有协调。很难相信人们能够缔造成一种生产的国际组织:这将委托某些国家——无疑是最强的——去指挥别国的经济。相反,人们能够在国际水平上组成一个有远见的和经济预测的体系。这种预测,现在仍然处于支离破碎的状态。但是,为什么不能组织起来,同时对全世界经济现象进行研究,以便保证各个国家经济不遭受因自己无知所招致的危险呢? 世界经济向我们展示一些特别反常的现象:这儿,食物和原料积存过多,人们甚至想将其毁掉,那儿,荒歉和饥饿猛扑向整个地区;这儿,成百万工人失业,那儿,大群的人缺布、缺工具;这儿,一些国家在减少麦田,那儿,另一些国家则扩展麦田;这儿，生产以前所未闻的速度增长，那儿，消费在不断地下降；这儿，一些国际现象使人相信能有普遍的团结一致，那儿，一些复杂的国家现象搅乱所有的团结和所有的协议。人们几乎看不到现成的、能补救这种局面的办法。但是至少存在着一种为此做准备的方法：那就是组织协调的经济情报和建立一致的统计资料。这将是走向经济现象的国际认识的第一步。为使估量方法和统计名称一致，人们已作出许多尝试。当人们能够明了所有的大宗产品和世界上所有的国家，在一个既定年度内生产可能性的时候，人们就将在“商情”这个至今还极少被探索的领域，实现一步决定性的进展。

公路与铁路[①]

我们觉得——特别是从世界大战以来——世界各地的汽车客货运输业有惊人发展，简直是经济发展的深刻和决定性特征之一。我们看到在老国家内，自从铁路突然胜利、驿车运输绝迹以后，沉睡多年的公路正在苏醒。起初专供富人享用的汽车，现在已成为社会所有各阶层役使的工具，人们把它用于各种商业运输，甚至已经打算使其承担某些商品的长途运输。

在很多仍苦于铁路不足的年轻国家内，公路正在以从前铁路那样的气势向前进展。它被用作一般运输的工具，被认为是开拓的武器。甚至沙漠也有利用汽车成为转运大道的趋势。

① 本文原刊于《地理学年鉴》，卷 XXXI，第 218 期，1930 年 3 月。

随着公路的复活，长期以来不怕竞争的铁路现在遇到了胆大敢闯的对手。M.科尔森认为，公路和铁路的这种竞争，是在十九世纪末期以前从未有过的一种现象。他说[①]："生产成本低到大致等同、并且时常低于铁路的唯一运输方式，是海上和水面宽而坡度缓的大河上的航运，如伏尔加河、易北河、莱茵河，甚至塞纳河和多瑙河。但航运所及的地域有限，它丝毫不能阻止铁路运输的飞跃发展。"汽车能承担新型的流通任务，它比铁路挺进、渗透得远，能到达平原和山区的深处，像毛细管、水网那样把活动和生活分送到国家的尽头。

对这种新运输方式及其分布和作用的研究，理当属于经济地理学的领域。不幸，这项研究相当困难，因为资料很分散。汽车运输企业和铁路企业不同，它没有同业公会的统计资料，也没有正式的资料机构。尽管如此，我们觉得，从众多而普遍的现象中，选取那些能向我们揭示公路与铁路的竞争，最能使我们了解这种竞争，并向我们阐明它们在什么情况下可以合作和在哪些方面竞争又似乎是不可消除的各种事实，还是很有意思的[②]。

---

① M.科尔森，《汽车运用与铁路》，《政治与国会评论》，1929年8月10日，第169—170页。

② 《运输纪事》是一项珍贵的资料来源：两年多以来，这一双月刊的每一期，都有关于公路和铁路问题的专栏。另外，国际商会也出版一些关于这个问题的有意思的小册子和报告。它的总秘书处非常乐意地让我们参阅。其中特别是：(1)《世界公路运输》，统计汇编，第70分册，1929年6月，8开本，59页；(2)《公路的投资》，作者A.-J.布罗索，第71分册，1929年6月，8开本，72页。另外参阅J.吉耶尔蒙，《关于公路和铁路协作的报告》，公路运输委员会，1929年9月，对开本。

一、汽车的走运

汽车的发展　汽车的走运是进入二十世纪就开始的。在1914年世界大战爆发的时候，全世界的公路上已有相当多的汽车运输业务，法国、德国和意大利各有几千公里的营业里程。在俄国、日本和印度都有很多汽车运输路线。在某些铁路不足的国家，如泰国、伊朗、马来西亚、中美洲，人们已在经营汽车运输事业（当然是短程的）。但这种新车子的飞跃发展，是在战后的时期发生的。世界上运行的汽车数量，从1914年的约180万增至1923年的约1 500万和1928年初的约3 100万辆。

美国向我们提供了最惊人的迅速发展的例子：1911年70万辆，1915年244.5万辆，1921年1 045万辆，1928年2 326.2万辆。它现在拥有世界汽车的76%，每5个人1辆多一点。这只是平均的比例。在干燥、人口少（居民77 407人）、没有大城市的内华达州，每3个人就有1辆多一点。正如A.西格弗里德所说[①]："这意味着每家都有自己的车子。在中产阶级内，丈夫和妻子各自有车的情况是很常见的。"人们计算一下，单是在美国一国，现在投入汽车的资金就几乎等于投入铁路及其机车车辆的资金。吉耶尔蒙[②]说："人们估计，美国每年利用汽车的支出总额，几乎是铁路收入的两倍。汽车司机和机械师的人数

---

① A.西格弗里德，《今日美国》，巴黎，阿尔芒·科兰出版社，1927年，第158页。

② J.吉耶尔蒙，前引报告。

超过铁路职工的总数。”

这些数字多么地能够使我们说：汽车是美国文明的象征！在别的国家，汽车没有取得这样得意的优势；但它到处也有显著的进展。法国在1913年大约有11万辆汽车，到1928年已有976 000辆。汽车与人口数的比例，可以表明文明的程度。汽车的使用，可以给我们一个关于某一社会从其运输手段中所能得到的效率大小的概念。现在拥有汽车最多的国家，是美洲和澳洲的盎格罗-撒克逊国家、西欧国家，其次是南半球的某些新国家。人们可以从一个标明每个国家拥有1辆汽车的人数的表上，看出世界各国分成什么样的等级①。

公路的问题　汽车交通的迅速和突然的发展，同时提出了公路的问题。在像法国这样的老国家内，这就如同一辆高速车反常地闯入一个公路网内。路是好的，但它们是为其他需要而设计和建成的，而且在战争期间已因使用过度而残破了。因此，人们对国家公路进行整修，并希望在1930年初能修好4万公里中的3万公里。人们打算对法国公路重分等级，以便从内政部掌握的60万公里区域性和地方性公路中，分出运输量大的3万公里，使其并入由公共工程部管理的国家级公路网。人们还计划消除3 000多处危险和困难的路段，并拟为此而花费20亿法郎。

在英国，对运输所作的计算，显示出某些主要公路流通量的异

① 世界上的汽车。汽车数与居民数的比例。多少人有1辆汽车？（我们计算的车数中，包括汽车和摩托车。汽车的统计数字见《国际商会报告》第70分册。）

常增长。10 年内运输量增至 10 倍；而在自利物浦至其郊区的公路上，有的增至 20 倍；在卡莱尔至爱丁堡之间，从 1922—1926 年增至 3 倍；在格洛斯特至布里斯托尔之间，从 1913—1926 年增加 1400％；在科努瓦耶的公路上增至 3 倍。最近在 16 个郡内进行的一次调查指出，在以前被列入良好一类的主要公路中，现在只有 48％适于当前的运输；而在 10 个郡内的地方性公路网中，只有 7％不需要翻修或加宽。人们几乎突然发现，公路已成为交通的障碍。统计学家算出，在大伦敦区内，每年由于交通壅塞而造成的浪

美　国	5	比利时	60	葡萄牙	260	南斯拉夫	1 150
夏威夷	7	荷　兰	64	捷克斯洛伐克	260	波　兰	1 200
新西兰	8	挪　威	71	巴勒斯坦	350	法属印度支那	1 280
加拿大	10	古　巴	80	突尼斯	360	伊　朗	1 300
澳大利亚	13	德　国	90	希　腊	421	立陶宛	1 300
英　国	28	芬　兰	105	匈牙利	490	厄瓜多尔	1 370
丹　麦	33	西班牙	115	秘　鲁	530	玻利维亚	1 500
法　国	34	奥地利	130	爱沙尼亚	557	荷属印度	1 500
卢森堡	37	智　利	160	埃　及	570	保加利亚	2 600
阿根廷	39	意大利	170	哥伦比亚	680	英属印度	3 000
瑞　典	42	阿尔及利亚	188	拉脱维亚	720	俄　国	4 230
巴拿马	45	土耳其	199	罗马尼亚	800	中　国	16 000
瑞　士	46	墨西哥	230	日　本	820		
乌拉圭	49	委内瑞拉	223	危地马拉	960		
南　非	54	巴　西	260	巴拉圭	1 000		

费达2 500万英镑[1]。人们可以想象,为什么现在扩展和改善公路网是英国经济的最迫切需要。

美国的这种需要更加迫切。将近1890年时,人们第一次想到建设公路的全面规划。由于铁路的胜利,公路常处于被废弃状态;那时人们已经感觉到这种情况导致了交通阻塞。但是汽车的胜利使情况更加严重。于是在1921年,决定建造一个布满联邦领土的完整的主干公路网。美国人懂得:"造公路比不造公路合算"[2];没有良好的公路,整个国家的经济都受损失;新公路将会增加全社会的财富。1921年的一条法律,强制各州有关部门选定长度不超过各该州所属公路总长度7%的某些路段,将其并入联邦公路网,由联邦政府和各州政府共同负担建造和维修费用。美国在1928年初已有984 000公里可以通行汽车的公路;公路的保养费通常在3.76亿美元以上;人们还预计大约用6.9亿美元去建造新公路。人们的印象是:美国正在以当年建造横贯大陆各铁路时的统一和征服的精神,来从事公路的建造。

汽车交通如此频繁,以致在现有的公路上,它和老式的运输,特别是农产品的运输和农村间的来往,有时呈现不能相容的情况。由此产生了建造一些适合它的高速公路的想法。对人口稠密、流通量大的区域来说,这个想法越来越显得势在必行。但要做起来,它将碰上在老居民区所能碰上的一切麻烦:农村居民的增长,耕地的分散,城市郊区房屋的密集。现在意

① 《英国工业的未来》,伦敦,E. 本恩,1928年,第291—292页。

② A.-J. 布罗索前引的著作,第9页。

大利北部已有了一些高速公路，例如从米兰到贝加莫的公路。英国正在计划建造从伦敦到布赖顿长90公里的高速公路。在法国，人们已经谈到自巴黎至圣日耳曼的高速公路，和自巴黎至沙特尔的一条，另一条是自巴黎至拟议中的海峡隧道终点城市加来的高速公路。实际上，法国的第一条高速公路将是已开始建造的从戛纳至尼斯的那一条，它将长达35公里，全路由一系列直线路段构成，各段之间以半径为500米的弧线相接，汽车可以每小时60公里的速度转弯①。

看到公路运输引起的这些问题，我们相信正在进行着一场以它的突然性和普遍性震惊全世界的革命。在交通经济中已经出现一种新工具，人们还看不到它使用范围的框界。这场革命已经要求制定一些国际协议，借以免除那种对国境以外汽车交通造成不便的障碍——例如铁路轨距的差异，因此，需要统一公路法规和交通章程。

新国家内的汽车　汽车虽然在老国家内碰到历史积累起来的各种障碍，但在年轻国家内却找到了广阔的天地。它常使这些国家不必去建造昂贵的铁路。人们甚至可以说，某些这类国家几乎未经历铁路时代，就一下子进入汽车时代。汽车在那里起到以前火车头在新国家殖民过程中起过的那种开拓者的作用。在阿根廷，很多农产品是用汽车运到港口的；圣克鲁斯省就是这样运出它最新一次的棉花收成；公共汽车行驶于各城市之间，运送旅客、邮件和小件包裹。

① 《图志》，1930年1月4日。

我们几乎每天都有汽车在殖民地内取得进展的消息。在1928年初,法属印度支那拥有15 000多辆汽车,许多运输业务已由当地人经营。大家知道,1923年通车的安南(越南。——译者)至老挝的公路——从荣市到纳贝和湄公河边的他曲——是怎样以一天的行程,把当时处于孤立地位的老挝和外界联系起来的①。1924年,贝特朗上尉乘汽车在德黑兰和坎大哈之间所进行的考察已经表明,通往印度的汽车路不再是一种梦想了②。巴勒斯坦在世界大战以前没有汽车,现在拥有约2 500辆。1923年,汽车第一次从巴格达横穿叙利亚沙漠而驶抵大马士革;班车业务在1924年开始,1925年中断,现在已经恢复;从1928年起,来自印度的旅客又走这条路了。“贝鲁特再一次成为东方的港口,欧、亚间的通道。”③1927年末,叙利亚有汽车4 500辆,卡车和拖拉机400辆。

非洲内地,对汽车路线开放了。到1916年还几乎没有良好道路的法属西非,现在拥有4 000公里全年通车、18 500公里在干季可以通行重载汽车的公路。它在1917年进口汽车58辆,1926年2 106辆;扛、驮运输的方式已经消失。在法属赤道非洲,有6 000公里通行汽车的公路;特别是1928年夏季完成的长1 100公里从班吉到杜阿拉(在喀麦隆境内)的那条公路,使班吉到波尔多的行程缩短到30天。快速、灵活而又结实的汽车适于穿行沙漠。横越撒哈拉的伟大远游,是在1922年开始的。哈特—阿杜安—迪布勒

① J. 布吕纳,《从安南至老挝的新公路》,《地理学年鉴》,1923年,第426及下页。

② 《贝特朗上尉的汽车探险旅行》,《地理学年鉴》纪事,1927年,第374—375页。

③ R. 布朗夏尔,《叙利亚沙漠之路》,《地理学年鉴》,1925年,第240—243页。

伊、艾斯蒂安、格拉迪、库尔托、拉格莱泽—迪普雷—贝朗杜等人的侦察旅行已经指出：为了横越撒哈拉，不需要什么特别的装备。这些先锋人物已经打开了去撒哈拉旅行之路，而这种旅行也有成为正常活动的趋势。一些阿尔及利亚商人于1926年11月15日及20日，分别乘汽车从阿尔及尔与君士坦丁堡出发，在12月2日到达尼日尔河边的布雷姆。大家知道，现在有一条好走而又便于维修的横穿撒哈拉的道路，它经由科隆—贝沙尔、萨乌拉河、图瓦特及布雷姆等地，沿途只要设立一些间距相当长的路标就行。① 人们隐约地看到一种实际可行的、用汽车把北非和苏丹联系起来的办法；对于某些专家来说，这条汽车路的存在，将是反对修建争议很激烈的横过撒哈拉铁路的一个论据。

二、铁路与公路的竞争

在没有铁路或铁路很少的新国家内，汽车的到来显然没有引起铁路和公路的竞争。在别的地方，在已有铁路网的地方，到处都已爆发这种竞争。我们可以说，这是普遍的现象。在所有的国家内，这一竞争几乎都具有相同的特点。

竞争的例子和形式　法国的两大汽车运输公司已经取得显著的发展：巴黎地区公共运输公司和外省经济运输总公司。前者在1928年营运85条公共汽车线路，其中有20条在巴黎以外；它拥有1 489辆公共汽车。后者创立于1919年，现有779辆公共汽

① 《汽车征服了撒哈拉》，《地理学年鉴》纪事，1927年，第173—176页，G. 阿尔诺。

车，营运线路444条，通连44个省区。它的业务不仅延伸了铁路的业务范围，深入到像上比利牛斯省那样一些没有铁路的山区，而且当它通达——例如在厄尔—卢瓦尔省内——一些热闹的农业市场的时候，有时还和铁路业务相重复。它不仅保证省内的联系，而且还保证省与省之间的联系：如克莱蒙费朗与南特、克莱蒙费朗与贝尔福、里昂与图卢兹、鲁昂与雷恩(Rennes)、阿拉斯与圣康坦等省之间就是这种情况。汽车的这种竞争，使地方性的铁路深受其苦。由于时间不合适、车辆和机车不足、运费高昂，这些铁路常像另一个时代的交通工具。例如洛特加龙省省议会在1929年作出决定：它的省内铁路只从事货运；旅客将来只能乘公共汽车。

英国在运行中的汽车数，由1919年的50万辆增至1928年的161.8万辆。人们认为，这样大量增多所导致的铁路运输量减少的程度，几乎和工业危机差不多。从1912年起，人们认为该年旅客人数比1911年少3 200万的事实，是由矿工的罢工，但尤其是由公共汽车运输的发达造成的。1928年，英国四大铁路网的客运收入比1927年少175万镑，其中很大一部分是由于汽车的竞争。由于这种竞争，几乎到处都有铁路停运的现象：例如1929年迪恩森林线和自哈布斯沃思至索斯沃尔德的铁路都停运了；后者是从1879年起运行的。

在德国，不属于帝国铁路的公共汽车和卡车，在1928年的营运路线达6万公里；这个数字比帝国铁路网本身还多几千公里。两个最重要的公司——一个是柏林的(德国汽车交通公司)，另一个是多特蒙德的(德国汽车交通协会)——于1928年在它们的12 700公里的营业路线上，运送将近7 500万旅客。除这些私营公司外，还有帝国邮政汽车公司，这是一个庞大的汽车运输企业。它有 2 600 辆公共汽车，经营 1 600 条线路，当然也和帝国铁路竞争。帝国铁路不再修建地方性的铁路，并打算在山地区域——如哈茨山——以汽车代替火车从事运输。在奥地利、瑞典、瑞士，到处都看到铁路的经营，由于汽车竞争而亏损的情况。

在巴西，大西铁路的经理情绪激动地揭露汽车的竞争。他为铁路能够在 1928 年夺回被卡车于 1926 年抢走的糖的运输而感到高兴。但他宣称，问题比人们想象的要严重得多：因为铁路运输要向国家交税，而汽车企业则逃脱这项费用；可是，在像巴西这样的一个大国内，铁路对开发国土是不可缺少的，必须保护它，使其免受这种竞争。人们在委内瑞拉和英属印度，听到类似的铁路对汽车的怨言。肯尼亚和乌干达铁路公司经理在 1927 年的报告中表示，必须在发展到人们在老文明国家内看到的那种令人不安的情况以前，就研究公路竞争这个问题。

公路和铁路之争表现得最激烈、延展得最广远的，当然是在美国。铁路公司发出惊叫，呼求援助。他们说："越来越需要制定一项关于管理各州间汽车运输的联邦法律。如果这些运输者继续被授权任意在何时何地开办和经营运输业务，而不考虑已由铁路经营的类似业务的话，那么至少先向铁路通知一下才是公平的。"①现在仅举 1925 年成立的新英格兰运输公司（确实，这是一个铁路公司的子公司）这个例子：它已取代许多被取消的铁路营运线；它允许另外几条铁路线只行驶快车。最令铁路不安的是：当人们以

① 见《运输纪事》中引文，1928 年 10 月 10 日。

为竞争只对短途有影响的时候，汽车的长途运输业务正在发展。

汽车的优势 应当考虑一下为什么汽车能取得这些有损于铁路的胜利。它特别的优越性是免除商品的转装。它既不在于速度（这对两种运输手段来说是属于同一数量级），也不在于人—公里或吨—公里的生产成本（铁路在这方面是比较低的）。它来自这一事实：汽车能把商品从门口运到门口，即从发货者的住所运到收货者的住所。相反，铁路运输必须进行一系列的装卸，必须把商品带到发车车站，将其装入货车，在到达站又要卸下来，接着又装入搬运车，最后还要再一次卸下来。如果商品是运往一条岔路上的，还要进行另外几次类似的装卸。因此，使用汽车就大量节省费用和时间，也减少损失的危险和包装的开销。这种节约显然要影响某些商品的价格：比如牛奶，由于有了汽车，就可以直接从农庄运到大城市的分配栈。这种节约，在短途运输中确实非常明显，但路程加长便相应地减少。当距离长到司机必须在途间睡觉时，汽车运输的费用就增加了。再有，"在车站内装卸搬运，为装货而使车辆停住，使用装卸的工具和停放地点的站台及铁路等，处处都要花钱，这些费用大大加重了短途铁路运输的负担；但如果分摊到较长的路程上，负担就会迅速地减轻。"①大致 80—100 公里是距离的界限；过此汽车就不比火车便宜了。汽车这种限于短距离的优势，是它在郊区运输中占上风的原因。

汽车的另一个优越性是灵活，这与火车时间和路线的死板固定，形成鲜明的对比。这首先表现在私人专用车的客运上。

① J.吉耶尔蒙，前引的报告。

美国有人认为，在最近5年内看到火车客运量减少的总数中，大约有三分之一几乎全是由于专用汽车的竞争；据估计，现在汽车行驶的距离比火车多3.5倍。可是，汽车的使用似乎常遇到车辆增多的障碍，从而使汽车的旅程不很愉快。因此很多旅客又回到火车上来。同时，另外一部分人由于闹市区车位难找而照旧乘火车。

在公共的客运中，汽车也让人感觉到它的灵活性优点，因为它的时间比较有弹性，发车次数比较多，停车处接近于较合适的地点。它的路线有较大的选择自由。它可以抄近路而比火车快得多，当火车需要多次换车时尤其如此。例如从卡昂到雷恩，乘火车要走330公里，用时8小时零4分；乘汽车只走174公里，用时4小时。从法莱斯到弗莱尔，乘火车需要7小时，走49公里；乘汽车只要2小时，可以当天来回。在山区，大部分的汽车行程短于火车的行程：例如从维希到塔恩山和塔恩峡谷；从尼斯夏季经布里扬松、冬季经格勒诺布尔到沙莫尼；从尼斯到日内瓦，都是如此。大客车有时被误认作专用车；它允许乘客随时随地任意上下。汽车在任何地方都不如在土著人那里受欢迎；因为他们在那时以前，一直没有快速方便的交通工具。必须在一个大清早到马拉喀什的停车场上，去看看土著人挤在即将开行的大客车里的情况，才能体会到新汽车的使用，在这些长期落后孤立的社会里所完成的这场革命。

就商品运输来说，以卡车代替火车的人是很多的。有多少工厂，多少大商店在用它们自己的卡车送货！每天都能看到这些卡车从巴黎开往郊区，开往芒特、蓬图瓦兹、克莱蒙、桑利、库洛米耶、默伦。巴黎每家大百货商店都有自己的汽车队。拉斐特百货公司用汽车向鲁昂、贡比涅、蒂耶里堡、苏瓦松、韦尔农、沙特尔、塞纳河畔诺让、德勒等地送货。卢孚、便宜、青春、撒马利亚、市府大厦等大百货公司都有同样的车队送货。有些大的食品杂货店——如波坦和达穆瓦把货送到奥尔良、特鲁瓦、南锡等地。

用汽车送货不仅是节约时间，而且还怀有广告的目的。带着公司名称的汽车，可引起沿途所有潜在顾客的注意。人们可以在汽车上安排一个身兼经纪人职务的送货员去接受订货。火车要求费钱的包装，而汽车则可省掉这项开支。卡车运输的吨位数字很大。应当把这些吨位看作火车的损失。为了答复铁路公司向英国国会提出对汽车竞争的控诉，公路运输经纪人全国总会声称，任何法律也不能使这种货运返回火车站，因为用汽车而不用火车运输的这些商品中，80％是商人和工业家以自己的车子运送的。

汽车的灵活性，对公共的商品运输也很方便。汽车比火车更适于运输零散商品。对火车的真正利用是，以“尽可能多的满载车辆组成列车，作中途不卸货的长程运输。”①相反，以半载的车辆作短程运输，就要使铁路蒙受损失。铁路“把这类短程运输让给汽车常会是有利的，因为在把堆满运往靠近地点的商品的起点站清理以后，可使车辆得到最高效率的利用，从而

① J. 吉耶尔蒙，前引的报告。

加强长程运输的能力。”①此外，汽车更适于运输易腐损商品，如奶、黄油、蔬菜、蛋、花、活的禽畜。在荷兰，有些卡车专门从事从艾默伊登到海牙、阿姆斯特丹、鹿特丹这些大城市之间的鱼类运输。在南非，1926年成立一个汽车公司，从事默登和格雷敦之间的柠檬运输。最后，汽车的灵活性和行动上的无限自由，使山区成为其专有的领域。火车在山区的运转花费很大；建设和经营的费用，由于坡度和车站常离城市较远而大大提高。人们可以说，纵横于山区的那些夏季通车的路线，已把以前几乎不能到达的一些地点和外界沟通起来。

有些人希望汽车取得它力不能及的好处，并且指责汽车逃避某些货载而使铁路运输承受压力。专家们对此还在辩论之中。可是非常有意义的事情是，几乎各国的铁路都已停止参与就这个问题反对汽车的争论。它们已经放弃想使政府禁止汽车开办可能和它们竞争的运输业务的企图。它们已经明智地改变方针，要和汽车进行一场商业的竞争。

铁路和公路的商业竞争　我们发现，各国铁路用以对付汽车竞争的手段中，都有一项是降低短程运输的价格和增加短程旅行的方便条件。这些办法是直接的手段，因为汽车的优越性主要是在短程中表现出来。

在丹麦，铁路已降低至60公里的往返票价格，并延长其有效期限。对于商品来说，在125公里以内的大发货量(1 500公斤以上)的费率，已减少10%；一些小站和停车点已对商品，甚至活禽

① J.吉耶尔蒙，前引的报告。

畜的运送开放；在农村，取货和送货到门的运输服务也增加了。在瑞士，甚至已经发展一些发送到离火车站很远地点的运输服务。在埃及，铁路已把从亚历山大至某一远郊区的票价，降到大大低于在这段行驶的汽车票价；它们为30公里路程规定的票价很低，而且提高三等车旅客带入车厢的行李重量上限。在英国，在某些情况下，往返票价不超过单程票价；某些周末票还提供特别的优惠。因此，某些汽车运输，已经由于这些使许多老主顾返回铁路的措施而蒙受严重损失。

尽管如此，铁路似乎已经从此永远失掉短程的运输业务。长程运输则又当别论。铁路正在努力保持这个阵地，而且由于办法高明，正在取得成功。对于旅客，有期限长达33天的往返票，还有家庭票。对于商品，则创设一些随运输量大小而不同的总承包价。可能还要把零星小件丢给汽车去运输，以便铁路能更好地组织货物运输。一个最奇特的，也可说是最使汽车难堪的办法，是为高速度运送旅客随带的汽车而建立一些特别的费率。譬如从巴黎到比亚里茨这段路，许多旅客已经多次乘汽车旅行过，现在不想每次还是这样度假。他们宁愿乘火车，而把汽车交给火车代运；只要买一张巴黎—比亚里茨的车票，他们就能不花多少钱而把汽车随身带走。在法国的其他铁路线上也有这套办法。南非也有；那里的铁路在不久以前，刚制定好为运送旅游汽车的减价办法，条件是发件人必须是车主，而且到达地点离装车地点至少300英里。

火车对付汽车的这一斗争，似乎不可能无限期地进行下去。不存在这两种运输方法中谁毁灭谁的问题。重要的毋宁是火车同汽车合作，携起手来共同搞运输。这样，汽车同火车很快就会成为伙伴了。

三、铁路和公路的合作

铁路和公路各有自己的优势，应当懂得把它们结合起来，为共同的利益而发挥作用。因此，确信自身的职能可以和汽车的援助取得愉快一致的铁路，正在设法疏导汽车的竞争，要求汽车的合作。为了实现这种合作，某些铁路线创建自己的汽车业务，德国、美洲、澳大利亚就是这种情况。别处的解决办法是，使铁路企业和汽车企业在财政上结合起来，例如铁路公司向汽车运输公司投资，或同意向它贷款。但从我们的观点来看，使它们能够合作的这些财政上的结合不是很重要的。对经济地理学有意义的是：协作的各方对协作提供的服务。

在这一合作中，汽车运输线是铁路的支流和延长线。它们远离火车站去汇集旅客和商品，并将其带给铁路；反过来，又把铁路交给它们运的人、货，送到最远的地点。正像法国铁路管理局所清楚说明的那样："对托运的包裹来说，汽车使人们能在位于火车站活动范围内的有利地点，协同我们的通常业务关系人，到托运人或收取人住处去组织收集或分送的工作，并把这些包裹带给比汽车更适合的中、远程运输的铁路。"我们每天都看到这两个运输手段之间这一联系方式的扩展。在法国和外国选几个关于这种发展的例子是有益的。

法国的例子　法国的铁路公司，已经一个接一个地把铁路和公路合作的想法付诸实施。它们各自建立一个辅助的运输公司，去组织和经营一个汽车路网；这些网从事与铁路有联系的运输工作。先后成立的有南方公司的 S. T. A. M.（1928 年），国家铁路的 S. A. T. O. S.，东方公司的 S. A. T. E.，阿尔萨斯和洛林铁路的 S. A. T. A. L.，北方公司的 S. T. A. R. N.。

为了建立布列塔尼和诺曼底之间的直接、快速的联系，国家铁路系统，从 1928 年 10 月 15 日起创建雷恩和卡昂之间的汽车运输业务，途中在圣欧班—迪科尔米耶、富热尔、卢维涅、圣伊莱尔—迪阿库埃、莫尔坦、苏尔德瓦勒、维尔及维莱博卡日等地设停车站。在雷恩和卡昂两地，汽车业务与火车快车相配合。同一年内，同类的运输业务也在法莱斯、孔代叙努瓦罗与弗莱尔之间建立起来了；在沙特尔和凡尔赛之间，则所有远离铁路的村镇都有汽车运行。这样结合的例子还有很多。

在铁路和公路还是和平共处的时代，首先是铁路公司为了让旅游者了解远离铁路的地区而开办与火车时间相配合的汽车运输业务的。国家和北方铁路系统，已经建成一系列从巴黎向四周辐射的线路。东方和阿尔萨斯—洛林铁路系统，则经营它们的线路。P. L. M. 铁路系统拥有最老的和分布最广的线路，其长度（11 000 公里）超过铁路自身的长度，它们在 1928 年运送 280 000 名旅客。大家都知道，1919 年开辟了自埃维昂到尼斯的阿尔卑斯山公路。在 5 346 公里线路上运行的 P. -O. 汽车公司，于 1928 年接待 67 000 名旅客。南方公司的汽车路线（2 615 公里）中，包括风景最美的路线——从比亚里茨至塞贝尔（870 公里）共 6 站的比利牛斯山公路和自卡尔卡松至米约的公路（238 公里）。在 1928 年，法国铁路系统经营的汽车路线，总长度达 24 054 公里，即超过铁路总长度的一半；人们已经行车 3 301 000 公里。

外国的例子　在英国，大西铁路在 1903 年就提出把汽车运输作为铁路支流的原理。从那时起，这个原理的运用在不断地增加。在 1929 年，这个公司经营 113 条卡车运输线，把它的车站和农村地区联系起来；它在 6 个大城市（其中有布里斯托尔、伯明翰和伯肯黑德）内设立汽车修理工厂，另外还有 70 个加油站。另一个公司——南方铁路——不久以前已在许多城市，如霍舍姆、梅德斯通、吉尔福德和昂多弗章克申——建立起食物和商品的集散中心，每一中心的活动范围是周围 10 英里以内的农村。“农场主在他的农场，直接收到肥料、面粉、种子和机器。他直接交付农庄的产品，这样就节约了人力和畜力到田间工作。”铁路公司在工业中心与工业中心之间、城市与农村之间经营的公路运输业务，达几百家之多。

在旧大陆和新大陆到处都能看到许多这类铁路利用汽车来吸引和保住货运的例子（德国、奥地利、瑞士、澳大利亚、南非）。这两种运输方式的协作，没有比美国安排得更好的了。从 1927 年起，在美国铁路协会内部就有了一个汽车运输处；它的任务是研究和处理铁路所面临的由汽车运输引起的问题。在 1928 年，各铁路公司经营汽车客运路线 14 805 英里，货运 3 521 英里。这些汽车运输，使铁路能取消一些乘客不多和载货不足的火车班次。“巴尔的摩与俄亥俄公司由于以卡车代替地方性火车，每月节约 1 400美元。西部铁路系统以汽车代替某些旅客列车，从而减少行程 137 110 列车—英里，节约 72 420 美元。东部一个铁路系统，在从 1927 年 5 月至 1928 年 3 月的 10 个月营业中，看到它的汽车运输比同一行程的火车运输减少花费 50%。”①现在宾夕法尼亚铁路可能是在铁路和公路这种合作中最先进的公司；它拥有许多汽车运输企业的一部分资本；它自己负责领导许多这类企业；费城—匹兹堡的旅程，乘汽车只要 8 美元，乘火车就需 12.58 美元；汽车停车站尽可能设在火车站旁边；火车票也可用以乘汽车，时间的安排使旅客能白天乘汽车，夜晚乘比较舒适的火车。

四、铁路的领域与公路的领域

不管人们已经把铁路和公路的合作推进到什么程度，也不应希望它能扩展到一个国家的整个运输领域，当事实本身的力量迫使人们只能使用这种或那种运输手段时，这种合作就终止了。

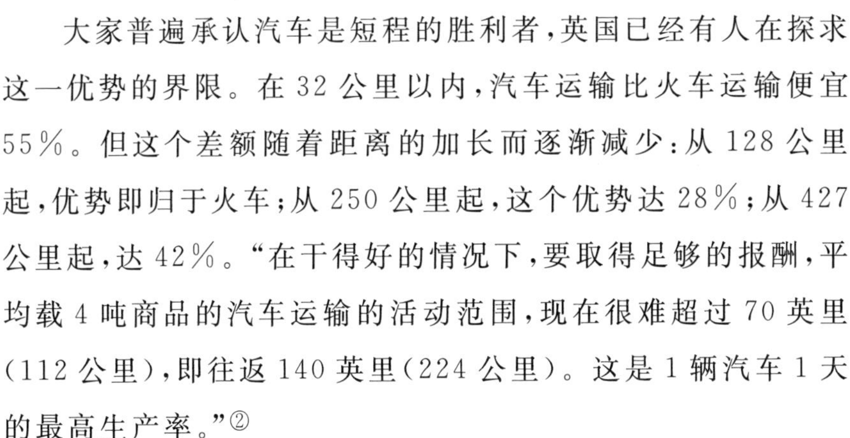

大家普遍承认汽车是短程的胜利者，英国已经有人在探求这一优势的界限。在 32 公里以内，汽车运输比火车运输便宜 55%。但这个差额随着距离的加长而逐渐减少：从 128 公里起，优势即归于火车；从 250 公里起，这个优势达 28%；从 427 公里起，达 42%。“在干得好的情况下，要取得足够的报酬，平均载 4 吨商品的汽车运输的活动范围，现在很难超过 70 英里(112 公里)，即往返 140 英里(224 公里)。这是 1 辆汽车 1 天的最高生产率。”②

① 《运输纪事》中的引文，1928 年 9 月 10 日。

② 《铁路新闻》，被《运输纪事》引用，1928 年 5 月 10 日。

下面是在俄亥俄所进行的研究的另一种表现形式。俄亥俄的研究指出，在哥伦比亚和俄亥俄的34个重要城市之间铁路和公路的总运输量中："在20英里距离以内的，84.5%属于汽车。在20—39.9英里，比例降至54.7%；在40—59.9英里，降至32%；在60—99.9公里，降至24.2%；在100英里以上，汽车运输量已微不足道。"①

人们也已指出德国卡车车费的优势，随着距离的增加而减少，下表是其明证②。

每100公斤的运费(马克)

	距　离 (公里)	铁　路 从车站到车站	卡　车 从住处到住处
柏林—汉堡	286	3.54	3.50
柏林—汉诺威	256	4.34	4
柏林—莱比锡	164	3.02	2.70
柏林—德累斯顿	181	3.28	2.80

对于远程和重载来说，汽车是不能和火车竞争的。"为了运输一列火车通常运输的700吨货物，需要各载重5吨的卡车140辆。"③由于这个原因，铁路仍然是——例如在美国——无法抗争的长途货物运输工具。根据M.马卡姆——中伊利诺伊董事长——的计算，在1927年内，汽车运输1 350亿旅客—英里和货物120亿吨—英里，而铁路则运输350亿旅客—英里和3 900亿

① 《运输纪事》，1928年10月10日。

② 同上书，1928年7月25日。

③ 同上书，1928年7月10日。

吨—英里。

但是,如果建立一条刻板的规律,并且相信一种几乎是过于简单的划分:短途归汽车,长途归铁路,那就未免轻率了。因为汽车已经有一些在长途运输上取得成功的记录。

美国曾有人认为,汽车不可能从铁路方面夺取任何长途运输业务。可是现在,在长途公共客运方面,汽车却摆出一副征服者的模样。现在人们常常看到挤满旅客的汽车驶入 800—1 600 公里的漫长旅程,而且在这些路线上,有时半数以上的旅客是从头坐到尾的。美国西部的一家企业,经营着一项巨大的沿太平洋海岸从温哥华经西雅图、波特兰、旧金山到洛杉矶各城市之间的汽车客运业务,还有一条从旧金山和洛杉矶开往盐湖城与另一条开往堪萨斯城及圣路易斯的路线。在美国东部,汽车运输几乎把所有的大城市都联系起来了。美国人已经使用一些带卧铺的汽车:这是一种叫作尼特轿车(Nitecoach)的汽车;它是洛杉矶一家公司制造的,长 10.30 米,宽 2.40 米,重 7.5 吨,有 26 个铺位,具备厕所和一个设在车前部司机座位下面的厨房。最后,在旧金山已经有人想到把许多汽车运输企业合并成一个大的机构,由它来营运全国的汽车运输网,并保证横贯大陆的运输业务。一个大运输量的联邦公路网计划的实施,毫无疑问将能使这些设想成为现实。《铁路时代》杂志认为,由于一个美国特有的原因,长程公路运输具有远大的前途。凭借其低票价和低速度,它们将促成一个旅客低等级(basse classe)的出现,它相当于我们欧洲的三等车和我们的慢车。日班车相当于较贵、较快的二等。最后,“在这个新等级的极顶”是夜卧车,一种最舒适、最快,但也最昂贵的运输方式。

汽车的长程业务，当然也扩展到商品运输。就是最近，在弗伦奇利克(印第安纳州)成立一个经营长程商品运输的合作公司。它的活动范围包括17个州，它使用一种特殊形式的、在司机座位下放置一个床铺的汽车。这个床铺使两位司机能够轮流休息，因此夜间就不需要中断运输了。“实现门口到门口的方式，即避免转装的从发货人住所到收货人住所的直接运输”①，这些新事物当然要成为铁路的竞争者。

在法国，人们也在同样竭力使卡车能够经济地从事长程的商品运输。现在有3条每天行车的长程汽车运输线：巴黎到布雷斯特，600公里，16小时(火车快车48小时)；巴黎到南锡、梅斯、凡尔登、萨尔布吕肯及斯特拉斯堡，8小时半；巴黎到马赛。巴黎、马赛间的运输，开始于1928—1929年间的初冬。每天17时从巴黎开行一辆载货3 000公斤的卡车，车于次日16时到马赛，17时商品全部分配完毕。回程是8时从马赛发车，次日9时前在巴黎完成货物分发工作。所运的商品都是(火车)快车常运的货物；它们也按快车的价目付运费。在1928—1929年的整个严冬季节，虽然地面有冰雪，这些卡车仍然能在24小时内驶完830公里的路程。人们期望能使用一种新型汽车，把这段旅程的行车时间缩短为18小时。可是，尽管运费不高，运输时间又短，巴黎、马赛间的运输量，一年总不超过2 000吨。毫无疑问，如果现在就断言汽车将成为火车长途货运的敌手，未免有点为时过早。

总之，汽车领域和火车领域的界限还不能确定，现在很难划出

① 《运输纪事》，1928年10月25日。

来。我们正处在一个沸腾的时期，每一种运输方式都在力求改进自己和利用本身的优势。吉耶尔蒙说："每一种运输总有一种对它最合适的运输方式；如果被使用得最多的，也正是最适合的方式，那就对大家都有利了。"我们现在还未到能这样划分的地步。从观察到的事实中可以得出这样的结论：铁路将越来越难于在短途上同汽车竞争，但在长途上它重新取得了优势。可是，就在长途上，竟也出现一些竞争的情况。从今以后，为了巩固长途运输的阵地，铁路似乎将不得不实行递减费率和采取稳定价格，减少停车站点以加快其运输，对商品进行分类，组成满载列车并作中途不转装的、自起点直达终点的长途运输，也许还要把客运及短途托运让给汽车，以便致力于重载远程的运输。

农村的居住形式

论西欧农业制度对居住形式的影响①

即使没有身历其境，人们也能在大比例尺的地图上观察到某些地区之间，在农村住房的分布上存在着巨大的差异。有时看到住房聚到一起，如法国的北部和东部、比利时的南部、荷兰的德伦特省、萨克森、波希米亚。这是聚居的现象。

有时看到住房分散成小村庄，或是完全离群独处，如法国的西部、佛兰德平原、坎皮纳、英国、弗里泽、威斯特伐利亚。这是散居的现象。怎样解释农村住房分布上的这些差异呢？

一

人们曾找到许多原因来解释这些差异：水的丰富或稀少，防卫的需要，被开发土地的制约，种族传统的影响。

在透水岩石——如石灰岩——的地区，水漏至地下深处，人们只有通过深井或泉才能得到水。因此，他们就需要聚居在为数不多的水眼附近。同理，在不透水岩石的地区到处有水渗出，因此水

① 《国际地理学大会报告》，摘要。开罗 1925 年，卷 IV。

的普遍存在导致住房的普遍存在。水的这种专制，在干燥国家是很明显的：希腊，北非，意大利。相反，在西欧常常下雨的湿润国家内，水所表现的专横程度就差多了。人们不可能用水的多少来解释看到的许多矛盾现象。在透水而干燥的白垩地区，人们既遇到皮卡底地区那样的聚居村庄，也遇到伦敦盆地某些地区那样的孤立农庄。在法国的同一个地区——科地区——内，底土都是白垩，但西部村落是散居形式，而东部却是聚居形式。在法国和比利时的阿登高原上，泉水很多，居民却聚居在大村庄内。在法国的中央高原地区（圣阿夫里克及塞韦拉克等幅的 1∶80 000 地图），散居是普遍的规律，干燥的喀斯特石灰岩高原和河流众多的古老岩石地区都是这样。在比利时和荷兰的围垦地区，由于沟渠和开旷水域的水质恶劣，供水非常困难；可是每个农庄都用自己的办法保证供水，所以它们都彼此隔离。

为了防御敌人和盗匪，地中海某些国家的居民不得不聚居在大村庄内。在其他地方，为了防水，弗里泽和泽兰德沿海的最初居民，把房子建在人造的高地上；他们拥挤在聚居的大村庄内。在这些地区以外的别处，房屋则聚集在沿河堤及堤道一带。但这些分布的格局，在我们看来，是迫于局部环境的例外情况。在法国北部的历史中，没有任何资料能让我们断定：在某一特定时期，人们普遍感到为了防御而必须聚居在一起。低平原内这些村庄的位置，使我排除一切防御的想法；实际情况更有可能是，他们力求占据耕地的中央部位。人们有时看到，随着优势在于耕作还是放牧，农村房屋也即表现为集中或分散。我们可以把法国北部和东部平原耕作区的大村庄，同布赖地区、布洛涅地区的牧人农庄，以及英国平原上无数稀散分布的农庄的孤独、隔离情况进行对比。但是，如果我们从中得出因果关系的结论，那就错了。很多耕作区都拥有分散的农舍（佛兰德、弗里泽和格罗林格的围垦地，以及布里高原、东苏格兰平原）。

有些学者认为，聚居村庄区域和孤立农庄区域的差异，起源于原始殖民的差异。聚居的村庄相应于日耳曼人的殖民区，孤立的农庄相应于凯尔特人的殖民区。A. 迈村指出，前者分布在威悉河、易北河、多瑙河一带，以及莱茵河附近的某些地区和丹麦群岛；在爱尔兰、苏格兰、威尔士和法国的西部，则后者的数量很多。但这个理论也遇到一些与其不一致的情况。聚居的形式绝不专属于日耳曼人，独居的形式也不是凯尔特人所独有的。许多斯拉夫人地区，都有聚居的形式。罗马人的别墅及其隶农的房屋，就是一种聚居的形式。某些聚在一起的凯尔特人家庭，形成一些真正的村庄。人们在日耳曼人地区（弗里泽、威斯特伐利亚、佛兰德、瑞士阿尔卑斯山地、斯堪的那维亚北部），也看到独居的形式。威悉河两岸住的全是日耳曼人；可是河西以独家村为多，河东则以聚居的村庄占优势。

二

如果我们求助于农业制度和农村经济的发展，就能解释村庄型和孤立农舍型各自的分布原因。聚居形式是一种很古老的现象；它是由有集体倾向的集约农业强制形成的。孤立独居的形式，有时是尚未采取这种农业方式的地区所特有的一种古老现象，有时是可能起源于有个人主义倾向的殖民活动，或有系统的合并运动的新近现象。

从历史文献不能提供情况的很古老时期起，我们就看到在西欧某些地区内周期性地把耕地、公有财产重新分配给耕农的家庭。耕地的位置不是固定的，它们在公有的土地上移动。在这种情况下，居住地本身也是不稳定的、游动的。当耕地成为私有财产和永久性田园的时候，人类社会就实现了一次我们不知其完成时代的巨大进步。当位置已经固定在这些可耕地上同一地点的农业活动，随着时间的前进而被安排去生产谷物和饲养家畜的时候，又实现了另一次进步；这就是三年轮作制。这个制度的原则是，在同一块土地上依次作如下安排：第一年种冬季生长的谷类（小麦），第二年春播谷类（燕麦），第三年休闲。轮作制的基础是集体使用土地的持续，它带来聚居的必要性。事实上，全部可耕地被分作三块轮作田：一块种小麦，一块种燕麦，一块休闲。每个农民在每一块地上都有他一份田。在每一份田上，农民的自由受到共同劳动的纪律和共同负责的义务所限制，必须在相同的时间干农活，必须把留茬地和休闲地让给公有的牲畜去啃食。再有，由于遗产摊分和人口增长所造成的土地分割，每一农民的耕地，又在每一块轮作田内分成许多小块。

在这种财产普遍存在的情况下，不可能把房子盖在分散的小块土地的中央。因此，房屋就聚集在一个中央核心（城堡、教堂、桥、井）的周围。住在这个村庄里的农民实际上正是住在他田地的中央。如果他远离这个村庄，就要妨碍公共的农业活动，而且也远离他为数很多的小块土地。因此，三年轮作制的实践强迫人们必须聚居在一起。不可能把这种农业制度的发明归之于某一个民族。它似乎和某些有利于最初耕作活动的自然条件有联系：没有厚密的森林，具有开旷的土地。在我们看来，三年轮作制，以及轮作田的三分、小块土地的分散和集中居住的形式，似乎是为开发全部可耕地而进行系统的农业活动的一种很古老的方式。

由于农村经济的另一些原因，某些其他地区显得更宜于孤立居住的形式。三年轮作制是管理使用肥沃土地的办法。在土地比较不肥沃的荆棘地和林区，这个办法就不是必要的。在这类地方，牲畜的饲养比谷物的栽培更重要。当然，可耕地都分散在未开垦的地域内，广大的空间都供牲畜自由通行。与较不密集的资源相对应的是较稀疏的居住形式。人们看到英国西部和法国西部的荆棘荒原摆脱掉三年轮作制和聚居形式的强制，房屋无拘束地建在各家耕地的附近。这种居住形式的自由，使我们明白为什么农民能在若干世纪的长时期内，以建立围篱（树篱、土堤和树堤）的具体方式来显示他们的这种自由。这些围篱使某些地区具有树围田园的外貌。这样就产生了聚居形式的、无围篱的平野和散居形式的树围田园之间的明显差异。

除去这些古老的、我们不知其起始年代的孤立居住形式地区以外，还有另一些殖民时期较近的，甚至时常混杂在聚居形式地区之内的孤立居住地区。历史文献告诉我们，这些较新地区内的殖民活动，是以孤立居住的方式进行的（在中世纪内进行的许多不受一切村庄限制和公有束缚的开垦活动）。这类的农村房屋很多，它们都是在或早或晚的较近时期建成的，例如在巴黎的西面（莫勒及芒特地区），或皮赛及加蒂奈地区，或科地区的西部，或荷兰的东部，或比利时及荷兰的围垦地区。农民一旦能够摆脱传统的习惯和村社公有的束缚，他就意识到以孤立农庄方式进行开发的优越性，因为它可保证他享有独立性。

正像农业经济能够决定聚居或散居的形式那样，农业经济的革命也能决定居住形式的革命。英国为我们提供一个值得注意的、在农业革命影响下聚居形式向散居形式过渡的例子。只要英国农业地区内的公田(open field)制度及其三年轮作制和公有习惯继续存在，农民的房屋就在教堂及磨坊周围聚成密集的村庄。到处都是如此：只要圈地运动所导致的小块农田合并，解放了的农业经营并把分散的零星地块聚成紧密的大块田地以后，农庄就在田地的中间建立起来了。农庄——而不再是村庄——是一个农业单元。因此，个体耕作的到来，引起了广泛农村地区的混乱。历史的资料使我们能够估量出这场深刻变革的重大和普遍的程度。十五及十六世纪的文献向我们表明：在圈地运动的高潮时期，村庄被毁成平地，一些新的农庄在耕地的中央建立起来。英国只有少数地区，出于一些妨碍耕地集中成大块田地的局部性需要，才逃脱了这一场革命。

因此，西欧一部分地区农村的散居形式，即农庄被聚合的农田包围的形式，是农村经济向更大程度的独立经营方向发展的结果。对比古代的村庄共同体三年轮作的小片分散土地来说，这是一种明显的进步。

农村居住形式地理①

只要自西向东横穿法国国境，就能获得长期以来被旅行家、

① 本文系发表在1927年《地理学年鉴》，卷XXXVI，第199、200期的两篇论文的转载。

经济学家和地理学家观察到的，存在于布列塔尼的散居形式和洛林的聚居形式之间一种对比的观念。在散居地区，人们看到农村的房屋有时互相隔离，隐藏在树幕的后面，好像在曲折小径的尽头消失了；有时又互相接近，形成多少有点开放、稀疏的，被称为小村的小群落。在聚居地区，情况与前者相反，它们大量聚集成多少有点紧密的村庄；这些村庄像是“一些丛生植物的群体”①，彼此之间隔着广阔的空旷农田。甚至人们即使不能直接看到这些景象，也可以从大比例尺的地形图上觉察到，从西欧到远东距离非常遥远而文化又很不相同的一些地区内，存在着同样的对比情况。

这种对比的普遍性，当然要使人们去研究其原因是什么。这项研究不是一个局部的和有限的问题，它开展一个广阔的领域，人们必须在从起源于远古到发生在眼前的那些复杂现象中仔细探求，才能对它作出地理学的解释。它求助于多种研究：自然情况、社会情况、人口情况、农业情况。它包括纵贯历史的人类住处的知识。它构成生活方式这门科学最独特的方面之一；因为它要去了解：把农民生活和耕地拴在一起的这些绳索是怎么系上的。它不限于重建一个已经消亡的过去，它直接深入到现实社会活生生的基础。居住方式的某些特点向我们揭示某些社会气质和某些物质文明的特点。在印度封闭、退缩自守、严格集中、忠守劳动习惯和共同生活的古老村庄，和由

① 维达尔·德·拉·布拉什，《人文地理学原理》，巴黎，阿尔芒·科兰出版社，1922年，第182页。

许多还没有社会中心的孤立农庄组成的美国大湖区的年轻镇区之间，存在着多么深刻的差异！

要对范围如此广阔、了解如此不足，而且已有这么多杂乱资料的领域进行综合，可能有点冒昧。实际上，这里所作的只是尝试一种预备性的分类，和提出一点供讨论的资料。

一、事实：聚居地区和散居地区

1. 聚居的地区　如果人们能够描绘出聚居形式的地理分布轮廓，也就有可能找到一种可据以试行解释和分类的基础。村庄的区域常和欧洲的西部、中部及东部的平原地区相吻合；这些平原都属于最好、最古老的一类农业地区。可是，聚居区有时也在林区和山区。

西欧　在法国，村庄的领域几乎遍及整个北部和东部的平原地区（阿图瓦、皮卡底、康布雷西、香槟、洛林、弗朗什孔泰、阿尔萨斯、法兰西岛、博斯），地图上标明一些大的房屋群，坐落在几乎是空白的地域中央；虽然西部的芒什省向我们提供多达 18 930 个的居民点，而在东部马恩省的香槟区却只有 1 580 个，但两处的人口只相差 14%。在比利时，在从图尔奈经勒兹、苏瓦尼、尼韦勒、布鲁塞尔、马林、卢旺、莱奥、通格尔至梅瑟克一线以南的整个南部地区（埃诺、埃斯拜、孔德罗、卢森堡、阿登）内，村庄占有突出的地位①。在荷兰境内林堡的淤泥地区、德伦特的荒原林中空地，以及

① A. 勒费弗尔，《比利时的农村居住形式：人文地理研究》，列日，H. 瓦扬-卡芒讷，1925 年，第 14—27 页。

沿海的某些围垦区内，聚居的村庄给人们一种非常强烈的印象。最后在不列颠群岛上，聚居的村庄很少，而且是局部性的——例如约克郡的平原、沃尔兹和唐斯的石灰岩坡麓[①]；这些村庄在英国的散居区内，形成引人注意的斑点。

中欧　尽管德国学者得意地描绘出各种各样的形态，但在威悉河以东的北德平原，以及丹麦半岛和丹麦群岛、瑞典南部、波希米亚和其周围高地等处，基本居住形式还是聚居的村庄[②]。在整个德国南部，如内卡河流域、施瓦本[③]的阿布河流域及巴伐利亚[④]州的散居地区内，也有村庄混杂分布。在瑞士境内，沙夫豪森[⑤]州和汝拉山地的大部分，形成一个几乎没有小村的村庄区。但是，没有一处的农村居住形式，达到匈牙利平原那样集中的程度；相距30—50公里的大村庄，像是农田和草原海洋中的岛屿。由于具有宽广、多尘土、不断有牲畜经过的街道，它们简直和大城市一样[⑥]。

南欧　当人们离开法国中部而向南行的时候，可以看到

① 参看下列各幅的1∶63 000地图：里彭、皮克林、斯卡伯勒、大德里菲尔德、贝弗利、迪韦齐斯、索尔兹伯里。

② A.迈村，《西日耳曼人、东日耳曼人、凯尔特人、古罗马人、芬兰人及斯拉夫人的殖民和农业活动》，柏林，1895年，I。M.迈尔，《巴伐利亚境内波希米亚林山地区的殖民活动》，《方志与民俗学研究》，卷XIX，1912年。

③ R.格拉德曼，《符腾堡王国的农村殖民活动》，《方志与民俗学研究》，卷XXI，1913年。参看同一作者，《彼得曼通报》，1910年，卷I，第183—186及246—250页。

④ A.迈村，前引著作，I，第429—431页。

⑤ W.维尔特，《论沙夫豪森城市和地区的人类地理学》，苏黎世，莱曼，1918年，8开本，174页。

⑥ L.德·拉克热，《匈牙利平原》，《地理学年鉴》，卷X，1901年，第438—444页。

村庄的优势随着和地中海岸的距离缩短而增强；它在瓦朗斯[1]平原上还不普遍，但在卡塔洛尼、安普尔丹和下朗格多克[2]等平原上，就随处可见了；在比特罗瓦，大部分村庄的居民在700左右，有24个超过1 000人。在西班牙的加利斯，2 124 200居民中有1 806 440人住在村庄里，而且奥伦塞省内也只有4%的人口是散居的[3]。在普罗旺斯的许多地区，常坐落在难接近的高地上的某些村庄的反常位置，是人口聚居的生动表现。如果人们离开地中海岸而进入波河流域，就会看到聚居和散居这两种形式错综分布的情况：在肥沃的灌溉平原上散居的农庄较多；村庄则偏爱奥廖河与阿达河之间的贝加莫高平原，和多瓦尔里佩尔与泰辛之间的阿尔卑斯山地边缘、阿达河与奥廖河之间的伦巴第平原、维罗纳高平原、明乔河和阿迪杰河之间的地区弗里乌尔[4]。人们有这个印象：以前分布较广的村庄形式，已经在散居形式的面前后退了。但聚居形式的最稀奇的情况出现在意大利南部和西西里，农民挤居在一些真正的城市里；在阿普利亚，这些城市的居民有的达到好几万人，

---

① D.福歇，《瓦朗斯平原》，《地理学年鉴》，卷XXIII—XXIV，1914年，第127—151页。

② M.索尔，《下朗格多克的人口分布》，《朗格多克地理学会通报》，1906年，97页。

③ J.但丁·塞雷塞达，《加利西亚人口的地理分布》，马德里，1925年，8开本，40页，1∶800 000地图。

④ A.洛伦齐，《波河平原人类地理学类型研究》，《意大利地理杂志》，卷XXI，1914年，第199页。还要参看贝内旺，《阿尔卑斯地理研究所文集》，1916年，第189—237页。O.马里内利，《地理类型地图集，摘自佛罗伦萨军事地理学院1∶25 000及1∶50 000地形图》，1922年，特别要参看63、64、70及71幅。

如卡洛萨、安得里亚、科拉托、比通托，或西西里的卡尔塔尼塞塔及卡尔塔吉罗内，紧挨着的农村大居民点处在空荡阒寂的平野中央[①]。农业工人有时要走20—30公里才能到达田间；有时他需要在远离家门的地方度过一个星期，只有在星期天才回家。这是耕者远离耕地的一种反常居住形式的例子。

巴尔干半岛东部、中部和南部的广大地域，属于聚居的形式。塞尔维亚东部和南部以及阿尔巴尼亚南部的房子，都挤在村庄里；它们沿着狭窄弯曲的街道，墙挨墙地靠在一起，有时比城市还挤[②]。在伯罗奔尼撒，孤立的房子非常少见，离群而居的只有公路边的几家店铺及货栈，以及崎岖僻静处的修道院[③]。

东欧　在俄国，农村人口的聚居程度，自西北向东南——也即朝黑土地区的方向——逐渐加强。毫无疑问，所有这些俄罗斯人的村庄，在外貌和规模上都不一样。“小俄罗斯人的村庄和大俄罗斯人的村庄是有区别的。前者的房屋用石灰粉刷成白色，房屋之间有小园子；后者的木房子彼此靠近，排成一条直线，一般都没有树。”在从明斯克经斯摩棱斯克、莫斯科、科斯特罗马、维亚特卡至彼尔姆，这条连线以南整个俄罗斯人的地区内，村庄有大有小，但聚居是规律；不仅在黑土平原和草原上是这样，而且在莫斯

① T.费舍尔，《阿普利亚的殖民与种植》，《地中海景观》，1906年，第204—215页。

② J.斯维伊斯，《巴尔干半岛：人文地理》，巴黎，阿尔芒·科兰出版社，1918年（XVI章）。P.符耶维克，《塞尔维亚地区的殖民活动》，《地理杂志》，卷XII，1906年，第509—516页。

③ A.菲利普松，《伯罗奔尼撒》，1892年。

科、特维尔、雅罗斯拉夫及诺夫哥罗德[①]等地也是如此。

东方　几乎所有的东方大农业社团，都以村庄居住形式为其特点。印度除去某几个区域以外，只是一个村庄的集合体；村庄是那里的社会细胞。成群的房屋聚集在一块高地上，外面常有土墙围绕；人们进村要通过弯曲的小路。村外有一片空旷的场地，晚上村民的牲畜就聚拢到那里。公共生活的工具、雨水池、水塘、井或者水库、庙宇，都集中在围墙以内。一些小树林荫蔽着村庄的周围；那里是牲畜避热、儿童玩耍、外来人休息的场所[②]。这样，处于田地中央和树围后面的每一个村庄，就形成一个似乎是自给自足的小小世界。爪哇农民每一座房屋的周围，都有自己的小园子，他们也在稻田附近聚居，形成青翠的村庄。东京（Tonkin）的村庄，“连同它的粘土墙房屋、水塘、池沼、小菜园和供隐蔽或防御用的、被村门中断的周围竹林，形成一个整体”[③]。在中国的北方平原上，村庄也是以聚居形式占主要地位。从大西洋到太平洋，聚居的形式，似乎到处都是人类居处的一种古老的有系统的组织形式。

2. 散居的地区　聚居形式和散居形式的景观安排，有深刻的差异。在村庄的景观中，房屋群聚在一起，这多少有点加强了耕地上的孤寂感；村庄与其土地似乎是截然分开的。在散居的景观中，房屋不远离耕地，房屋相互间的吸引力，远小于房屋和田地之间的

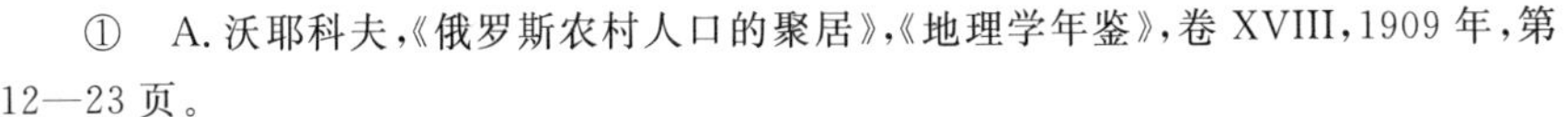

① A. 沃耶科夫，《俄罗斯农村人口的聚居》，《地理学年鉴》，卷 XVIII，1909 年，第 12—23 页。

② 巴登·鲍威尔，《英属印度的土地制度》，牛津，1892 年。同一作者，《印度的村社》，伦敦，1896 年。W. 克鲁克，《印度的西北诸省》，伦敦，1896 年。

③ 维达尔·德·拉·布拉什，《人文地理学原理》，第 192—193 页。

吸引力。农庄及其经营建筑物都建在田地附近，而且每块耕地的四周，常有围墙、篱笆或沟渠。甚至那些被称作小村(hameau,Weiler,hamlet)的小房屋群，似乎也应当一般地看作散居的形式，因为它们几乎总是意味着房屋和田地是靠近的。

西欧　如果除去几个村庄聚居的地区，人们可以说：分散是不列颠群岛上农村居住形式的特点。爱尔兰、苏格兰、威尔士和英格兰，以及它们的属岛(马恩、泽西)，几乎各处的农庄，都孤独地处于耕种的地块中央或附近。不过，孤立农庄的居住方式，在西部的地位比在东部的地位要更为突出得多。

在法国，散居的地域，毫无疑问占有国土的三分之二。和在欧洲其他国家的情况相似，这里散居的形态也是多种多样的；这当然可以用年代和基础的差异来解释。人们在布里高原和瓦卢瓦高原上可以见到大农庄；这种庞大的农业建筑，以其高大的形体俯临着耕地。及至进入阿摩里卡西部、阿基坦西南部和佛兰德北部，又看到无数的小农庄或佃户房屋散布在小林内或原野上。每个农户的土地，都聚在离房屋不远的地方。在马耶讷省三分之二的乡区中，三分之二以上的人口住在小村内①。在利穆赞和中央高原的另一些地区，农村居民都住在小房屋群或小村内。在克勒兹省和北滨海省，散居人口约达总人口的四分之三。在这种居住分散的地区，也有一些有时可称作村庄的住宅凝聚的地点，但它们都是社会、宗教及商业生活的公共中心。住在那里的是一些公务员、店主和工匠等，至于农业生活，则仍然分散在孤立的农庄内。应当注意到，

① R.米塞，《下曼恩》，巴黎，阿尔芒·科兰出版社，1917年，第458页。

散居区域和聚居区域之间并没有截然分开的边界，两者是逐渐过渡的，有时彼此间还有一些飞地。诺曼底的卡昂(Caen)平原和奥佛涅的普拉内斯，是完全散居的区域内的村居岛屿。孚日山地及其森林区，则是洛林和阿尔萨斯村庄平原上的散居区域。

比利时的一个散居地带，起自法国的佛兰德，继续经过它自己的佛兰德、坎皮纳、埃诺[①]和布拉班特北部，延长进入德国的下莱茵、威斯特伐利亚，直到威悉河。因此，它包括荷兰境内北布拉班特、盖尔德、上艾瑟尔和德伦特的沙地和荒原。弗里泽的许多孤立农庄，都位于耕地附近[②]。

中欧　孤立农庄的体系，只在德国的几个地区内占优势：直抵威悉河的莱茵—威斯特伐利亚平原；中德山地，如莱茵页岩高原的北部；黑林山与帕拉蒂纳的某些地区；阿尔卑斯山边缘的士瓦本与巴伐利亚高平原等。在拉芬斯堡、比伯拉赫和里德林根的辖区内，小村和孤立农庄占居民点数五分之四以上[③]。至于阿尔卑斯山区，则从卡林西亚和卡尼约尔直到萨瓦一带，也属于散居的领域。特别是在法国的阿尔卑斯山区，尽管孤立的房屋很少见，但小村非常多：它们都是盖在耕地附近的小簇农舍[④]。在

① M. A. 勒费弗尔，前引的著作，第27—31页。A. 迈村，前引的著作，I，第517—518页。

② A. 布林克，《荷兰》，III，第251页。A. 迈村，前引的著作，II，第52页。

③ R. 格拉德曼，《农村的殖民活动》，第35页。O. 施吕特尔，《德国的殖民活动》，载于J. 霍普斯《日耳曼人古代文化研究专科全书》，斯特拉斯堡，1911—1913年，第402—439页。

④ R. 格拉德曼，《符腾堡农村的殖民形式》，第184页。A. 迈村，前引的著作，I，第416页及453页。R. 布朗夏尔，《法国的阿尔卑斯山》，巴黎，阿尔芒·科兰出版社，1925年，第74页。

瑞士，散居几乎是全部山地及山前丘陵区的普遍规律。阿彭策尔州的总人口中，有45%住在小村，31%以上住在孤立农庄。农民的耕地总是一个不分隔的完整地块，围在他房屋[①]（家，Heim或Heimat）的四周。在苏黎世湖的周围，湖岸为村庄所占有，而在崎岖的冰碛及磨砾层丘陵地带，则到处散布着孤立的农庄。在许滕乡区，居民点中86%是孤立农庄，其人数占总人口的44%[②]。山地似乎不利于聚居。

南欧　地中海各国虽然村庄众多，可是也不排除散居。在皮埃蒙特、伦巴第和埃米利亚境内的波河平原，以及阿迪杰河与布伦塔河之间、特雷比亚河与塞基亚河之间的平原上，在那些最肥沃和整治最好的地区，呈现出一幅真正满布着隐在树木后面的孤立农庄的图景。“这里的大地像一座广阔的花园，树木和葡萄垂枝的翠饰，为农民辛勤种植的作物遮蔽阳光；无数的农村房屋朦胧难辨地混杂散布在田园各处。”[③]甚至在村庄聚居形式占主要地位的摩洛哥，人们也在哈哈族（Haha）和希亚得马族（Chiadma）地区看到孤立的房屋散布全境[④]。埃利泽·雷克吕[⑤]说：“这是一些有独立性的部族，他们觉得自己很强大，不需要聚居在村庄里。每家都是离群

① A. 奥特，《两个阿彭策尔（州）的殖民关系》，苏黎世，勒鲍尔，1915年，第43—49页。

② A. 肖赫，《论苏黎世湖地区的殖民与经济地理》，苏黎世，洛鲍尔，1917年，第70—73页。

③ 维达尔·德·拉·布拉什，《人文地理学原理》，第176页。又参看前引的O. 马里内利著作，选自下列各图幅的分散居住形式的例子：皮尼奥拉、阿斯蒂、安科纳、比萨、吕克、那不勒斯、萨萨里、伊莫拉、特雷维廖、布雷西亚、帕维亚、克雷莫纳、韦尔切利。

④ A. 贝尔纳，《摩洛哥》，巴黎，阿尔坎，1913年，第149页。

⑤ E. 雷克吕，《世界地理》，1886年，XI，第690页。

独居的。住房杂乱地分散在山坡上，很像比利牛斯山的巴斯克人的房子。”

除去几个喀斯特地区，整个巴尔干半岛西北部（伊利里亚、达尔马提亚、黑塞哥维那、门的内哥罗、西塞尔维亚、北阿尔巴尼亚）都是散居地区。在这些森林被开发、居民过牧人生活的山地区域，房屋连同田地、牧场和果园都分散在大树之间；它们常聚成小村，村内的农民家庭一般都有亲属关系①。同样，在瓦拉几亚、摩尔多瓦、特兰西瓦尼亚、保加利亚的丘陵和山地区域，人们看到的也都是小村（罗马尼亚文叫 catuni，保加利亚文叫 kolibé）。

北欧　北欧诸国以孤立农庄最占优势而出名。人们在波罗的海地区（爱沙尼亚、立窝尼亚），尤其是芬兰境内，看到这个居住形式；那里的垦荒者在树林内、丘陵坡地上、湖中岛屿上，到处开辟出小片空旷农地。在瑞典北部、挪威和冰岛，占优势的也还是散居的形式。

东方　在中国和印度，村庄是农村文明的古老背景。可是，就在这两个国家内，也还存在一些无村居习惯的地区。在中国，从长江流域向南，房屋在经过农耕整治的坡地上分散成小群，稀疏分布在一些园圃和农田中间②。在印度的下孟加拉、旁遮普南部和马拉巴尔地区等处，人们看到一些散居地带。马拉巴尔的农村人口是分散的，每个农民的房子都离邻居

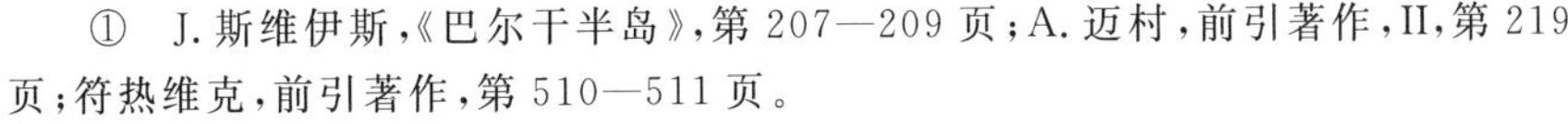

① J. 斯维伊斯，《巴尔干半岛》，第 207—209 页；A. 迈村，前引著作，II，第 219 页；符热维克，前引著作，第 510—511 页。

② P. 维达尔·德·拉·布拉什，《人文地理学原理》，第 191 页。

很远，处在他自己的田地和园圃中间。他拥有果树、椰子树、芒果树、槟榔树和香蕉树的种植园，他用自己井里的水浇灌①。果园在这里似乎和散居的形式是互相结合的。因此，在一些相距很远的地区内，人们看到两种农村景观交替出现、并列存在或混杂在一起：一边是巨大的房屋群，在那里聚居的农民过着一种有时很强烈的群体生活；另一边是一些多少有点孤立的小团体，在一种几乎是单独的情况下干活。

二、对居住形式的起源和原因的研究

为了解释农村的居住形式，人们可以按照地点和时间的差异而求助于非常不同的各种因素。我们可以说，整个的文明史都反映在人类居处的现实形态上。有一些现代的形式不是原始的形式。随处可以看到一些演变的现象，甚至还有彻底的改变。只有仔细研究那些能够决定居住形式的影响，才能对它们进行描述和分类。我们可把这些影响分成三类：1. 自然条件的影响；2. 社会条件的影响；3. 农业经济的影响。

1. 自然条件的影响　我们认为，在那些似乎有助于决定居住形式的自然条件中有：地形、地表的结构和水资源。

地形　地形肯定对居住形式有影响。人们常观察到平坦地区更适于集中居住，地形崎岖和分成小块的地区则宜于分散居住。维达尔·德·拉·布拉什②说："集居的村庄，都在那些耕地连成一

① G. 斯莱特，《经济研究》，卷 1，《印度南部的某些村庄》，H. 米尔福德，牛津大学出版社，1918 年，第 163 及以后几页。

② 维达尔·德·拉·布拉什，《人文地理学原理》，第 195 页。

片、能够进行同样经营的地区。在共同需要的支配之下，形成了集体的组合。井、水塘、池沼的挖掘和维护，墙垣建筑的需要，都有助于居住的靠拢和集中。”既然平原更适于村庄，那么山地和被切割地区，就吸引了更多的孤立人家和小村。这是由于崎岖地区的碎块耕地面积不广，分布又不均匀，农业劳动困难很多，例如耕犁和车子都需要频繁地来往转换方向，运输的不便导致施肥费用的增加。这种环境也不利于全体居民共住在一处；空地既多，当然就出现畜牧经济的倾向①。

许多观察报告都说明地形的这种影响。在英国，在弄乱平原地区居住情况的圈地运动扩展以前，许多作者描写农村生活时，也对平原和山地的殖民状态进行过对比。人们在伊丽莎白时代的哈里森所撰写的《英格兰的风貌》一书中，读到这一有启发性的段落：“在平坦空旷地区，我们乡镇和农村的住房，全都聚在一起而形成街道，并且彼此连接；而在森林地区（这里指的是山地），它们就到处散开，各自坐落在产业主的田地内。”②在“土地调查清册”③时代，人们注意到孤立的农庄常出现在林地（这里就是崎岖地区）内：有一句同样清楚的关于厄迪斯莱④（赫里福德）的话：“一座可防守的房子位于某一森林之中。”在同一时期，一条山谷——德比郡的朗登代尔——提供一个非常清楚的散居类型：一系列由两个农户组成的小村，彼此

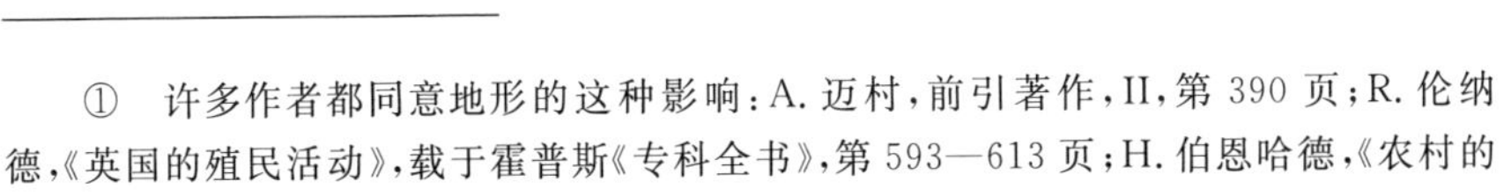

① 许多作者都同意地形的这种影响：A. 迈村，前引著作，II，第 390 页；R. 伦纳德，《英国的殖民活动》，载于霍普斯《专科全书》，第 593—613 页；H. 伯恩哈德，《农村的居住形式》，《地理杂志》，1919 年，第 10—32 页。

② J. L. 高默援引《农村公社》，伦敦，1890 年，第 64 页。

③ 英国历史上的英王威廉一世在 1086 年颁布的土地调查清册。——译者

④ 维诺格拉多夫援引《十一世纪的英国社会》，英国，牛津，1908 年，第 267 页。

相距 1—2 英里[1]。

在法国全境，到处都有这类山地与平原情况相反的例子。在孚日省内，散居的形式朝山地的方向增加：科内河以西的贝壳灰岩高原上的居住形式倾向于村庄，河东则是分散的农庄及其果园农田[2]。在朗格多克（洛代沃与贝达里约地区），随着人们向高处行进，散居的形式在逐渐增加，小村分散在崎岖地带的深处[3]。在德国，常常看到这种同样的对比情况：符腾堡低地的平原和劳厄山高原上是聚居的形式，展布在康斯坦茨湖北面和阿尔高地区的冰碛丘陵上是散居的形式[4]。同样，在横穿瑞士、蒂罗尔和巴伐利亚阿尔卑斯山区的宽广河谷与平原内是村庄，而在山区则是小村和孤立农庄[5]。

在波罗的海沿岸、斯堪的那维亚和芬兰境内，各处都以散居占优势，那里的农田已爬上山坡或进入经过冰川作用的崎岖地段；挪威的山地居民住在一些孤立的房子内；一经出现地表缓斜而连续的平原，村庄就回来了（丹麦人的"by"也是这样）。在瓦拉几亚，小村（当地名称 catun）是丘陵和山地的居住形式，村庄是平原的居住形式[6]。村庄位于波多利耶和加利西亚的平原上，小村则处于喀尔巴阡丘陵地内[7]。小俄罗斯的波尔塔瓦及霍罗尔的崎岖地

---

① 维诺格拉多夫援引同书，第 267 页。

② A. 肖莱，《沃热》，《地理学年鉴》，1914 年，第 233—235 页。

③ M. 索尔，《下朗格多克的人口分布》，第 44 页。

④ R. 格拉德曼，前引著作，第 38—41 页，及《彼德曼通报》第 184—186 页。

⑤ A. 肖赫，前引著作，第 74—80 页。还请参看瑞士的1∶25 000的第 177 幅地图及其邻幅各图。

⑥ 埃·德·马东，《瓦拉几亚》，巴黎，阿尔芒·科兰出版社，1902 年，XVII 章。

⑦ 维达尔·德·拉·布拉什，《人文地理学原理》，第 188—189 页。

区都是孤立的农舍，而在佐洛托洛沙及利泽列茨的平原上则是大村庄①。旁遮普的冈格拉地区内，两种居住形式同时并存：在平原上，村庄为杂乱无章的小块农田所包围；在山区内，星散分布着被农田环绕的小村。同样的现象也见于中国和日本，地形如此不同的山地和平原上，存在着同样差异的两种居住形式。

可是，这种显得如此普遍而又强烈的对比，并不能够解释一切现象。因为人们常在某些平原地区看到散居形式占优势（瑞士的卢塞恩平原、比利时的佛兰德平原、英格兰的平原），而在某些山区却又是村庄占优势（意大利中部、卡比利亚、巨人山脉北部）。R. 格拉德曼说，在上士瓦本不存在崎岖地形区和散居形式区重合的现象，而且在某些宽广、平坦、土壤肥沃的地区内，也有看不到村庄的情况②。

地表的结构　干燥而坚实，或多沼泽而又松软的地表，可迫使人们不得不接受一些完全不同的居住形式。不论危险来自河流或海洋，防止被淹的需要常导致人们聚居在一起。在意大利的明乔河和阿迪杰河之间的平原区内，傍河低地的有害健康的条件，迫使人们住到有益健康的高处；这里占优势的居住形式是村庄。同样在波河三角洲上费拉拉和罗维戈的四周，房屋也呈长列状聚集在河堤上。同样的危险，迫使荷兰受潮水危慑地区的居民聚居在一起。在筑堤以前，居民群集在常常是人工造成的高地上，它们凸起的轮廓，现在仍然引人注目。它们在各处有不同的名称：在弗里

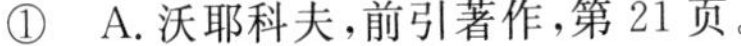

① A. 沃耶科夫，前引著作，第 21 页。

② R. 格拉德曼，前引著作，第 41 页。

泽，叫太尔彭（terpen）；在格罗宁根，叫韦尔登（wierden）；在贝蒂沃，叫夫路赫特休韦尔（vluchtheuvels）；在泽朗德，叫基伦（killen）及夫利得伯尔根（vliedbergen）。在荷兰北部或埃姆登的沼泽地带，人们看到许多这类的聚居村庄。另外，在围垦地区，房屋聚集在路旁，即堤上的车道侧边。这种堤上村庄在荷兰有几十处。人们在上艾瑟尔、德伦特及格罗宁根等省泥炭沼地区域的河渠旁边，看到同一类型的长条形村庄。

人们有这么一种印象：在易受泛滥的低地区内，居民都被迫住在高处，这是无法避免的规律。可是，在同样的围垦区内——如佛兰德的沿海平原和哈勒姆的旧海底区域——人们竟置身于散居的领域，这是怎么一回事呢？

水资源　许多人以一种非常简单的方式去说明水资源对居住形式的影响。他们是这样说的："在像石灰岩这类的透水岩石区内，水渗漏到深处，人们只能依靠深井及少有的泉眼去取水，这样就必须聚居在一起。从反面来说，在不透水岩石区内，到处都有水渗出，于是水的普遍存在就导致住房的普遍存在。"

在干燥地区——如地中海区域——水对农村的居住形式肯定有专制的影响。在弗里奥尔、阿普利亚、突尼斯的上泰勒地区及希腊等处，几乎所有人口全住在村庄里，每个村庄都位于泉水附近[①]。菲利普松在其论述伯罗奔尼撒[②]的书中指出，

① T.费舍尔，前引著作，第204—209页。C.蒙希库尔，《突尼斯的上泰勒区域》，巴黎，阿尔芒·科兰出版社，1913年，第391—399页。

② A.菲利普松，《伯罗奔尼撒》，第385页。

居住地点和有水地点之间存在着极其密切的联系。他描述了这些量大而又清凉的泉水，他说它们是居民的骄傲和喜悦；在大悬铃木荫蔽之下，把清水注入石池的这些泉是全村的中心。在灌溉的地区，水的规律是严酷的。“一切都是如此从属于这个分配生命的要素，以致人们只能实行为共同享用流水或水域而必须实行的那种聚居方式。”①在旁遮普和在德干高原一样，农民聚居在他们作物所依赖的那个最重要条件——蓄水池、井或水渠——的近旁。为了掌握住水，团结是必要的。村庄的蓄水池（英文叫 tank）是共同生活的条件，它拥有被美丽树木荫蔽的长大土堤，它像一座堡垒，它是生命的源泉。

但在西欧的多雨湿润地区，就不可能肯定在水文条件和居住形式分布情况之间存在着这样密切的关系。甚至在供水困难的情况下，人们还能收集和保存从天上落下来的水。因此，所谓水的规律在这里不复存在了。在水文状况相同的一些区域之间，却相应地出现不同的居住形式。法国的皮卡底和英国的奇尔特恩高原，这两个地区的底土都是白垩，表层物质也大体相似，但前者显示为聚居的村庄区，后者为孤立的农庄区。在法国同一个底土是白垩的科地区内，人们看到西部是散居形式，东部是聚居形式。法国和比利时的阿登高原上，泉水非常多，居民却聚居在村庄内。匈牙利草原区的潜水层距地表很近，最简易的井也能取到水，可是那里农村的房屋却聚集成巨大的村庄。水的问题，特别是在过去，似乎是次要的，如果我

① 维达尔·德·拉·布拉什，《人文地理学原理》，第 173 页。

们按照现在的想法，以为它是决定性的，那就错了①。

2. 社会条件的影响　居住的形式，可能是由来自人文环境自身的行动决定的。人们可以想象：这些形态和文明的其他成果一样，显示了某些民族的原始倾向或所特有的传统。人们也可以设想，它们在开始时曾服从一些防卫上的需要；甚至产业的组织也不是和它们的发展没有关系的。

原始的倾向　我们对人类社会的原始倾向了解极少。我们所掌握的关于原始时期的资料，只能让我们进行一些猜测。但才智之士又不禁要去想象农村居住文明开始时的情况。聚居和散居，哪一个是最先的形式？或者，我们应当设想两者都是由不同的地方性条件导致的最先形式？我们对此一无所知。很可能是这种情况：即远在以永久占有形式建立于一个确立的地理位置的地域定居，成为社会组织的物质基础以前，亲属关系已经是社会集团的纽带。从那个时候起，在属于来自同一祖先的同一家族的人们当中，不会发展共同生活的习惯吗？他们不会出于一种完全自然的本能去谋求聚居在一起，以便进行防卫和协力谋生吗？因此，聚居大概是人类最初的居住方式，而这种古老的家族组织，则是最早的村庄社会的骨架。聚居而不是散居，大概是居住形式的最先阶段。在英国的凯尔特人地区，居民们聚族而居，几百个人连同他们的牲畜聚在一起，从而形成了村庄。但我们不知道到处的原始居住形式是否都是这样，也不知道家族社会是否到处都导致村庄式的聚居。

① 关于水问题的这个意见，也是R. 格拉德曼（前引著作第38页）和O. 马里内利（《地理教师》，1925年，第202页）的意见。

在塞尔维亚西部，家族社会（札德卢加，Zadrugas）的继续存在，并不妨碍小村的散居方式。我们不知道这种散居是一种原始的现象，还是后来演变的结果。这种把聚居形式转变成散居形式的演变——人们有一些古老的例子——适应于一种农业的进步，因为它使得农民能住在农田的附近。但它不表现为一切的农业进步，因为农业的发展，有时使村庄社会成为必不可少的。按照 H.J. 弗勒尔的意见，是犁的使用，才使得共同耕作——毫无疑问，还常有住家接近——成为必要的。

种族的传统　在某些学者眼中，聚居和散居的对立是由于种族传统的对立。A. 迈村是第一个描述中欧及西欧集居村庄区和孤立农舍区之间如此明显的对立的。他认为这是由于殖民活动的原始差异：村庄相当于日耳曼人殖民区，孤立农舍相当于凯尔特人殖民区。他指出，在威悉河、易北河与多瑙河之间村庄特别多，凡是"日耳曼人胜利征服"[①]的地方到处都有；孤立农舍则在爱尔兰、苏格兰、威尔士及法国西部分布非常广泛。

这个理论经不起评论。尽管迈村的著作含有非常大量的、时常是有意思的事实，理论本身却遇到一些无法解决的矛盾。聚居的形式并非是日耳曼民族独有的特点。实际情况是这种论断的反面。我们看到斯拉夫民族有聚居的现象，正像 A. 迈村所承认的那样，他们住在一些形状很特别的村庄里，但毕竟是村庄。英国的凯尔特人社会也有聚居的；罗马人的"别墅"或大庄园，连同它们的农

① A. 迈村，前引著作，I，第 520 页。这个理论已被其他作者重新采用和论述，如 O. 施吕特，载于《地理杂志》，VI，1900 年，第 248—262 页，及霍普斯《专科全书》，第 402—439 页，《德国的殖民活动》。

业工人，形成一些村庄的真正核心；高卢人既住在村庄，也住在孤立农舍内。恺撒计算过，瑞士人的、完全不同于孤立房屋[①]的村庄，不少于400个。事实也不表明孤立居住形式是凯尔特人专有的，因为在威悉河以西全是日耳曼人的区域内，所有的住家都呈现为分散的房屋。在其他的日耳曼人地区，如佛兰德、瑞士及巴伐利亚的阿尔卑斯山区，和斯堪的那维亚的北部[②]，也看到同样的散居情况。再说，即使事实在支持种族影响的理论，问题的解决也只能是遥远的事；因为人们还要解释，为什么这个种族要采取这种居住方式。

这个理论也并不更适合自迈村以来人们曾想推广应用它的那些地区。在印度，某些学者想把村庄说成是雅利安人的居住组织；可是它的分布很广，甚至达罗毗荼人的地区内也有村庄[③]。在阿迪杰河上游的阿尔卑斯山区，O.施吕特拿意大利人的村庄和日耳曼人的散居形式相对比[④]（这里的日耳曼人就采取散居，而不是聚居形式了）。但是，正如O.马里内利[⑤]所指出的，关系的简单只是表面现象。在这里强加规律于人的，不是种族的传统，而是经济的需要；应该在殖民时期和农业经济

① J.弗拉希，《居住的历史起源》，巴黎，拉罗兹，不定期刊，第10及36—37页；K.舒马赫，《莱茵兰的殖民—文化史》，II，美因兹1923年第193—203页；F.西博姆，《英国的农村公社》，第297—280页。

② 关于对迈村理论的批评，可参看R.格拉德曼，前引著作，第95页；A.肖赫，前引著作，第110—112页。

③ J.L.高默，《农村公社》，伦敦，1890年，第64页。

④ O.施吕特，《德国的殖民活动》，第437页。参看德·马东，《阿尔卑斯山》，巴黎，阿尔芒·科兰出版社，1926年，第143—147页。

⑤ O.马里内利，《地理教师》，1925年，第202页。

的差异中寻求解释。

安全的条件　不安全时期的防卫需要,促使农民聚居在村庄内;同样,随着安全的回返,他们即离开村庄而住到自由选择的地方。历史向我们提供许多这种关系的例子。地中海诸国仍然让人看到一些位于陡峻高地上的村庄;由于远离农田,这种位置是极其反常的。在奥廖河与阿达河之间的波河平原上,长期受武装破坏威胁的地区,人们还能看到很多设防的、房屋拥挤的村庄①。维达尔·德·拉·布拉什说②:"在草原与其他生活方式领域的接触地带,一切都具有堡垒的外貌;在撒哈拉、阿拉伯、土耳其斯坦、蒙古的边缘,村庄本身成为一个监狱,一个避难所。"在欧雷斯和卡比利亚,村庄位于高地和俯临低下地区的山顶上,"深谷分隔开几百座凌空的峰岭,鹰隼在谷中展翅疾飞"③,"居民在聚居和他们建筑物的防御设计中寻求安全"④。一些突尼斯的村庄高踞在陡峻山顶的卫城中,藏在厚密的多刺仙人掌藩篱的后面。在阿特拉斯山的南坡上,许多改建成设防圩寨(克苏尔,Ksour)的村庄是真正的城堡,定居的农民把他们的粮食窖在堡内,以防游牧人侵扰掠夺。

在法国,许多动乱时期都在居住形式的特点上留下痕迹。布鲁塔伊说,在鲁西永的大部分地区,农民由于害怕非洲海盗,在十

① O. 马里内利,《地理教师》,1925 年,第 202 页;E. 贝内旺,《阿尔卑斯地理杂志》,1916 年,第 204—205 页。

② 维达尔·德·拉·布拉什,《人文地理学原理》,第 195—196 页。

③ A. 贝尔纳,《阿尔及利亚土著居民农村住房调查》,阿尔及尔,1921 年,第 82 及下页。

④ 同上书,第 75—76 页。

二、十三世纪离开平原而住到山区的村庄内[①]。留在平原区内的则筑垒设防："1158 年用于做礼拜的科尔萨维教堂现在离村庄相当远，村民们放弃它而聚居到一个设防的陡岩周围。"人们在南阿尔卑斯山地的迪朗斯河沿岸一带，看到房屋有越趋近山地边缘(即较易到达和较受威胁的地方)集聚程度越密的倾向；为了避免长期的渡海而来的撒拉逊人的侵袭，村庄都像堡垒一样雄踞在高处[②]。正如穆拉利所指出的，巴罗尼的罗马人居住地是一种相当不集中的形式；从封建动乱以后，农民即离开谷地，住入高地的村庄。"像奥布雷、孔多塞、科尼永等这些村庄，都位于非常难到的山崖上，它们有时高出河面好几百米。"[③]

可是防卫的考虑并未到处都导致居住的集中。在罗马人的弗里奥尔和坎帕尼亚地区，人们对很多孤立农舍构筑防卫工事：这就证明不安全并不总是促使人们聚居。如果认为所有的集中居住都是预防的措施，那就更错了。人们曾断言，位于莫斯科及奥卡河以南的俄罗斯人村庄和匈牙利大平原上的村庄，都是为了防御，但没有证明。在法国，没有任何事实能使我们断定皮卡底、香槟和洛林的人口，是为了安全的考虑才聚居在村庄内的。这些村庄处于低平原内的位置，就排除一切关于保护的想法；他们似乎愿意住在一块肥沃土地的中央。"默兹省村庄的外貌不显示担心安全的迹象，

① J.-A. 布鲁塔伊，《对中世纪鲁西永农村人口状况的研究》，巴黎，1891 年，第 38—39、43 等页。

② R. 布朗夏尔，《法国的阿尔卑斯山》，巴黎，阿尔芒·科兰出版社，1925 年，第 75 页。

③ D. 穆拉利，《巴罗尼(南阿尔卑斯前山)山地区的居住现象》，《阿尔卑斯地理杂志》，1924 年，第 547—645 页。

情况恰恰相反，……在地点的选择中透露出来的，是关于农业生活的考虑。周围都便于出入，没有树篱，没有曲折的道路，一片开旷的土地。村庄四面都通向农田，人们从老远就看见它的钟楼。”①

农业制度　社会组织可以对居住形式施加一些强制性的规律。在大地产和大农场的地区，产业主有时自己安排农村房屋的地址。意大利南部大村庄的起源，大部分是因为地产业主想将佃农集中起来，以便更好地控制他们②。按照 O. 马里内利的意见，他们所以不把佃农安置在田间，不仅是为了不让佃农受疟疾的危害，和免除建造过多农村房屋的花费，而且为了使一处孤立农舍的使用权，不致成为各户农民据以要求给他的那块土地所有权的理由③。俄国的大地产业主的总管们喜欢村庄，因为在那里能够更周密地监督聚居一处的农民④。在巴尔干半岛上（尼奇以南地区、马里查盆地、科索沃、梅托西亚、色萨利、阿尔巴尼亚中部及南部、多瑙河下游台地），土耳其人组建的大地产制度（奇夫利克，ciflik），导致隶农（rayas）的房屋聚在主家附近⑤，从而形成了村庄。在墨西哥，大地产业把农业工人聚居在附近的村庄内。高卢罗马人的某些村庄，同样是隶农在庄园附近聚居；稍后的某些中世纪村庄，其起源也是农奴在领主地产内一个地点的集群居住。现在伦巴第和皮埃蒙

① 维达尔·德·拉·布拉什，《对默兹河洛林谷地的研究》，巴黎，阿尔芒·科兰出版社，1908 年，第 147—148 页。

② H. 伯恩哈德，《农村的居住形式》，《地理杂志》，1919 年，第 29—30 页。

③ O. 马里内利，《地理教师》，1925 年，第 203 页。

④ A. 沃耶科夫，前引著作，第 20 及 23 页。

⑤ J. 斯维伊斯，《巴尔干半岛》，第 223—224 页。

特的农场主，在罗马坎帕尼亚建立一些大地产，由于有长期农业工人的家庭住在附近，它们就成为新村庄的核心。在韦尔切伊、诺瓦拉及克雷莫纳等地区和波河三角洲上，大农场同样导致工人家庭集中的聚居形式。

在别的地方，当大地产的利益在于把土地分配给许多小佃农的时候，它们就采用分散农庄的制度。波罗的海地区（爱沙尼亚、立窝尼亚、库尔兰）以孤立小农庄占大多数，这是因为长期以来，那里的土地贵族认为在摆脱村庄团体束缚的情况下，农业经营能取得更多的收益[①]。按照马里内利的意见[②]，分散的殖民现象——主要表现在中世纪末的托斯卡纳地区——也可以这样来解释；农业经营单元的面积足够一个家庭居住和维持生活，每个佃农的房屋都建在耕地上。许多这类的佃农房屋组成一处田产，由产业主委托一名总管去指挥监督。

3. 农业经济的影响　农业经济本身的条件可以叫农民时而聚合，时而分散。根据农业人口本身的疏或密，所掌握的劳动手段弱或强，他们对土地的占有情况是不同的；而且在同一地区内，如果经济情况改变，这个居住的占有形式也要改变。我们现在来看看农业的类型是怎样影响居住形式的类型的。

流动耕作阶段　农业的最早阶段之一，似乎是巡回的流动耕作，即在可自由使用的广大地域内，不断移动耕地位置的阶段。这种不稳定的原因，既是劳动手段简陋，也是人口密度低下。人们满

① A. 沃耶科夫，前引著作，第 16 页。

② O. 马里内利，《地理教师》，1925 年，第 203 页。

足于烧掉遮盖地面的灌木和杂草，人们用浅耕的方法把草、木灰埋入土内：在收获一两次以后，人们就把耕地撂荒，又在储备的荒地中另选垦一块。人们在塔西特（Tacite）时代的日耳曼人、十六世纪的爱尔兰人、中世纪的高卢人地区内，都发现这种流动耕作的农业。现在南俄罗斯的草原和北俄罗斯的森林区域（苏瓦尔基、维捷布斯克、普斯科夫、格罗德诺、莫希莱夫、明斯克、斯摩棱斯克、特维尔）内还能看到这种情况。有些地方居民实行火耕：人们在森林的灰烬上种上三四回，然后又把肥力已尽的耕地让给森林去滋生繁育。在奥洛涅茨、阿尔汉格尔斯克及彼尔姆等省管辖区内的几个地区，存在着同样的做法。

在这种不稳定农业的情况下，住所和田地一样地迁移。由于房屋建造的轻便和简单，移动很容易。如果不是由于各个家庭有靠近的倾向，这样的生活条件是不会叫人们聚居的。从经济观点来看，分散的原因很多：需要有广大的空间供牲畜走动，需要不断地更换耕地，需要保持一些空闲的地段供狩猎之用。历史资料几乎总是向我们表明，这种原始的经济都和孤立或分散的居住形式连在一起。从遥远的家族社会松弛其联系的时代以来，我们就已看到散居形式在爱尔兰和威尔士境内扩展。在十二世纪，吉·坎布伦西斯向我们描述过一个分散生活在树林边缘的半游牧民族高卢人用木材建造的、那些暂住的轻便房屋的样子。俄国森林区的殖民成就，是一些孤立的或以小群行动的开拓者的业绩。在诺夫哥罗德（Novgorod）共和国内，在沃耶科夫援引的一份十五世纪的地籍中，人们看到许多有关农舍和佃农住房的叙述。符腾堡在中世纪的开垦是以小村的形式进行的。瑞典人进入诺尔兰广大森林区的情况，和芬兰人开辟他们的林区一样，也是以孤立的农舍进行的[①]。

定期重分配的阶段　当人口的增长和可耕地的稀少迫使社会对个人的自由占有权施加限制的时候，一个农业的新阶段就开始了。人们确定了耕作的范围，借以调整和安排各户之间的重新分配。这种时间有限制的重新分配，是定期进行的；重新分配的目的是减少土地价值之间的不均等，并为年轻一代的新来者提供土地。这样，就在参与分配者之间建立起相当密切的团体关系。定期重新分配土地的这种社会干预，只运用于能提供好收成的优质土地。在正规的耕地之外，还有大片的荒地和树林，它们是不被分配，依旧留作公用的。这些农业上的措施，曾经长期支配着俄国、瑞典、德国等许多欧洲地区。十七世纪的约翰·戴维斯爵士亲眼看到爱尔兰还在实行这种耕地再分配的办法。汉森指出，到1835年时，艾费尔及洪斯吕克地区也还有这种情况[②]。

农业发展的这个阶段和居住形式的发展相对应吗？奇怪得很，各处似乎并不以同样的方式行事：它在这里使散居形式纹丝不

① 关于流动耕作阶段，请参看：P. 拉孔布，《土地的占有》，巴黎，阿尔芒·科兰出版社，1912年，第10—11、19—22页。F. 西博姆，《英国的村社》，第186、370、342、368页。J. St. 刘温斯基，《财产的起源》，第5—9、15—18页。M. R. 波恩，《英国人在爱尔兰的殖民活动》，斯图加特，906年，I，第255—259页；II，第140—141页。H. 伯恩哈德，《农村的居住形式》，《地理杂志》，1919年，第20—32页。A. 沃耶科夫，《俄国农村人口的聚居》，《地理学年鉴》，1909年，第13—23页。L. 博谢，《瑞典地产史》，巴黎，拉罗兹，1904年，第10—15页。

② J. St. 刘温斯基，前引著作，第52—53、60—61页；A. 迈村，前引著作，I，第24页。

动,在别处却促进聚居的形式。在中世纪的爱尔兰,存在着共耕的土地制度;通过定期的重新分配,每人从中获得大小相等的一块土地。据F.西博姆说,在七世纪时,人们就已抱怨人口的增加把每人的份额从30减至27垄①。人们可能以为这种做法必将使爱尔兰人的房屋靠近耕地,并在那里聚成村庄。可是爱尔兰始终是一个住宅分散的国家。实际上,在这个畜牧经济的国家内,小块的好地只占用地的极小一部分。农民确实在一些多少有点固定的日期,到那里去耕地、播种和收获,但他们的家只安在牧场附近,各自独立居住。

在瑞典,耕地需要定期再分配的习惯法,存在于十二世纪以前。这个习惯法,或称哈马斯基普特(Hamarskipt),保证每个居民在相当长的年数内享有一定块数的土地,但必须在法定的时期将其归还给村社,以便重新分配。由于谈的是农业国家,人们可能设想,定期放弃田地的要求,将会导致农民选定一个不受分配的固定地点,把房屋全集中到那里。可是,盖上住房的那个地块(托普特,topt)也不是每个家庭的私产,它也必须被分配。那时所有失去宅基的居民就得把房屋拆掉,并将材料带到新的托普特去重建起来。法律也给予一定的时限,因为人们希望避免由于大家同时拆房而引起的极度扰动。公平地说,这种易地重建的义务,并不是强加给人们一项很困难的行动,因为瑞典农村的房屋是用厚、薄木板拼合成的,拆卸和运输

① F.西博姆,前引著作,第126、214—230页。G.斯莱特,《公地的圈作私有》,《地理杂志》,1907年,第45—46页。

都很容易。因此，在哈马斯基普特的制度下，在瑞典境内，就持续存在着孤立居住的习惯①。

俄国的情况恰恰相反，土地的定期再分配导致村居的生活。在较近的十六及十七世纪内，在人口增长和土地稀少的影响下，人们想到需要在同一农业集团的居民之间定期再分配土地。这就发展成一种被人们长期看做古老斯拉夫制度的俄国农村公社制度——米尔(mir)。在米尔的土地上，每个户主得到几块分散在每种价值地段上的土地，并保持到下次再分配的时候。下次再分配的时间，因地区不同，规定为每六、十、十五甚至廿年进行一次。这一比瑞典更新近的发展，并未导致房屋的定期搬迁。农民需要把房屋建在选择作为村庄的地点，以便不在每一次分配时迁出，并使某些共同的劳动能够照旧进行。在这种情况下，农业集体的职责，似乎使农民们离开了孤立农舍的制度，采取了聚居的方式②。

农业集体内部固定占有的阶段　当人口不断增长使人们必须更好地经营土地的时候，就开始了一个农业的新阶段。农民们要求长期耕种同一块土地，不要周期地移动经营的地段，这样，他们就能够各自取得其投入田地的劳动收益。这种农业方式的开始时期不是到处相同的；但它显示一种具有固定的、强迫所有农业集体成员接受的规则的系统组织。在欧洲的大部分地区，人们对这种组织的设想是：它能够在全年时间内适应谷物的生产和家畜的饲

① L.博谢，《瑞典地产史》，第32—33、43—54、187等页。

② J. St.刘温斯基，前引著作，好几处；A.迈村，前引著作，I，第25页；II，第213页。

养;它包含着一种三年轮作制,即在同一地块上,第一年种冬季谷物,第二年种春季谷物,第三年休闲。这种轮作制的实行,是按照一些排除散居形式的规律的。全部土地被分作三部分(法文、英文、德文分别称之为 soles,saisons,fields),分别种上小麦、燕麦和休闲。在每一份地上,耕作者的自由受到共同劳动和共同负责的纪律的限制;必须同时进行农业劳动,把留茬地和休闲地留给共同的牲畜。由于每人的田地都分散在每一块轮作地内,人们就不可能在这样散碎的领域内,为每一座房屋找到中心的地点。于是房屋就聚在一个中央核心的周围:井、桥以及后来的教堂或城堡。农民住在这个村里,实际上就处在他的领地的中央部位。人们懂得,在进行耕作时,协同一致的必要性使人们产生把对土地的经营集中在某个地点的愿望。协调农业活动的日程,和规定某些经营方法的一种合作,对所有的人都有利。居住的集中,把村庄形成通向各方的共同中间站①。

这种在某些国家内很古老的组织,在另一些国家内则产生于较近的有历史记载的时期。

在瑞典,随着农业的进步,实行定期的土地再分配的哈马斯基普特制度,就逐渐让位给索尔斯基普特(Solskipt)制:土地的个人享有取代了集体享有。这场变革在省法规拟定时期,即在整个十三世纪及十四世纪初期逐渐完成;不过它不是强制性的,而是随着有关人们的要求而逐步实现。这一次土地最终再分配的结果,是为村庄选择一个地址,好让农民的房屋聚到一起来。这个村庄的

① P.维达尔·德·拉·布拉什,《人文地理学原理》,第 185—186 页。

地皮按农民土地面积的比例进行分配；每人都要把分到的一份地皮（托普特）圈围起来。他可以在那块地上随意盖房子或其他建筑物，条件是在与邻居的房屋之间留出一定空间，借以防止火灾和便于排水①。

在更晚近的十九世纪初期，人们可以看到爪哇的谢里崩(Chéribon)和直葛(Tegal)两省内的村庄及其群居的习俗，已经取代了个别、分散的房屋②；在种稻地区，灌溉常常迫使人们集中居住。在马德拉斯西北30英里的普杜—瓦耶尔（卡纳蒂克），村庄的土地按其价值划分成几个明确的部分。一部分是邻近蓄水池，即最少受旱灾的土地；另一部分是离蓄水池稍远的土地；第三部分是每两三年只有一年能获得充分水量的土地③，这里的情况仍然是，被迫居住的场所处于人们外出劳动的共同出发地点。

专门化农业的阶段　农村经济的新进展和人们对粮食的新需要，有时很早就使某些先进民族感到集中居住的不便。地块的混杂使农民彼此间密切相关，迫使他们忍受许多束缚：在相同的轮作地内收获相同的作物，大家一起收割，让邻人行经他的田地，到远处的地块要损失时间，不取得同意和合作就不能进行改善的工作，不能合理地选择要栽培的植物等。单从农业观点来看，位于田地中央的孤立居住的形式，是一种很优越的居住方法，它给农民以自由，它使他靠近田地，它使他免除集

① 博谢，前引著作，第32—33、41—43页。

② J. St. 刘温斯基，前引著作，第30页。

③ G. L. 高默，前引著作，第23—34页。

体的拘束。孤立农庄形成一个更强有力的、不受别人限制的经济单元。

因此,充满商业精神并且想把农业朝着既供应大城市又满足家庭消费方向发展的某些国家,已经毫不犹豫地将村庄聚居的分散田地合并成巨大的密实地块,借以构成孤立农庄。英国通过两个阶段完成这一变革,一个在十五及十六世纪,另一个在十八及十九世纪:这个强有力的行动叫做圈地运动。通过独立农庄的形成,农民取得了充分的主动权。他可以任意确定劳动和生产的方向,把苜蓿和芜菁引入轮作系列,饲养更多的牲口,将田地圈围起来,以便更好地照管禽畜。农业的运动变革引起了居住形式的变革,聚居变成了散居。定居新大陆的欧洲移民常采用散居形式,认为它是最新和最经济的农村居住方式。现在我们也看到在农业专门化的影响下,世界上几乎到处都朝着散居方向发展:地中海诸国的蔬菜和果园,波河平原上为集约化畜牧而发展的牧场。

为了解释何以某些人习惯于聚居在村庄内,而另一些人却生活在孤立农舍或小村里,就得求助于他们生活方式的所有自然、社会和农业条件。对居住形式的研究,是对农村文明研究的一个篇章;它应追溯它们的远古起源,并且跟踪它们直到现代的发展过程。如果我们要对居住形式进行分类,我们就应将其看作人类行动的一些表现,而这些表现并不必然地决定于自然地理。在同一地区的历史过程中,居住形式的因素,不是均匀一致地在起作用;农业殖民活动可以相继地采用不同的居住形式。在人类环境条件需要进行某种改变的时候,同一地区内已经建立的居住形式,可以转变为另一种居住形式。

三、聚居的类型

聚居类型表现为一群农民定居在村庄内。在这一居住类型的内部,我们能用什么原则进行再分类呢?我们觉得,似乎需要特别考虑田地和村庄所处的相对位置。这种位置能向我们提供辨明聚居原因和起源的征象。我们可借以辨认出三个主要村庄亚类:1.轮作地的村庄,从中世纪起就已广布于西欧和中欧,它的起源肯定比较古老。2.毗连田地的村庄,它起源于比较晚近的人口增长时代;它的出现,相当于古村庄中间荒地土的开垦活动时期。3.与田地分离的村庄,从经济观点上看,这是一种不正常的产物,它产生于不安全感或大地产。

1.轮作地的村庄　这一村庄类型是一种已经很先进的农业文明的产物,它从很古时期就在欧洲出现。它是耕种一块有限土地的众多人口的共同和永久的住所,具有一些引人注意的特征。耕地被分成三块轮作地,每块逐年依次种上冬季谷类、春季谷类和抛荒。这种轮换显示出对养活人和牲口的双重考虑。它保证家畜能有固定的牧场;每块轮作地一经收清庄稼之后,就成为全村牲畜的广大公用牧场。这个公用牧场(英国人称之为 openfield)在景观上显现为一片片空旷的原野,没有围篱,而且几乎没有树木。人们可以把牲畜在抛荒地和留茬地上吃草及成群地、自由游荡的景象,看作村庄地区的农村生活中最引人注意的特征之一。村里的人必须在某些规定的日期,把所有田地里的庄稼完全收割清净。他们还得迅速地一次收清,并且为此而互相帮助。劳动的团结一致把村民连在一起，支配农业的生存，安排经营的措施，并且强使农民的房屋聚合成密集的村庄。“居民无法孤立居住，因为他不能将分散的田地集中到他房屋的周围。他只有一个生活在田地中央的办法：那就是留住在村庄内。轮作制强加给人们一种劳动制度，使人们不可能独居，并且不得不忍受牧场公用和田地混杂的现实。人们不能从集体的束缚中解脱出来，没有个人的主动性，因而也没有经营土地的独立性。人们必须在集体中生活；要和集体完全脱离，只有移居到某个尚未开发的地区，并且建立起孤立农庄。”①

这种农田组织，是我们文明的最古老组织之一。村居的形式很可能溯源于史前的某个时代，那时在某些有利地区产生了与其相联系的农业生活。我们在法国的圣日耳曼·德·普雷②（Saint-Germain-des-prés）的古折叠式登记册和比利时的蒙布朗丹③修道院的登记簿中，发现在九世纪时，它就明确地和三年轮作制联系在

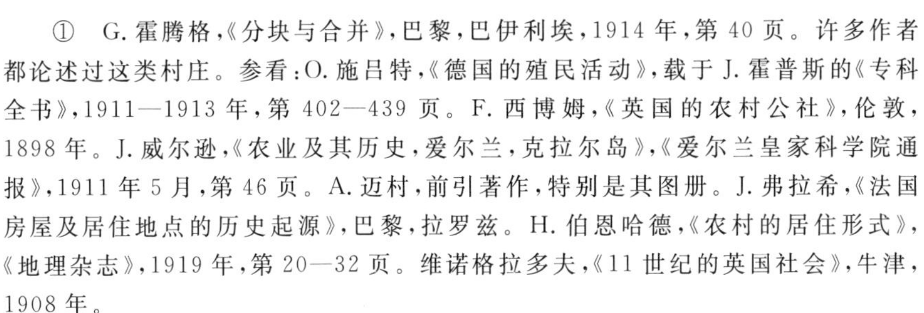

① G.霍腾格，《分块与合并》，巴黎，巴伊利埃，1914年，第40页。许多作者都论述过这类村庄。参看：O.施吕特，《德国的殖民活动》，载于J.霍普斯的《专科全书》，1911—1913年，第402—439页。F.西博姆，《英国的农村公社》，伦敦，1898年。J.威尔逊，《农业及其历史，爱尔兰，克拉尔岛》，《爱尔兰皇家科学院通报》，1911年5月，第46页。A.迈村，前引著作，特别是其图册。J.弗拉希，《法国房屋及居住地点的历史起源》，巴黎，拉罗兹。H.伯恩哈德，《农村的居住形式》，《地理杂志》，1919年，第20—32页。维诺格拉多夫，《11世纪的英国社会》，牛津，1908年。

② M.-B.盖拉尔，《伊尔米依修道院院长的折叠式登记册》，巴黎，1884年，绪论，第649页。

③ V.布朗援引，《截止十八世纪末期的比利时农村阶级状况的历史评论》，卢万—巴黎，1880年，第206页。

一起了。根据文献，汉森[①]指出德国在八世纪，西博姆[②]指出英国在七世纪已有这种情况。这些中世纪文献追溯的时间虽然这么悠远，却并不是它们提到的这种组织的出生证书。相反，一切都表明中世纪初期的村庄和以前时代的村庄之间的连续性。在英国，布列塔尼时代对泥灰石的使用意味着正规轮作制的实施；按照西博姆[③]的意见，撒克逊人大概远在罗马人之前，就已在那里发现一种具有村社和公用牧场的古老农业。H. 皮克[④]在他关于英国村庄的那本有意思的书中，把村社的起源远推至史前时期；他承认这一见解：以共同耕种可耕地为基础的一种村社制度，大概创立于人们开始栽培谷物的时代，也就是新石器时代。他以为英格兰东部最早一批村庄的建立和阿尔卑斯种族居民的到来（约在公元前 1000 或 900 年）是同时期的；这些人开垦平原上难于翻耕的土地，按照三年轮作的制度去耕种，这和他们在故乡中欧的做法完全相同。

在德国，正像格拉德曼的出色研究所指出的那样，村庄的领域和最早有人居住的地区、新石器时代和早期铁器时代遗迹存留最多的地区、新石器时代人民所发现的空旷无林而又适于进行农业的地区，是符合一致的。在这些楔入原始森林中的自然开旷地上，人类的先驱开拓者们创造田园和建立村庄；我们现在的村庄就是他们的村庄的"后代"。这些原始的殖民地区是德国士瓦本和符腾

① 参看前引的 J. 威尔逊著作，第 10 页。

② F. 西博姆，前引著作，第 376—379 页。

③ F. 西博姆，前引著作，第 250—251、430—436 页。

④ H. 皮克，《英国的村庄：村社的起源和衰微》，伦敦，1922 年。

堡的石灰岩高原；内卡河、上莱茵河、多瑙河、摩拉维亚、图林根和黑尔韦格的淤泥平原；法国和比利时的洛林、博斯、皮卡底、埃斯拜的肥沃干燥平原。我们最初的农业社会，就定居在所有这些林海中的空旷地段。想探索轮作地村庄的起源，我们就得追溯到史前时代。居住形式如此集中的传统是这么强烈，以致在某些地区内，人们虽已放弃轮作和分割田地而建立独立的大地块，居民仍然坚守村庄。尽管完全摆脱了集体的束缚，每人总是从这个中心出发去经营他的田地。毫无疑问，奥里尼[①]岛是我们这种发展不完全的一例。

某些古文明地区也有村居的形式，把共同进行的所有农业事务都集中在一个地点。几十万印度村庄就是这种情况，那里的农民由于控制灌溉水的需要而聚集到一起。在这些地方，人们到处都看到房屋的集中、小块田的分散，到远处田地的长途跋涉。在冈盖贡丹(廷尼韦利县)，1 913 小块田地中的 600 块不足半英亩，最远的离村庄 4.5 公里；在埃鲁维利佩特(马德拉斯以南 160 公里)，一户的 30 英亩土地被分成 21 块；在克舍特拉拉普拉姆(坦焦尔县)，一户的 10 英亩被分成 10 多块。同一农民田地的这种零碎和散布全村地域的现象，在联合省和孟买管辖区内是常见的。G. 斯莱特论证这种情况有许多不便却发现愿意消除不便的村民极其少见：村居生活的习惯是这么根深蒂固！[②]

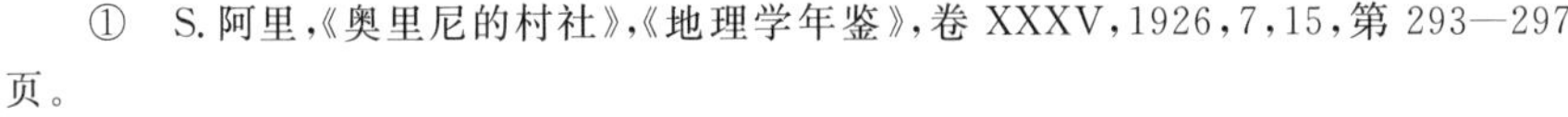

① S. 阿里，《奥里尼的村社》，《地理学年鉴》，卷 XXXV，1926，7，15，第 293—297 页。

② G. 斯莱特，《经济研究》，前引著作，有好几处可以参考。

2.毗连田地的村庄　在聚落周围田地零散的老村庄以外，人们还看到另一些在中世纪由开垦欧洲林地和沼泽地的移民建立的村庄。我们知道，在这个时代，人们曾目睹许多孤立农庄和小村拔地而起。那么，为什么在这些已经认识到孤立居住形式的经济优越性的世代里，会有一些采取聚居形式的人呢？实际上，由于许多这类新移民区建立在沼泽区和林区，是自然条件在迫使人们聚居。但和轮作地的村庄不同的是，人们在这些新村里细心地保持每一家房屋都和田地接触。这种毗连性产生于村庄的总布局，而布局则是由建立移民区的大地产者决定的。农舍排列在道路的左右两侧，在每一农舍的后面，田地都呈或宽或狭的长带状延伸，与邻接的田地平行前进，直到整个开垦区的尽头。德国学者（迈村、伯恩哈德、施吕特、格拉德曼）为它们精心挑选线形村庄这一名称的，正是这种在九到十四世纪建立起来的村庄。人们将其分成两类：沼地村和林地村。

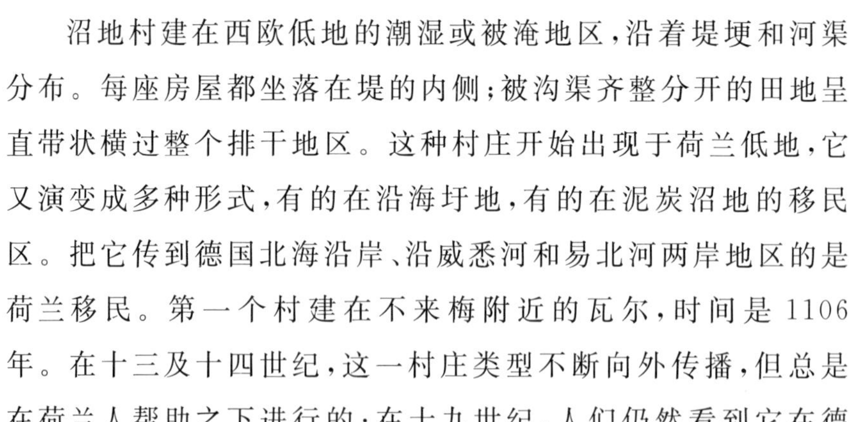

沼地村建在西欧低地的潮湿或被淹地区，沿着堤埂和河渠分布。每座房屋都坐落在堤的内侧；被沟渠齐整分开的田地呈直带状横过整个排干地区。这种村庄开始出现于荷兰低地，它又演变成多种形式，有的在沿海圩地，有的在泥炭沼地的移民区。把它传到德国北海沿岸、沿威悉河和易北河两岸地区的是荷兰移民。第一个村建在不来梅附近的瓦尔，时间是1106年。在十三及十四世纪，这一村庄类型不断向外传播，但总是在荷兰人帮助之下进行的；在十九世纪，人们仍然看到它在德国泥炭沼泽地区继续发展。在其他一些排干地区——如英国的芬斯和波河流域的低平原[①]——人们运用的也是这个同样的体系。

林地村沿着森林山地中的河谷及道路分布。这里的房屋也是坐落在道路的两旁，有一块长带状土地；低处是园圃和草地，稍高处是庄稼地，更高处是牧场和树林。这类村庄在黑林山、奥登林山、厄尔士山脉、苏台德山脉、施佩萨特山、弗兰克林山、波希米亚林山、巨人山脉中数量很大，在奥地利、西里西亚和波美拉尼亚[②]也有。人们很可能在法国以前已被清理过的某些采伐迹地——如科地区的北部——上看到这类村庄。莱奥波德·德利尔在十二和十三世纪的文献中查找到这些建在诺曼底森林采伐迹地上的村庄的历史。用于盖房的土地，被分成相等的叫做博尔的许多块。每家在长形博尔的一端盖上茅屋，这些茅屋排列在供村庄使用的道路两旁。许多村庄现在仍然保持这种格局[③]。

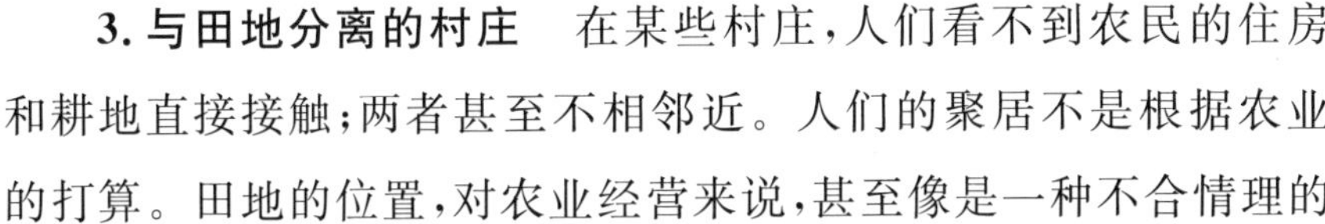

3. 与田地分离的村庄　在某些村庄，人们看不到农民的住房和耕地直接接触；两者甚至不相邻近。人们的聚居不是根据农业的打算。田地的位置，对农业经营来说，甚至像是一种不合情理的

---

① 参看伯恩哈德，前引著作，第 28 页。施吕特，前引著作，第 402、436 页。A. 迈村，前引著作，I，第 43、49 页；II，第 31—36、343 及其后各页。布林克，《荷兰》，III，第 257—260 页。还可参看马里内利的地图册，摘自帕杜、罗维戈、拉韦纳、弗利、雷焦、埃米利亚等图幅。

② 参看 R. 格拉德曼，前引著作《研究》，1913 年，及《彼得曼通报》，1910 年。A. 迈村，前引著作，I，第 26、416 页；II，第 396—400、417—418 页。M. 迈尔，《波希米亚林山……垦殖地》，《研究》，1912 年。

③ 莱奥波德·德利尔，《对中世纪诺曼底农业状态及农业阶级情况的研究》，埃夫勒，1851 年，第 395 及以后各页。

困难；村庄的两个要素——房屋和田地——是互相分离的。此种分离现象存在于这类村庄：防御的需要迫使人们住到高处，紧密地聚居在一起，构筑防守设施，远离他们的耕地；村庄有时比谷地的农田高出好几百米。人们知道，安全一经回复，这些房屋便急忙下移，以便靠近耕地。例如在阿尔卑斯山南部的韦尔东河下游沿岸，高处的村庄已成废墟，居民都移到低处。意大利南部的大村庄同样是这种分离情况，那里的大地产业主把他们的劳动力集中到村内，这些人有时要走 20 或 30 公里才能到达田间。在意大利的中部和南部葡萄园也远离村庄，葡萄种植者要准备一所临时房屋供收获时居住。在伯罗奔尼撒，许多山地的村镇拥有平原区的土地，两者距离有时达好几天的行程：因此，人们需要在平原上盖一座房子（卡利维亚），冬季干农活时就住在卡利维亚内；到夏季就住到山地的村庄里①。

四、散居的类型

居住形式的分散，标志着个人倾向战胜了社会倾向。为什么孤立居住形式能从若干世纪以来在某些地区内继续存在？为什么在另一些地区人们又用它来代替聚居形式？为什么在被殖民的新地区人们采用孤居而不用聚居形式？这些问题导致我们在散居类型的内部，又区分出四个亚类；它们之间的不同主要在于年龄，即产生它们的殖民活动或农业发展的时期。它们是 1. 早期的初生

---

①　关于这些田、房分离的村庄，可参看 D. 穆拉利，前引著作，有好几处。O. 马里内利，《地理教师》，1925 年，第 203 页。A. 菲利普松，《伯罗奔尼撒》，1892 年。

分散;2. 插入分散;3. 次生分散;4. 近期的初生分散。

1. 早期的初生分散 我们知道,聚居形式和村庄的存在,显示出农村经济的一些必要条件:宜于生产谷类的优质肥沃土壤;必须分配给集体的成员去管理使用的宝贵土壤。在肥沃性稍差而比较宜牧不宜耕的荆棘地、林地和山地,就不是非此不可了。在这些地区,不连续的可耕地分散在未垦地之间;广阔的荒野供牲畜自由游荡。和这些较不密集的资源对应的,是较疏散的居住形式。因此,许多地区在很久以前就采取散居形式,而且经过若干世纪还忠诚地保持着它。这一古老的习俗,在景观自身中的表现是,由每座住宅周围的篱笆、树篱、土堤和树行所造成的林相。因此就出现了村庄地区的裸露、荒凉、无围篱的原野,和几乎所有农田都有围篱的孤立农庄地区的浓密、苍翠树林之间的这么悠久的对比情况。

英国西部(爱尔兰、苏格兰、威尔士、德文、康沃尔)是最古老的孤居形式地区之一。利兰在其横穿威尔士的游记中说,没有一处的居民没有簇聚的房屋,但这些住宅是分散的。所有的历史学家都一致承认康沃尔历来就是一个以分散农庄和古老围篱为主的郡区。我们可以肯定爱尔兰也是这样①。

在布列塔尼和诺曼底的法国西部各省以及其他山地区域,情

---

① A. 迈村,《从游牧向定居生活过渡的不同方式》,第 7 次国际地理学大会,柏林,1889 年,第 II 部分,第 483—489 页。G. L. 高默,前引著作,第 141—142 页。F. 西博姆,前引著作,第 240—242 页。R. H. 陶尼,《16 世纪的土地问题》,伦敦,1912 年,第 262 页。A. G. 鲍恩,《西南威尔士农村聚落研究》,《地理教师》,1926 年春季号,第 317—325 页。

况也是这样。P. 阿尔博指出，在北阿尔卑斯山地，分散的小村或孤立农舍形式是普遍现象①。据 A. 肖莱说，萨瓦省阿尔卑斯前山地带的垦殖活动，是从十一和十二世纪开始在分散的形式下实现的。“垦殖活动和一种特殊的个人或家庭经营的形式相联系，……小村的分布似乎是该地区垦殖活动的原始形式，而且正是在小村或孤立农舍的形式下，显示出十六世纪垦殖活动的进展。……孤立农舍，最简单的小村（1—10 座房屋）像是农田垦殖的原始形式。而村庄则似乎是从它衍生出来的。……1∶80 000的地图清晰显示出大量的稀疏房屋或 2—3 座房聚成的小村，在广大地域内星罗棋布的情况。例如在格朗博尔南地区，希奈荣小村的 27 座房屋实际上分散在约一公里的范围内。”②类似的住宅分散现象，也见于塞加拉地区、塞文山区（中央高原）高处、鲁西永山区和孚日山地。孚日山地的垦殖，是从十二世纪开始以小村及孤立农舍进行的；它和村庄成群的平原情况恰恰相反③。在布列塔尼，分散是一般规律；它甚至有增加的趋势。“两家聚居的小村正在增加，……农民孤立地住在他沟渠围绕的小片牧场和田地内。”④

在德国威悉河西面的威斯特伐利亚高燥荒原上，在人们追溯所及的历史时期内，也都是些孤立农舍，一个个坐落在其圈围密实的田地之内。在德国的阿尔卑斯山区和巴伐利亚的波希米亚林山

① P. 阿尔博，《法国阿尔卑斯山区的乡村生活》，巴黎，阿尔芒·科兰出版社，1924 年，第 481、499、519、529 页。

② A. 肖莱，《萨瓦省的阿尔卑斯前山》，巴黎，阿尔芒·科兰出版社，1925 年（参看关于垦殖和居住形式各章）。

③ A. 富尼埃，《孚日省的古地形》，埃及纳尔，1897 年。

④ C. 瓦洛，《下布列塔尼》，巴黎，1906 年，第 131—132 页。

地区内，也是散居的形式。在北欧多岩石地区的零散小片耕地上，垦殖的单元是孤立农庄；格陵兰和冰岛也是如此。在巴尔干半岛西部的迪纳拉山地内，散居形式占主要地位。“村庄有时延伸达7—8公里之长，小村有时相距2—3公里，房屋间隔则在一公里以上。……所有的建筑物、农民的土地、果园和树林，都围聚在房屋四周，共同构成一个经济整体。”①

在墨西哥，情况与占有最好土地的南美洲大庄园及其雇工的村庄以及印度的村社完全不同，人们在山区和难以到达的地方看到众多的小庄园，它们各自孤立，或聚成简陋的小村。它们主要见于哈利斯科、瓜纳华托、米却肯等州，尤其是各州内地的地表崎岖、土地分散、不可能由大庄园或大地产业经营耕种的地区②。最后是印度，那个半岛的东部虽以村庄为主，但马拉巴尔、科钦及特拉万考尔等山地的农民，却不把他们的房屋聚到一起；在那些基本作物不是稻米而是椰子树的地区，分散情况达到最高程度。③

2. 插入分散 除去孤立居住形式起源于远古的那些地区之外，还有一些移民时期较近的地区：那里的散居地带，穿插在集居地带之间。在最初开垦的林中空地之间存留着一些森林，中世纪的垦荒活动又在林区内开辟一些新的突破口：移民就从这里侵入荆棘荒原和林区，在老村庄以外的地区定居下来。

这种以分散队形插入村庄地区的移民浪潮的例子，在法国也不缺少。R.米塞曾描述过下曼恩地区十一及十二世纪的新一代孤立

---

① J.斯维伊斯，《巴尔干半岛》，第173—174、216、218—220页。

② 参看G.M.顾诚和M.布里德，《墨西哥的土地制度》，纽约，1923年。

③ 斯莱特，前引著作，第152页。

农庄或佃农房屋的情况：它们穿插在一些老居住区的中间；它们的特点是地名都冠上建立或拥有这些房屋的产业主的姓氏，前面加冠词，后面缀以 ière 及 erie 的词尾。天主教士昂戈计算单在马延省内就有 8 000 个这种地名，大约是 2 500 个姓氏；那里的垦殖活动是在不断清除森林的情况下进行的①。在巴黎以西，人们观察到存在于莫尔德欧河右岸泥质高原上的古老大村，与遍布该河左岸林地及荒原上的无数小村和孤立农舍之间一种有意义的对比；这些分散居住地区，大部分时期比村庄晚近。同样的对比存在于博斯种谷类的老地区与皮赛及加蒂奈的小林区之间。康坦②指出，皮赛丘陵属于约讷省的那些部分，“遍布着分散在有林田野中的无数农庄、孤立房屋和小村。老的文献中很少提到这些地方。它们中的大多数来源于封建领主或修道院将部分土地对某些个人的让予”。

在德国，也有线状排列的小村和孤立农庄侵入村庄区域的情况。这些由中世纪开垦造成的居住形式出现在：例如，金齐希河及穆尔格河（黑林山地）③的谷地内，威斯特伐利亚的平原上④和俯临内卡河及美因河流域的丘陵地及崎岖高原区⑤。在瑞士的苏黎世湖周围，除那些建在阶地和平原上的老村庄以外，人们还看到大批在对山地和林区进行大开垦时期（从十二至十四世纪）⑥出现的分

① R. 米塞，《下曼恩》，巴黎，阿尔芒·科兰出版社，1917 年，第 223—229、452—455 页。

② 弗拉希所引，《住宅的起源》，第 91—92、63—64 页。

③ 格拉德曼，前引著作，《彼得曼通报》，第 186 页。

④ 施吕特，前引著作，第 543—544 页。

⑤ A. 迈村，前引著作，I，第 416—417、431—441 页。

⑥ A. 肖赫，前引著作，第 80 及下页。

散居住形式;在奥尔腾和阿劳西北的汝拉山区,大村庄和分散在采伐迹地上的众多小农庄交替出现[①]。在荷兰的布拉班特、林堡、盖尔德雷和上艾瑟尔沙地区的荒原上,农庄分散在铁路和小道的沿线,每一座都位于有篱笆和土堤围绕的田地中央。

3. 次生分散 在某些地区,时间长久以后,聚居的村庄对农业经营的不便,显得非常难以忍受,于是散居的形式取代了聚居的形式。取代的进程有时是逐渐的,但也有直接的和坚决的。人们因而看到一种真正居住形式的改造,甚至是一种剧烈的逆转。但是我们应当区别开本能的改造和有步骤的改造这两种现象。

农民时常以一种几乎是本能的方式,缓慢而逐步地致力于摆脱聚居的方式。匈牙利巨大村庄周围的土地远远延伸,人们几乎不可能住在村内而又从事耕种。因此,在村庄周围,有时远达10—15公里的黑麦、玉米、土豆及饲料田内,人们建起了比村内房屋简陋的唐尼亚(tanyas)。农民们在气候良好的季节住到那里去干农活。它由两间住房、一个畜厩、一个堆物棚、一个谷仓组成,上面覆以瓦或芦苇,周围有约束和守护牲畜的栏杆;高高的井架使人在远处已意识到它的存在。众多而又分散的小屋子,就是这样广布在村庄四周的农地内。除这种分散形式(唐尼亚)之外,还有另一种:建立在耕作区以外寂寞平原上的许多小规模移民区。农民在终年劳动的小片土地上盖起永久性的茅屋,这是走向村庄分散的一种新进展[②]。

① 瑞士地图,1∶25 000,第146—150幅。

② 参看L.德·拉克热,前引著作,第438—444页。——W.格茨,《多瑙河地区》,斯图加特,1882年,第266—267页。——A.卡安,《匈牙利》,布达佩斯,1910年,第103页。

在瑞士的中部地区,人们看到村社的缓慢解体和孤立农舍的增多。温特图尔附近的维尔弗林根社区,在1800年,三分之二以上的农民住在村庄;现在大概刚够一半,其余的都散居在孤立农舍内[①]。俄国的某些地区正在朝着同样独立经营的方向发展:在克里米亚北部草原区以及康斯坦丁诺格勒地区,许多已买到土地的农民都住在孤立农舍内。赫尔松地区北部的一些聪明农民,意识到村居的不便,于是从村庄迁到他们的田地内。在30年时期内,按居住地计算的平均人数已减少一半[②]。在最近若干年内,实行混作农业的孤立农户取得很大成功;这种事例推动农民从村社解脱出来。但这类新居花费很大,因为必须把所有建筑物都移送到新的宅基上[③]。

在埃及,聚居的村庄已不再适应新经济的某些需要。由于栽培夏季作物棉花和需要经常进行灌溉,农民离开村庄;靠近他们的农田是有利的。因此就发展了一些埃兹贝(ezbehs)——建在农田内的乡村住宅——以便省去人和牲口的长途跋涉。二十五年以来,这类孤立农舍在三角洲地区增加得特别多[④]。在印度南部的某些村庄——例如塞勒姆附近的马卢尔——为了减少小块田混杂分布的不便,土地所有者互相交换土地,每人都力求把自己的田地聚在一处。交换成功以后,他们就建造简陋小屋,以存放工具和在

① 伯恩哈德,前引著作,第31页。

② A.沃耶科夫,前引著作,好几处。

③ 参看《今日俄国》,1923年,第117页。

④ 阿·德芒戎,《埃及农村生活的现实问题与新面貌》,《地理学年鉴》,卷XXXV,1926,3,15,第155—173页。全文转载于本书第357页。

农忙时作为休息处。但有时可成为舒适的茅屋，一个小小的农庄。马卢尔有20座这类小屋，其中5家屋主已离开村庄。斯莱特说，这是一种类同英国圈地的开始[①]。

我们现在回到法国。在南方，我们看到以前把人和村庄如此紧密连在一起的那些联系，现在松弛了。德·里布[②]指出，从十六世纪开始，在普罗旺斯，建在高地上的一些村庄失去了它们的一部分居民：他们下移到平原上，以便在那里建造孤立的农舍。穆拉利[③]研究了巴罗尼的村民移向谷地的运动："位在高处的村庄堡垒；有转变成分散的谷地村庄的趋势。"他们逐渐外迁，住到田地附近的谷仓或三四座房屋的小村里。"在中世纪躲藏着巴罗尼居民的一百多个位在高处的村庄中，现在只有五十个还有人居住。而且在这五十个中，很少有居民数达到乡区人口一半以上的。山区居民的大部分——约54%——分散在小村和农舍内。"在下普罗旺斯[④]，在卡奥尔附近的谷地中，人们看到同样向分散的发展。农民感到"村镇"的狭隘，他想要一些较宽敞的经营农业的建筑物，他就在路旁和田地附近盖一座新房子。

次生分散常常表现为一种有步骤的重建现象。改造旧格局的行动，有时开始于相当久远的过去。格拉德曼[⑤]指出，在最近的四

① 斯莱特，前引著作，第19—20页。

② 德·里布，《中世纪末期的普罗旺斯社会》，巴黎，1898年，第455页。

③ 穆拉利，前引著作，第589及下页。

④ G.萨尔芒，《下普罗旺斯内部》，《地理学年鉴》，卷XXXIV，1925，7，15，第313—320页。

⑤ R.格拉德曼，前引著作，《研究》，第36—37与129及下页；《彼得曼通报》，第185—186页。

个世纪内，上士瓦本已经完成了大规模的土地合并，其目的是把每个村居农民的分散土地合并成独立完整的地块；聚居的住址已经被毁弃，农舍全都单独地转移到各自的田地内。十六世纪中期，突然从肯普滕修道院开始的这一土地合并行动不断地发扬，传播到十九世纪初期。它代表着一种意识到孤立农舍好处的农业经济思想。在石勒苏益格—荷尔斯泰因州，同样的转变完成于十七世纪初期至1766年之间：形成了有围篱的、不受村社规章约束的地块，在每个地块上重新建起了农舍[①]。

在瑞典，十三及十四世纪内索尔斯基夫特(Solskift)制的建立，导致了村庄组织和小块轮作田的制度。从十七世纪初期开始，人们深深地感到这种组织的不方便；在某些村内，20个农民的地产被分成5 000或6 000个小块；地块是如此狭小，以致人们推车掉头时不能不踏上邻人的田地[②]。因此，通过两个世纪内先后制定的一系列法律，人们实现了斯托尔斯基夫特(Storskift)或大分配的制度，也就是将全村土地分配给地产业主，形成易于耕作和到达的大地块，甚至是一些单一完整的地块[③]。一些农民离开了他们的村庄，各人在自己的份地上建造房屋。现在瑞典的村庄只不过是一些5、10或15座房子的小群体，周围分布着大量的孤立农舍。

在俄国，斯托雷平在1906年的农业改革，导致居住形式的一

① A.迈村，前引著作，I，第58页。

② L.格朗多，《国际评判委员会报告，1900年展览会》，《农业》，巴黎，1905年，第386页。

③ L.博谢，前引著作，第58页。

次真正革命。它分配村社的财物，合并分散的小地块，解散村庄，建立散居的农舍。H. 伯恩哈德[①]指出，在布伯诺夫卡（明斯克辖区）村内的 34 户中，已有 22 户得到 30 公顷的土地，他们在自己的地内盖上房屋和农用的建筑物；留在村内的只有 12 户。如果这项改革得到普及，它将引起农村居住形式的完全改变。人们有理由去揣想，对于散居形式像是由来已久的一些地区来说，这种分散是不是类似士瓦本和瑞典的一种有步骤行动的结果，久以先进经济和集约农业驰名的佛兰德和伦巴第，是否也是这一情况？只有进行历史的研究，我们才能明白。

大不列颠向我们提供一个由于有步骤的改建，而使农村居住形式逆向转化的最奇特的例子。在公田制与三年轮作制及村社习俗继续存在的时期，英国农民的房屋都聚拢成村庄。但在圈地导致的农田合并把分散的小块聚成密实大块田地的地区，农舍就普遍地建在份地之内。个体农业的到来，也是农村住宅动荡的肇端。历史资料使我们能够领会居住形式这场变革的规模。

由村庄的毁坏和分散对集中的代替所表现出来的圈地胜利，主要发生在两个时期：一是十五及十六世纪，二是十八及十九世纪。转变最深刻的是前一时期。文献表明，伯克斯地区从 1485—1517 年圈地 6 615 英亩，导致 670 人被赶走和 119 所住宅被拆毁[②]。通过十五世纪末的斯特雷顿巴斯克维尔（沃里克郡）这个确切的例子，人们看到，同样的行动使得 4 所住宅及 3 处小屋消失，

① H. 伯恩哈德，前引著作，《地理杂志》，第 31 页。

② J. S. 李达姆，《圈地的勘查记录，1517—1518》，伦敦，1897 年，I，第 90—95 页。

接着又是12所住宅及4处小屋被拆除,以致80个农民不得不迁出,而废弃的教堂则用作畜厩①。所有的文献都强调村庄的消失②。到十八世纪,同样的现象重新发生。在米得兰的一个教区,人们把20个农庄和属于60家小农舍的土地合并成4个牧场,只用4个牧人就够了③。在怀斯顿(诺茨)一个地产业主在圈定土地以后,在中央部位建起7座全新的农舍④。在莱斯特和诺茨,一些村庄在公田时期拥有上百家的房屋,到十八世纪末期只有8—10家;居民约40—50人,而不是以前的500—600人⑤。在1803年,人们提到剑桥郡的一个教区:那里的43家炉火已经熄灭,同样多的房屋被拆除,为的是使一个200英亩的孤立农庄的土地能扩大一倍⑥。这样,一种新型的商品化农业的发展,就在大不列颠的一大部分土地上导致散居的形式取代了聚居的形式。

4. 近期的初生分散 当农村的定居不受制于任何保护、防卫或经营上需要的时候,现代的繁殖活动几乎总是以分散的孤立农庄序列进行的。独立性似乎是良好的经济运行的条件。

凡是现代文明的物质手段,强大到使农村住宅能够对抗自然力的地方,人们喜爱的都是孤立的居住形式。在受水威胁的地区,防御手段的完善,使人们摆脱聚居的需要。在比利时的

---

① W.坎宁安,《英国工业与商业的成长》,剑桥,1890年,I,第399页。

② 在R.H.陶尼转载于《土地问题》(前引著作)一书中的一幅,于1602年绘成的瓦德伯勒(莱斯特郡)城堡的地图上,人们读到这几个有意义的字:“瓦德伯勒镇旧址”。

③ G.斯莱特,《公田的圈围》,《地理杂志》,1907年1月,第55页。

④ W.H.R.柯特勒,《我们土地的圈围和再分配》,牛津,1920年,第168页。

⑤ 同上书,第173—174页。

⑥ 同上书,第227页。

沿海平原和荷兰围垦区的大部分地区，农舍是孤立的。它们随着疏干工程的进展而逐渐地出现，每一座农舍都是个人或团体协作的产物，人们的努力和投资免除了水对人们的危害。在另一些地区，以前房屋都必须紧挨着堤防，可是现在占优势的居住形式却是分散的。被现代工程师疏干地区的安全感，使得人们能够定居在开旷的田野中：哈勒姆沿海围垦区就是这种情况，那里的强大抽水机保持着地区的疏干，农舍是分散的，周围是它的田地。

以最少费用取得最大自由和收益这个相同的经济考虑，使现在建立的农村住宅，都倾向于采取孤立的形式。西伯利亚的俄国移民，即使是来自村庄的，他们也建造孤立的农舍①。甚至在远东，村庄有时也像是一种被废除的形式。日本当局在向耶索(Yeso)地区移民时，断然采取孤立居住的体制；根据拟作为小、中或大型企业而按5、30或270公顷计算的几何形地块，各自构成一个农场并接纳移民②。许多年轻国家都以相同的方式进行殖民：南非、澳大利亚、阿根廷、加拿大、美国。例外情况仅见于这些地区：虽然孤立农庄有许多好处，但那里的移民必须聚居在一起，以便对抗怀有敌意的土著居民(阿尔及利亚的法国人村庄，阿根廷的德国人村庄)。

在美国，这种分散的田宅，形成社会结构和农村文明的最独特表征之一。它提出一些在我们欧洲老文明地区早已解决，但在年

① J. S. 刘温斯基，前引著作，第22—24页。

② H. 伯恩哈德，前引著作，第21页。

轻地区仍在争论的组织上的问题。如果我们看看一幅地形测量局的地图,我们就发现存在着两种地域区划:县和镇区。每一县分成若干个几何形状镇区,其界线是在殖民时期划定的。在这些可说是官方和非个人的范围之内分布着众多的农庄。它们先后来到荒野中扎根,随意地散开,不按行政区划分布,比镇区的范围小,大致相当于我们的市镇或教区,是以地域接近和社会生活一致为基础的不固定单元。今天在创造的正是这些小单元,它们将成为基本的社会细胞,农庄就分布在它们之间。这个社会结晶的核心应该是什么呢?结晶应该以什么关系为基础呢?要想明白这一点,就得探索什么样的"社会基础"有可能提供这些基本的范围。德怀特·桑德森[①]曾为此研究过奥齐戈县(纽约州)的情况。他辨认出许多个界线不一致的社会区域,有些区域的基础是地形上的接近(住在同一个谷地内);另一些是同一社会机构的团体(相同的教堂或相同的学校);再有一些是同一经济结构的团体(同样的商人,同一个磨坊,同一个乳品合作社,同一个火车站,同一个工厂);最后是亲属关系(一群农民家庭的共同祖先)。怎样去选择能把这些分散的小群人口聚到村社里来的联系因素呢?正如我们的中世纪把教区的精神中心"教堂",选作我们的村社中心那样,现在似乎是另一个精神中心"学校"应当作为美国这部分地区村社的未来组织的中心。

① 德怀特·桑德森,《确定村社的地点:康奈尔农业读本》,康奈尔大学,伊萨卡1920年6月,第413—436页。德怀特·桑德森与沃伦·汤普森,《奥齐戈县的社会区域》,康奈尔大学,农业试验站,伊萨卡,1923年7月,第40页。

结　论

对农村居住形式的这篇地理学研究，只是一次综合的尝试。深入的综合，只有在人们已经能够画出每一地区的居住形式类型图的时候才可以进行。但是，要想作出这种地图，我们还缺少协调的地区性分析；甚至好多工作方法的要点，仍然有待确定。我们需要一些能够明确论题术语本身含义的专题论文。事实表明，在聚居和散居之间，还有一些过渡形式；在村庄和孤立农舍之间，还有一种小村。对小村是怎么想的呢？它是一个小的村庄，还是一群孤立农舍呢？如是前者，人们就将其看作一种封闭的组成，是聚居的一个亚种；如是后者，则是一种开放的组成，是散居的一个亚种。只有到现场去进行实地观察、调查、了解其历史，我们才能作出解释和进行分类。同样，农村居住形式的定义，也不应当是房屋数或居民数这种纯统计的问题，它应主要包含着人们对居住形式及其农业土地两者关系分析的内容；人们不应把两者分开。按照 A. 迈村和 R. 格拉德曼的范例，要取得分析的基础，必须进行大范围的阐述。地籍册可为我们提供珍贵的帮助，有了它们，可以说我们就掌握了每座房屋和每块田地的各别情况。

对居住地、它的各种形态及其分布的认识，和对组成地球面貌的一切地表现象的认识一样，当然都属于地理学的领域。农村房屋的这种聚合或分散是普遍的征象，它们几乎到处都显示出人类的印记。通过其存在的事实，它们自身已构成了景观的要素，单是这一点，就足以证明对它们的描述是有理由的。但是，它们的地理学意义还不止于此。居住形式的差异，到处都和自然的、经济的、社会的差异有联系。

原野和树围地区(英文作 champaign 和 enclosure)是在法文和英文中用以表明两种起源于居住形式差异的景观差异的老词。当农民孤立居住的时候,他就把自己住地圈围起来。到处都是如此,这是一种自卫、防护牲畜、分隔田地和牧场、标明其地产的手段。不论是篱、沟或土堤,它们总是有树,正是这些栽植的、株距常常很近的树行列,给予我们农村以树围地区的外貌。树围地区是人所创造的业绩,是对自然的一种人为的安排,它标明一种特殊的占有方式。因此,居住地和耕地的直接接触,就导致一种由于树木和土地占有相结合而产生的景观改变。树在密集成群的时候,本是农业的仇敌;在这里却成为农业的合作者,它是人的标记。一些以前开阔的地区,如英格兰中部和东部的原野,现已由于居住分散这一现象而具有树林的外貌。在北美洲大草原的一些地区内,以前广大、无树的草地上的景观,随着农庄的增加而缓慢、持续地改变。每个农庄都有树木围绕,遍布大平原上的树丛遮蔽了所有的农村建筑物。树的领域正在扩展,殖民的时期愈久,树也愈多。与此相反,在聚居形式占优势的地方,整个村庄的耕地彼此依靠并连结成一片无围篱的地面,在庄稼收割以后与草原一样。这就是中世纪英国作家笔下的 champaign(原野)和我们法国的 campagnes(原野)及 plaines(平原)——开阔的景观。这些地区的树木,都聚在为数不多的村庄周围。麦田或稻田都处在同样的、栽培草类赶走树木的地方。

从经济观点上看,孤立居住形式与聚居形式呈现明显的对比。有些农村区域的所有地块,都有永久性的、实际上去不掉的围篱作为界限。这里的稳定性和一致性,都不同于无围篱、无内部分隔的村庄区域。在村庄区域，土地的分块是容易的，不可避免的；土地被分成长条，缩成小块。这些细小的地块，在每一次继承时很容易转手。所有权分散了：一块地产解体成几十处相距遥远的小片耕地。散居区域的情况与此相反：紧密相连而难于分割的地产，有可能长期存在下去。它保持着在形成时就已具有的边界，它适合于一个家庭的经营手段和需要，它是一个较有生命力、较能抗御危机、较独立自主的经济单元。法国西部有树围的孤立农庄不就是这样吗？它们长期被看作贫穷的角落，今天不是正在重行取得对那些以前被当成丰盈粮仓的、从事分散经营的古老村庄的优势吗？可是村庄的历史向我们表明，它在一些需要协议和合作的行业的发展中，已经发挥过，而且有时还在发挥作用。孤立农庄只是简单的一个家庭的生活范围，而村庄则有时聚集着好几百户人家。由于人口众多，某些家庭、某些个人，就能够专精于某一行业，村庄也能够提供一个真正的工业作坊的环境。人们以前，甚至现在也还看到，在法国和西欧、德国、俄国以及中国和印度，村庄已经把工业生活引进入农村生活。

至于对村庄地区和分散农舍地区的社会对比的描述，几乎已成为老生常谈了。每一居住形式，都为社会生活提供一个不同的背景。村庄就是靠近、接触，使思想感情一致；散居则“一切都谈的是分离，一切都标志着分开住”。[1] 因此就产生了维达尔·德·拉·布拉什所精辟指出的村民和散居农民的差异：“在聚居在教堂钟楼周围的农村人口中，发展成一种特有的生活，即具有古老法国的力量和

① 维达尔·德·拉·布拉什，《人文地理学原理》，第187页。

组织的村庄生活。虽然村庄的天地很局限，从外面进来的声音很微弱，它却组成一个能接受普遍影响的小小社会。它的人口不是分散成分子，而是结合成一个核心；而且这种初步的组织就足以把握住它。在洛林、勃艮第、香槟、皮卡底，乡下的居民主要是村民；在法国西部，则是散居的农民。"[①]因此，从散居人口到聚居人口，有时存在着精神状态和心理状态上的深刻差异。A. 西格弗里德[②]非常机敏地指出了这一点：在分散农舍地区，是"在篱笆或树行后面有点怕和人交往的离群索居，不信任人的个人主义"，对外人怀有的敌意，和对外来思想意识的一种不可渗透性；在村庄地区是集体行动的便利，配合的意识，外来影响的渗透和传播。因此，依存于这么多智力和精神影响的社会结构，有时能反映出农村居住形式的结构。

农业经济与农村殖民[③]

农业经济与农村殖民是"土地占有"这一重大地理事实的两个方面。它们提出两个具有普遍意义的问题供我们思考。问题的征象到处可见，而对它们的研究，则只有通过普遍的观察才能取得进展。第一个问题是探索农村殖民和地理环境之间存在着什么关系，以及殖民活动是如何适应不同的环境与不同的文明的。要回答这些问题，最好是在世界上的不同地区之间进行对比，把差异悬

---

① 维达尔·德·拉·布拉什，《法国地理概况》，第 311 页。

② A. 西格弗里德，《法国西部的政治面貌》，巴黎，阿尔芒·科兰出版社，1913 年，第 381—389 页。

③ 本文载于《地理学年鉴》，卷 XLIII，241 期，1934 年。

殊的各种地区——如斯堪的那维亚、地中海、近东、热带非洲、热带亚洲、西班牙人的殖民区或盎格罗-撒克逊人的殖民区——放到一起进行对比。

第二个问题是考虑：与农村殖民同步进行的对土地的开发利用，是否可以看作一项已经完成的征服；或者，与此相反，就这个人文领域来说，是否还有扩展的可能性。事实上，这一领域既未停止充实，也未停止扩大；热带地区开发的进展，与现代文明正在侵进地区——西伯利亚、蒙古、满洲、北美洲、澳洲、南部非洲——的边缘地带中几乎到处进行的殖民活动的局部推进，都说明这一情况。

如果我们从这些问题诱发的研究工作数量之多——文献目录可以汇编成册——来衡量，毫无疑问，它们正在激起一种热烈的兴趣。我们当然可以在那些最具启迪性的论著中斟酌选择。这样，我们就能够对它们进行描述、对比，并且运用我们的全部知识去作出最精当的评论[①]。

① 下面是本篇综论文章的主要参考著作：

I. 弗里茨·克卢特，《不同气候带的农村殖民》，布雷斯劳，F. 希尔特，1933 年，8 开本，208 页。这是一本由 19 篇区域研究组成的文集，作者不止一人，地区也多种多样，其中一些精彩的篇章谈到挪威、克里特岛、安纳托利亚、安哥拉、西非洲、暹罗、澳大利亚、阿根廷的潘帕斯草原等地区的情况。它是 F. 克卢特为在 1932 年 9 月在威斯巴登—迈恩斯举行的德国博物学家与医生大会所组织的集体著作。

II. 弗诺·芬奇与罗伯特·普拉特，《地理调查》，芝加哥大学出版社为芝加哥地理学会出版，1933 年，8 开本，75 页。本书包含两篇由芝加哥地理学会研究委员会建议的研究报告。作者进行了顽强的仔细而详尽的实地调查：一篇是威斯康星州蒙特福特的小农业地区专论（V. C. 芬奇，《蒙特福特：威斯康星州西南部景观类型研究》，第 16—44 页）；另一篇是墨西哥平原上一个村庄的专论（R. S. 普拉特，《马格达莱纳·阿尔蒂帕克：墨西哥的土地占有型式研究》），第 47—75 页。

一、农村殖民与地理环境

如果借助 M. F. 克鲁特的著作而遍览地球上的主要地区，我们就会看到农村定居设施的形式是多么变化繁多，在我们现有的知识状态下，要想对它们完全理解并作出恰当解释是多么困难。

斯堪的那维亚各地区　挪威农村的居住形式，以缺少村庄为其主要特点。孤立农舍在各处都占有优势。在挪威语言中，最初甚至没有表明村庄的这个词。甚至在一定数量的房屋互相靠拢、给人以村庄印象的情况下，它们也肯定不是遗传学观点上的村庄。似乎不可能像文章作者那样，仅仅以地表崎岖和沃土稀少来解释这种分散现象；因为，正如他亲眼看到的，甚至在利斯塔和耶伦等地区，本来可以建立村庄的肥沃土地上也看不到它们的踪影。毫无疑问，要寻求解释，就必得追溯移民开垦的历史起源。挪威农村居住形式的另一特点是，这些分散的农庄是由大量的、互相分离的

III. 莱奥·韦贝尔，《农业地理学问题》，布雷斯劳，F. 希尔特，1933 年，8 开本，94 页（《经济地理学论文集》第 1 期）。在这本文集里有两篇特别有意思的文章：《热带种植园的经济形态》，第 13—32 页；另一篇：《热带向温带提供的农产品》，第 79—94 页。

IV.《拓荒殖民地》。26 位作者的合作研究，美国地理学会专刊第 14 期，W. L. G. 乔尔格编辑，纽约，1932，8 开本，VI—474 页。本书连同我们在 1932 年 11 月 15 日《地理学年鉴》上分析介绍的艾赛亚·鲍曼所著的那本《拓荒边疆》（分析介绍的标题是：《拓荒者与殖民前线》）是对当代殖民活动的独特、确切的全面描述，这一殖民活动被认为是拓荒者对自然条件的障碍，特别是气候干燥的一场斗争。我们从中读到许多篇对加拿大、美国、巴西、阿根廷、南非、北非、西伯利亚、蒙古、满洲、澳大利亚和新西兰等地区的情况作出详明论述的文章。

为了精简文字，我们在引述上列文献的时候只列出它们的次序号：I、II、III 或 IV。

建筑物组成的：住所、畜厩、谷仓、放置衣服和食物的储藏室、浴室、厨房、堆物棚、粮食干燥室、烤炉。像居德布兰斯达尔（沃格省的比约尔内区）这个农庄，以前就单独具有23座建筑物，另一个由三位农民占有的农庄（特罗恩代拉根的哈姆区）共有72座建筑物。当然，目前的趋势是促使农民减少住宅的分散状态，但一家拥有8—10座房屋的情况仍然是常见的。这些挪威人的房屋几乎全是木料建筑，制作精巧，装饰别致。最后，地形和气候为它们规定一个很低的高度界限。它们一般不超过海拔600米；可是在海洋影响较弱、日照较强的挪威山原的东坡，有一些可达1 000米的高处。人们到处看见山区性质的典型特点：如阴、阳坡的对比；有时在同一个谷地中，朝南坡地招来农田和住房，而朝北的则只有一些小木屋。地名揭示出太阳在农村生活中的重要性：人们计算，在挪威有70个农村聚落的名称是索尔海姆（Solheim，意为有太阳的地方——译者）。在两种坡向之间，甚至还存在着社会的对立，因为阳坡之女如与阴坡之男结婚就被认为是下嫁①。

地中海与近东各地区　在地中海和近东地区，人们看到，非常强大的气候影响虽然到处一致，居住的情况却极其多样化。阿尔巴尼亚的平原和山地都以分散占优势：这个国家处在包括巴尔干半岛西北部的广大分散区之内；人们直至逐渐接近埃皮雷和一些真正的地中海地区时，才于其南部开始看到村庄。在阿尔巴尼亚，只存在着唯一真正的聚居形式，它是土耳其政权的遗产：乞夫利克（tchiflik）——把所有工人的茅屋聚在主人住宅周围的大农业企

① 马丁·鲁道夫，《挪威的农村殖民》，第13—23页（I）。

业中心。与那些由于防卫考虑而被迫聚居的许多国家的情况相反,如此苦于不安全的阿尔巴尼亚却具有散居的形式。但是这些孤立房屋时常像是适应社会状态。虽然在北部为数最多的是简单的石头房子,而在南部却有两种很独特的住宅:一种是分层的整座大房子,具有小窗户,房间很多,住着一个拥有10、20,有时达30口人的大家庭,它形象地表明这些阿尔巴尼亚人对家长制的忠诚;另一种是真正的堡垒房屋——库拉(Koula)——它建在没有窗洞的底层上,旁边有塔楼,房屋的上层有枪眼,这是在族间仇杀之风盛行[①]或土耳其统治时期政治不安定地区的大地产业主的住宅。

在克里特岛上,居住地由村庄组成。它们的房屋互相挤靠,连成一片,有时屋顶彼此连接;如果村庄位于坡地上,则构成一种大的阶梯。几乎所有的村庄都处在橄榄林地带,因而很少超过600或700米的海拔高度。它们的独特之点,在于全是一座干垒的立方形平顶石房子,只有一个阴暗的房间,严谨地避日防热;人们晚间常待在房顶上,夏季有时甚至在那里睡眠过夜。考古学的研究,使我们能够肯定这种房子在米诺斯(Minos)时代就已有了,经过几千年至今未变。在这些永久性村庄之外,克里特还拥有一些临时性的住所:有些是简陋的茅屋,供夏季带着牲畜入山的、来自平原的牧人居住;另一些是建在橄榄带界限以上的夏季村庄,人们住在那里经营海拔700—900米间的葡萄园,它们是永久性村庄的真正临时分部[②]。

① 赫伯特·路易,《阿尔巴尼亚的农村殖民》,第47—55页(I)。

② 尼古劳斯·克劳茨堡,《克里特岛的农村殖民》,第55—67页(I)。

在安纳托利亚高原的内部，在从阿阜姆—卡拉—希萨尔到科尼亚的铁路沿线，居住的方式似乎尤其取决于生活的方式。人们可以将其分成 4 类：1. 房屋互相挤靠、街道狭窄弯曲、由从事灌溉农业的土耳其农民居住的村庄（在有山溪水的草原边缘地带，到处都有这类村庄）。2. 布局整齐的棋盘式村庄，它们是由新近迁来的巴尔干土耳其人和克里米亚鞑靼人建立的，由紧密的大农舍组成，房子都围着院落。3. 由新近定居的库尔德族和土库曼族的牧民在草原上建立的村庄。4. 尤鲁克（Yourouks）族游牧人的孤立住宅，这是一种泥顶的高房子，底层是畜厩，上层是人的居室；夏季时牧人就离开这座房子，进入山地，把帐篷搭在靠近他羊群的地方①。

热带非洲的各地区　到了热带非洲，人们就进入一个这样的地区：农村建筑的型式显得非常简单。其实，凡是贫苦人口严格受制于自然条件的所有地区无不如此。在安哥拉西部，人们可以辨认出 5 种农村建筑方式，每一种都对应于一个自然区域：1. 在热带密林区，沿着小河及标志着开垦地带的林间小径两旁，是一些线形村庄，村内的茅屋彼此靠近，屋呈长方形，屋顶长，山墙尖；西非的大部分地区都是这样。2. 在萨凡纳草原区是一些聚居的村庄，布局略呈圆形，周围有栅栏，茅屋作正方形，屋顶是尖的；在赤道以南，从开赛到坦噶尼喀的萨凡纳区域也有这种茅屋，它像是长屋脊的长方形屋与圆桶形屋的过渡型式。3. 在树木不密而又有很多草地的干燥疏林地区，居住形式的特点是有栅栏围绕的大村庄；在这

① 赫尔曼·温策尔，《安纳托利亚高原内部的农村殖民形式》，第 67—75 页(I)。

里，聚居是必要的，因为人们要共同开垦、耕种、收获、狩猎和放牧；村庄集体是此地的社会基础，每一村庄都有一个供集会和欢庆节日的大广场。人的住房是长屋脊的四边形茅屋，比西非的小些，但结构独特：有用柱子支撑的前伸的屋顶，像是一个走廊，用以遮蔽太阳和雨水。4. 在草原区内，牧草的丰盛使本地人更愿意牧畜而不乐于农耕，居住的形式就以孤立为主；畜牧业需要广大的空间，人们不可能聚居在一起；每个家庭都是独居的，社会生活的基础不再是萨凡纳、疏林和密林区那样的村庄集体，而是家庭的集体了。至于茅屋的形状——例如在奥万博人地区——则都是圆筒状，屋顶呈圆锥形，它们易于建造而又非常适合牧民的需要；牧民甚至在定居以后仍然喜欢住这样的房子。5. 在干草原和沙漠地区，居民多是被驱迫的、落后的民族，他们住在勉强一人高的穹形小屋内，屋用树枝搭成，上覆粘土；人们只能爬进去；烟从屋门或屋顶的洞口出去①。

旧德属东非洲的居住形式几乎和西非洲一样，这一相似性使人们猜想整个黑非洲可能是一个文明的统一体。那里的茅屋有多种型式：1. 建在一个圆形平台上的穹形或蜂巢式小屋，它由插在地中，而在高处相聚合的长柱子构成（在维多利亚湖和大裂谷之间散布非常广）；2. 顶呈圆锥形的圆柱状小屋，在从苏丹及阿比西尼亚向南直到南非的地区内散布非常广；3. 平顶四边形小屋，或称唐贝（tembé），在东非的中部占突出地位；4. 具有山墙屋顶的四边形小屋，很像西非的长形房屋。人们现时看到四边形正在侵占圆形的

① 奥托·耶森，《安哥拉西部土著居民的殖民和居住方式》，第 86—103 页（I）。

领域，而在侵进的这一类中，又以“唐贝”最占优势。由于屋顶是泥的，它既适于防卫，也便于防火；再有，由于聚集在一起，这些“唐贝”便形成了立方形群体，一些巨大的堡垒。各种小屋的地理分布，不像在西非那样与自然区域符合一致。在邻接印度洋、受到海外影响的这一部分非洲大陆，人们可能要思考，某些类型是不是从外地传进来的。M. 耶格尔在承认圆锥形屋顶的圆筒小屋可以看作本地古老形式的同时，却毫不犹豫地思考：穹形小屋是不是由含族游牧人带来的，而“唐贝”本身是不是起源于亚洲？此外殖民情况的复杂性，也不容许人们明确地解决聚居形式和散居形式问题。在东非，人们不可能确定一条分隔某些分散类型和某些聚集类型的界限，某些“唐贝”拥有一个村庄的人口；某些小村的居民又少于一个“唐贝”。在等待着详细研究的当前时刻，只有两个极端的类型容易区别。例如，人们在乌桑巴拉、乌戈约、乌黑黑观察到的村庄类型：一些设防的大村庄，周围是栅栏、篱笆甚至是城墙和壕沟，还有带陷阱的门，有时高踞在一个石头小山上。与此相反，在像大湖之间或大湖沿岸这类居民众多的地区，人们又见到强烈分散的类型。这是一些最安全的地区，那里最稠密的人口使防御和治安措施都很容易。最后，和许多原始经济的农村社会一样，东非的人类住所，甚至是定居人口的住所，都显得很不稳定。战争、流行病、酋长的死亡、对邪恶神鬼的迷信，有时迫使土著居民离开自己的村庄，到别处另建一个；尤其是用锄的农业要求频繁地更新耕地，因而耕地都定期地回复到荒芜状态。只要人们拥有一块近便的耕地，村庄就不移动了；否则，它就得移建到别处的耕地附近。因此，

东非的 1∶300 000 的地图标注出大量的被弃村庄的遗址[①]。

热带亚洲的各地区　在热带亚洲各地区，特别是季风气候的各地区，人们看到平原和山地性质的明显差异。这种差异不仅体现在景观的外貌，也体现在居住的情况上。没有比暹罗[②]更好的例子了。在平原地区，传统的灌溉稻作农业，是住在永久性村庄里的定居农民的事业。村庄大都由 10—50 座房屋组成，周围是优美的椰子、槟榔、香蕉、番木瓜、杧果、竹子种植园。许多农活都经过村民间的互助来完成。房屋全由朋友和邻居协同建造，而且为了便于施工，人们总选在干燥的月份，特别是 1 月和 2 月内着手进行。每一村庄内的佛寺是这个社会整体的标记。山区内流动性较大，变化也较多。森林里的临时开垦地，为山地稻提供栽培场所，小村庄常常为了更换耕地而迁移。人们常在野生树木间发现村庄的旧址，那里一些留存下来的果树，是废弃村庄的证据。居民的群体具有较小、较松散、较不稳定的特点。与此相反的是，不论山地还是平原，住房的形式到处一样，都是吊脚楼。平原上的每一座房屋通常包括三项建筑物：卧室、工具和食物存放室、谷仓。这三者全建在桩基上，并通过一个平台而互相连结；牲畜在房下的桩基中间躲避日晒和雨水。这种独特的住房型式有很多好处：它能保护人们不受土地潮湿和暴风雨后漫流的侵袭，它使人们能在陡坡上盖房子而不必进行土方工程，它避开了蚂蚁、蛇这些小动物，也阻挡住豹和虎这些大动物的侵害，它在建筑物的下面为家畜安排一

① 弗里茨·耶格尔，《论东非农村殖民地理学》，第 103—112 页(I)。

② 威廉·克雷德讷，《暹罗的农村殖民》，第 112—122 页(I)。

个宽敞而又便于照管的场所。

在所罗门群岛(瓜达尔卡纳尔、圣克里斯托瓦尔、马莱塔)上，居住形式的特点是：展示出一种弱小的、时时挂念着防御海盗的社会，一种落后的、不能使人定居在土地上的经济，以及——一般地说——一些对自然条件适应得不好的生活情况。没有一座房子是孤立的，尽是一些远离海岸、藏在大树后面，或是潜伏在潟湖的小岛上，或是用栅栏周密防护的村庄。由于防卫而形成的村庄，自己构成一个社会单元。它拥有自己的社会机构：禁忌房舍，舍中存放着节日用的大鼓；隐匿在林中的人的居室，集体所有的全部船艇也都停泊在那里(因为人们从不把它们放在岸边，以免向来自海上的敌人暴露村庄的地点)；供妇女定期退居的闺房。农业经济非常原始，房屋只是一所住宅；既没有专用的储藏室，也没有畜厩。村庄不断地迁移。一个村庄里死掉几个人，就足以使村民立刻想到这是鬼怪作祟；为了逃避鬼怪，人们就到别处去另建一个村庄。为了寻求未经开垦的土地，农田每年都要迁移；由于村庄不可能以同样的速度迁移，以致农田常远离房屋。但总有一天不得不向农田靠近，这时村庄就迁到那里了。村庄的经常迁移可造成这样的后果：如果人们定居在农田附近，就常会远离甘美的溪水，远离方便的装船地点，仅仅是住在神意所决定的场所①。这样，居住的情况就和自然条件，甚至和经济条件不相适应了；在这种场合，它是服从社会的需要。

西班牙人殖民地区 辽阔的土地已经向欧洲人的殖民活动开

① 欧根·帕拉菲西尼，《东南所罗门的殖民》，第143—152页(I)。

放。许多类型的社会、经济和居住形式，被从旧大陆移送到新地区。新地理环境是怎样被接受、采纳以及改变它们的呢？每一种文明——西班牙的或盎格罗-撒克逊的——是怎样占有国外领域的呢？关于西班牙人的殖民活动情况，人们可以举两个例子：一个在阿根廷①，另一个在墨西哥②；一个表明纯白种人的殖民活动，另一个表明欧洲人和印第安人的混合殖民活动。阿根廷潘帕斯草原上的农村殖民和农业经济，是按照两大事实发展的：起源于西班牙殖民政权的领地分配和捐税摊派大地产的存在，决定单一农作的优势的农业发展。在西班牙殖民活动初期及以后的长时期内，阿根廷的唯一财富是土地。为了酬劳军事首领和政治人物的服役，当局把大片领地分配给他们。直到1860年以前，这些大地产的唯一经营方式是粗放的畜牧业，牲畜多而人少。当决定到潘帕斯定居的欧洲移民大量涌来的时候，已经没有多余的土地让给他们了。大地产者固执地认为农业是下等的行业，他们只同意在小面积和短期租出的形式下放弃土地，新来者在这些租地上生产供自己生活的谷类。这就是作为阿根廷农业特点的这种流动租地的起源，现在这类租地仍然占农业户数大约70%。租地者改良土地，种植苜蓿以使土地肥沃，但两年以后，土地又归属原主，再次成为牧场。租地者继续种植，但是在另一块地上，而且他总是要在相同的情况下不断放弃租用的土地，因而产生了一种流动与暂时的居住形式。另一方面，由于农业生产迅速趋向出口，从而导致单一作物的经营

① 弗兰茨·屈恩，《阿根廷潘帕斯的农村殖民》，第191—200页(I)。

② 罗伯斯·普拉特，《马格达莱纳·阿尔蒂帕克》(II)。

方法。耕作与畜牧是分离的生产方式，在耕作地上人们时常只栽培一种植物，小麦或玉米；在畜牧场内人们则瞧着屠宰场或乳品厂。最后，所有这些经营场所都位于土地的中央，没有村庄的集体，只有一些僻处在广漠平原上的孤立农庄。所有这些历史和经济条件，使得潘帕斯草原上农村住宅分成 4 种：1. 附有分管站的大牧场，它们从事畜牧业；2. 农庄，它经营农业；3. 奶牛场，它专营奶品；4. 小商店，它是零售商的群体。大牧场的平均面积从5 000至10 000公顷，它除牧场外，还拥一大群建筑物：地产主的住宅、总管的住宅、工人的宿舍、车棚、剪毛棚（在绵羊牧场内）；没有畜厩（因为牲畜终年留在牧场内）。它的周围都是树，这使它在裸露的平原上具有绿洲的外貌。由于这样广大的地域不能靠一个单独的中心来管理，所以每一大牧场都有盖在外面的附属建筑物——分管站，住在站里的牧人各管一块牧场。农庄的面积自 50 至 100 公顷，有的自 100 至 200 公顷，或由农民直接经营，或由他们租种；人们栽培小麦、玉米，也有种亚麻的。最小的农庄已经实行混合经济（谷类、奶牛、果园、菜园），从而更类似我们欧洲的农庄：通过资源的多样化，农民取得了一种较独立的经济利益。较不富裕的农庄经营者是那些流动的租地人，他们保有租地的时间只能是两年，而且经常生活在一种临时性的状态中。奶牛场是一种小企业，或者是地产自有，或者是租用土地，主要是生产牛奶。因此，主要的奶牛场区域在拉普拉塔河及巴拉那河下游沿岸形成一条宽约 30—40 公里的长带，也就是在大城市地区。奶牛场没有畜厩，牛总是留在牧场或苜蓿田内，或被带入畜栏去挤奶。最后，在整个潘帕斯平原上，交叉路口都散布着小商店，它们是农村社会生活的中心，所有

小商品都聚在这里：食品、饮料、器皿、工具、衣服、靴鞋、花哨的小商品、汽油栈；小商店主是重要人物，因为他能向人贷款和赊销货物。

在墨西哥，尤其是在中央高原上，存在着被社会、经济、政治对立分隔的两类农村集团：有人身自由和土地所有权的印第安人村庄，起源于西班牙人的征服、控制土地及其居民的巨大私人庄园。这些村庄和大庄园都是聚居在一处而又以农为生的人类集团。但是，庄园是作为商业性企业的一个大经济单元，它为了销售而生产小麦、龙舌兰酒、奶、肉，甚至玉米和菜豆；而印第安人村庄则由一定数量的家庭组成，每家都在小块土地上为自己生存而耕作。R. S. 普拉特在一篇专论中向我们介绍的马格达莱纳·阿尔蒂帕克，是分布在墨西哥盆地周围这类农村社会的四百个村庄之一。它位于山地和平原的接触地带，地域面积约10平方公里，境内包括一些山地（630公顷，或全地域的60%）、低坡上的耕地（265公顷，或25%）、村庄周围的土地（32公顷）、平原边缘的平坦潮湿但已排干的土地（21公顷）、平原内部的沼泽地（105公顷，或10%）。长期以来，每一地段都在村庄的经济中起作用：山地为村庄提供牲畜的牧场、做饭的木柴和酿酒原料龙舌兰；开垦的坡地全是辽阔的玉米田，田内有小片插花地以及一些与玉米间作的菜豆和蚕豆长垅。全村包括200座有围墙的干砌砖房，人们在屋旁的地上种植一些果树（无花果、苹果、梨、桃、杏）、油橄榄、各种蔬菜（辣椒、洋葱、甜菜、白菜、红皮白萝卜、芝麻），从而使得每家单调的玉米—芸豆系列能够多样化。在平原边缘排水通畅，而在干季又用自流井水灌溉的湿润土地上，村民在某种程度上延伸了珍贵作物的栽培：甜

菜、蔬菜、辣椒,尤其是苜蓿,后者一年收割8次。这种青饲料确保牲畜在干季有食。尽管如此,牲畜在这个村庄的经济中只占很小的地位。至于平原内的沼泽地,它们正在等待人们将其纳入全面疏干特斯科科(Texcoco)古大湖计划之内这个较幸运时刻的来临。所有的各类土地都进入每一村民的经营构成:每户平均拥有村内土地三分之一英亩,耕种的坡地3英亩,山地8英亩,平原地2英亩。这种土地在肥沃坡地上非常碎小,在村内则更加碎小。但实际上,山地和沼泽平原是共同利用的牧场。因此,在这些印第安人的村庄内,一直存在着一种非常古老和传统的农村社会,我们可以说它没有专业工匠,只靠种田生活,种田也仅是为了养活自己,而不是为了出售。

盎格罗-撒克逊人殖民地区 与上述情况相反,人们在盎格罗-撒克逊人殖民地区看到的是一些现代的,已经达到专门化、有时甚至达到单一经营的农业企业类型。那里的农村居住方式,也是排除村庄集体的孤立形式。在美国和澳大利亚,也像在阿根廷潘帕斯那样,仅有的一些农村聚居地点,是聚集着农民所需要的商店、服务行业和公务员的乡镇。澳大利亚向我们提供一个极佳的单一经营经济的例子①。那里的经济景观多达7个,每一景观都是经营方式适应不同地理环境的结果。在内陆最干燥地区,是最原始的经济形式——放养大牲畜的农场(即辽阔的牧场),牲畜在牧场上自由游荡,只是定期接受检查;在检查期间,人们把牲畜集中到围场内;把幼畜打上烙印后立即释放;选出可以卖给屠宰场的

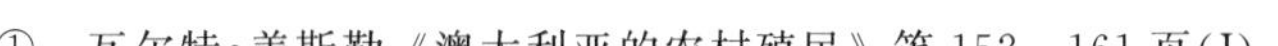

① 瓦尔特·盖斯勒,《澳大利亚的农村殖民》,第152—161页(I)。

牲畜，并将其赶往最近的、有时在几星期后才能到达的火车站。和大牲畜农场范围差不多的绵羊农场是一些专门化企业，它们要为围栏、牧场、水井和蓄水池的建设而投入大量资金；剪羊毛的厂棚和工具也要花很多钱去搭盖和购置。其次是小麦农场，这在西澳、南澳和墨累河流域是很多的，它们大量使用机器，生产出口的粮食。牛奶农场在东部和东南部沿海地区很多，它们生产黄油和干酪。水果农场（果园和葡萄园）主要在东南部可以灌溉的地区。最后是昆士兰的热带种植园，它们主要栽培甘蔗。因此，在每一气候区、每一雨量区内，都有与其相对应的一种特殊的经济面貌。可是东南部的某些地区，现在开始脱离纯单一经营阶段而走向混合经营阶段：那里的农场生产小麦和羊毛，拥有天然牧场和人工栽培的饲料田，畜养绵羊、牛和马。因此，他们正在走向一种更稳定的行业，走向一种可免除单一经营所冒的那些风险的更独立的经济。

美国某些殖民时期已经很长的乡村——如威斯康星州西南部——几乎达到了这样保险的状态[①]。不管怎样，谷类和饲料的种类虽然很多，但专业化的方向是继续存留的；就蒙特福特县（威斯康星州）来说，它的巨大富源得自饲养业，特别是乳品工业。每一农庄平均保有13—16头奶牛，喂几十只、有时上百只猪，把奶或稀奶油送到乡镇上的黄油工厂和干酪工场，甚至养肥几头本地生或来自西部放牧场的牛。与以栽培谷类为生而且只生产小麦的达科他州的农庄不同，威斯康星州的农庄趋向于动物投机事业。它们向市场提供其专业化经营的四大

① V. C. 芬奇，《威斯康星西南部景观类型研究》，第15—44页（II）。

产品：干酪、黄油、猪肉、牛肉。这里不再是美国西部或澳大利亚内陆的大放牧场，而是一些固着在土地上、拥有70或80公顷田地、适合一个家庭经营的小企业。它们是美国中西部著名的那类农庄——孤立地坐落在耕地中央，四周环绕着许多排大树。它们包括许多分离的建筑物：住宅、谷仓—畜厩、饲料仓、鸡舍、猪圈。这些建筑物中最特别的是谷仓—畜厩，它的上层是谷仓，底层是畜厩，地下层是肥料堆。如果农庄是依坡而建的，装载饲料的车子可以通过一个斜面或桥而进入仓内。

我们现在看到农村殖民的形式是如何丰富多彩，殖民形式与农业经济之间的关系是多么千变万化，而在这些社会与经济现象之中，要辨认出地理条件和文明程度的各自影响，有时是多么困难。

二、农村殖民扩展的可能性

为了服从人类不得不增加生活资料的经常需要，农村殖民与农业经济一直在不断地发展和扩张。这种推进力表现在两个方向上：或使已占有的土地更集约地生产，或干脆地扩大面积。当前有两类地区正在程度不同地以有条不紊的方式进行这些方面的努力：种植园农业日益深入的热带地区，和继续进行一场真正的征服和占有土地的斗争的温带和亚热带边缘地区。

热带地区与种植园　在欧洲国家或在欧洲文明强烈影响下的地区，农业的最先进形式之一，正在种植园地区内发展成长。在热带地区，栽培的作物虽然常常相同，而农业经济却具有两种很不相同的形式：一个是土著居民的锄头农业，它在小片的、照管不好的田地上进行，栽培植物的种类很多；另一个是欧洲人的种植园，它是常由同一种植物占有、受到按科学技术的规律管理的广大地域，具有公路而且常有铁路。那里不止是两种农业的对比，实际上是两种文明的对比。种植园是工业性质的巨大农业企业，它利用大量劳力、资金和科学技术来进行生产，它主要为市场提供高价商品。它栽培某几种植物而忽视其他的种类。在荷属印度，人们可以看到这两种经济，并且比较一下其生产范围：在 1928 年，出口的烟草、金鸡纳、糖全部来自种植园；投入贸易的干椰肉、胡椒、棉花、米、花生几乎全由土著居民的农庄提供；茶叶、可可、橡胶、咖啡、辛香作料则双方都有，但种植园所占份额，分别是 78—76—70—39—22%①。

种植园的经济面貌具有某些特点和倾向，它包括：工业化，因为它们的许多产品在运往消费市场以前，必须洗净、烘干、发酵或加工；单一栽培及其所导致的土地肥力迅速耗竭和大量人造肥料的使用（在 1931 年，这些肥料占苏伊士运河南北向运输吨位的 10%，以重量计，居运输商品名单的第二位）；某种不稳定性和不时出现的危机（在十九世纪内，锡兰先后相继由桂皮转为咖啡、金鸡纳、茶叶、橡胶，至于咖啡，它的主要产区也不断地从也门移向南亚、安的列斯群岛，又从南亚，再移向巴西北部、巴西中部）；需要大量的资金（苏门答腊岛上一个 700 公顷的橡胶种植园，在有点收成以前，要花费 50 万（荷兰）盾以上）；雇用众多的劳动力（这就是以前的黑奴贸易和今天招募几十万印度和中国工人的原因）；要有一批在欧洲组成并

① 特别要参看 L. 韦贝尔书中章名为“热带种植园的经济形态”那一部分（III）。

经过良好科学技术培训的指导人员；最后是对世界市场的确实的眼光，这就要求具有关于销路的知识，可能出现的竞争意识和存在着良好的运输手段。

人们曾经探求这个如此独特和如此先进的种植园经济的起源。它似乎和糖甘蔗的栽培有密切联系。

根据卡尔·李特尔——他对这个问题的见解是不容争辩的——的意见，糖甘蔗先是在孟加拉被栽培和食用的，经过若干世纪，一些波斯商人把它带到波斯湾沿岸，特别是胡泽斯坦。正是这一带地方人们大约在九世纪末和十世纪初发现了精炼糖并使其结晶的方法，也就是使这种本来容易腐损的商品可以保存和运输。阿拉伯人把糖甘蔗从美索不达米亚运入地中海各国（埃及、叙利亚、西西里、西班牙、塞浦路斯）。我们知道，在中世纪时代，威尼斯人和热那亚人在种植园这类大庄园内栽培糖甘蔗，这也是自十四和十五世纪以来西非群岛（加那利、马德拉、圣多美）上的生产方式。经过好望角去印度的道路被发现以后，种植园经济没有随葡萄牙人而传到印度洋各国，它继续西行到达新大陆——欧洲人能够更直接地前往的地方。糖甘蔗在美洲找到一些水源充足的热带地区，它在那里不需人工灌溉就能大量繁茂生长。这样，产生在伊朗和地中海这些干燥而文明程度高的地区的种植园经济，就于十六世纪在中、南美洲热带地区得到第一次的充分发展。大家知道，从这个时期起，它又在长期以来一直是传统土著农业地区的热带亚洲，征服了一个新的广大领域。

热带地区与温带地区的贸易关系　热带地区拥有的、被温带

地区视为珍稀商品的这宗财富，使其在国际贸易中起到日益增强的重大作用。它不再向大工业国家仅仅提供奢侈品，而且还向它们供应原料①。

热带地区的面积，在各大洲的分布相当不平均（美洲37%，非洲43%，亚洲20%），人口的分布更加不平均（美洲15%，非洲15%，亚洲70%）。首先在欧洲贸易中出现的是亚洲热带地区，它在古代和中世纪已经提供辛香作料。这些只是局限于马拉巴尔、锡兰、马鲁古沿海某些地点的数量有限的生产。热带亚洲贸易的巨大价值，主要在于制造品，在长时期内，印度是欧洲的细棉布的大量供应者。不管怎样，直到十六世纪时，欧洲人只把对南亚的关系想象为贸易关系。因此，当他们知道热带美洲的时候，热带亚洲在他们眼中的重要性就失去了。

在热带美洲，欧洲人并不满足于单纯的贸易。他们在安的列斯群岛和巴西海岸直接从事农业生产，他们在那里全面创建以糖甘蔗为单一产品的种植园经济。在长时期内，甘蔗栽种和奴隶贸易支配着这种经营——表现为欧洲著名的三角贸易：同一条船把欧洲商品带到几内亚海岸，在那里换取奴隶，把奴隶运到美洲，再把热带美洲的商品运回欧洲。除糖甘蔗外，其他植物随后也在美洲种植园中取得了地盘：烟草、可可和棉花。安的列斯取代了马鲁古而成为世界上最富和最受觊觎的岛屿。从十九世纪中期起，当热带美洲的生产受到政治独立运动引起的

① 参看 L. 韦贝尔的文章，《热带向温带提供的农产品》(III)。

经济不稳定，尤其是奴隶解放影响的时候，它的这一优势就衰落了。

至于热带非洲，它是随着欧洲转变为工业社会、需要数量日增的原料和食品的进程而进入世界经济的。L. 韦贝尔用含油种子的例子，来说明欧洲如何被导致先对花生和棕榈果的生产地区（苏丹和几内亚），继而又为干椰肉而对南方诸海感兴趣的。这是对这些热带地区财富的决定性发展，因为这些产品不是来自种植园，而是来自土著居民的农庄。

一件大事深刻改变了热带经济的结构和地点：苏伊士运河的开通，把它的重心移到了热带亚洲。运河把欧洲到南亚的距离缩短了20—45%，使人们能够仅仅一次横越赤道炎热带，并且加速汽船对帆船的取代。这样，它就重给热带亚洲以头等地位。从那以后，欧洲向热带亚洲要求的不再是珍贵产品、辛香作料及棉布，而是大量的原料（棉花、黄麻、橡胶、含油种子）和食用物品（茶、咖啡、金鸡纳）。亚洲提供一项无法估量的利益——杰出的人口：它能供应众多、廉价而又早已精通农业的劳动力。热带亚洲从此走在全世界热带地区的最前面，吸引着所有的工业国家：先是欧洲；接着是日本，它在台湾站稳脚跟，向印度买棉花、卖棉布；最后是美国，它在印度的进口额中占第二位。至于热带美洲，它的新近发展的重大事实是：构成美国的一个强大消费来源地。自本世纪初以来，人们眼见北美洲的贸易正在不可抗拒地侵进南美洲的经济。作为热带地区经济开放的最佳例子之一，L. 韦贝尔向我们指出联合果品公司领域的惊人的成长。它已把香蕉种植园推广到中美洲和安的

列斯群岛，它开垦森林，建筑铁路和港口，建立一些真正的殖民地，组成一支上百艘的船队向美国运送水果；它把世界香蕉出口量的95%以上集中在热带美洲。美国已经以同样的方式使古巴和波多黎各的糖甘蔗栽培技术现代化，使得古巴的甘蔗糖产量占世界四分之一。

人们既觉察到热带亚洲有成为欧洲可怕对手的危险，也看出美国正在把欧洲逐出热带美洲。由于热带产品是必需的，因此人们就能够理解，欧洲为什么倾向于把热带非洲看做它在热带地区中的未来领域。热带非洲的开发，似乎应当较多地通过土著居民的农庄、较少地通过欧洲型的种植园来完成。这种使土著居民成为向世界贸易提供热带产品的生产者的办法，已经顺利地运用于塞内加尔的花生，几内亚海岸的棕榈油，黄金海岸（今加纳——译者）的可可，肯尼亚、乌干达和苏丹的棉花的生产。为了保证其迅速发展，人们应当为黑人办教育，同他们的疾病作斗争，提高他们的生活水平，建筑公路和铁路。“欧洲面临着一项不可逃避的、应当为其竭尽全力的义务。”

对温带和亚热带地区内新土地的征服　除了人们在热带地区见到的那些集约的征服土地形式之外，还有一些粗放的形式；它们向深度的发展，不及在面上的扩张。人类向新土地的推进还没有终止。在温带和亚热带许多地区的边缘，我们看到一个殖民战线，即I.鲍曼所谓的拓荒边疆正在全面扩展，那里的人类开拓者仍在前进，随身带去他们家乡的殖民形式和农业方法。虽然这条战线在地球上的辽阔地域内向前延伸，如果我们借助于两个不同的文明例子，还是可以了解它的地理意义的。这两个文明是:俄属亚洲[①]和澳洲[②]的欧洲文明;蒙古[③]和满洲[④]的中国文明。这两类的农业开发都伴随着人口的运动,从而导致在这些新占有土地上的农村殖民。

在第一次世界大战以前,俄国人在西伯利亚的殖民活动已经实现了300万移民的定居,大大扩展了耕地面积,并使西伯利亚成为一个输出粮食、肉和黄油的地区。在新政权之下,特别是从1927年起,俄国农民的外迁再度开始。人们按照一个系统的计划大力进行组织:事先指定殖民的地域,只支持集体迁移,殖民要从属于工业经济所需要的那些自然资源的发展。在1926—1929的4年间,移民总数达75万人。他们来源地区的分配是:乌克兰,23.1%;白俄罗斯,20%;西部地区,11.1%;黑土带的中部地区,10.1%;列宁格勒地区,7.4%;尼基尼—诺夫格勒地区,6.4%。移入地区的分配是:西伯利亚,52.1%;远东,19.3%;乌拉尔,10.5%;哈萨克斯坦,6.8%。俄属亚洲殖民的特点是,在20亿公顷的地区内,只有4亿公顷的土地大致可以说是被完全占有;发展的可能性是无限的。

澳大利亚殖民活动可用的人力要少得多,而且它的进展主要依赖于支配降雨分配和水分布的气候条件。对土地的征服,凭借

① V. P. 沃施奇宁,《苏联内部殖民的历史、现行政策和组织》,《拓荒殖民》,第261—273页(IV)。

② 格里菲思·泰勒,《澳大利亚的拓荒带》,《拓荒殖民》,第360—392页(IV);J. B. 康德利夫,《新西兰的土地殖民问题》,《拓荒殖民》,第418—434页(IV)。

③ G. B. 克莱西,《汉族在蒙古的殖民》,《拓荒殖民》,第273—288页(IV);O. 拉铁摩尔,《汉族在内蒙古的殖民:它的历史和当前的发展》,同上,第288—313页。

④ C. W. 扬,《汉族向满洲的移居和殖民》,《拓荒殖民》,第330—360页(IV)。

人数众多的程度，少于依赖对付干旱的强大手段的程度。人们可以按照干旱的情况，把待占有的土地分成两类：还可以用于农业的和只能用于畜牧业的。前者展延在新南威尔士、南澳大利亚，和西澳大利亚已被开垦和殖民地区的内地。它们处于小麦地区的前缘，通过旱地农作的方法和抗旱小麦品种的选用，人们在1904—1922年间，已经成功地把新南威尔士的小麦区，从福布斯向前推进160英里到达希尔斯顿。当1917—1927年各国小麦播种面积都在减少的时期，西澳大利亚却从160万扩大至260万英亩。所有这些进展，将由于灌溉工程而得到巩固和扩大：有些工程已经完成，如马兰比吉河中游的巴林贾克水库；有些正在施工，如墨累河上的休姆水坝；有些仅在设计阶段，如拉克伦河上的怀安加拉水库。但在这个旱地农业带的内侧，还展布着一些更干燥的地域，在这类地区只能进行粗放畜牧业。这里的一切，都依靠能供应牲畜的水资源。水可能有三个来源：蓄在池塘内的雨水；通过10—100米深的井打上来的潜水；尤其重要的是自流井。艾尔湖以东有澳大利亚最大的自流井盆地：整个区域——昆士兰的一部分——的开发全靠它；那里的牲畜头数，从1880年的1 000万增至1913年的2 400万。昆士兰的第一口自流井于1887年在坎纳马拉附近的楚汝尔古纳开始供水。目前东部三大州拥有4 577口井；最深的深度超过2 000米；涌水量最多的达75万升/日。不幸的是，一些井的流量趋于减小，或由于喷力减弱，或由于钢管腐蚀而漏水。不管怎样，人们应当认定，自二十世纪初期以来，澳大利亚牲畜群的几乎稳定的状态，是得惠于这些水资源。虽然1902年的干旱是一场灾难，但干旱似乎应从这时起发现，牧人们为了对付它而戒备得更充分了。

在中国巨大人群的北方边境，广大的半干燥地域向着农民移垦的事业开放：在蒙古的移垦为时已久，在满洲则比较新近。就蒙古的情况来说，若干世纪以来，长城外面定居的汉族和游牧的蒙族长期生活在冲突之中；随着民族力量强弱的交替，他们的界限不断地迁移。但从十七世纪起，汉族农民的推进占了上风；最近他们得到了京绥铁路建成的强有力的支持。该路于1909年通到张家口，1923年抵达黄河岸边的包头。汉族住地的大部分，沿着从甘肃到山西的黄河大河湾的岸边断续分布：它们是宁夏、河套、五原、萨拉齐、归化等灌溉绿洲。汉族的这种占有，在长时期内是自发的，现在他们是在官方支持下进行的。汉族代表和蒙族首脑洽谈土地的购买事宜，然后把买到的地，按质定价分配给垦民。垦民或以私人积蓄，或从高利贷者借钱来偿付地价。次年，燕麦和小米田给予他们第一次收获；有时在隐蔽的角落，人们成功地种了鸦片。但是，不管怎样，被饥荒赶出家园的这些坚强、朴实的农民，仍然是贫穷的。他们认为：如果当年有足够的食粮，明年有足够的种子，有足够的钱去购买冬衣或更换役畜，他们就是幸福的了。实际上，他们是在寻求有阳光的地方，他们是一个多育社会的贫困而顽强的前锋。

至于汉族向满洲的移居垦荒，则无论在数量还是速度上，都是史无前例的移民现象。据南满铁路公司的资料，关内向满洲的移民人数在1927年达117.8万人，1928年93.8万人，1929年104.6万人，1930年75万人。主要来自山东的这一人口移动，在十九世纪第二季纪（四分之一世纪）已经开始。有移民众多的时期，也有停顿的时期。但总量是巨大的，现在满洲人口中90%以上是这些移民。这就使该地区成为汉族文明、经济区的一部分。这些汉族的农民，带来了他们的生活和劳动方式，细致而艰苦的农业，简单的工具，聚村而居的习惯，对村庄集体和家庭组织的忠诚，协作的精神，和对出生地的眷恋。他们的土地不休闲，牲畜也很少。“汉族的家庭不仅是父母子女，它包括着一个大家族——活着的和死去的。在满洲的每个新家，都有老家的家神和灶神；有时用以乞求神灵保佑的图像，也从山东带来。到处飘荡着对祖宗村庄的忆念。许多人想返回故乡，但仅仅有少数几个，躺在棺材里沿着古驿道，经过山海关隘口而归去。”当人们明白为什么汉族把使他们离开家族、摆脱义务的外移看成罪行的时候，不禁要问：他们为何外移呢？

那是一种几乎是长期的饥荒状态，迫使这么多汉族农民带着妻子儿女离开家乡的。他们受到满洲的吸引，有许多论据表明那里能向他们提供生存手段和安全。首先是人口稀少，尤其是吉林省北部和黑龙江省，这就保证他们能找到空闲土地去开垦；其次是地方安定、社会平静；最后是有铁路和像松花江那类的通航河流，便于去开垦定居。黑龙江的人口密度在10年(1919—1928)内增长一倍。北满现有耕地将近1 000万公顷。有些专家认为，这个数字还可以增加三倍，北满能再接受3 000万移民。在人们努力取得土地的所有殖民前线，在拓荒者建立新家园的所有无人居住或人烟稀少的边缘地带，今天是汉族前面的远东，它向我们展示一次最强大、毫无疑问也是最可怕的人口移动。

农村房屋分类的尝试[①]

和地面上人类许多其他建筑物一样，房屋是地理环境的表现。不过，应当把这个环境理解为自然和人文影响的整体，它能决定农民采用这种或那种住房。

对农村房屋的研究，吸引了许多有才智的人。这种研究受惠于建筑师的杰出贡献：他们描述了房屋的形式、材料、结构、装饰。也受惠于社会学家：他们搜集了那些支配着人们建造简朴家室时思想中的传统、习俗，甚至宗教仪式。但是，如果真像我们所认为的那样：自然和人文环境在起着主导的作用，那么人文地理学就有话可说了。

因此对这个问题的研究，应当以地理学的方式，即按地区逐个地进行。各种地理环境在土地、气候、农业、生活方式、文明程度等各方面都是如此地互不相同，它们就不可能产生同一类型的房屋。只有在许多地区已经进行了大量研究的时候，才谈得上将它们对照、比较，看看是否有一些普遍的规律，可以适用于人文地理学的这个引人入胜的问题。

因此，我所采用的分类原则——即房屋的平面图形——以及由这一基本观念中产生的应当在住房人的生活中寻求住宅布局原因的想法，仅仅是从对法国农村房屋的研究中得到启发的。

① 本文载于国家民间艺术、习俗博物馆与管理处的出版物上：《第一届国际民俗学大会（巴黎，1937）论文集》，图尔，阿罗，1938年，承蒙惠允转载于此。

那么，对住宅类型的创造性影响可能是些什么呢？我看有三类：自然的、社会的、经济的。

自然的影响有时是强制性的，因为房屋是人用以防寒防热防雨的藏身处，是人在其保护下夜间能够休息的地方。这种保护作用，在建筑材料、墙的厚度和坚实度、门窗的大小、有或没有供雨水流走的屋顶设施、有或没有取暖手段等方面表现出来。人们还在某些保护性的布置——木材保护层、防风林、对良好朝向的追求——中看到这种作用。

自然的影响也在建筑材料的选择中生动地表现出来。从这一点上，人们可以说，房屋是自然景观的一个要素。有时人们根据建房材料来划分房屋类型：木屋、土屋、石屋。也有根据材料划分屋顶类型的：盖板顶、板顶、芦苇顶、茅草顶、石板顶、瓦顶、板岩顶。

社会的影响表现在房子的许多特点上：农民的手段与资源的贫乏和薄弱，或是安慰和鼓舞条件的不足；一句话，表现在能揭示文明程度的全部可能性上。所有这一切，都显现在建筑物的总量、住房的间数上，以及人和牲畜还时常聚在一间屋内的事实，有或没有讲究的取暖手段，门窗的多少，较便宜或较昂贵材料的选择，装饰等各个方面。

经济的影响。我们认为：虽然材料的选择和建筑的方法，创造和强制规定了房屋的外表，但决定其基本类型的，则是经济的影响。而且我们谈的既然是农村房屋，那就必须承认：在盖房人的思想中，房屋不仅是住处，也是适应农业经营需要的一种工具。

特别是在巨大的欧洲型农业一个分支的法国农业领域中，人和牲畜是密切结合进行田间劳动的；因此，各处住宅都要设法解决的主要问题之一，是确定屋内安置牲畜的地方，同时也要确定放置收获物，如饲料、粮食储存以及放置农具的地方。

根据各个农庄大小的不同——它支配着建筑物的大小，也常决定其布局——各地区所采用的格局差别很大。它们也随着牲畜的多少而不同：例如，在露天放牧地区的住房内，它们占用的地方很小；而在厩养时间较长的地区，占地就很广。

根据这些考虑，我相信可把法国的农村住宅分为两大类：

单座房屋，一切都处在同一个屋顶下；

院落房屋，有两座或许多座建筑物聚集在可以叫做院子的一块或大或小的空地的周围。

这两类房屋的根本差异，来自农业经营规模的不同：单座房屋一般是中、小产业的农民房屋；院落房屋一般是较大、有时是很大产业的农民房屋。

这就是我为法国农村房屋分类尝试作出的概括。在长时期内，我认为这一分类只能适用于法国，而且不想将其推广运用于法国以外的欧洲。

可是一些明显的事实减轻了我的疑虑。我逐渐地在欧洲各处看到了我划分的那些类型和亚类。在我对其了解还很有限的一个大地域内，我并未可笑地自以为一切都将纳入我构思的分类体系之内。但又不能不承认，在法国仅是巨大农业文明一个小省的这个欧洲境内，许多农民、许多耕种者都是按照法国农民和耕种者的那种规划来设计房屋的。

这里不是合适的地点、现在也不是合适的时间来详细论述这些巧合的情况。我仅仅想在重述我的分类系统中主要类型和亚类的同时，指出那些最有意义的现象。

简单单座房屋是俄国北部、意大利南部、威尔士、塞尔维亚、阿尔巴尼亚许多贫困小农民的房屋。

我们在比利时的坎皮讷、上比利时、荷兰的布拉班特、瑞士的汝拉、德国中部山地（德国学者称这种房屋为 Querhaus）、摩拉维亚与斯洛伐克、波河平原东部、布列塔尼、俄国（边境地带）等地，看到无数的横向单座房屋。

纵向单座房屋的分布区比较局限，但它在荷兰北部、德国西北部显得很突出。人们在那里称之为弗里斯兰（Frisenne）或萨克森（Saxonne）的房屋。

层叠单座房屋以其分布区偏南，甚至是濒临地中海而引人注意：西班牙、意大利、西西里、巴尔干、希腊。

合院房屋流行于下列各地：比利时的整个中部地区；荷兰的林堡；丹麦的各大岛；德国，常在莱茵河左岸和弗兰科尼的诸平原；波希米亚、波兹南，那里到处都有大庄园；马里查平原。人们在波河平原上见到这种房屋，我在西班牙的瓦朗斯平原上也看见过。

敞院房屋见于下列各地：比利时西部（特别是沿海平原）；瑞士的阿尔卑斯山；弗兰科尼和梅克伦堡；波河平原与东欧，尤其是牲畜起重要作用的地区；挪威和达莱卡利。

但它最引人注意的领域是英国，并且从那里传到加拿大、美国及澳大利亚。

因此，农业文明似乎是带着它的房屋类型向外传布的，而且根据经济和社会条件，到处创建同类型的房屋。

在这两大类型内部可以划分出若干亚类：

1. 单座房屋有 4 个主要亚类：

简单的房屋。这是最简朴、最贫困的房屋，是几乎无地，也无牲畜的农民房屋。在屋顶之下，只有人的住所和一个畜厩或猪圈。这种房屋在法国很少见，法国农民逐块开辟农田的历史已经有许多世纪之久了。人们在布列塔尼和西部几处偏僻角落，看到一些这类的房子。

横向单座房屋就是一座建筑物，它正面并列着三个主要组成部分，三处有专用的场所：住所、畜厩和谷仓。这是分布最广的亚类。在阿登山地、阿摩里卡山地和中央高原几乎到处可见，有时有一些精巧的地方性细致安排。它在各地都是适应小农经济的需要，一切都处在同一屋顶之下，盖时省钱，又便于管理照料。

纵向单座房屋所适应的农业需要及社会等级，与前一亚类相同，但在组成部分——“场所”——的布局上有差别。这类房屋是向纵深，而不是沿正面延长。它主要见于洛林地区。

层叠单座房屋也把一切放在同一屋顶之下，但它的组成部分不是并列，而是叠置：人在上层，牲畜或杂用物品在底层。前三个亚类是“地面的房屋”，这个却是耸起的房屋。这是我们南方各省特别普遍的房屋。它之所以小，是因为牲畜的数量少，也因为露天生活的时间长，人和牲畜每天的大部分时间都处在室外。它们还常因有楼梯和晾晒水果及庄稼的有栏杆阳台，使人感到新奇。

2. 院落房屋有两个主要亚类：

合院房屋的建筑物互相接触，围成一个闭合的院子，它在塞纳河以北大面积耕作区内分布非常广。所有的建筑物都朝向院子，肥料堆在院内，谷仓很大。

敞院房屋的建筑物不相接触；它们在西北部及西部地区，和中部的某些地区分布特别广泛，那里的牲畜在农村经济中占有重要地位。那里的情况好像是人们想要在建筑物之间，保留一些供牲畜在院子和邻近的牧场间自由来往的通道，也像是农民要把他的住所和牛栏、马厩分开。敞院房屋中最奇特的是科地区的农庄，它的房子盖在栽有苹果树并被大树围绕的大牧场之内。

如果人们通过国际协议画出一幅房屋类型分布图，也许人们就能够说明存在于各处农民住房与农业、社会条件之间的关系。

但是仍然有许多事实，特别是这些类型的起源，还有待于解释，就是：

在大面积耕作区这么突出的合院房屋的起源。大家注意到，我们这类农庄中很多起源于僧侣，它们常常是修道院的农庄。通过这一线索，它们的历史能远溯到古罗马时代的大农庄吗？

主要见于洛林、弗里泽及汉诺威的纵向单座房屋的起源。是谁，并且在什么时候发明了这种布局？

奇特的科地区农庄的起源。这种农庄的院子长满了草，周围是种上树的土堤，这么完善，这么美！它最先产生在什么地方？人们已经从诺曼人、斯堪的那维亚人方面进行——我以为是徒劳的——探求。

我们在整个地中海地区都看到的层叠房屋的起源。

可以肯定，人的住宅是令人惊异地适应所在地区的自然和社会条件的。但它不一定是土生土长。我们可能不得不借助于历史联系和文明传布来了解其经历的全部过程。

第 二 编

区 域 地 理 学

利穆赞地区的山地
——人文地理学研究[①]

在几乎到达奥佛涅地区边境的利穆赞东部，也即克勒兹、维埃纳、韦泽尔、科雷兹、吕泽日及迪耶日各河发源地的高原上，高度、气候及土壤条件创造了一些很独特的生活情况，形成一个自然区域。人们把它叫做山地[②]。

海拔总在750米以上，时常接近1 000米；气候严酷，冬季非常冷，地面长期积雪；阵风猛烈，使树木弯曲；雨水丰富，维持众多的泉水、沼泽、池塘和泥炭沼；硅质的土壤，质地轻、养分贫瘠而且厚度薄；荒地辽阔，成群的绵羊在那里吃草；没有栗子树，因为它只生长在利穆赞较低、较暖的地段；贫困地区的农业经济，它有时还实行老一套的烧土肥田法，越来越倾向于产草喂牲口；居民定期外流；小地产业发达；勤劳、贪利、好客、容易接受新思想的人口——这些就是这个区域面貌的特征。所有了解克勒兹、上维埃纳及科雷兹等省高地的人们，对此都很熟悉。

在我们的地图上找不到“山地”这个地名，地理学家似乎也不

① 本文载于《地理学年鉴》，XX，112期，1911年。

② 1∶80 000的参谋部地图，第164（里摩日东北部及东南部）、165（于塞勒）、173（蒂勒东北部）及174（莫里亚克西北部）等幅。

知道它，但它在那个地区居民的心目中，却是一个生动、美丽而确切的形象。到处都有像福拉蒙塔涅[①]和圣伊里耶—拉—蒙塔涅这类的地名，把它和周围的地区对立起来。民歌和谚语有时使人们想起了“山里人”[②]或“比雅的山民”。它在历史上有时呈现独特的面貌。在十五世纪，各个省政府曾对“山地区域”[③]征收特别捐税。在十八世纪末，欧比松市曾要求建立一个以它为首府的省，该省辖境包括这个山地区[④]。这样，它就会以一个自然的群体，取代沿用的省域划分中的传统群体。

利穆赞山地和它东面的奥佛涅山地迥不相同。在奥佛涅的多尔，尤其是在康塔尔，山地不像在这里是一个欧石楠丛生的绵羊牧场，而是草类茂密、牛群终夏徜徉的区域。那里的山地较高，但较肥沃，更加适于放牧，是奶和肉的大产区。人们时常从西面的利穆赞荒野——“黑山”——上向它投射一种带有嘲笑意味的妒羡目光。

利穆赞山地是贫困和长期孤立的地区，它和北、西、南三方面，被住在高地的人以各种生动而又有点含糊的名称叫做低处的地区不同，也和小麦逐渐取代黑麦的那些多树高原不同。在低处的田野内栗林广布，有各式各样的畜牧事业，特别是在多阳光的利穆赞边缘地带，即优美的布里夫低地区内，小麦田、玉米地、果林、时鲜

---

① 蒙塔涅(Montagne)即山地之意。——译者

② 拉孔布，《科雷兹的民间歌谣》，《文学会通报》，科雷兹，XVIII，1896 年，第 565 页。

③ A. 勒鲁，《利穆赞的历史地理》，《利穆赞考古学会通报》，LVIII，1909 年，第 319 页。

④ 国家档案，DIV 乙，6，185，II。

菜圃、葡萄园紧密地挨靠在一起。

经济关系鲜明地显示出这种地理的独特性：在“山地”周围和外界接触的整个地区内，发展起许多城市和乡镇，它们是山地下来的产品和低地产品汇合的交易中心。日亚、克罗克、费勒坦与欧比松、布尔加讷夫、佩拉堡、埃穆捷、特雷尼亚克、勒隆察克、科雷兹、梅马克、于塞勒等，都是由贸易致富的小城镇，它们因为有一些能显示财运悠久的文物而感到自豪，有时还耸立着过去用以监视人、货来往的城堡遗迹。

特性和范围如此明确的一个地区，在生产经营和殖民居住的情况上，都呈现一种真正的独特性。

一、山地区内生产经营的状况和特点

生产经营的状况　山地区是一个结晶岩块体，一块代表非常古老的夷平面的高地①。地表的特点显示它经受长期塑造的迹象：广大的隆起和广大的凹陷交替出现，一系列柔和的线条和浑圆的轮廓，到处是杂乱的石块；在坡度平缓的谷地内，水在草丛间缓缓流动，或滞留在泥炭沼泽中。在微斜的坡地上，风化层深度很大的岩石，形成厚层的粗砂。由这些母质衍生的耕地缺少钙和磷酸。

地形决定土地的分布，同时也决定它们的价值。在山顶和山坡上，风化岩石的粗成分留在当地，形成一种多砾、轻质、多砂、细粒和粘土被淋洗的土壤，因而也是干燥、贫瘠、夏季灼热、冬季浸水

① 参看：阿·德芒戎，《利穆赞的地形》，《地理学年鉴》，XIX，1910 年，第 120—149 页；4 幅地图与剖面图；20 帧照片。

的土壤。这些石英砂地上生长一些荒草灌丛。在村庄附近，人们把它们种上庄稼，土层厚度只有13—20厘米，不适于根茎和蔬菜生长；在不太干的情况下可种黑麦。被流水带走的较细成分堆积在坡脚或谷底：它们形成一些粘质、壤质的厚度较大（30—40厘米）的土壤；土内含有较多的钾、苏打甚至石灰。因此，它们是好地，是"田产"，最好的牧场也常在这些低地上。不过需要指出，这些重壤土和腐殖质土，只成小片分散存在，不是所有村庄都有的。和利穆赞其他地区的地形崎岖，坡、谷陡斜的情况相反，山地区的谷底部分有许多水生植物、沼泽和泥炭沼，因而不适于建立牧场，只产些不太好的饲料。这些"冷田"内需施加石灰，有些"湿田"需要疏干。

因此人们看到，在山地区内，地形条件决定着各种不同生产经营方式的分布：在山顶和较陡的坡地上，是未开垦的灌、草荒地，是绵羊的放牧场；在较低山丘的较平缓和朝向较好的侧坡上，是优良的农田和牧场；最后，在潮湿的谷底，是劣质牧场。可开发的地域，紧缩在未垦的无植物生长的高地与被水浸湿的低地之间。山地区的村庄像是大片不毛之地中的绿洲。

由于这个地区是一个高原，它的高度在750米至将近1 000米之间，气候的严酷性使开发利用的条件更加困难。冬季非常寒冷，地面长期积雪；在圣伊莱尔—莱—库尔伯，积雪期有时达三星期；在位置更高的博讷丰，1906—1907年冬季积雪期连续三个月之久，雪堆使交通受阻，车辆来往已不可能，人们乘雪橇赶集①。在

① A. 隆吉，《埃居朗德区》，《科雷兹文学社通报》，XIII，1891年，第433及下页。

鲁瓦耶尔，人们曾见过积雪期延续四个月的现象。

树木极其纤弱，因为栗子树和其他果树经受不了漫长的严冬。在 600 米以上的地方，栎树在没有荫蔽处生长不良；山毛榉很少出现在 800 米以上的地带。在这个高度以上，只有含树脂植物生长良好。有时甚至突然卷来暴风雪，这对孤立的行人是一种危险，而对山顶的树木则是致命的伤害。因为在高地上到处都有凛冽的北风使树木弯曲变形的情况。在这广阔的荒原上，景象是极其凄凉的。

在积雪未消期间，村庄是孤立的、被封锁的。有些年份，让蒂乌与埃穆捷火车站之间的交通阻断达 8 天之久。在 1906 年，从比雅到佩尔勒瓦德的邮递员，曾经有 15 天是骑马送信的。在这样的冷天，村民每晚都聚在一起聊天。人们有时还聚在羊棚内，羊身上散发出的一丝暖气，可以让人节省下火炉的花费。在灯光下，甚至曾为过去世代照明的老式、冒烟的小油灯灯光下，妇女们打毛线或缝纫，或者拿着纺杆和纺锤去纺麻或羊毛；男人们则编箩筐、簸箕、蜂箱；老人们讲些从前的故事；聊天常到半夜以后才散。冬季的漫长，减少了干农活的时间。在夏末，人们必须赶快播种。在博讷丰，黑麦在 8 月末或 9 月初就已出土，必须在冬季来临时能茁壮抗寒。由于严寒期有时延续到春季，人们只能在 4 月栽培土豆，以后才去种燕麦。山地的收获期是晚的，一般是 7 月 20—30 日。村庄的位置越高，时间越晚。在费尼耶，黑麦有时在田间生长 11 个月，从 9 月初到来年 8 月初。各处的收获期比低地区晚 2 或 3 星期。为了提防北风的侵袭，田地都寻求良好的朝向。朝向的影响在各处的田地内都很显著。荒原和含脂树的小林是朝北的；朝向南和

东南的坡地上则分布着牧场、田地、树木和人家。甚至在中等高度的山地区内，两种坡向的对比也和高山区内一样鲜明。在山地区的整个东南坡上，从于塞勒到科雷兹，散布着许多小的半圆形洼地、盆地和谷地，它们的北面有屏障，从山梁的分支中间迎来了恩惠的太阳的影响。在这一带，沿着迪耶日河和吕泽日河的支流上升到很高的地方，层叠分布着牧场和田地。

因此，土壤和气候条件的限制，甚至威胁着人的领域，广大的地面没有开发。在圣伊莱尔—莱—库尔伯的 3 630 公顷的土地中，耕地、草地、牧场、树林、池塘、荒地的数字分别是 800、315、380、190、40、1 800 公顷。在福拉蒙塔涅的 4 795 公顷中，荒地和林地分别是 1 800 和 571 公顷[①]。在许多乡镇中，荒地占有一半土地。因此，山地区经济的特点是，大面积的土地不适于耕作，粗放牧场占有很高的比率。

这些不利于开发的地形困难和气候严酷，曾经长期地延缓山地区与外界的联系，它们现在仍然阻滞这方面的发展。交通干线避开这个积雪几个月的山区。到十八世纪初期，没有一条大道穿过此区，甚至不靠近它。到十八世纪末，蒂尔戈的大道绕过它，但不穿过它；利摩日和奥佛涅间的道路，经由布尔加讷夫或盖雷和欧比松而绕行山地的北面，南线则经由布里夫、蒂勒和于塞勒。在 1786 年，由利摩日经过博尔，并从埃穆捷至梅马克穿过山地而至克莱蒙的大道建成以前，这个地区是完全孤立的[②]。铁路建筑同

① 埃居朗德区在 1890 年前后有耕地 3 400 公顷，草地 2 870 公顷，牧场 2 480 公顷，林地 2 100 公顷，荒地 2 800 公顷（A. 隆吉，《埃居朗德区》，第 35 页）。

② 国家档案，F14，154。

样落后。在 1866 年时，四个最近的火车站仍然是利摩日、克莱蒙、蒂勒、欧比松①。在 1882 年，没有一条铁路穿过本区。从埃穆捷到梅马克的铁路在 1883 年通车，从蒙吕松到埃居朗德的是在同一年内建成；而从费勒坦到于塞勒的则是新近的事情。直到这时，山地区才和法国的铁路网联成一体；它也才能希望购进肥料，输出产品，进入普遍的贸易活动。因此，它现在仍然未摆脱长期孤立的不利影响。

所有这些地形、土壤和气候条件，都在影响着人们的生活，而且迫使人们采取一种独特的开发土地的方向。

生产经营的特点　农业产品限于这里的贫瘠、轻质、干燥、厚度不大的土壤所允许栽培的那些种类。由于土内钙质含量少，小麦是不能种的。黑麦是硅质土的作物，它每年都占耕地的一半，产量为 1 公顷 10—15 市石（每石＝100 升）。小麦只见于山地西部较低的山麓地带。在另一半土地或轮作地上，人们主要栽培荞麦、土豆，也常种燕麦②。到处散见若干公顷的芜菁和人工栽培的饲料；但专供牲畜食用的作物，现在还非常少。当周围较优越地区内，随着商品肥料及精良工具的进入，根茎饲料和栽培饲料逐渐广布的时候，山地区仍然倔强不变；那里的牲畜主要是吃草地上的青草和干草。

① V. 布雷纳克，《农业劳动条件研究》，《上维埃纳农业学会通报》，XLI，1866 年，第 73 页。

② 山地区农地分配的例子（单位公顷）：日乌：黑麦 498，荞麦 80，燕麦 36，土豆 96，芜菁 15，苜蓿 40，临时牧场 15，一年生饲料 20，天然牧场 280；福拉蒙塔涅：黑麦 650，荞麦 200，燕麦 60，土豆 130，苜蓿 25，洋姜与芜菁甘蓝 7；圣雷米：黑麦 190，荞麦 42，燕麦 30，土豆 28，芜菁 9。

田里生产的不是投机的物品。山地区不卖它，而是消费它。农民用黑麦做面包。他们用荞麦喂猪，并制作每天食用的油煎薄饼。用燕麦肥育绵羊，土豆是人畜都吃的食物。可是人们现在已不像从前那样满足于用作物喂肥猪来供家庭消费，他们喂养一些去卖的猪。山地区许多村庄的农民已下到低地区的市场——于塞勒、梅马克、佩拉、隆察克、塞亚克，尤其是埃穆捷——去买小猪或仔猪；用土豆、荞麦，甚至燕麦和黑麦去喂它们。这些谷物以前是防饥荒的珍品，人们现在用以喂肥牲口，到于塞勒、埃居朗德、塞勒、特雷尼亚克、比雅、埃格勒通等地的市场上去卖掉，随后又被运到波尔多、里昂和巴黎。因此，这片贫瘠土地上的产品，现在开始进入普遍的市场。

这里的农作方法，在我们看来仍然是简单的，而且常常是原始的。在许多地点的秋天，人们看到荒地上黑烟升起，远处是一片迷雾：这是农民们从荒原上翻掘起草皮块，堆起焚烧的情况。人们把草木灰摊开，犁埋到地下；然后在经过这样改良的土地上种、收两次。接着又重新将其抛荒成草地，再过一二十年又下种庄稼：通过这种烧土肥田法①，人们把草木从土中汲取的肥料送还给田地。现在这一做法渐渐消失了，而且都只在小块地上进行。

正是由于它的孤立和缺乏交通道路，山地区很晚才知道有商品肥料。一段时期以来，人们已经看到山地区的农民，小量地使用

---

① 我们在下列各地看到人们实行烧土肥田法：圣帕尔杜勒讷夫、日乌、佩尔勒瓦德、博讷丰、圣伊莱尔、米尔瓦什、塔尔纳克等。

化肥、磷肥和矿渣，通过和本区邻近的铁路运来贝里和萨韦讷的石灰。但埃居朗德区在1860年前后才开始施用石灰[①]，而其他各处的时间几乎都要更晚一些。运费总是很贵的，让蒂乌离费勒坦火车站有20多公里。因此，农家的厩肥仍然几乎是唯一的肥料。为了增加产量，人们采集荒地上的欧石楠和蕨类作为畜厩的垫草；人们习惯于把它们散铺在村庄的街道上，任其腐烂而后用做肥料。

耕种这些疏松、薄层的土地，不需要强大的工具。人们照旧使用老式的无导轮和支架的摆杆步犁，用两头牛牵引，常由妇女操纵——没有男人，因为他们都外出了。除一些大地产业外，人们看不到机械打谷机，农民在冬季用连枷打麦捆。能说明这个孤立、艰苦、不与外界联系、靠自己仅有资源生活的地区，如何长期受苦的事实是：某些村庄的居民，随着需要而陆续磨面粉。甚至各地还有一些公用的磨坊，人人到那里磨面，磨完后把钥匙交给下一个人；由于磨坊中没有筛子，面粉要回到家里去筛。通过农村生活的所有这些特点，人们感到像是处在一个刚刚走上新时代的道路，还和旧习俗未完全脱离的地区，一个艰苦生产、既少且劣的贫困农业地区。只在山地的边缘地带和铁路通过的地方才看到进展兴旺的景象：在这些村庄中，有许多已出现了机械打谷机[②]和一些收割机[③]。

山地的真正财富是牧场，是牲畜。这是一个畜牧经济地区。草地内草的生长，依靠在所有坡地上流动和从无数泉眼中冒出来

① A.隆吉，《埃居朗德区》，第36页。

② 例如圣帕尔杜和日乌。

③ 圣帕尔杜、日乌、圣伊莱尔、上马济耶尔（从1904年起）、佩尔勒瓦德（从1906年起）。

的水。人们在花岗岩裂隙的出口处截住泉水，引入坡地上的沟渠。如果可能，人们便到处创建天然草地，以增加干草的储备；如果某些高地还是荒芜的话，那是因为人们不能向那里引水。这种清澈的水不堵塞沟渠，它富于溶解物质，有利于好草生长；山地区的干草是驰名的。人们该去看看农民如何精心地照料草地。春天，他们修理沟渠和篱笆，拾集枯叶子，涂抹小房子，撒播厩肥，耙平细麦秸。从3月到5月，他们照料灌溉水的管道，一天比一天忙着疏干吸水的湿地，以增广长草的地面；因为干草一直是牲畜冬季饲料的基础。同样，草地是农业的真正财富，最珍贵的土地，它的价值是耕地的两倍多。牛、羊就靠它来养活。

山地区的畜牧业，顺应自然环境强加给它的那些必要性。支持这种顺应和决定农民几乎整个经营方向的思想是：山地区不能生产足够的饲料——谷类和干草——来养活牛栏羊圈里生出来的牲畜，因此，必须在冬季卖掉无用的牛羊；或者直接卖给能消费畜肉的市场，或者卖给较富裕与较暖和地区的农民，让他们育肥后再卖给屠宰场。

让我们首先考虑有角的牲畜。我们可以说，在整个利穆赞地区，牛是整个农业的主要工具，它几乎单独承担全部必要的耕作和运输劳动。但是，人们不留作繁殖用的幼畜全是注定的牺牲品。宰杀的时间有早有晚。一两个月的小牛，卖给城市和乡镇上的屠户。宰杀量大概很大，因为在肉铺里，除小牛肉外，几乎找不到别的肉：白烧的、烤的、菜炖的全是它。这是一件真正令人困扰的事。另一些牡牛，有时喂养到1—3年，尤其是在大农庄内，长成后被卖到大农业地区：普瓦图、佩里哥尔、利摩日地区。在这些地方，这类强壮、耐劳的牲畜，都到田间服役；一两年后，经过育肥再卖到巴黎。这种交易，在山地区边缘的大集市上进行：布尔加纳夫、埃穆捷、梅马克，特别是隆察克。在这些市场上，9—10月间，成千对的牛同时上市是不稀罕的。

绵羊的饲养也是这样。灌木荒原上的绵羊是山地区的真正牲畜。每一农舍都有一群轻快、优美、适应性强的小绵羊。山地区的羊肉，由于饲草优良，滋味特别鲜美。每一乡镇的羊群数量都很大；日乌，4 000头；圣伊莱尔—莱—库尔伯，2 000头；上马济耶尔，1 250头；福拉蒙塔涅，3 500头。天气好的季节，它们在牧场和荒地上吃草。在冬季，当雪不太多的时候，它们出去啃点染料木这类灌丛，回羊圈后就吃干草。绵羊畜牧业是山地区畜牧生活的真正最独特方面之一；低地区的人说，“整个山地区的人靠绵羊生活”。生活在山地区的绵羊不全是本地生的，有的是从低地区的乡镇买来的。它们在好季节来到欧石楠荒原上放牧，冬季以前又卖回去。另一些——也是大多数——是本地生的，它们的命运不完全相同。它们有的在欧石楠荒原上逗留一年，在那里成长，一经育肥，便去巴黎。在较好的农庄里，它们有时被饲养两年。有的则由于清理羊圈而被大批卖出，它们去到较富庶的低地区，在那里被育肥。秋天，埃居朗德周围的农民来到山地区买绵羊；冬天过后，他们再将其卖给多尔山、布尔布勒、克莱蒙、里昂、巴黎的屠户。人们也看到让蒂乌的绵羊，前往奥弗涅地区或布尔加纳夫、格兰堡及贝内旺的近郊。另一些甚至去汝拉和夏朗德，这是前往巴黎市场的中间站。和牛的情况一样，交易都固定在一些大市场上进行：日亚、佩拉堡、塞勒、埃穆捷、梅马克、埃格勒通、比雅、索纳克。以前单是下到佩

拉集市上的绵羊就有10 000多头；现在已经建立一些竞争性的集市，但去那里的还有5 000—6 000头。因此，从山地区到人口较多而又较富裕地区之间，有一股源于畜牧资源的贸易流。这种资源是该地区经济个性的标志。

除农田和牧场以外，另一种经营形式开始出现，而且日益进展，这就是森林。山地区的自然条件不适于常见森林树种的生长。栎树在高地上长得不好；它不向高处长而向侧面铺展，而且发育不良，树身上满是苔藓和地衣。它需要有遮蔽的地方，朝向好的坡地及防风的谷底。虽然在700米以上的地方还能碰上它，但它是在田地和牧场的边缘，在村庄的树篱内。在600米以上的地方，它很少形成树林。山毛榉的生长区高于栎树，有时形成孤立的树丛，有时则是漂亮的道边树行。人们在800米高的地方还可以见到它。但它不长在山顶上，因为那里常有狂暴的阵阵北风。因此，除了米尔瓦什高原侧坡边缘上的贝尔夏萨涅、沙托韦尔、沙托讷夫、福伊亚德几处以外，山地区没有森林。L. 德拉佩隆[①]确实说过莫讷迪耶尔的森林，说神圣联盟的成员为了赶走胡格诺派而放火烧掉了它。但文献没有说明森林的面积，而且我们很难相信它在山地区内能延布很广。在1594[②]和1650[③]年的两份文献中，就不存在森林的问题。我们觉得，由于自然条件，这些高原似乎从来就是光秃裸

① M. 埃日注释，载于《科雷兹文学社通报》，III，1881年，第612—613页。

② L. 德拉佩隆，《让·法扬与利穆赞的第一幅地图》，1594年，《利穆赞考古学会通报》，XLI，1894年，第83页。

③ L. 勒鲁，《克勒兹民族科学学会论文集》，1891—1892年，第172页。

露的。它是荒原，在干燥地段到处都散见一些被风吹弯的树，这里是一片辽阔的欧石楠、荆豆、染料木的领域，一个真正的荒凉世界，人们走了好几里路也看不到人家。

可是一个被栽种的外来侵入者，已经开始对这些荒弃地域征服和改造。一种抗寒、对土壤不苛求的松树在这里进展迅速，而且已经覆盖了广大地面。这一改造只有在这些新种的木材有把握输出的情况下才能成功。它最早也只是从1860年开始，自从通达山地区的铁路建成以来，正在加速发展。这里的植树，不像在阿尔卑斯山和比利牛斯山区那样，是为了防止草坪的破坏和坡地的退化；它首先是为了改良土地，使迄今荒弃的土地能够生产。这种使森林占有土地的努力，开始时遇到畜牧业的抵制，因为它威胁到牲畜的放牧场地。但第一批造林的事例和取得的成功，已经改变了形势。人们明白，可以用铁路运来肥料，从而缩小贫瘠荒地，扩大放牧草地①；人们从各方面看到出售第一批木材所实现的利益。因此，造林事业逐渐取得进展，并得到行政部门分发种子的鼓励。许多乡镇分配了公有土地，各人在自己的那份地上播下松树种子。阴暗的松树行列现在已经封闭了荒原上的无垠视野，山地区的火车站已经有了木材货运，它们是新建的松树种植园的产品。这是一种全新的经济，它已经被建立起来了，而且毫无疑问将改变山地区的面貌。这和在朗德省和贫瘠的香槟地区的作为是一样的。

① 参看：E. 卡多，《米尔瓦什高原》，利摩日，1908年。——马尔尚，《科雷兹省森林简介》，《科雷兹文学社通报》，XII，1890年，第40—57、156—175页。

二、定居和殖民状况

我们已经分析过的所有地形、土壤、气候条件，和它们强加给这个地区居民的生产经营条件，都对人的居住地和定居方式有影响。我们在当地人住宅的地点和形式、他们的生活方式和按季节的迁移，以及人和供养人的土地之间的关系中，都看到自然环境影响的深刻烙印。

这个山地区内人类住地的位置，丝毫不像某些地区那样起源于供水的需要。水在这里到处都有，都被密实岩层拦在粗砂层的下面。人们几乎随时随地可以取得水：离地面很近的井水，或顺着坡地和穿过草地流动的泉水。对高处的住家来说，水的问题既不用担心，建筑材料问题也不要犯愁。石头就从地下挖出来，房子也就盖在采石坑的旁边。因此，住址的选择不受这两方面的限制。但地形条件却是强制性的。人的住宅总是寻求对田地和牧场最合适的地点：它几乎都建在面对南或东南的坡地上，它追求优良的土地和优良的朝向。由于本区的地形是无穷尽的岗丘和坑洼，居住地点的数量因而增多，人群也随之分散。当地居民都避开潮湿的谷地底部，因为那里多雾而且寒冷，他们喜欢向高处寻求有阳光的地点。因此，我们看到有这么多的村庄高踞在丘顶和岭脊上，如：费尼耶、索纳克和克莱拉沃。

所以我们说，分散是这里的规律：是居民点的分散，不是住宅的分散。居民不像在布列塔尼和佛兰德那样孤立地住在互相分开而又远离的各自家里，他们聚居在数量非常多的村庄或小村里，形成众多的小群体。这种在整个利穆赞地区非常普遍的布局，当然在山地区内没有任何独特之处。人们不太理解,在另一些经济情况大体相似的地区——如布列塔尼和古老的英国——为什么会出现孤立住宅的体系。毫无疑问,这些差异必定起源于很久以前殖民活动的习惯,而且我们现在也难于从中找出地理的影响。不管怎样,这种聚村而居的方式,是山地区农村组合最基础、最根本的形式。社会的基本单位既不是乡镇,也不是教区,个人属于村庄。公有物是按村庄,而不是按乡镇分配的。村庄对公有物的权利,是根据在1521年得到边境省①习惯法承认的古老的使用收益权,“公有的田地、牧场和踩陶土”在各村庄间进行分配。

组成村庄的每一座住宅,都在不止一个方面显示出地方性环境的特点。山地区的住宅常面向最好的方位,它很少两面有门窗;它背向寒冷,门窗朝着温暖和阳光敞开。通过奇特的建筑布局,它显示出对地方性经济的需要和方法的适应。包括上层谷仓和底层畜厩的整座房屋,一般都背靠一个斜坡。处于上层的谷仓在后面开门,门与地面齐平,因此车子容易进去,卸车也不困难,不必把干草抬向高处;而且高出地面,还有干燥的好处。处于底层的畜厩则在前面开门,向着有流水的牧场。这种布局也很经济,它把生产经营所需要的房间叠置在同一个屋顶之下。这种农村建筑的型式显得如此方便舒适,以致它不仅在老房子里被保存下来,在新房子里得到采用,而且被传布到山地区以外的地方:奥桑斯、克罗克、谢内拉那、布尔加讷夫、埃穆捷、佩拉、科雷兹等地的附近。在于塞勒的南面,人们把它叫做“托高谷仓”,因为坡地的斜度如果不大,房子

① A.隆吉,《埃居朗德区》,第54—58页。

不能靠在上面的时候，人们就用土或砖石砌成一个引向谷仓的斜坡。

在这片贫瘠而又难治理的土地上，有这么多不生产或用于粗放畜牧业的地面，因而容不下众多的人口。就整体来说，山地区的密度只有每平方公里 35 人。这个稀疏人口中的一部分，还需要从定期外出中求得补充的资源。这类外出的现象扩展到中央高原的许多区域，但似乎在逐渐地局限于最贫困的地段。当许多由于农业进步和铁路延伸而致富的县区，放弃它们的流动习俗的时候，山地区仍旧是一个外移的源地。

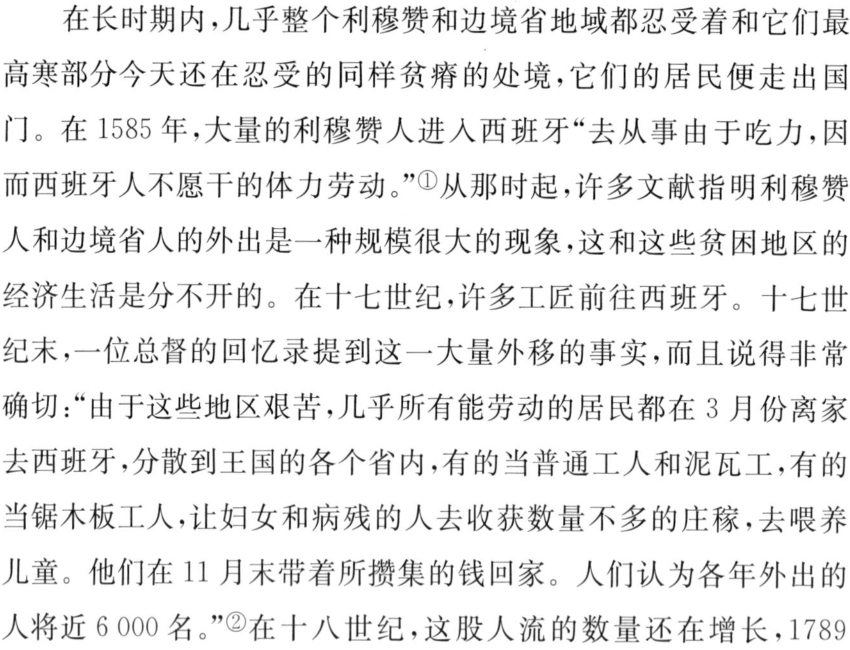

在长时期内，几乎整个利穆赞和边境省地域都忍受着和它们最高寒部分今天还在忍受的同样贫瘠的处境，它们的居民便走出国门。在 1585 年，大量的利穆赞人进入西班牙“去从事由于吃力，因而西班牙人不愿干的体力劳动。”①从那时起，许多文献指明利穆赞人和边境省人的外出是一种规模很大的现象，这和这些贫困地区的经济生活是分不开的。在十七世纪，许多工匠前往西班牙。十七世纪末，一位总督的回忆录提到这一大量外移的事实，而且说得非常确切：“由于这些地区艰苦，几乎所有能劳动的居民都在 3 月份离家去西班牙，分散到王国的各个省内，有的当普通工人和泥瓦工，有的当锯木板工人，让妇女和病残的人去收获数量不多的庄稼，去喂养儿童。他们在 11 月末带着所攒集的钱回家。人们认为各年外出的人将近 6 000 名。”②在十八世纪，这股人流的数量还在增长，1789

① M. 勒克莱尔，引用的原文，《利穆赞考古学会通报》，XXXVII，1890 年，第 183 页。

② 德穆兰，《总督的回忆录》，载于《克勒兹民族科学学会论文集》，1847 年，第 27 页。

年以前三级会议陈情书的申诉，就证实这种情况[①]。现在外流的地域缩小到最高、最严酷的那些部分。在铁路创造了较好的生产和销售条件的地方，各处的外流人数都在下降，布里夫、蒂勒、利摩日附近的人已不再外流。山地区西麓的梅里尼亚克、尚布利沃、尚伯雷、沙托讷夫、比雅勒夫等处的土地产量增多，从而留住了它的耕种者。在东北方，30 年来，克罗克、谢内拉耶，尤其是奥桑斯[②]的整个区域内，外流人数已大大减少；土地提供更多的食物，有时还使人发财致富。但山地区还不是这样。

山地区外流的人主要有两类：一是建筑工人和挖土工人，他们继续一项已经古老的传统职业；二是马车夫，他们在不久以前接替了锯木板工人。除了这两类工人以外，还应加上一个独特的商业类外出人口，即葡萄酒商。由于这个地区连一株葡萄也没有，事情就更显得独特了[③]。

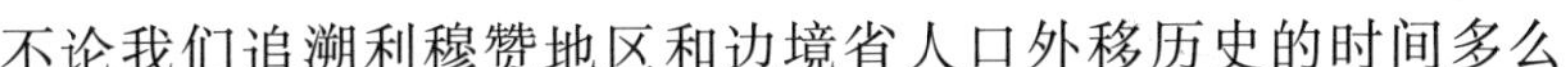

不论我们追溯利穆赞地区和边境省人口外移历史的时间多么

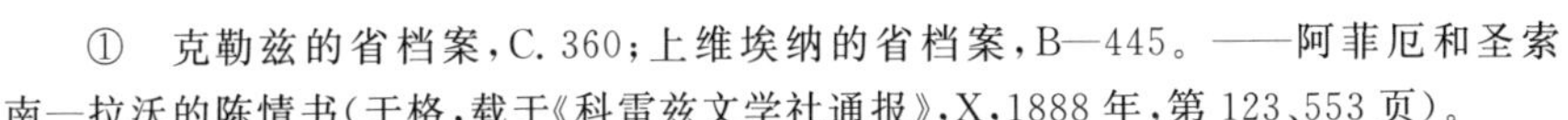

① 克勒兹的省档案，C. 360；上维埃纳的省档案，B—445。——阿菲厄和圣索南—拉沃的陈情书（于格，载于《科雷兹文学社通报》，X，1888 年，第 123、553 页）。

② 在盖雷附近的布里奥讷，以前一半居民外出；现在只有 4—5 人。在奥桑斯，20 年来外出人数已减少三分之二。

③ 下面是山地区外出人口的地区分配情况：建筑及附属工程的工人：鲁瓦耶尔、圣马克、拉努阿伊、博蒙、福村、让蒂乌、皮日罗尔、费尼耶、佩尔勒瓦德、塔纳克、托伊维安、拉塞勒、圣伊莱尔、维安、比雅、佩罗勒、米尔瓦什、沙瓦纳克、米拉、博讷丰、莱斯塔、韦村、普拉迪讷、格兰塞涅、肖梅、佩雷、圣伊里耶。锯木板工人：朗普纳、圣伊莱尔、博讷丰。马车夫：山地区所有其他乡镇和上述乡镇中的一部分。葡萄酒商：沙瓦纳克、圣叙尔皮斯—莱—布瓦、安布鲁日纳、佩雷，但特别多的地方是山地区以外的梅马克附近。下面是按乡镇的外出人口数字：圣雷米，250；圣日耳曼—拉沃，250；日乌，150；上马济耶尔，20；博讷丰，200；费尼耶，40。在马尼亚，20 年前 70％的男人外出；现在是 20％。

久远，我们总是看到这两处都在提供干砖石工程和土方工程等苦力活的工人。人们很早就发现，在西班牙的泥瓦工人，后来又在十七世纪初建造著名的罗谢尔堤坝的工人中看到他们。从这个时期起，他们不断地分散，不过更喜欢到大城市去：克莱蒙、圣艾蒂安、里昂、波尔多，尤其是巴黎。他们大量涌向首都，是在奥斯曼男爵的政府举办工程的时期，那时吸引他们的是地下铁道的兴建，接着就是巴黎城市宣布的大工程。长期以来，他们喜欢住在圣热尔韦区和圣热讷维雅沃山上。他们分散在许多专业内：泥瓦工和石匠（两者特别多）、粉刷工、装平顶板工、屋面工、制瓦工、木匠、砌炉工。以前在当地招工，他们结队步行出发①；现在他们乘火车到劳动地点受雇。这些被当地人称作“白色燕子”的人在春季3—4月出发，让妇女和老人开发小片土地。他们在11或12月天气寒冷不能施工的时候回到故乡。某些人在甚至冬季也要继续施工的工地上干活时，就延长外出的时间，这时他们也带回更多的积蓄。他们的原籍主要在山地区的西北、西和西南部，即让蒂乌、鲁瓦耶尔、福村、比雅、特雷尼亚克和肖梅等地的周围。

在长时期内，山地区其他部分，特别是埃居朗德、克莱拉沃、库尔蒂讷、索纳克、梅马克附近的外出人口，都到朗德、汝拉、比利牛斯、康塔尔的森林中去当锯工。他们在万圣瞻礼节天气初冷的时候出发，在圣诞节回家收割干草。但机械锯已经毁掉这种行业。现在只有像博讷丰、圣伊莱尔—莱—库尔伯等几个乡镇还有人去

① 普朗塔迪，《利穆赞的人口外出》，《巴黎的利穆赞人》，1907年5月26日及6月16日。

当锯工，几乎所有其他乡镇的外出人，都到巴黎当出租马车的车夫——现在还说不清这种职业爱好的起源——而且越来越多地成为汽车司机。和他们的前辈锯工一样，马车夫在冬季出发，在城里人去海边或上山的时候回到乡下，及时地帮助老人收割干草和庄稼。有些人不每年回家，他们定居在巴黎当葡萄酒商或饭店老板，发财后才回到故乡。

利穆赞农民的机敏，使他们仿效邻居奥弗涅人，以另一种商人形式外出谋生。在 1850—1860 年间①，梅马克附近几个走遍法国和比利时阿登地区的流动商贩，想出在那里卖酒的主意。他们同波尔多的批发商接洽，并且依靠毅力和说服力，成功地在啤酒地区赢得了主顾，例如法国北部、比利时的瓦隆地区、佛兰德地区，甚至还有荷兰。他们使利穆赞一些从来没有葡萄的地方在那里非常出名。几百名酒商就这样一年两次从梅马克附近前往他们做买卖的地方。他们对家乡的影响很深。多亏有了他们，山地区的一些村庄变成清新漂亮的小市镇，具有使人惊异的富裕安适的气氛。

人口外出引起山地区物质状态的惊人变化。虽然对农业来说，它是劳动力的巨大损失，但它也是这个地区深刻影响居民经济生活的一项财源。

居民的外出，在农业人口中挖出一些大洞：它时常在农活需要的时刻带走一个家庭的家主和大龄的儿子。而且他们当中有很多是永不回返的：吃不好，住不好，大城市的疾病夺去了他们的生命。

---

① 普朗塔迪，第 5、26 等页。

另一些人带回来病菌，病菌传染造成村民的大量死亡①。因此，山地区需要从外面招募劳动力。成队的收割者从收获期在前的山下地区来到收获期在后的山上。他们从科雷兹和萨朗向博讷丰，从圣伊莱尔、特雷尼亚克和尚伯雷向维安和费尼耶，从维特拉克向圣伊里耶和博讷丰，从埃穆捷向福村和皮日罗尔。他们一路上收割成熟的黑麦，大约要干 3 个星期；但他们只能在那些最大的农户找到工作。通常在小农户那里，劳动力只剩下妇女和儿童。十八世纪末的一份报告，对这种情况说得很清楚："这些山区的居民习惯于在封斋期开始时离家，到圣诞节前回来。在一个有 20 名男人的村庄内，一般只留下两名，其余 18 名都去遥远的省份当泥瓦工。留下来的这两位和妇女一起照料牲口，承担全部的耕、种、收的工作，……因此，地种得不好。"②所以人们在山地区的许多地方看到妇女耕田，用镰刀收割，从事艰苦的田间劳动。土地的开发，当然由于居民外出而受到很多损失。

外出也有令人高兴的结果。它引起人们想受教育的愿望和需要，特别是那些最贫困的人。所有的人都确信教育能使他们在工作和贸易上具有优势。在利穆赞境内，任何地方的上学情况都不如山地区那么好。教育能培养观察和好奇的精神。外出的人在旅行过程中看到耕作较好、开发经营较好的地区，把改良土地、植树造林、改进方法的思想带回家乡，全地区从而大大受益。

外出在产业制度中引起深刻的反应。以前，赚来的钱带回家

---

① V. 克律韦耶，《从大城市归来》，《普通卫生学与应用卫生学》，摘要，1908 年 5 月。

② 国家档案，K. 906，37。

就花掉了。在十八世纪末，为了付钱给磨坊主和收税员，必须借贷；家主回家时所带的钱正好够还债的，他储蓄很少。从这个时期以来，情况变好了，艰苦劳动过的农民能把省下的钱用于所向往的唯一目标：增加小小财产，扩大农田，购买土地。他们所以离开土地，是为了赚取购买和改良土地的资金。人们常常能看得出那些外出者的这种动机。例如，人们注意到在某个特定的乡镇内，外出者来自这样的村庄——那里的乡镇和大地产的土地面积，可以说不允许小地产或独立小农户的存在。同样，人们的外出，常常是为了避免父亲遗产的分散。实际上，当地风俗是不愿把土地平分给所有的子女；根据习惯或环境，全部或大部分土地归于长子。但长子这时要付钱给兄弟姊妹作为补偿，他就从外出中弄到这笔钱。因此，人们外出是为了享有土地，土地是财富的标记和独立的保证。实际上，到处都在追求一小块农田或草地。一份价值8 000或10 000法郎的地产要出售的时候，便有几十个人争着买。如果地产过大，一些地产商便买下来，再分成小块，以高昂的价格零售给农民，地价款在商定的日期前全部付清。因此，这种产量不高的土地竟有很高的价格。在大城市的土地上，提出强烈工资要求的利穆赞工人们，其根本天性是对土地的爱。

由此产生了一系列逐渐改变这个地区的事实：公有地产的逐渐消失，城里人在山地区拥有地产的衰落，和自耕其田的小农户的增多。

在想扩展地产的村民的推动下，畜牧区内如此广泛的那种古老的产业形式，即公有地产，在私人占有的前面退却了。这一发展遭到大地产者的反对，他们希望保留荒地，供他们的大群绵羊放牧。他们也抗议不按牲畜数量的比例而平均分配地块。但由于小地产者人多力强，事情终于完成，而小地产者也因而扩大黑麦田并获得种树的土地。在达维尼亚克、圣雷米、圣日耳曼拉沃、圣伊莱尔、福村、让蒂乌、鲁瓦耶尔、日乌、博讷丰、佩尔勒瓦德等处，公地的分配是一件已经做完或将近做完的事情；最早的分配行动距今也只有 40 年左右。埃居朗德区，在 1862 年以前，公地占有全境三分之一以上的土地，从那时以来，它的面积不断缩小。许多小地产者勉强能够养 8 或 10 只母羊，2 或 3 头牛及 15 只绵羊。某些用 250 法郎买来的地块，经过耕种，售价可高达3 600法郎[①]。小地产在山地区逐渐得势，土地也随之得到开发。有时在侵损公有地产的情况下建成一些大的个人地产。在山地区南部，一些发财的酒商已成为大地产者，他们已在圣叙尔皮斯—莱—布瓦的荒地上栽植大片松树林。

与此同时，有产者的地产，外地人的地产，城里人即由于经商、办工业或任职而致富的有产人士的地产，正在衰落。这些地产被分割，并转入农民手中。这是原有的产业主为图利而出售其土地，而农民则以黄金的价格争购分割开的小块。这样，由于缺乏劳动力，大地产的经营费用越来越昂贵，与其亏本经营，还是卖掉为好[②]。

有地农民的增加，导致自营农业在整个山地区的扩展。一般地说，有地的种地。种地的几乎全有地，几乎没有一家无地的。这

① A. 隆吉，前引论文，第 61 页。

② 上马济耶尔、博讷丰、圣雷米、圣热尔曼、福村、让蒂乌、鲁瓦耶尔等地及特雷尼亚克区都有这类例子。

种产业的基础，就是由住宅、一个带畜厩的谷仓、农田、牧场和草荒地组成的地产，它形成这个家庭生活的天地。为了建成或扩大这个天地，几代人外出、劳动、受苦。这些小天地的面积通常是5—30公顷，它们是农村的基本单元，土地也是分配给它们去经营①。

甚至对于较大的地产，自营农业也在普及推广。如果地产是属于致富的农民的，他们就尽可能多地自己耕种，把剩下的土地分散租出去；如果土地是属于有产者或有定期收益者的，他们有时被迫自己耕种，因为外出已经减少了承租者的人数：有的因外出而远离，有的因外出而致富，用不着租地耕种了。

在承租土地的租地方式上，外出的影响也是决定性的。土地收益分成制在地租制的前面退却了②。在牲畜构成一大资源的这种经营方式中，分成制的好处是，农民不必需要大量的个人资金就能进行生产，而且可从他的地产业主那里取得活的资金，即牲畜。到了外出已经带回了钱，并且可以作为小额资金的时候，承租的农民就喜欢自己拥有牲畜，自由处理他的牲畜和耕地，避免分成制强加给他们与地产业主的密切合作，并可自由出售他的产品。他们喜欢土地租约，根据这个租约，他们只需付一笔现金佃租。因此，人们看到，在山地区内以前盛行分成制的地方，逐渐地到处都有了

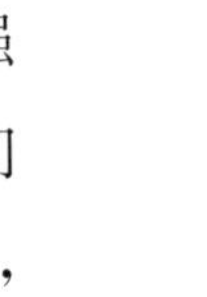

① 在日乌，10个承租者（分成制佃农或地租佃农）对120个有地农民；在上马济耶尔，10至15对180；在博讷丰，10对70；在达维尼亚克，12对75；在圣热尔曼拉沃，3或4对80；在鲁瓦耶尔，20对100。

② 例子：在上马济耶尔，10对15地租佃农，分成制佃农极少。在圣伊莱尔—莱—库尔伯，主要是地租佃农，只有2或3个村庄有分成制佃农。在于塞勒附近，主要是地租佃农。在让蒂乌和鲁瓦耶尔，地租佃农的人数增加很多。可是在佩尔勒瓦德、费尼耶、圣雷米，分成制佃农占主导地位。

地租制。在分成制依然是大地产经营方式的同时，地租制是更接近于农民现状的方式，它更好地适应他们的手段和爱好，是建立小地产的一个合适的阶段。

*　　*　　*

这样，通过上述的研究，我们看到法国这个角落——利穆赞内部这一小片山地的独特性，以及把该区地表上的自然面貌与生活面貌结合起来的密切联系：一方面是生活方式，即一块高、寒、贫瘠土地上的畜牧经济和自然条件的联系；另一方面是长期以来，由居民的定期外出建立起来的，被现代铁路网增强到足以改变以前人地关系性质的对外界的普遍联系。

法国的农村住宅
——划分主要类型的尝试[①]

一、住宅与地理学

在我们看到的像法国这样一个被长期耕垦和殖民地区的形象中,有许多部分不是来自大自然;人的劳力在其中占有重大的地位。如果我们想一想那些已经不存在的森林、把森林赶走的栽培植物、围篱、道路,以及有时占有这么广大空间的房屋,人们就有权认为,创造景观的常常是人。

在组成这个人造景观的所有要素中,没有比农民的住宅,即乡村的房屋更生动的了:它体现了人在建设中有永久性和个性的那一部分。人在那里安置财物、收获品、工具、牲畜、炉灶、家庭,人按照自己的爱好和需要来建造供每天使用的房屋。这是人亲手制造的、适应生活的产品。由于这种亲密性,它几乎是被赋予生命的一种创造物。它是经过许多世纪塑造的农村生活的体现。

法国农村房屋的外形是丰富多彩的,它在这方面远远胜过英国。在英国旅行的法国人,看不到他家乡的那种诱人的农村建筑

① 本文载于《地理学年鉴》,XXIX,161 期,1920 年。

物。在他所经过的这个岛上，孤立和内向生活的悠久，似乎对物和人都强加上一种一致性。从泰晤士河畔到福思湾边，穿过作为英国平原上农业标志的单调的树围原野，人们看不到农民住宅特点上的变化。这是一种舒适的、单独的房屋，住在屋里的人希望摆脱牲畜的直接烦扰；它似乎是在适应一种已经赢得全地区农业文明的方式。

当人们经过迪耶普或布洛涅或加来而回到法国的时候，不论走哪一条路，呈现在眼前的都是一种独特的住宅形状。诺曼底农庄、皮卡底农庄及弗拉芒农庄的差异，不仅在于建筑材料的性质和外观所造成的美丽的形态，还在于它们的内部结构。人们可能被一个窗户上的纯朴装饰、一个屋顶的优美轮廓，以及从一座乡间建筑物散发出的娇媚和清新所吸引。但它的真正独特之处，不来自那些不断变化、损坏和消失的外部特征，而是存在于布局、各种“地方”的安排，以及让一种思想感情支配无生物的内部秩序之中。一种农村住宅的形式常常是长期演变的结果，它是世世代代农村人的经验总结，它实际上是一种适应农民劳动的工具，它是像前人所构思和布置的那样传下来的。我们有时确实看到它随着农村经济的变化而变化，但比后者慢得多。随着物质舒适意识的传播，它主要是适应一般文明情况的变化而变化，它为给予居住者更多的空气、阳光、舒适而改变形状。但明眼人看出它没有改变，它保持着内部的框架和自古以来适应农业职能的传统布局。

在我们被战火摧残的各省内，有些村庄被全部夷平，化为灰烬。农民回到故乡，想重建家园。某些理论家认为这是一个在农村建筑中推广某些新的，甚至是国外引进的原理的机会。他们大错特错了。人们看到，农民要的是他们的房子，而且是他们的老房子。这些房子无疑要扩大、美化、卫生化，但要依照过去的原则，依照经过他们农业经济考验的那些指导思想盖起来。在他们被毁村庄的重建计划中，一些有才能的建筑师通情达理地实现了这种理想。他们懂得，农村住宅的形式是长期努力的经验的建筑成果。虽然战争毁掉了这种建筑物的物质成分，但和平已把它的精神和灵魂归还给它，这一点是重要的。

因此，对农村住宅的研究，是一个地区地理学最有启发性的篇章之一。乡村的房屋不仅仅是景观中一个地方性的色调，它是一种劳动形式——法国固有的财富——的初级工场。一些优秀的著作已经表现出这类研究的意义。最佳的当然是德·福维尔于1894 和 1899 年发表的题为《法国住宅情况调查》那一部书。可惜组成这部著作的地区性专论质量不齐，而且研究范围也未遍及全法国。这项研究值得继续进行。只要有丰富的思想作指导，它一定会有成果。所谓丰富的思想，就是不根据材料和外形，而是根据内部布局和确立的人、物及牲畜之间的关系，也即根据农业职能来给农村住宅下定义和对它进行分类。农村住宅在本质上是一种农业经济的事实。正是由于这个身份，它才在表现地理环境方面，远远胜过建筑材料、方位布置和新奇家具所能表现的程度。

二、一个住宅类型的组成要素

人们一眼就能看出，各地的农村住宅都具有从建筑材料中表现出来的独特面貌。用地下石头建造的房子，真像从地里长出来的，我们因而可以说，它是自然环境在人类建筑上的烙印。可是这种看似难以抵挡的影响，实际上是现代进步最容易使人类住宅摆脱的影响，新材料的使用足以完全改变它的外貌。

在皮卡底的淤泥高原上，在没有良好道路的时期，农民即使到离家很近的地方去取沙子、石材和石膏，也要花很多的钱。为了盖房子，他们从家乡的地里取材料，土茅屋就这样建成了，它们现在仍然常见于阿图瓦和皮卡底地区。人们在燧石的基础上，用掺和着碎麦秸的粘土垒成，以木架支撑的草泥墙。有时缺少燧石，那就从上到下全部是土墙。这种低而不分层的茅屋，就像是从土里长出来的，因为材料不坚固，它不能垒得很高，它低矮地蜷伏在地上，很容易倒塌。这些皮卡底的茅屋，与那些使瓦卢瓦（valois）人及苏瓦松（soissons）人村庄具有城市气派的石头房子是无法比拟的。但过去的面貌正在逐渐消失。随着交通的改进，人们运来了石头，我们已经到处看到一些较高、较结实的房子。再有，通过以煤代替木柴作燃料，砖厂已经能够制造便宜而又易于运输的建筑材料。砖的使用普及各处，一些村庄的面貌已经让人认不出来。在很多这类乡村，不容许人们再谈什么土地对建筑材料的直接影响。

和泥土平原的土房子形成对比的，是森林区的木头房子。在东香槟地区和阿戈讷地区未被炼铁炉毁掉的森林之间的村庄里，人们经常看到这种房子。在阿尔卑斯山某些部分也是如此。那里的楼房用被木钉连在一起的方形树干做成，屋顶全用叫作“塔维云”（tavillons）的小薄木板覆盖。但到处都有了铁路和煤以后，木材在石头和砖的面前逐渐后退；在萨瓦平原上，某些村庄已经有了普遍一致的风采，这是使用形式规范、孔径精确的建筑材料的结果。

在引起这么多争奇斗胜的屋顶方面，地方性的色彩逐渐消失。人们在奥佛涅、勃艮第、洛林、阿尔卑斯山、博斯等地区，仍然能看到各式各样的屋顶，几乎到处都有茎秆。但茎秆自身逐渐地抛弃这些“茅屋”。在法国北部，人们用瓦和檩条代替它；运河或铁路有时甚至运来石板。农村住宅正在不知不觉地摆脱自然条件，它失去了农村的风格，统一的装饰赶走了地方的特色。变化是缓慢的，因为农民不喜欢新奇；他们的房子要经过很长时间才能改变，但在导致改变的不可抵挡的运动前面还得让步屈服。

在农村住宅中，有一些是对气候的适应，这也使人想到地理决定论。有的为了抵御盛行的狂风，人们求助于外部的防护：如罗讷河谷地的柏树行列，科地区的山毛榉墙。有的出于同样的防御考虑，人们安排一种特别的装置：阿登地区的石板或木板饰面，某些山区的几乎低到地面的屋顶。在所有盛行密史脱拉风（法国南部及地中海上干寒而强烈的西北风或北风）的地区，房屋的正面不迎风，迎风面也不开窗户。在佛兰德平原上，房屋的建筑要采取预防性措施，来抵御海上来的暴风、从天上降下和从地下冒上来的水，和时常遮蔽一切的雾。弗拉芒的住房背向北方；低得像蜷缩在地上一样，它的正面向着太阳，而且开了大窗户。但为了抗御来自东方的寒风和来自西方的狂风，也有用大屋顶或单坡屋顶自卫的。对付地下水的办法是用石头砌成一米高的墙根，只在水能达到的高度以上才用木头和粘土；墙下是石板铺的走道，上面用前伸的屋顶遮护，行人可不被雨淋。为了防御充斥空气中的水汽，需要保护

整座房屋，人们“像用柏油涂小船那样”以石灰粉刷墙壁①。

房屋对地理境环条件所有这些新奇、生动的适应，使房屋的主要构件不受损害，而对于房屋的职能，可以说没有关系。它们改变房屋的外形，变换它的装饰，给它一种表面上的独特性，但不造成它的真正个性。

如果说这些来自天上和地面的顽强而又不易消失的影响，不能单独制造一个住宅类型的话，那么另外一些影响就更加不能了，因为它们活动、易变，不断地随着一般文明状态的变化而变化。家具、器皿、工具，所有这些摆满住宅，并且给它内部以生命的死东西，在我们眼中常常像是住宅面貌的基本成分。我们的思想就是不能把这些农村房屋的内部，和它们的石头、木头及茎秆的背景——即它们的地理环境分离开来。我们总是把置放床铺的有雕木板壁的老凹室、铁饰锃亮的橡木柜子、有木板盖子的大盆、制作圆形黑面包的沉重的和面缸、有冒热气火腿的壁炉，同布列塔尼荒原上的有干砌石围墙的小片农田、栽上荆豆的土堤、用板岩或砂岩建造的阴暗低矮的茅屋联系起来。但在这些乡村房屋的内部，没有任何东西是永久性的，那里的一切都在变化，而且比房屋的变化更快。以前的艰苦生活，现在变得舒适方便了；就是在几乎没有改变的茅屋之内，也有了现代生活普通的舒适设备。我们认为与日常生活的实质连在一起的所有这些熟悉物品，都在一个接一个地消失。

① 保罗·莱昂，《法国被侵占地区的农村建筑物》，区域性建筑展览会，1917 年 1 月 10 日至 2 月 10 日，会议与汇报，巴黎，格勒内尔街 15 号，第 24 页。

农村住宅的根本特性，不是由这些变化的、短促存在的要素组成的，它主要来自建筑物的由农业需要产生的内部所安排。农民的房屋要解决一个极其重要的问题，即人、牲畜和财物之间建立起什么样的相互关系。农民不愿远离牲畜，而是想将其置于能照料得到的，几乎在他眼皮下的地方；因此人的住房要尽可能地靠近畜厩。人和牲畜的靠近程度因地而异，有时完全住在一起，如布列塔尼的某些地区，是一年到头如此；而上阿尔卑斯省的山地则是冬季在一起。有些地区，住宅和畜厩在一个屋顶之下，而且常常是同一个入口；有些地方两者分开，但总是连在一起或相离很近。还有一些地区，人住在楼上，而牲畜放在楼下。但是，不管采取什么解决办法，靠近的原则是必须遵循的。同样，农民想把属于他的一切东西保管在附近，在住宅范围以内；他想把待打的麦捆、打出来的谷粒、割下来的饲料放在家里；他必须作出实际的安排，把所有的东西放在尽可能小的空间内，以免妨碍生产劳动。因此，他把房屋作为一件劳动工具来设计，使其适应生产情况。这些情况已经改变了——特别是一个世纪以来，但住宅的布局一点也不需要改变。人们看到牲畜的作用在增加，某些作物在衰退或消失。但我们的农村经济，在原则上仍然是借助于家畜的耕作，因此农村住宅，现在必须适应的仍然是若干世纪以来的那些相同的需要。

三、农村住宅的主要类型

如果人们研究农民在建造房屋时如何解决住人、拴牲畜和存放财物——这三者的互相靠近可使农业生产有活力和协调性——的问题，就会看到法国的农村住宅共有四大类型，它们的差别主要在于布局的原则，而且地理的分布也常常不同。我们可以分别地给以下列的名称：

简单的房屋，

靠紧式房屋，

疏开式房屋，

层叠式房屋①。

前三类的共同特征是人住在地面上，只有第四类是把人安置在高出地面的楼内。简单的房屋及其所有的地方性亚类，是分布最广的一类，人们在阿登高原、阿摩里卡丘陵、中央高原的大部分、洛林地区、弗朗什—孔泰地区看到的都是这一类。它们在阿尔卑斯山和比利牛斯山内也有分布，但很分散，而且和别的类型混在一起。靠紧式房屋形成一个紧密的群体，它的分布区从博斯经过法兰西岛、香槟、皮卡底、阿图瓦而至瓦隆人（wallonne）的佛兰德，在比利时中部的中、大面积耕作区内，也能看到它们。疏开式房屋占有的地域比较小，沿着拉芒什海峡（即英吉利海峡。——译者）和北海的海岸，从下诺曼底经上诺曼底和滨海皮卡底直到佛兰德。层叠式房屋主要是南方的类型，它在中央高原东缘分布非常广，从勃艮第的葡萄种植区直到上朗格多克，以及中央高原最外面的坡地和向着阿基坦盆地的边缘低高原上，在鲁西永、下朗格多克、普罗旺斯，特别是阿尔卑斯山区也有分布。

需要进行审慎的实地调查研究，才能精确划定每一住宅类

① 阿尔贝·德芒戎后来修改了这个分类。参看《农村房屋分类的尝试》一文（法文版编者注）。

型的地域，并以合适的比例尺将其地理分布表现在地图上。但现在我们就能够简要说明它们外貌的一般特点和分布情况。

1. 简单的房屋

最简单和最经济的布局，是把住宅的所有主要部分置于同一屋顶下的布局。尽管村庄房屋的材料和聚居方式造成外貌上的差异，人们在法国的大部分地区还是能看到这种最基本的安排。它把人的住宅和生产经营的建筑物放在一条线上和一个屋顶之下。根据生产的性质和规模，这些建筑物的数量有多有少，有时就是一个牛栏，有时是一个牛栏和一个谷仓，有时是一个牛栏、一个谷仓和一个马厩，它们排成一线，从人的住宅延长出去。住宅常常有一个内门和牛栏相通连，因为农民希望和他的牲畜保持直接的联系。全部建筑物都在地面上。有时在这个唯一的地面层上面有一个屋顶层，在那里存放食物、粮食和饲料。一般地说，住宅的容积是小的，人们把一切都聚在同一座房子内，借以免除许多座单独房屋的耗费。这个类型似乎到处都和小农户，也就是和在法国分布最广的农村企业的形式有联系。由于分布广泛，这个类型有许多区域性亚类，每一亚类都有一些对于地方性需要和习俗的适应。

(1)北方的亚类　人们在法国和比利时的整个阿登区域、阿戈讷、蒂耶拉什和埃诺以及杜埃和康布雷的一大部分，都见到简单的房屋。

在阿登区分布最广的形式是一座小房子，它把毗连的建筑物连在一条线上和同一个屋顶下（图 1）：住宅、牛栏和马厩、谷仓，没有院子，房屋或屋后有一个小园子，肥料堆常放在路上。一群这样的小房子组成阿登人的村庄。各地之间只有建筑材料上的差别。在阿登山地，人们用板岩盖房子，以石板盖顶，有时人们用一层木板保护房屋的西面和西南面。在阿登省中部的高原和平原上，人们使用当地的黄或灰色的漂亮方石。在接近阿戈讷的地区，人们在砖或石头的搁栅上用木梁盖房子，木梁之间以泥土充填①！

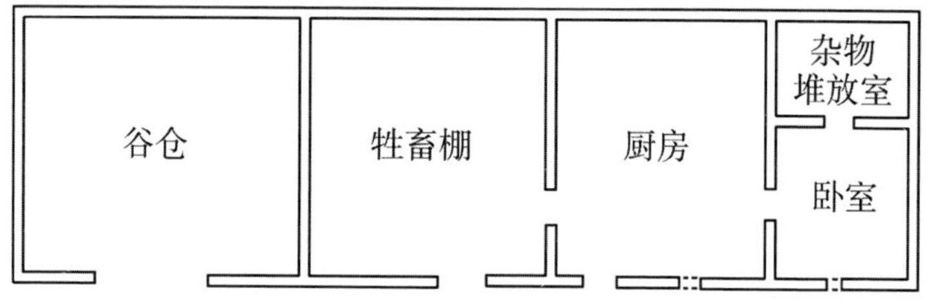

图1　最简单的房屋，在瑟穆瓦河谷（阿登高原），长25米，深7米

和诺尔省、埃纳省及阿登省毗邻的部分，我们可以统称之为蒂耶拉什；人们从十九世纪中期以来，就在这一带地方看到农村经济的彻底改变：农业区变成了畜牧区；放牧的企业已成了大多数。住宅的某些特征显示出这种变化：由于人们已经手头宽裕，甚至发了财，于是把房子盖得更大、更通风、更结实，甚至在厨房上面还有一个顶层。人们还为适应新的生产活动，造一个地下干酪窖和一个较浅的奶品窖。但人们保持着传统的整体布局：长方的形状，没有侧

① 个人的观察。——也要参看：B. 莫库朗，《阿登省地理》，夏尔维尔，1912年，第44及47页。E. 尚特里奥，《香槟》，巴黎，1906年，第80页（沃夸的照片）。

翼建筑物，主要的部分如住房、畜厩、谷仓都在地面层，而且是一个朝向。虽然畜牧业经济占主导地位，但谷仓还是有的，它在冬季存放牲畜饲料，到天气暖和时，由于牲畜白天黑夜都在牧场上，谷仓就成为储藏室和洗濯室①。

在佩韦勒(奥尔希地区)，大多数农户的土地不超过二公顷，那里的农村住宅只有一座建筑物：用石灰刷白的土墙，有绿色护板的窗户，住房(厅和卧室)和容纳 2—3 头牛的牛厩及谷仓，都在同一个屋顶下。屋后——也有在前面的——一小块栽上果树的牧场②。这也是杜埃和康布雷两个地区中、小农户住宅的布局；不过房子大一些，而且全用砖头砌墙。有时小农户还有一个置放织机的地窖，用朝向街道的宽玻璃窗采光。这种房子的山墙总是对着光线来源的街道，但是，自从土地的生产力使农民不必去纺织的时候起，农村的房屋就不再有放织机的房间，而这种独特的布局也就不继续存在了③。

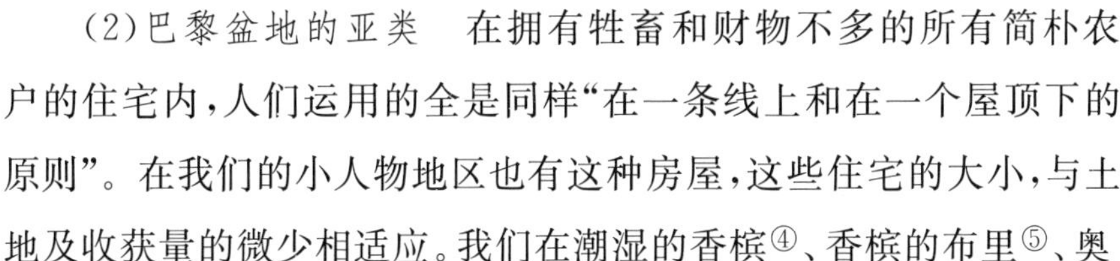

(2)巴黎盆地的亚类　在拥有牲畜和财物不多的所有简朴农户的住宅内，人们运用的全是同样“在一条线上和在一个屋顶下的原则”。在我们的小人物地区也有这种房屋，这些住宅的大小，与土地及收获量的微少相适应。我们在潮湿的香槟④、香槟的布里⑤、奥

① 个人的观察。还请参看 A. 德·福维尔，《调查研究》，I，第 68—70 及 72—75 页。

② Th. 勒费弗尔，《佩韦勒的农村生活》，《里尔地理学会通报》，1913 年，第 231—233 页。

③ 阿·德芒戎，《皮卡底平原》，巴黎，1905 年，第 370 页。德·福维尔，《调查研究》，I，第 37 及 46 页。

④ E. 尚特里奥，《香槟》，第 55—57 页。

⑤ A. 德福维尔，《调查研究》，II，第 106 及 114 页。

特[①]、莫尔旺[②]、欧塞尔[③]、尼韦奈[④]、卢瓦雷的葡萄种植区[⑤]等地区，看到的就是这类简单的房屋。有时在新建的住宅中开始有了家庭住所，与附属建筑物分开，以及增加一层楼的情况；个别的人家宽敞而且陈设充实，但房屋的布局和职能没有本质的改变。

（3）西部的亚类　在法国西部的旺代、布列塔尼、曼恩及安茹、诺曼底的古老岩层、荒原和树围地区，贫瘠而又崎岖的土地分属于众多的小农户。简单的房屋在那里占主要的地位。在草比谷类长得好的这些绿色地区，农民首先全力照料的是牲畜。为了不和它分开，他把它放在身边；畜厩和人的住房密切接触，但不混在一起（图2）。人和牲畜比邻而居的现象，现在在下布列塔尼仍然

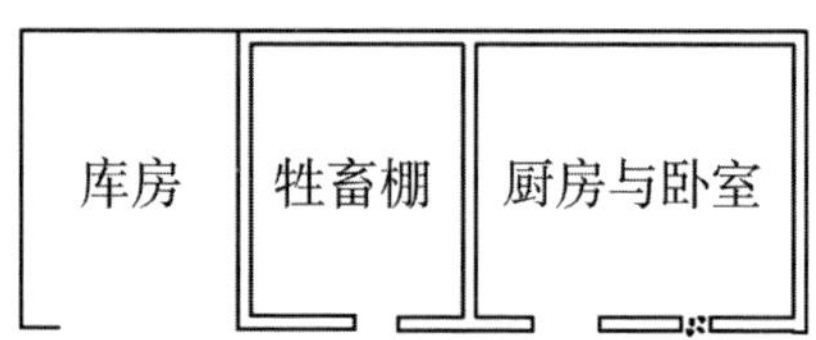

图2　最简单的房屋，在蓬蒂维附近（莫尔比昂省），是非常小的农舍，长10米，深5米

常见。“马或牛厩和人的住房在同一座建筑物内，甚至在今天也不总是分离的。仅有的隔开的附属建筑物，是谷仓或小小的猪圈。”[⑥]在这种畜牧性质的经济中，谷仓像是附属的设施，畜厩是农

① A. 德福维尔，《调查研究》，II，第185页。

② 个人的观察。也要参看：J. 勒万维尔，《莫尔旺》，巴黎，1909，第219—226页。

③ P. 拉讷，《博尔希谷地》（约讷），巴黎，1911年，第165—166页。

④ A. 德福维尔，《调查研究》，I，第348—350、366—367页。

⑤ 同上书，I，第317页。

⑥ C. 瓦洛，《下布列塔尼》，巴黎，1906年，第135页。参看特鲁格努尔农庄的平面图，第138页。

村的真正建筑。“在洛克米内，农民没有和牲畜分开的想法；畜厩和厨房只隔着一道有门相通的墙。如果同康布里时代人、牛之间只隔着一列高与人齐的栅栏的情况相比，我们应当认为这道隔墙是一种进步。但一直不变的令人悲叹的事实是：在许多地点，人的住房和畜厩非常轻易地互相掉换。”[1]在蓬蒂维[2]附近，农户的土地很少超过 15—20 公顷，农舍也是单座建筑。人的住房和畜厩大小相等，外貌相似，处在一条线上，朝着一个方向。几乎从未有过谷仓，农民只能把收获物放在住房及畜厩上面的顶楼上。住房前有一口花岗岩砌的井，附近有一个烤黑面包的烘炉。有时，较大的农户有一个与房子成直角的库棚，用以置放麦秸、车子和工具。在下莱昂[3]地区，较宽裕的农民拥有一座较大的、分隔较多的房子，但住房、牛栏、马厩、谷仓都依次相连成一条直线（图 3）。在瓦讷[4]地区内部的荒原之间，住宅是一座简单的 8—10 米长和 6—7 米宽的房子，用木板隔成

图 3　最简单的房屋，在普卢埃斯卡附近（菲尼斯泰尔省），是有地 10 公顷的农场，房屋总长 24 米，深 5 米（据 A. 德·福维尔）

① C. 瓦洛，《下布列塔尼》，第 141 页。

② 勒穆瓦涅小姐惠供的资料。

③ A. 德·福维尔，《调查研究》，II，第 320 页。

④ 同上书，I，第 298—299 页。

两间：卧室和畜厩。随着向耕作较好、居民较多的海滨行进，人们看到了楼，有时甚至有住房和畜厩分开的现象，但基本布局还是那样。我们在阿夫朗什[①]地区、诺曼底树围区[②]、旺代和雷斯[③]地区、下曼恩[④]、普瓦特万沼泽，甚至普瓦图[⑤]平原上，看到的都是这类的住宅。

(4)南方的亚类　简单的房屋在我们南方的许多地区到处出现；那里的小农户分布非常广泛。在巴斯克地区、普罗旺斯平原，从卡庞特拉到艾克斯及土伦[⑥]，在下多菲内[⑦]，在阿尔卑斯(伊泽尔河中游与德拉克河下游谷地，以及附近的丘陵[⑧])(图4)，都是这

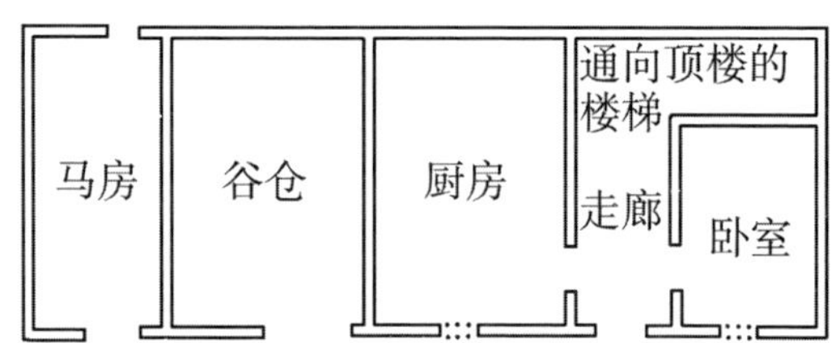

图4　最简单的房屋，在埃尔贝，邻近于里亚日(伊泽尔省)，长18米，深7米

① A. 德·福维尔，《调查研究》，I，第301—307页。

② S. 勒马松，《诺曼底树围区》，巴黎，1910年，第17及下页。R. 德·费利斯，《下诺曼底》，巴黎，1907年，第413页。S. 勒戈尔，《诺曼底树围区概况：孔代叙努瓦罗》，1883年，第104—105页。

③ 勒穆瓦涅小姐和韦尔热小姐惠供的资料。

④ R. 米塞，《下曼恩》，巴黎，1917年，第424页。

⑤ Ch. 帕斯拉，《普瓦图平原》，巴黎，1909年，第206及217页。

⑥ 个人观察与德方丹的资料。

⑦ A. 德·福维尔，《调查研究》，I，第209—222页。

⑧ A. 布瓦西厄，《比耶夫尔—瓦卢瓦尔谷地》(《格勒诺布尔大学年鉴》，1909年，第78页)。

种情况。在和山地接触的地区，简单的房屋是平原的房屋，至于高山或高原则是层叠式房屋的领域。在布雷斯[①]地区，它出现一些显示南方的特点：它通常拥有一层楼，楼的窗户开向一条木头走廊，人从外面的木梯上楼。楼顶向外延伸到走廊的上面；楼内存放干酪箱和玉米箱。天气不好时孩子们在走廊玩耍。在蒙托邦[②]平原上，同类的布局表现出户外生活的倾向：一条受屋顶遮护的敞廊用作住宅的前厅。当天气好的时候，在阿基坦的和煦阳光下，人们聚在那里共同劳动或休息。但所有这些房屋，即使它们有一些适应南方或个人特有的设置，仍然属于小农户的简单房屋那个类型：它把一切都放在同一屋顶之下，排在一条线上。

(5)中部的亚类　长期以来一直是条件不佳、农业贫困地区的中央高原，形成一个简单房屋最密集的领域。人们从利穆赞到维瓦赖，从波旁到科地区，看到的都是这类房屋。但是在这一大片地域内，地形、气候及经济的类型这么多，房屋也并不到处保持着不变的形状。它有时适应本地条件，屈从于一些地方性的需要；可是传统的布局持续存在。在利穆赞和下奥弗涅[③]的部分地区，尤其是在那些最小的农户中，占优势的是传统的布局：在同一座建筑物中，沿着一条线、朝着同一方向排列着住房、畜厩、谷仓。在利穆赞西部比较富裕和先进的若干区内，住房常和

① 丰森小姐惠供的资料。

② A. 德·福维尔，《调查研究》，I，第 130—140 页。

③ 个人的观察。

包括畜厩及谷仓的农村建筑分开；但两座建筑非常靠近，中间隔着一块任人来往的不能叫做院子的空地。在维瓦赖山和福雷[①]山区，房子总是单座建筑：一个用石头建造的坚固耐用的住所，很矮，屋顶倾斜而且向下延伸到很低的地方，北墙常靠有一道防寒的土护墙。房子内部隔成两间，一间兼作卧室、厨房和餐厅，一间是畜厩。冬季，人们有时聚在畜厩内，和牲畜在一起，借以享受一点温暖。与这种山地房屋相反的是罗阿讷[②]平原上的房屋，它较高、较亮、较开敞，一层楼上有一走廊，在天气好的时候，人们在走廊上享受阳光和温暖。但在中央高原，所有地方性特色的房屋中，最新奇的是在利穆赞[③]、奥弗涅[④]、维瓦赖[⑤]等山地区分布非常广的那种布局：把谷仓建在楼上，并且筑一个斜坡通向那里。它的目的看来是想把住宅聚拢、集中到一起。住房和畜厩在底层，车子经由外面填筑的斜坡到达谷仓，进车和卸车都很方便。由于高处在地面之上，谷仓是干燥的；冬季它还为底层保暖。这种独特的布局，把生产经营所必需的地方，全叠置在同一个屋顶之下的小空间内。它像是起源于奥弗涅，但由于它提供的方便，利穆赞的农民也采用了它，而且人们还在本地区西部

---

① A. 德·福维尔，《调查研究》，II，第 254—255 及 278 页。L. 布尔丹，《维瓦赖》，巴黎及里昂，1908 年，第 145—157、150—151 页。E. 雷尼埃，《维瓦赖地区》，拉让蒂耶尔，1913 年，第 23—24 页。

② A. 德·福维尔，《调查研究》，II，第 258—261 页。

③ 阿·德芒戎，《利穆赞的山地》，《地理学年鉴》，XX，1911 年，第 316—331 页及前注 II，第 239—260 页。

④ 个人的观察及巴塞尔小姐惠供的资料。

⑤ A. 德·福维尔，《调查研究》，II，第 275 及 295 页。

某些新建的房子内看到这样的安排。

(6)东部的亚类　在法国东部(洛林、孚日、朗格勒高原、弗朗什孔泰、汝拉),人们见到了这类住宅中最独特的亚类(图 5):农民想把一切集中在尽可能小的空间内①。这种结实厚重房子的布局和目的让人一目了然。全住宅有同一个正面和同一个屋顶,这个共同的屋顶遮护着人、牲畜和收获物,农民不愿将它们留在外面。另一方面,气候太寒冷,人也不能让牲畜在室外过夜,必须有大的畜厩常年安置它们。因此,除了结实厚重之外,它还给人以宽敞的印象。斜度很小的屋顶遮盖着广大的顶仓,屋顶甚至延伸到外墙以外,这样农民就可把不得不放在户外的一切全都聚集在能照顾到的檐下墙根。农民不喜欢把财物暴露在室外,只允许将肥料堆和木柴垛子放在门前。住宅内部按最利于生产经营的方式安排。在新近建成的房屋正面,住宅、谷仓、畜厩都有单独的进出口。在老房子里,人们从通向谷仓的大门进屋,再从谷仓经由内门进入住房和畜厩。因此首先出现的是谷仓,它占有很广的空间,

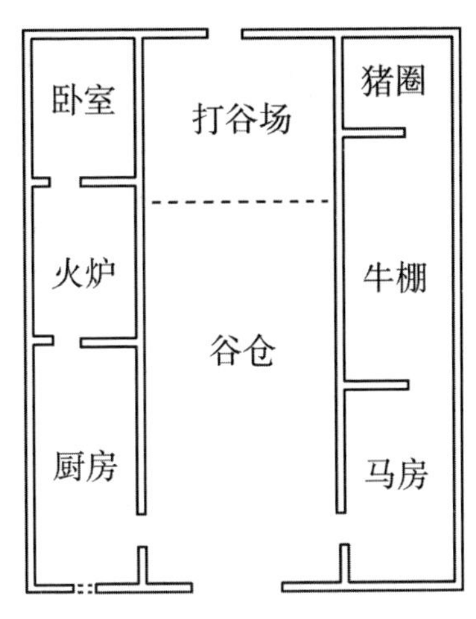

图 5　最简单的房屋,洛林地区的一种形式,在维泰勒(孚日省),大小:15 米×12 米

① 个人的观察。德·福维尔,《调查研究》,I,XXVI,XXXI,第 82、88、100—102、108、109 等页;II,第 204—210 页。建筑师协会,《被破坏地区农村重建研究委员会》,巴黎,1917 年,第 15—34 页。C. 格拉维埃,《洛林平原》,《地理学年鉴》,XIX,1910 年,第 440—455 页。

人们还在那里安排一个冬季打谷的场。车子可在那里装车，和把东西卸下来再放进高踞全屋上方的顶仓。人从谷仓直接进入畜厩，但也可通过有拉门的上窗，把顶仓里的干草送下来喂牲畜。人也从谷仓直接进入卧室，卧室一般都在底层。和房子的其余部分相比，它显得非常小；农民想到的主要是牲畜和收获物。

上述就是简单房屋的主要亚类。它是适合于小地产经营——法国居民中最普遍的一种耕作方式——的住宅类型。它把尽可能多的东西聚在同一个屋顶之下，并且使其朝着同一个方向。但它并不包容一切。珍贵的肥料堆时常坐落在门前；家禽在肥料堆和路上游荡，它们在房子内只能在畜厩找一点地方栖身。此外，人不能从卧室看到谷仓或畜厩前面发生的事情。房屋主人不能一眼看到一切。把一切都收在眼底的问题，已经由别处的较宽裕农民解决了。这需要有较大的地产，即有建造较大房屋的必要和手段。

2. 靠紧式房屋

靠紧式房屋最引人注意的形式，见于皮卡底农庄和瓦隆农庄。它的分布区中心是皮卡底和阿图瓦境内的肥沃泥土平原与高原，人们也常在邻接的、农村生活条件相同的地区（佛兰德内地、诺曼底的韦克辛）[①]看到这种房屋。

这种房屋是一座长方形的、围着一个院子的建筑物，肥料堆在院

① 阿·德芒戎，《皮卡底平原》，第360—364页。H. 伊蒂埃，《皮卡底的村庄》，《地理学年鉴》，XII，1903年，第109页。勒米尔，《法国佛兰德地区的居住形式》，《历史著作，地理科学委员会通报》，1891年，第351及397页。R. 布朗夏尔，《佛兰德》，里尔，1906年，第415—416页。J. 西翁，《东诺曼底的农民》，巴黎，1908年，第479—482页。维达尔·德·拉·布拉什，《论法国北部泥土高原上的住宅》，《柏林国际地理学大会文件》，1899年，第2部分，第498页。

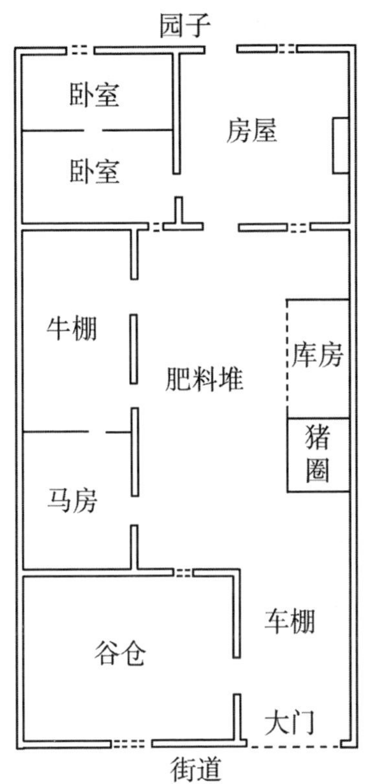

图 6　靠紧式房屋，皮卡底的一种形式，大小：24 米×12 米

子中央(图 6)。它的农业作用通过谷仓的巨大而表现出来，谷仓沿着通道，形成四边形的整个一条边。它的历史要追溯到距今不远的过去，那时谷类是这些地区农民的巨大财富；那时还没有把麦捆堆在田地里的习惯，人们把一切都运回家。为了存放收获物，就需要有空间，一个大的谷仓。仓门开向街道，人们通过一个能出入大车的门进入谷仓，同时可以进入院子和住房。人们从街上把麦捆由窗户或小门抛入仓内。一天完了，人们把大车放在大门内。这种布局使外地人惊异；它使村内街道显得死气沉沉，因为把门关起来时，人从外面只能看到一堵无开口的墙。这种房屋的第二个特点，是人的住房和畜厩的关系。人的住房一般面对着大门，和牛栏马厩完全连接在一起。它们构成四边形的另外两条边，它们之间常有内门相通，农民只需走几步就到他的牛或马的跟前。如果没有内门，院子四周就有一条用前伸的屋顶遮雨的人行道。整个布局使农民能一眼看到全院落。全家住在一个简单的有两三个房间的地面平房内。这个平房还不完全属于住在其中的人，在老房子内尤其如此。它有一个通向院子的门和一个通向屋后的园子或牧场的门；因此，它是从院子到园子或牧场的人和牲畜的通道。在农民的这种房子里，没有

一样是让人舒适的或是无用的,那里的一切安排都是为了农业生产。

法国北部是人们称作皮卡底农庄或瓦隆农庄这种靠紧式房屋的密集分布区。但它也形成小群,分散在一些由于较先进的农业经济或较大面积的生产经营而需要它的地区:香槟平原①、福雷平原②、卡昂平原③、贝里平原、塞尔达涅平原④。在这些不同的地区内,由于各种原因——产品的丰富和多样性、家畜数量的众多、干草供应量的巨大——农民的经验已经随着时光的流逝而造成最适于他生产经营的居住方式。

我们说这种布局适于大规模的生产经营,是因为我们从采用它的大面积耕作区农庄内,得到这方面的证据。谁在巴黎周围的肥沃高原上,没有看到这类被石墙围绕、像是孤立在田野中的农村城堡的巨大房屋?它们是那些耕种布里、博斯、韦克辛、"法兰西"、瓦卢瓦、苏瓦松的肥沃土地的大农庄的建筑物。在中型农业的地区内,它们的数量较少。但即使在这些地方,它们也总是大农庄的房子。从皮卡底、阿图瓦、佛兰德、埃诺、桑布尔河与默兹河的河间地带、布拉班、埃斯拜,直到布鲁塞尔、列日、林堡及莱茵河地区,人们都能看到它们庄严雄伟的形象。外观结实而近于壮观的农庄主体,是用石头建成的。上有宽敞顶仓——它简直像要把底层压垮——的马厩和牛栏、谷仓、住房,排列在一个方形大院

① 尚特里奥,《香槟》,第133—136页;P.莱昂,前引著作,第36—37页。

② A.德·德维尔,《调查研究》,II,第250—253页及265页。

③ R.德·费利斯,《下诺曼底》,第418页。

④ M.索尔,《利翁湾沿海平原上的住宅》,《郎格多克地理学会通报》,1907年,第9页。

子的四周，院中央是肥料堆。住房的舒适雅致，常使人以为它是城市里的房子。高高的烟囱、蒸汽机、电话线，使得这些巨大的农业装备像工厂那样在运转。现代生产的强化，也常使人们需要在石墙外面建筑一些车房、厂棚和工场。但内在的骨架依然如故。农庄所有极其重要的机构都紧紧地聚在一个封闭院子的周围，那里发生的一切都在房主的眼皮底下。

3. 疏开式房屋

在靠紧式房屋内，一切都靠在一起，聚在一起。到了夜间，农民安静地睡在他财物的旁边，他只把不想拿进屋的东西放在外边。但这种办法不是一切都好的。人，不自由，他被迫做牲畜的伴侣，有时同它们不卫生地亲密生活在一处。不是所有的农民都接受这种束缚；在某些地区，他们已经建造了使自己能摆脱束缚的房子。另一方面，牲畜不能老是拴在畜厩内，人们必须将其领向牧场。可是，人也不能远离需要细心照料的幼畜、一天要挤两次奶的牛、容易受惊而又性情躁烈的马。因此，精打细算的经济，必须想法让牧场靠近房屋。

给人以较多的独立性和较好地发挥牲畜的作用，似乎是疏开式房屋的双重考虑。在这类住宅中，各座建筑物都互相分开，但和牧场却不能分离：或者和它密切接触，或者直接建在那里。在我们沿海的佛兰德、皮卡底和上诺曼底地区，都能观察到这种独特的组合[①]。温和的海洋性气候允许牲畜长期留在户外，即使

① R.布朗夏尔，《佛兰德》，第414—415页。A.德·福维尔，《调查研究》，I，第15—18页。J.西翁，《东诺曼底的农民》，第466—469页。阿·德芒戎，《皮卡底平原》，第367—369页。

夜间也不必回厩；在这湿润的地方，大自然促使农民向畜牧经济发展。加之在这些有如此众多的斯堪的那维亚、日耳曼及盎格罗-撒克逊影响侵入的沿海地带，还留存着古老的个人独立性和物质舒适观的传统。

有三座互相分开而又围着一个堆肥料的院子的弗拉芒农庄（土名 hofstede），是本类的一个地方性亚类。它在佛兰德东部（卡塞勒、阿兹布鲁克）特别多见，而向东到利斯及里尔地区就没有了。家庭的住房一般对着院子的入口，人们经过篱笆间的一道栅栏而进入院内；一边是畜厩，另一边是谷仓。住宅的周围是小榆树行和绿篱，它们同时环绕着一个小园子和宽敞的牧场，农庄的珍贵牲畜在农民眼前的牧场上吃草。这样封闭的整体建筑叫做奥夫（hof）。它的主要特点显示出它的居住者对独立性的爱好，以及畜牧经济的一些习惯。

如果我们从佛兰德西部进入布洛涅及沿海的皮卡底，环境并无改变。我们回想起北方的许多情景：涂成黑色或黄色的房屋正面，窗户，门窗上的挡雨披檐及漆成蓝色的门；明丽整洁的装点，用鲜艳的色彩使常呈灰色的天空也逗人喜爱；为了对抗潮湿，人们习惯于在墙根涂上柏油；到处也是各自分离的疏开式房屋；住宅分散在篱笆和牧场之间。

但一个更独特的房屋亚类与诺曼底同时出现（图 7）。人们看到房屋的间隔更远，院子扩大，而且被苹果树荫下的草类覆盖着。石板屋顶与茅屋顶混杂出现。建筑材料以更加艺术的方式，和由于木材、粘土、燧石和石头结合使用而产生某种优美的意趣装配在一起。人们进入了诺曼底，进入这个古老的历史省份的核心科地

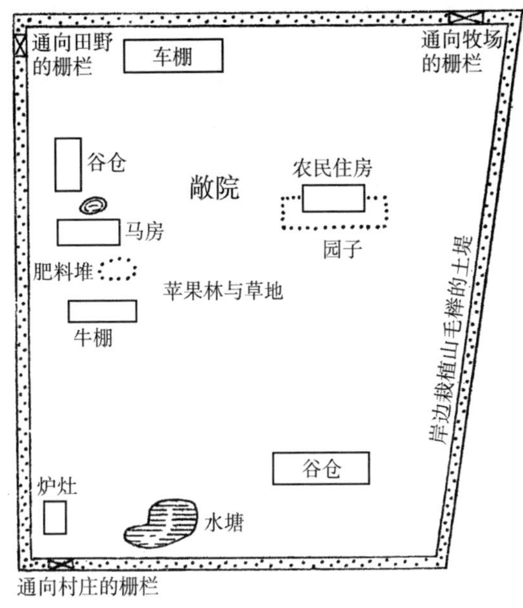

图 7　疏开式房屋，科地区的一种形式，在莱布吕耶尔，小达勒附近（下塞纳省），相等的两边各长约 200 米

区。这个中等农户占优势、小农户极少的地区，大致构成伊夫托和阿弗尔两个行政区。科地区农庄的特点来自两方面：分散在牧场中央的房屋位置，和一条栽上树的高土堤为全部房屋划定的界限。这里所说的牧场是名副其实的，小马、小牝牛、家禽都在那里游荡，吃草嬉戏的牲畜是用不着照料的。它也是栽植苹果树的果园。在围墙之内，建筑物都是分离的，而且有时由于敞院广大而相距很远。沿着北面围篱建造的家庭住宅朝向敞院，农民可以在那里监视正在干活的人或移动中的一切。马厩、牛栏、谷仓、车房、羊圈都是孤立的建筑物，炉灶远远地位于一个角落里。我们感觉到那里的人想避开不愉快或危险的混杂居住，他的住宅本身，通过安排和陈设而显示出主人的安逸生活的习惯。除这些我们可以称之为科地区农庄的经济和社会面貌的特征之外，还有一个使它们具有真正乡村美的特色：围墙。这些围墙是土墙，高 1.5—2.0 米，栽上大树——榆树和山毛榉，尤以后者为多。把农庄隐藏在后面的这些

树行，使敞院具有小树林的外貌。它们保护在牧场上游荡的牲畜和开花的苹果树，使之不受强风的侵害。科地区的真正魅力来自它一望无际的自然景色的配合：麦田在微风抚弄下浅浪轻匀，大树群的繁枝密叶在道路上方交织成壮丽的拱顶，堇菜、报春、风信子在春意绵绵的青翠斜坡上繁花似锦。

这就是疏开式房屋最独特的亚类。它比其他亚类更加鲜明地显示一种以牲畜为主的农村经济，和人们希望更多自由的社会状态。

4. 层叠式房屋

在我们刚说过的靠紧式及疏开式房屋中，一种几乎普遍的规律是人的住房在地面层，和其他建筑物处于同样的高度。这种平常的住宅极少高出地面，它向面扩展。人们只在富裕农民的家里看到住人的楼房；而且就在这些人家，主要房间和厨房仍然总在下边。就农村来说，还有另外一个允许人、牲畜、财物保持密切接触的解决办法，即不把这三者平行并列，而将其上下叠置。这样就出现了一个房屋类型：畜厩在底层，人的卧室在楼上，顶仓在最高层。它自给自足，附属的建筑物很少，一切都容纳在同一屋顶之下。它的最大特点是把牲畜放在下边，人搁到上面。值得注意的是，这个类型像是和我们南方许多农村有联系。它出现在天朗气清、阳光灿烂的中央高原东坡和南坡，接着向阿基坦盆地和郎格多克某些部分的平原和丘陵区延布，最后深深地进入阿尔卑斯山地的内部。

这种房屋考虑的是把一切都放在一座建筑物里，在同一个屋顶之下，用同一把钥匙。所有权的天性，对财物的热爱，使农民采取这种基本的布局。但是很明显，把住房放在楼上也不是毫无不便的一种舒适，它使人劳累。人们为什么这样干呢？无疑是由于一种我们偏北地区的农民没有感觉到其重要性的原因：离开牲畜，不和它们混在一起的愿望。正像德福维尔①所说的："当农民用一个20—30级的楼梯把他的床，和那个易受灰尘、泥土、恶劣气味的污染，及人、牲畜来往干扰等种种不便的底层隔开的时候，他就上升到社会等级的最高层次了。"我们觉得在这种安排中，存在着一种可能是地中海地区许多民族共有的古老传统，它在希腊村庄的较富裕农民住宅中很常见，而且得到我们法国的一个特点的补充：通向一层楼外缘阳台的室外木梯或石梯。巴尔干半岛西部（达尔马提亚、黑塞哥维那、波斯尼亚西部、蒙特内哥罗、阿尔巴尼亚北部、马其顿西部）的房屋也是这样。在所有的南方各地区内基岩时常外露，石头很多，如果要盖楼房，坚硬的建筑石材就在工地跟前。

在法国，层叠式房屋满布在洛特—加龙、塔恩—加龙、洛特等省境内的凯尔西②地区小面积耕作区高原上。这些石墙红瓦顶的简朴房屋的底层，包括畜厩、地窖或羊圈，有时有一个排水口。人们经由一个外梯登上一层楼（厨房和卧室）及阳台，只有在土地相当多的农民家里，畜厩和谷仓才占用分开的建筑物。同样的房屋也见于科比耶尔③、卡尔卡松、下郎格多克④、鲁西永，例如在奥洛特⑤的卡塔隆尼亚人（catalane）的房屋中，拱顶的底层供羊群和两

① A. 德·福维尔，《调查研究》，I，第30页。

② 同上书，I，第275—279、284、288—290页。

③ 同上书，I，第20—22及254—257页。

④ M. 索尔，《利翁湾沿海平原上的住宅》，第9页。

⑤ M. 索尔，《地中海边的比利牛斯山》，巴黎，1913年，第316—317页。

头耕牛居住，农具也放在那里；人住在一层楼。在前伸的屋顶下面，楼上还有一条走廊，玉米棒子放在那里晒干，家庭成员也常去待一会儿。

在中央高原可以感觉到南方影响的坡地上，人们看到房屋向高处发展，包括塞加拉高原（圣阿夫里克及米拉①区域）、博若莱及马孔内②山的山坡、里昂内③丘陵。到了维瓦赖④，人们从离开寒冷的山地到达朝向罗讷河谷地的山坡及丘陵的时候起，就看到这类房屋非常普遍。这种情况可以延伸到塞文的栗树林地带，并且进入养蚕的地区。德福维尔的调查中，关于阿尔代什⑤盆地的房屋那一部分说，“底层是盖有拱顶的，人们在那里放置牲畜和酒，尤以后者为主，因为这一带地方牲畜很少。全家住在楼上，一般经由一个外梯上楼，梯顶处是一个叫做翁通（onton）的有盖顶的宽广阳台，房门就在阳台上。夏季的温度说明为什么要有阳台，它是一间真正的不受太阳照射的外室。农民常常待在那里。天花板上悬挂着卡西罗——一种晾干干酪的篮子……”

在我们这一部分阿尔卑斯山地的房屋中，出现同样的这些根本特点（图 8），好像移住到这些山地的人也把盖房子的习惯从南方带去了。在萨瓦⑥地区很普遍的，在平原用石头、在山地用木头

① A. 德·福维尔，《调查研究》，I，第 20 及 226 页。

② 同上书，I，第 157 页；II，第 229 页。

③ 同上书，I，第 128—129 页。

④ 同上书，II，第 278—281 页。布尔丹，前引著作，第 149—152 页。

⑤ 同上书，II，第 281 页。

⑥ 在比热亦能见到这种情况，但比热隶属萨瓦很久了。

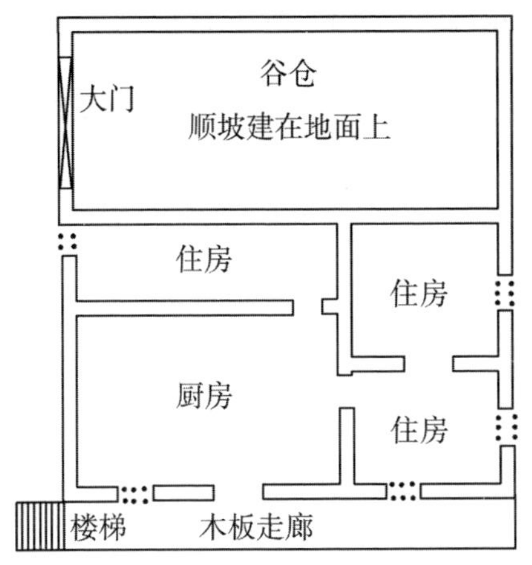

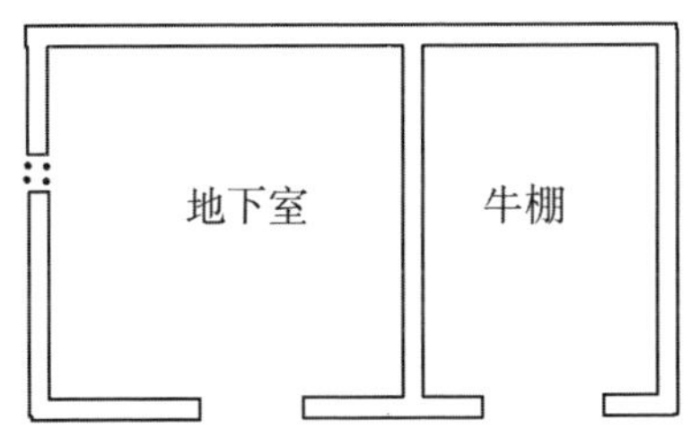

图8 楼房。吉夏尔(沃尔纳韦)的农庄,在于里亚日(伊泽尔省)附近。上图,二楼,9米×9米;下图,地下室,9米×9米。(据丰散小姐的一张素描)

建造的这种阿尔卑斯山的房屋,由于它楼上有走廊,使我们一眼就看出人的卧室不在底层。一层楼是这种房屋的特点,它有一条木头造的走廊——一种通连所有房间的外阳台。为了遮护走廊,屋顶前伸很远,时常远到使室内幽暗的程度。在屋顶的遮护下,走廊在下雪时也能通行,雨下不进来,它被用作晾场和仓库。在天气好的时候,家里人全到那里,妇女在那里干活。所有这些习惯,显示了已经是南方的居民对户外生活的爱好,这和北方人闭居在室内的习惯形成了对比。底层用作畜厩,如果没有牲畜,就存放过冬的食物和木柴。在一层楼的上面,耸立起宽敞的顶楼,用以存放麦秸和干饲料。它是真正的木结构上层建筑,那里空气流通可使收获物干燥。这种结实、矮壮、宽敞的山地房屋,由于有防寒的厚墙而适于山区的生活,也由于有宽大的顶仓和干草房而适用于畜牧业地区。但它们在整个阿尔卑斯山区的分布并不均匀。它在萨瓦地区非常普遍,而且延布到汝拉的南部以及多菲内的高丘陵地带;但在

它的分布区之内，插进了一些简单房屋的群体，在格雷西沃丹①的内部和边缘、韦科尔、瓦桑及凯拉②等处，就是这样的情况。现在还有待于通过调查来确立这两个类型的分布情况及其原因。

在高的谷地内，有某些适应地形和气候条件的布局和习惯。有时，背倚坡地的房屋楼层，后面就在地面上。在这种情况下，楼层里既有人的卧室，也有畜厩；拱顶和砖石砌成的底层被用作酒窖、食物储藏室及杂物堆房。牲畜和人于是比邻而居了。另一些情况是强制实行一种更彻底的混杂居住。上阿尔卑斯的某些区内，冬季是如此寒冷，以致人们必须首先防寒。全家有6个月的时间离开楼层，到底层与牲畜挤在一起，身体的倚靠能够互相保暖。显然，就是由于气候条件的严酷，人们才被迫违背层叠式房屋的通常使用习惯。当人们能够摆脱寒冷威胁的时候，就上楼了；他们高升到牲畜的上面，重新实行对层叠式房屋的特殊居住方式③。

总结

农村住宅确实是地理环境的产物。但是，如果认为这种影响

① 拉乌拉·布朗夏尔先生及丰森小姐的资料。

② 拉乌尔·布朗夏尔先生的资料。

③ 关于这类层叠式房屋，参看：德·福维尔，《调查研究》，I，XXIII，第170—172、186、202、235—239、204—242、245等页。M. 勒鲁，《上萨瓦》，布勒指南，巴黎，马松，不定期，第127—129页。Ph. 阿尔博，《塔朗泰斯地区的畜牧业生活》，《地理学年鉴》，XXI，1912年，第344—345页。

奇怪的是，在某些地区——如旺代的沿海地带及奥特地区——人们在逐渐消失的最古老的房屋中，看到这个层叠的类型。为什么它能延布到这些地方？也许是由于古代葡萄园的扩展。

是由土地和气候直接施加的，那就太简单了。它首先是由于人的作为：人之所以建造房屋是为了满足他每天生活的需要，他农业劳动的条件和他社会环境的习俗。一个住宅类型的特点，不在于墙和屋顶建筑材料的选择，也不在于其决定朝向和能够防御恶劣气候的布局。它首先来自房屋对地区农业经济的适应。第一，住宅是真正的农业工具，它从属于生产经营的特性，给予人、牲畜及物品以合理的位置。当要遮护耕作工具或收获品的时候，它在一个狭小的空间内形成一个紧密的整体；或是相反，当要保持一群数量相当大的牲畜的时候，它向牧场敞开和松散。第二，住宅的大小和形状随着农民开发的土地多少而变化。当英国的平原上只有一个农庄类型，即以大农庄为主的时候，而法国却由于农村情况较大的多样性而出现了多种农庄类型。我们农庄的大多数是小农住宅，从而显示出我们农村社会建筑物的根本特点。但我们这里存在着另一些适应不同生产规模的农庄类型：皮卡底农庄拥有的土地多于布列塔尼和利穆赞的农庄，科地区的农庄更加大一些，而巴黎高原的农庄，则是大地产的生产工具。

因此，农民是按照生产规模的大小来建造房屋的，这不仅造成建筑物占有的面积和空间有差异，而且还导致住宅本身布局不同。皮卡底的农民，由于田地广和牲畜多，于是不愿像简单的房屋那样，把一切都保持在同一屋顶之下，而是建造好多座房子，并且把它们聚在他小院子的周围。

当人们指出存在于农民的住宅和农业、社会条件之间关系的时候，并未作出全面的解释。有时在既定的两个地区内，相同的农业和社会条件并不相应地伴随相同的住宅类型。小农户在南方和萨瓦居住层叠式房屋，在布列塔尼和中央高原则居住简单的房屋。在佛兰德的瓦隆地区，占优势的是靠紧式房屋；在弗拉芒部分则是疏开式房屋。在诺曼底，科地区的敞院提供疏开式房屋的完美类型。到了韦克辛，许多房屋已聚合成靠紧式。人们可能要思考，在住宅的结构中，是不是有时掺进一些从别处引进、适合于国外文明某个古老传统的要素、方法和习俗。某些对比，只能激起我们的好奇心。我们在科西嘉、意大利和地中海的其他沿海地区，看到我们南方的层叠式房屋。我们在英国的农庄中，辨认出佛兰德和诺曼底疏开式房屋的原则。我们在荷兰东部的省份——盖勒德及上艾瑟尔，甚至还有弗里泽——遇到了简单房屋的，形状粗大沉重的洛林亚类。我们从博斯、皮卡底及佛兰德直到林堡及莱茵地区，到处都看到靠紧式房屋及其供大小农户使用的内院。住宅不应当仅仅是地方性环境的产物；它自身可能包含着一些外来的东西：远方亲缘的痕迹和普遍影响的反映。在一个房屋类型的地理分布中，存在着一些现在观察不到的，以及不受局部决定性规律支配的原因，要对它作出解释，毫无疑问，必须求助于历史的联系和文明的传布。

法国农村聚落的类型[①]

1∶10 000军用地图的测绘范围虽未遍及法国全部国土，但它绘出的地域之广，已经足以显示土地占有方式几乎所有的类型。它为那些耐心浏览大量图幅的人提供意想不到的丰富的观察资料。我们在仔细观察这个图集之后，从中摘抄一大批村庄平面图。而我们从摘抄图幅中选出的这一部分，已使我们能够按照形态对村庄进行分类。这个分类既不敢说是完善的，也不敢说是决定性的。它和同类的所有尝试一样，只能对一个值得更系统地研究的问题提供一点情况而已。对村庄及殖民方式进行分类的方法可能很多。可以根据它们的位置：它是地理学的基础。也可以根据它们的起源：它是历史学的基础。我们试图根据它们的形态，这个标准也许更全面些，因为它使我们能同时解释地理的和历史的事实。

通过对这些精美平面图的分析，人们可以辨认出村庄的两个基本类型：长形的村庄和块状的村庄。但还有不属于这两类的：首先是聚居形态中的星形村庄，其次是标志着趋向分散阶段的村庄——这一类尤其值得注意。

① 本文载于《地理学年鉴》，XLVIII，第271期，1939年。

一、长形的村庄

有些长形村庄的房屋，连续地或不连续地排列在耕地中央的道路两侧，不像是受到某一自然位置的吸引，人们可以称之为自发的村庄。另一些村庄的形状显然得自某一自然条件的特点，人们可以称之为位置的村庄。

自发村庄的亚类很多。现在先来看莱恩特雷村（图9）。它在默尔特—摩泽尔省布拉蒙县吕内维尔区内。这个洛林的村庄，由一条铺放着肥料堆和木柴堆的宽广街道构成；房屋紧密地互相连接，每家都有向田野突出的菜园—果园。田野上光秃无树，也没有围墙或篱笆，在低处有些草地牧场。一个公有的树林占地100多公顷。有时沿着村庄街道的房屋不是连续地排列着，它们中间隔着一些园子或牧场，好像农村的经济允许，也要求这些草地的间隔和这种住宅的松散。诺尔省西祖安县里尔区的康凡—昂—佩韦尔村，就是这种情况。房屋沿道路分散成小群，外有牧场环绕。原先附有教堂的核心部分，现在远远地处在长形村庄的尽头（图10）。

马恩省勃艮第县兰斯区的叙普河畔伊勒（图11），是贫瘠香槟地区的一个村庄，离勃艮第11公里。它的房屋拥挤在一条横过沼泽谷地的道路两旁。村庄所以能建在那里，是受惠于一个便于通过那条宽谷的小岛。十一世纪的圣雷米登记册提到它时用的名字是“Insula super Suppia”①。它向沼泽地伸进一些指状分支，它的

① 意思是“叙庇亚河中小岛”。——译者

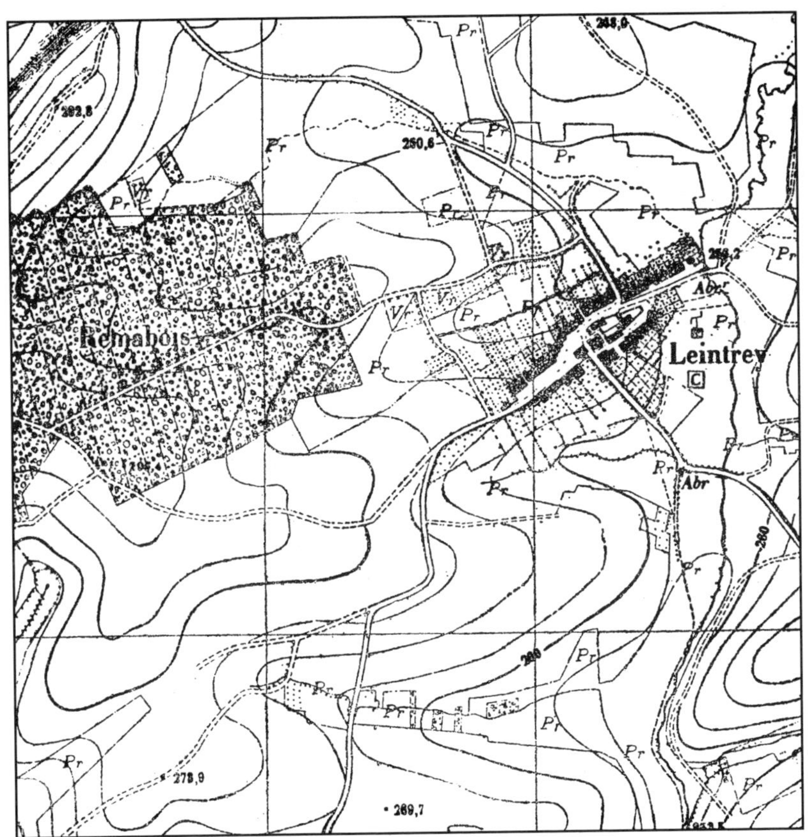

图 9　莱恩特雷村(默尔特—摩泽尔省)

图中主要地名:Leintrev　莱恩特雷

Remabois　雷马布瓦

注:图 9—图 38(图 26 除外)系从陆军地理局 1∶10 000 作战地图中摘选翻印的。

(中文版编者按:原书印刷模糊,图又复杂,难以清绘,只能原图制版,译注能辨认的地名,下同)

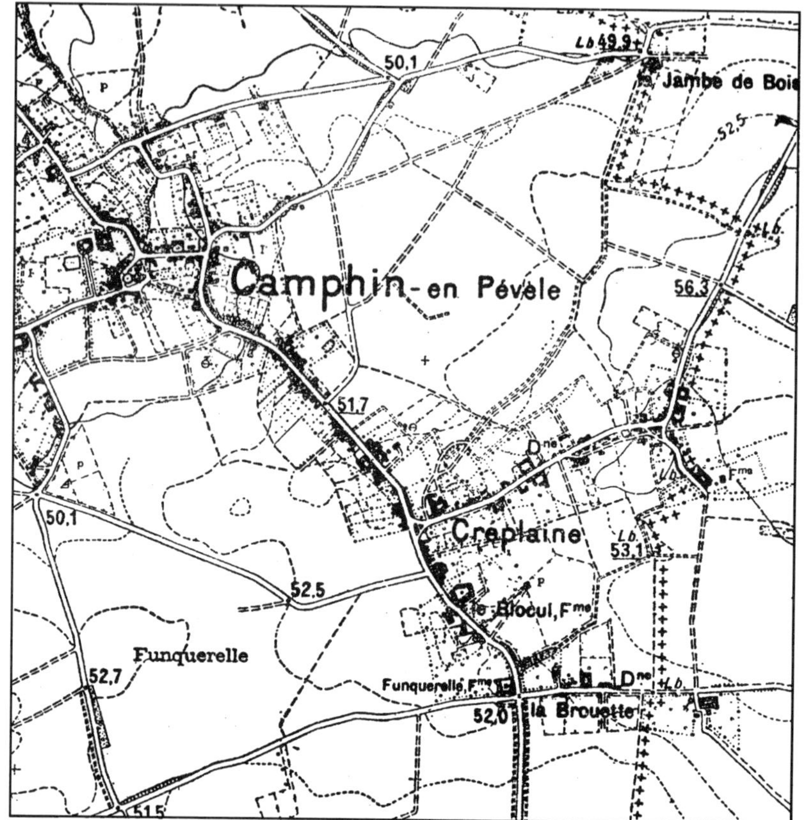

图 10 康凡—昂—佩韦尔村

图中主要地名：Camphin-en Pévele 康凡—昂—佩韦尔

Jambe de Boie 让布德布瓦

Créplaine 克雷普莱纳

le Blocul F. 勒布洛居尔农庄

la Brouette 拉布鲁埃特

Funquerelle F. 丰克雷尔农庄

Funquerelle 丰克雷尔

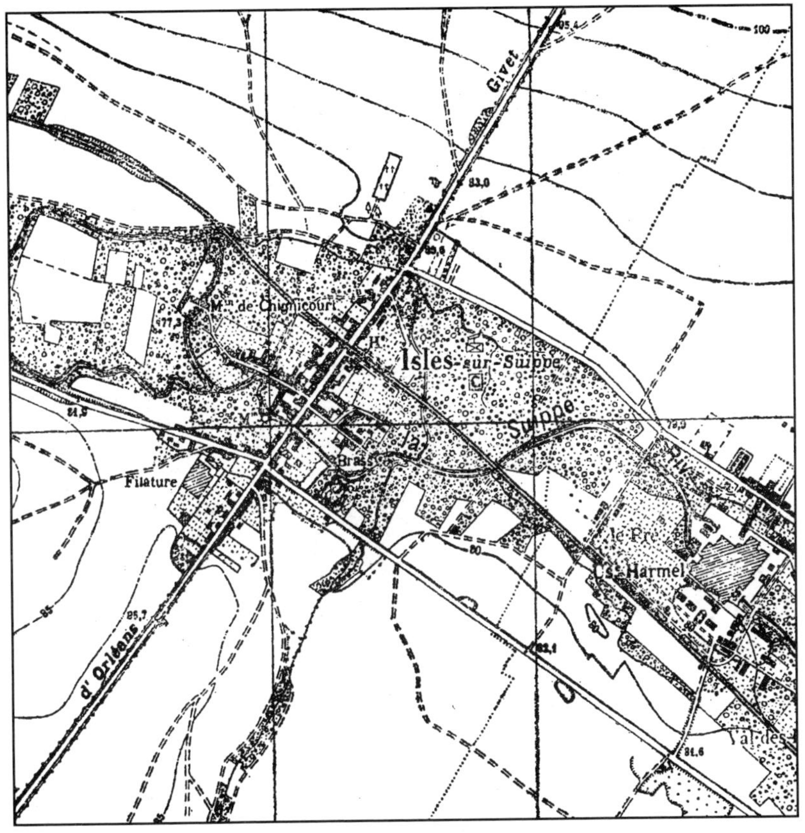

图 11　叙普河畔伊勒村(马恩省)

图中主要地名：à Givet　至日韦
M. de Chignicourt　穆兰德席尼库尔
Filature　棉纺厂
d'Orléans　通奥尔良
Brass　布拉
Harmel　阿尔梅工厂
Le pre　牧场
la Suippe R.　叙普河
Isles-sur-suippe　叙普河畔伊勒

图 12　博蒙昂贝讷村(埃纳省)

图中主要地名:Beaulieu　博略

Beaumont-en-Beine　博蒙昂贝讷

Bois de Corbie　科尔比森林

Carrières　采石场

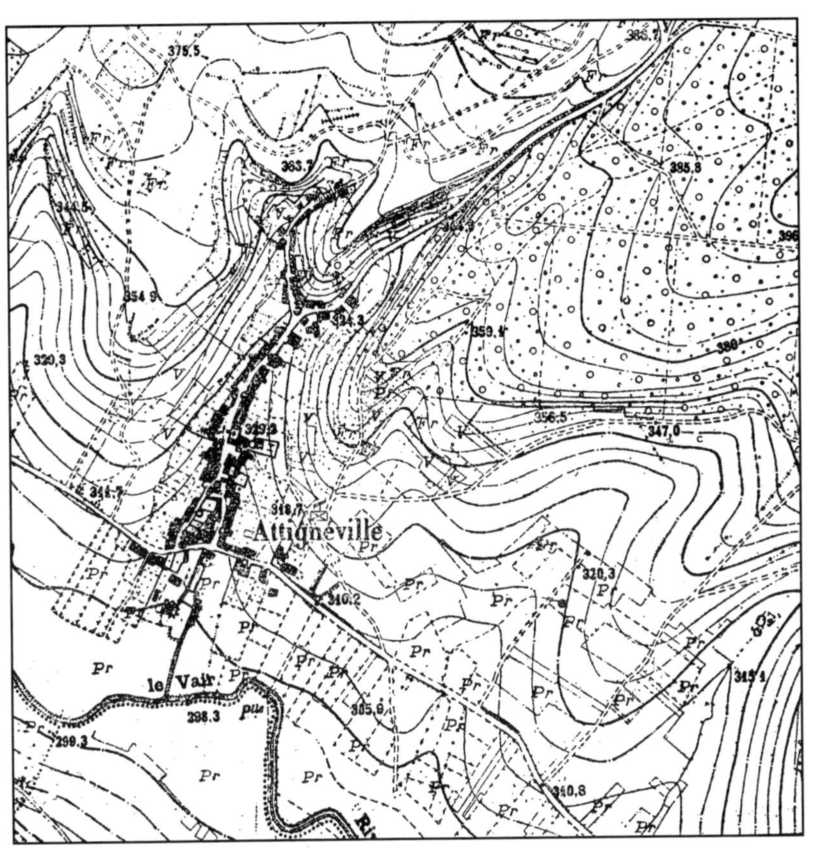

图 13　阿蒂涅维尔村(孚日省)

图中主要地名:Attigneville　阿蒂涅维尔

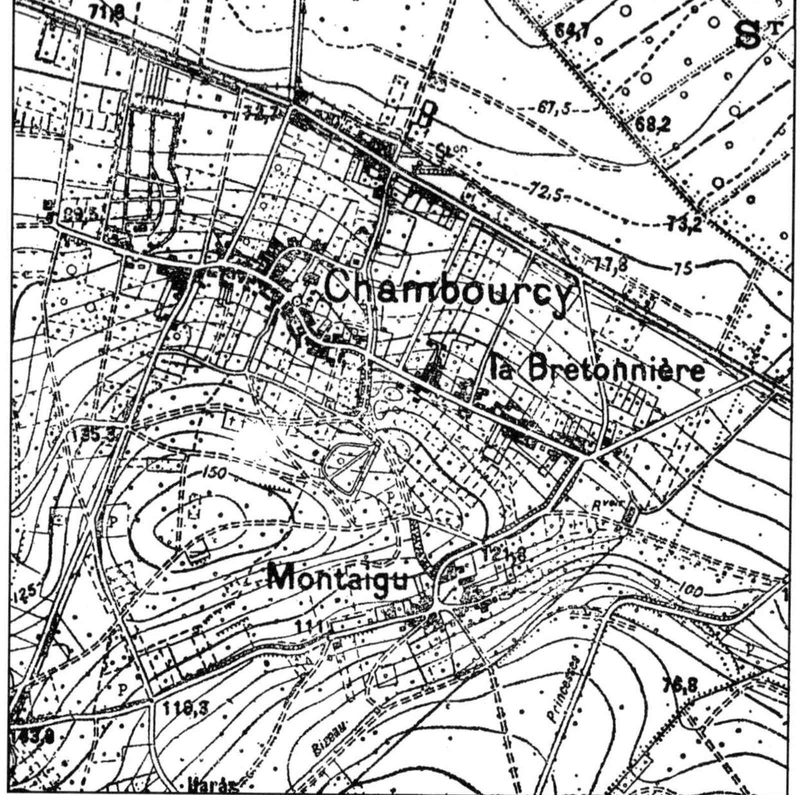

图 14　尚布尔西村(塞纳—瓦兹省)

图中主要地名:Chambourcy　尚布尔西

La Bretonnière　拉布雷顿尼耶尔

Montaiqu　蒙泰居

Princesses　普兰塞斯

Biresu　比索

Haras　阿拉

周围是果园和牧场，它有一些水磨：这是干燥平原上的村庄所缺少的宝贵财富。

埃讷省绍尼县拉翁(Laon)区内靠近瓦兹省边界的博蒙昂贝讷(图 12)，属于贝讷森林的采伐迹地上，沿拓荒者道路建立的村庄中最常见的亚类。贝讷是一个老森林的名称，它已经部分地被科尔比的修道士垦为农田。村庄已经离去的那个原始核心，现在位于这个长村庄的北端，人们从那里能看到城堡、教堂和博略小村。附近有许多形状相同的村庄，科地区的北部也有一些村庄具有和它们相同的起源和形状。

大自然通过它提供的位置，有许多决定村庄形状的方式。有直线形的位置，也有圆形的位置。圆形的位置来自曲流、沼泽、悬崖和含水层。孚日省讷沙托县(相距 13 公里)的阿蒂涅维尔(图 13)，是洛林村庄的一个好典型。它延伸在一个土地肥沃的小干谷内，两旁是种植葡萄的山坡，坡顶是树林。它的牧场向下游扩展到韦尔河的清凉谷地内。全部被这个长村庄占有的该谷地的吸引作用，在村庄本身的形状中是一目了然的。塞纳—瓦兹省内塞纳河谷左方离圣日耳曼 5 公里的尚布尔西村(图 14)，在覆盖着马尔利(Marly)森林的坡麓作长条状延伸。供应这个村庄的甘泉，从枫丹白露沙层底下的绿色泥灰岩中流出来，房屋排列成的这条线紧跟着含水地层。

在塞纳—瓦兹省内离蓬图瓦兹 7 公里的布瓦西—拉伊耶里村(图 15)，被维奥讷河的一个曲流强加以弯曲的形状，因为它偏偏喜欢建立在台地上耕地与沼泽谷地内牧场的接触带上。诺尔省内离圣阿芒莱索 4 公里的阿农村(图 16)，位于斯卡尔

普河的冲积宽谷内。人们注意到那里的一些小村，在泛滥地边缘一个疏干沼泽的周围排列成稀奇的圆形。这个沼泽自身所处的位置，是斯卡尔普河的一个旧侧移曲流。

埃讷省内离克拉奥讷6公里、属于拉翁区的佩西村（图17）的房屋，分散在一个锯齿形陡坡的旁边。粗石灰岩构成峭壁的突出部分，教堂位在一个石灰岩山嘴上。村庄在粗石灰岩下面苏瓦松沙层形成的缓坡上部，呈两条曲线状分布。这里的沙层不厚，覆盖在塑性粘土上，是一个产水层。在默尔特—摩泽尔省图勒区内离科龙贝8公里的塞兰库尔村（图18），是一个非常古老的村庄。在836年，它的名称是西格利尼·屈尔蒂。这个坡地脚下的村庄，建立在从里阿斯（Lias）统粘土层中展开的一个小宽谷内。一些洗衣池和牲畜饮水槽表明，在粘土层之上鲕状灰岩的坡地下面有一个圆形产水层。村庄就追随水源而形成一个圆圈。

有时长形村庄的增大使其失去原先的形状，并且由于有了两条主要街道，宽度加大，呈现出一种近似块状的外貌。人们在松散的和密聚的村庄内，都观察到这个变化过程。诺尔省阿韦讷区内凯努瓦以东10公里的旺德日奥布瓦（图19），就是这样由两条长街和四条横街联合组成的一个大村庄。街道之间的间隔，不是由房屋，而是由园子甚至牧场填补的。默兹省内蒙梅迪以东7公里的托讷拉隆（图20），也是像莱恩特雷那样的长形洛林村庄，它的布局同样是房屋建在一条宽街旁边，但它扩大的办法不是加长，而是增宽。

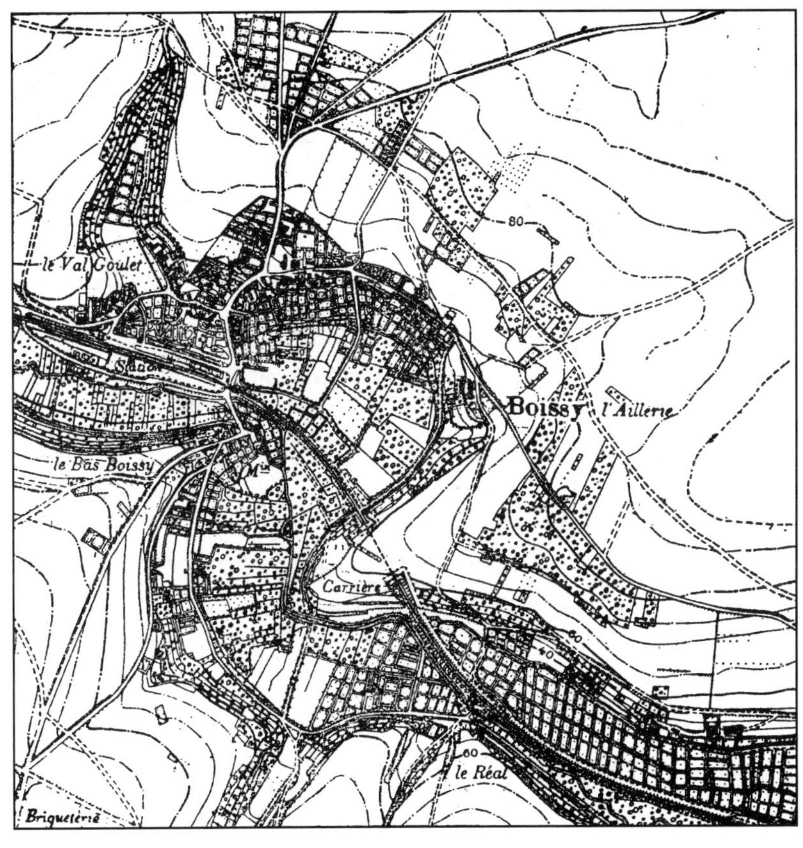

图 15　布瓦西—拉伊耶里村(塞纳—瓦兹省)

图中主要地名:le Val Goulet　勒瓦尔古莱
station　车站
le Bas Boissey　下布瓦西
Carrière　采石场
Brigueierie　布里格泰里
le Réal　勒雷阿尔
Boissey-l'Aillerie　布瓦西—拉伊耶里

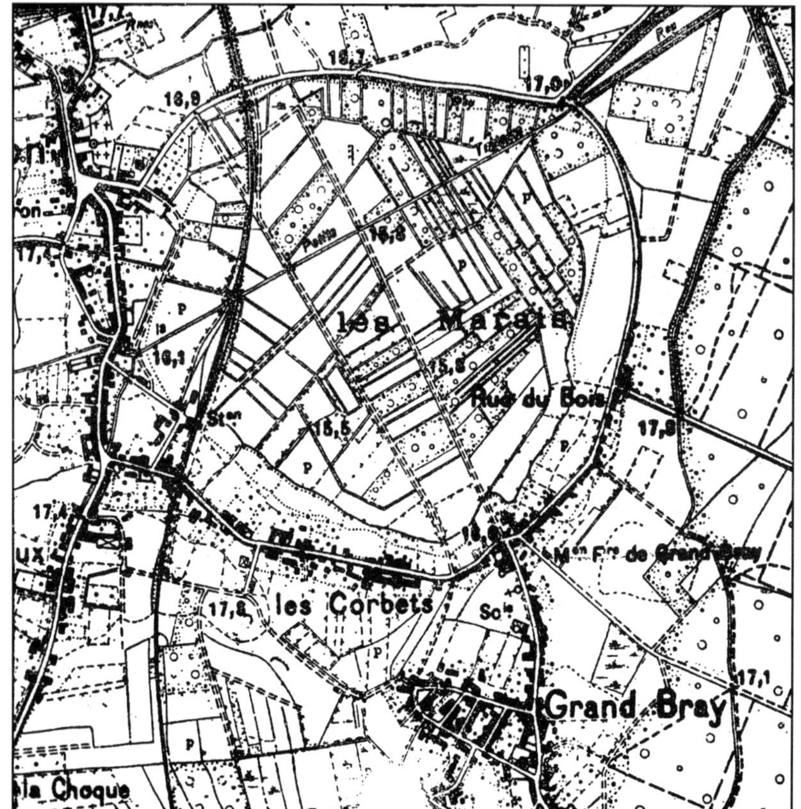

图 16　阿农村(诺尔省)

图中主要地名:les Marais　莱马赖

Rue du Bois　布瓦街

Grand Bray　格朗布赖

les Corbets　莱科尔贝

la Choque　拉绍克

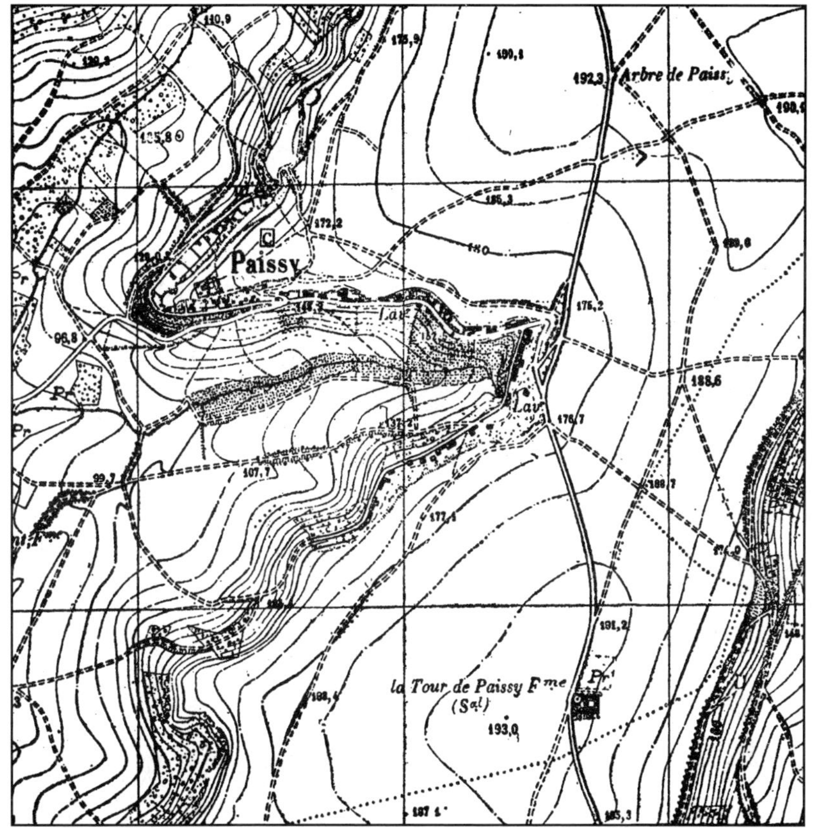

图 17　佩西村(埃纳省)

图中主要地名:Paissy　佩西

Arbre de paissy　阿布尔德佩西

la Tour de paissy F.　佩西钟楼农庄

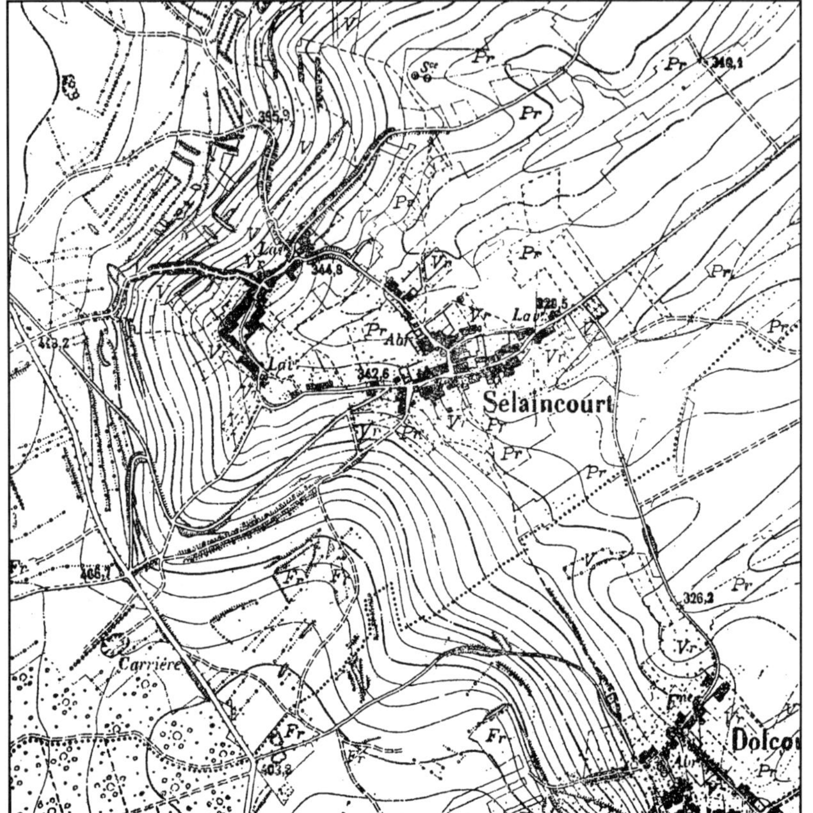

图 18　塞兰库尔村(默尔特—摩泽尔省)

图中主要地名:Sélaincourt　塞兰库尔

Carrière　采石场

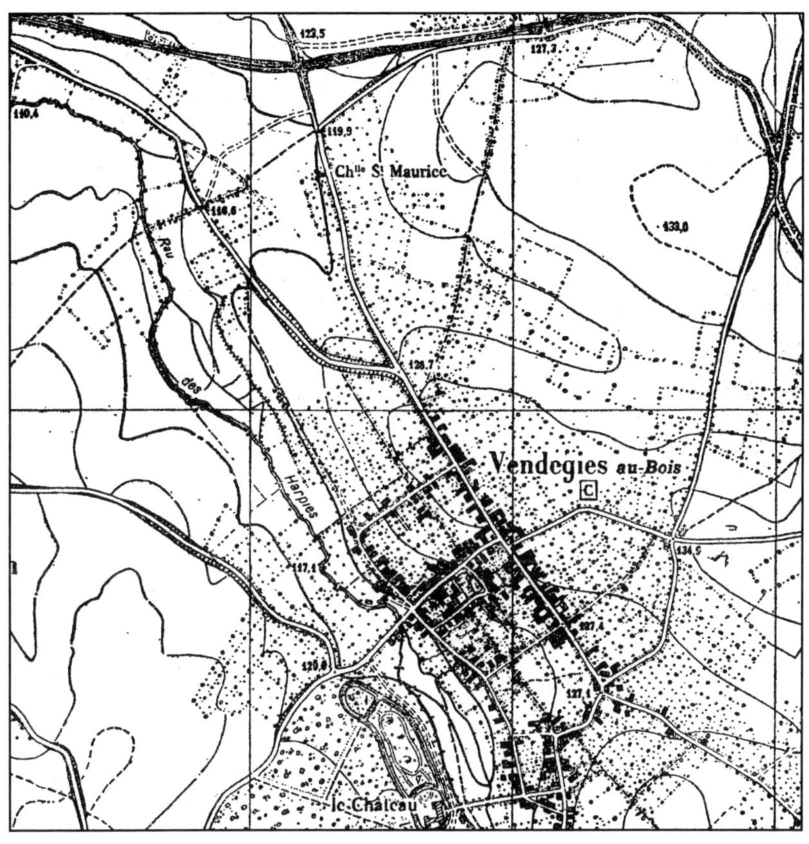

图 19　旺德日奥布瓦村(诺尔省)

图中主要地名:Vendegies-Au-Bois　旺德日奥布瓦
Ch. St. Maurice　圣莫里斯教堂
Rau des Harpies　罗德阿尔皮耶
le Chateau　古堡

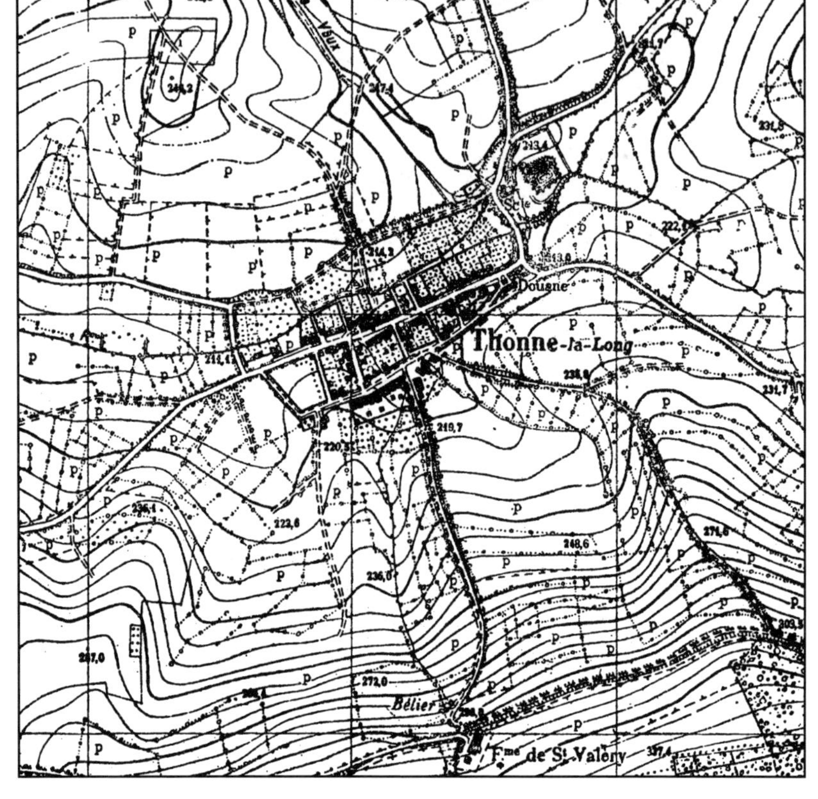

图 20　托讷拉隆村(默兹省)

图中主要地名:Douane　海关

Bèlier　贝利耶

Thonne-la-Long　托讷拉隆

F. de St. Valery　圣瓦勒里农庄

二、块状的村庄

我们法国的长形村庄大部分在东部和北部地区，而块状村庄似乎主要出现在南部地区。和长形村庄的情况一样，块状村庄的形状有时是自发的，有时是强加的事实。但这里的强制因素比较多，因为除起因于位置的自然条件外，还有使建筑者的自觉和有倾向性的意愿在村庄形成过程中起支配作用的历史条件。

许多村庄都不服从位置强加给它们的指令而聚集在它们耕地的中央。房屋互相挨靠、挤紧，为田地所包围。加尔省内尼姆东北6公里的玛格丽特(图21)，就是这样一个位于葡萄种植区中央、街道狭窄的密集村庄。在围绕村庄的环形街道以外的地方，离开村庄本体的房屋很少。马恩省内兰斯山脚离艾镇14公里的昂博奈(图22)，是同样的块状，但内部布局不同的另一类葡萄种植者的密集村庄。从葡萄园下来的三条路在村里会合，通连该村的唯一交通大干道。

一些年代可以推定而又具有目的的人类意愿，曾经支配过许多村庄的建设。这些村庄是根据人在事前的设想，按照一种几何图案建成的。这类情况的发生，常常是由于想重建被破坏地区的那些修道院长、领主和君主，向一块被圈围的土地内安置他们的佃农。默尔特—摩泽尔省内离隆吉永8公里布局整齐、街道正交的泰朗库尔(图23)，就是这样的村庄。埃讷省内离罗祖瓦16公里、在拉翁东北方25公里的克莱蒙莱费姆(图24)，主要由7个农庄组成。它们聚在一个广场的周围，外侧环绕着一道公有围墙。它们全属于拉翁的圣马丁修道院所有。塞纳—瓦兹省马里讷县蓬图瓦兹区阿布莱热乡的拉维尔讷夫圣马丁(图25)，是又一个不久前由修道院建立的村庄。上加龙省内离图卢兹25公里的格勒纳德(图26)，是一座城堡。它于1290年由格朗塞尔夫修道院长建成，他给它的名称是当时被摩尔人占领的一个西班牙城市的名称。它的布局是一个完美的方形，街道以直角相交。福圣皮埃尔(图27)这个完全长形的古老洛林村庄，由于一个按几何图形建成的新村的出现而成为两合村，这是在东部很常见的“分裂生殖”现象。福村位于默尔特—摩泽尔省内，离诺梅尼15公里，离南锡12公里。由于块状的下福村的建成，我们甚至有一个三合村了。

另一些村庄聚集在可防卫的位置上。地形在动乱时期能保证它们有一定程度的安全，但在和平时期又迫使人们经过一段艰苦的行程以后才能到达田间。普罗旺斯地区布满了这类的鹰巢，它们高踞在有时几乎难以到达的地点。在罗讷河口省内离艾克斯15公里的旺塔布朗(图28)，是这类布局整齐的农村堡垒之一，它的石山嘴高出平原150多米。在默兹省内离瓦朗讷昂阿戈讷5公里、离凡尔登27公里、位在一个孤立山冈上的沃科瓦(图29)，是一个光荣的村庄。它高出附近的河谷100米；这个易守难攻的位置帮助它生存下来。占据另一个高悬在玄武岩山冈上防卫位置的是拉加尔德(图30)，它离地中海2公里，离土伦8公里。人们看到这个古老的村庄及其绕过冈顶的同心圆状的街道。但坡地上的生活是艰苦的，每天都要爬坡，因此也看出这个村庄正在向西、向平原和公路下移。我们在罗讷河口省内离贝尔及艾克斯分别为14及26公里的维特罗勒村(图31)看到同样的村庄位置。一块高

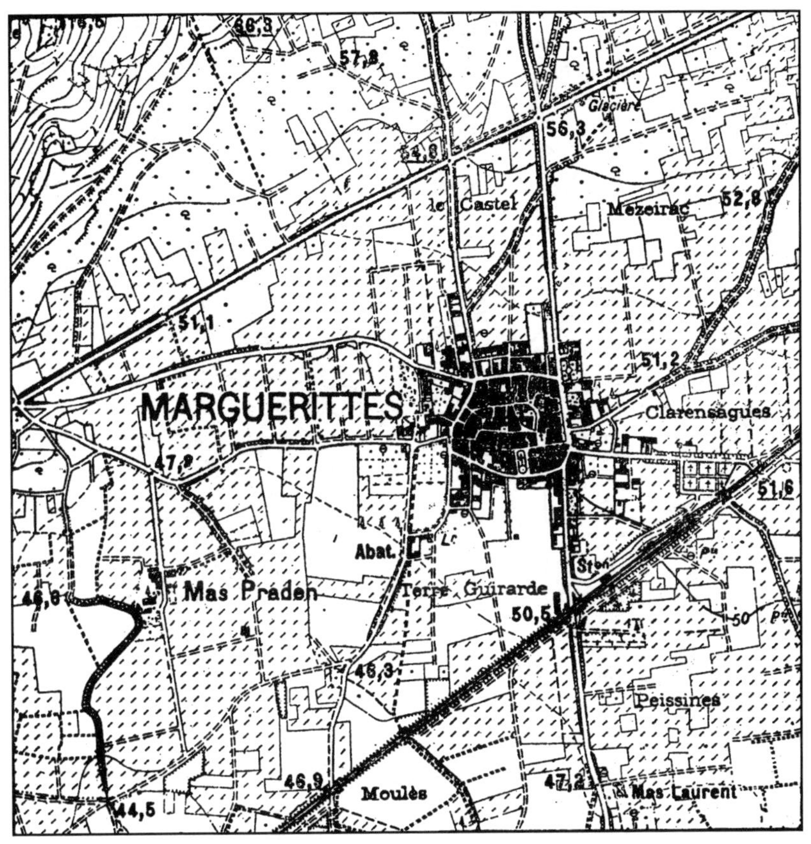

图 21　玛格丽特村(加尔省)

图中主要地名:Marguerittes　玛格丽特;le Castel　勒卡斯特尔
Glacière　格拉西耶尔;Mezeirac　梅泽拉克
Clarensagues　克拉伦萨克;Peissines　佩西纳
Mas Laurent　马斯洛朗;Abat　屠宰场
Mas praden　马斯普拉当
Terre Guirarde　泰尔吉拉德
station　车站;Moulès　穆莱

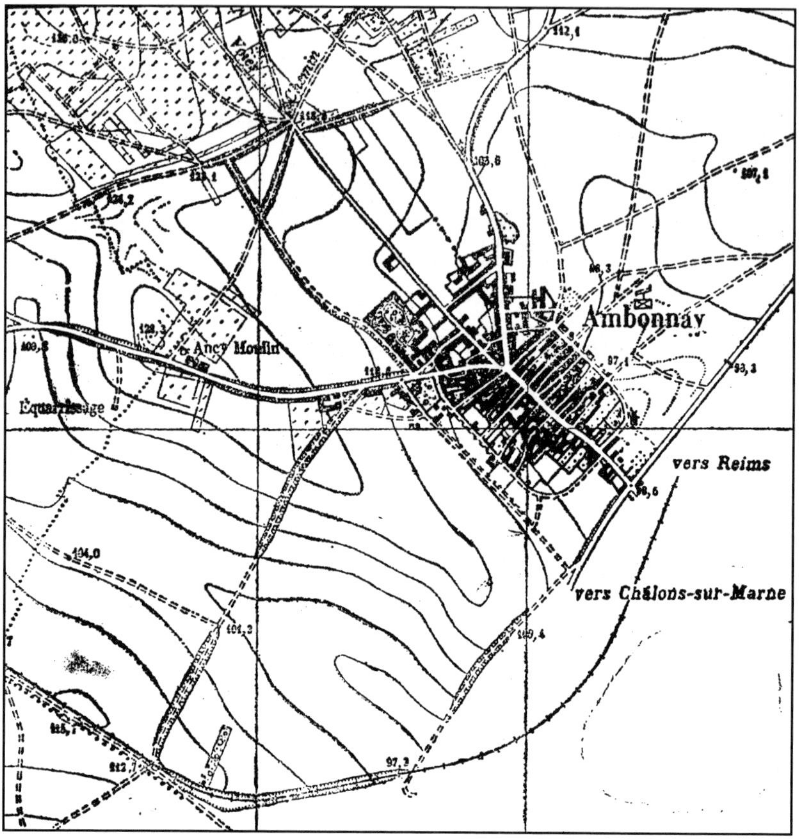

图 22　昂博奈村（马恩省）

图中主要地名：Voies　大路

Chemin　铁路

Anc. Moulin　古磨坊

Equarrissage　埃卡里萨日

Ambonnay　昂博奈

Vers Reims　通往兰斯

Vers Châlons-sur-Marne　通往马恩河畔沙隆

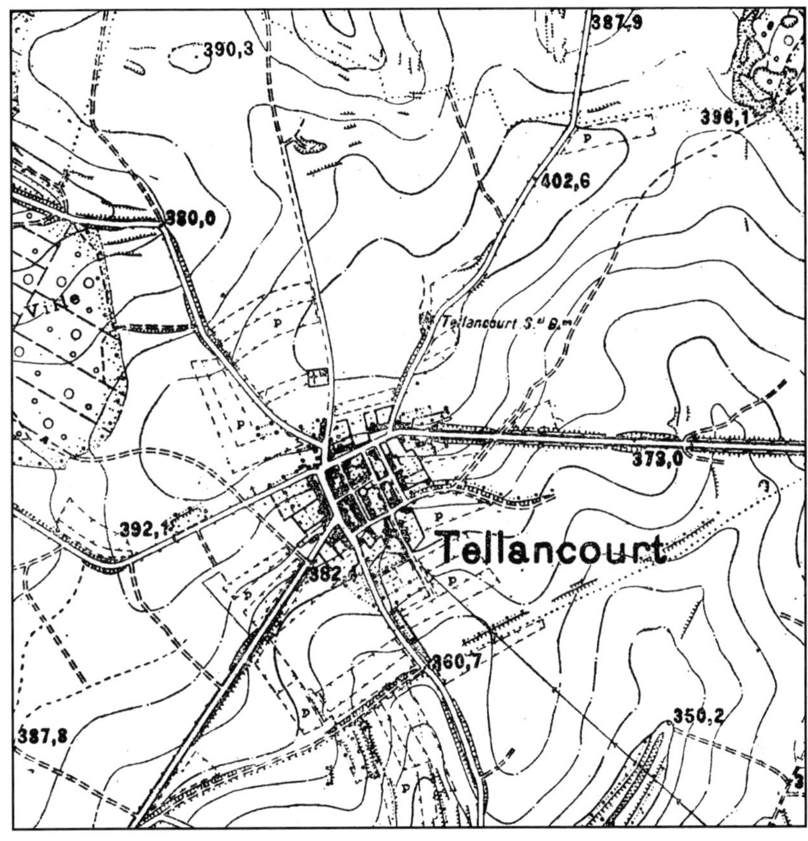

图 23　泰朗库尔村(默尔特—摩泽尔省)
图中主要地名:Tellancourt　泰朗库尔

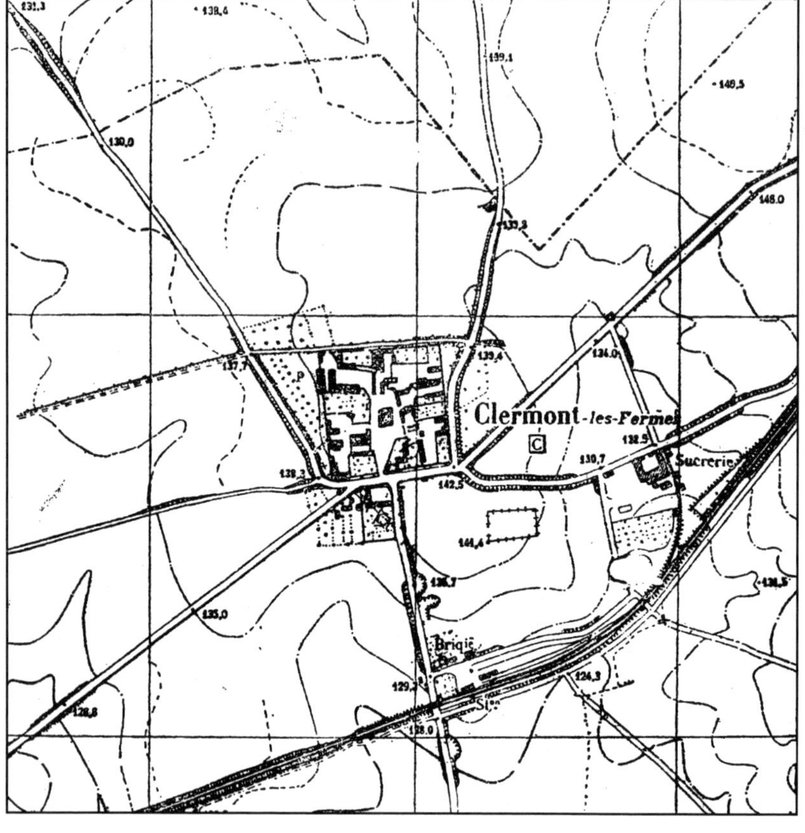

图 24 克莱蒙莱费姆村(埃纳省)

图中主要地名：Clermont-les-Fermes 克莱蒙莱费姆
sucrerie 糖厂
briq. 砖厂

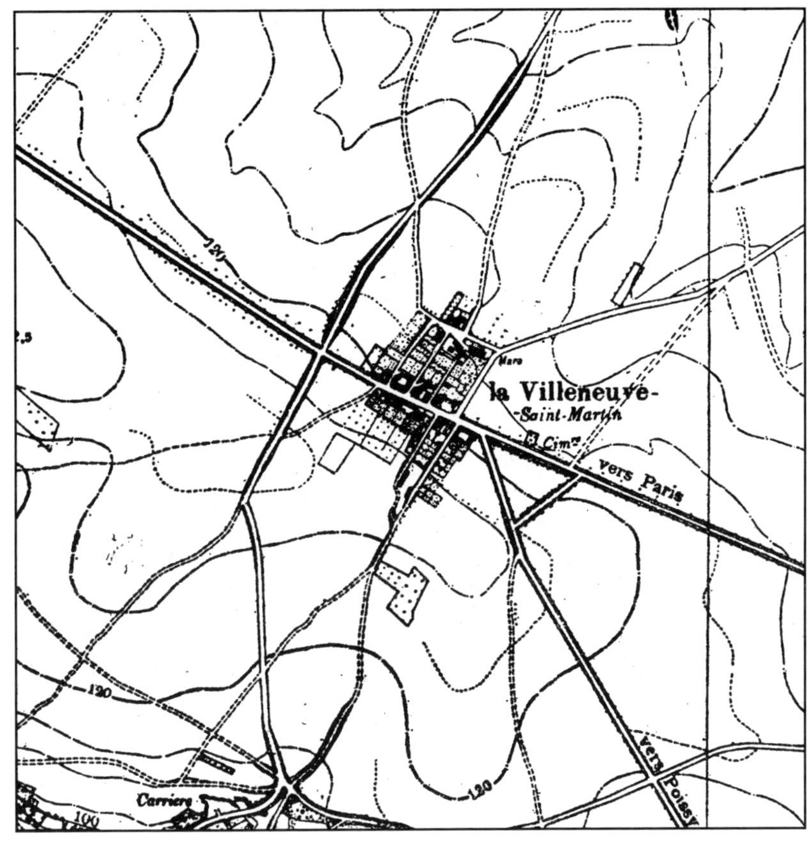

图 25　拉维尔讷夫圣马丁村(塞纳—瓦兹省)

图中主要地名:la Villeneuve-saint-Martin　拉维尔讷夫圣马丁
eim.　墓地
Vers paris　通往巴黎
Carrière　采石场

图 26　格勒纳德

图中主要地名：GRE.　格勒纳德

Larroque　拉罗克

porte de Verdun　凡尔登门

Melican　梅利康

Se. elect.　电厂

l'Hospital　医院

Lillot　利约

Carponté　卡庞特

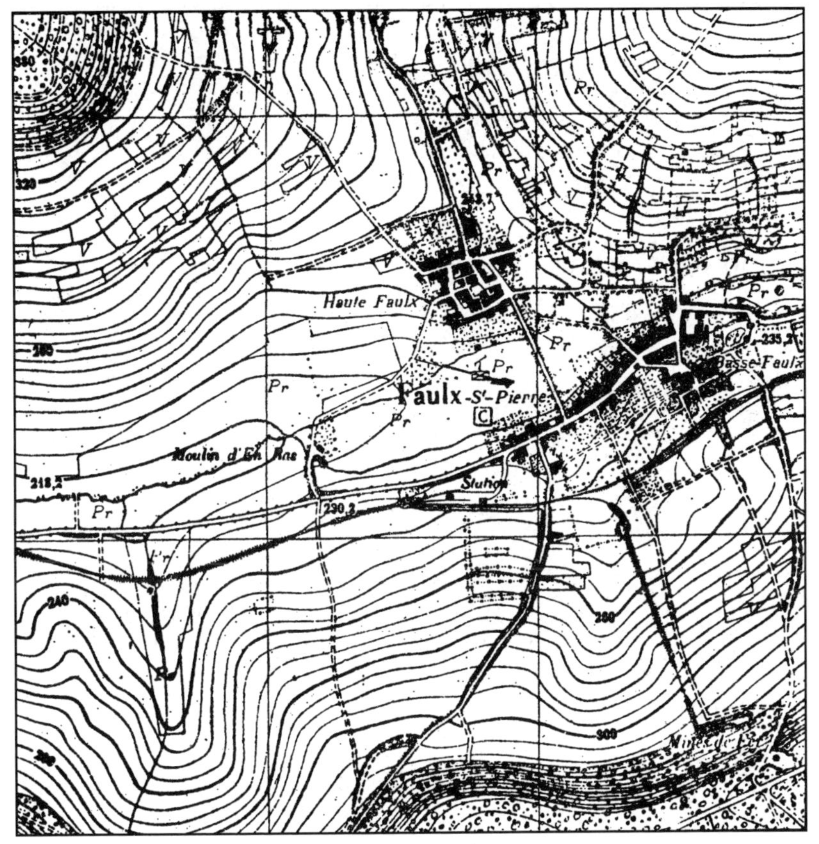

图 27　福圣皮埃尔村(默尔特—摩泽尔省)

图中主要地名:Haute Faulx　上福

Bass Faulx　下福

Faulx-st-pierre　福圣皮埃尔

station　车站

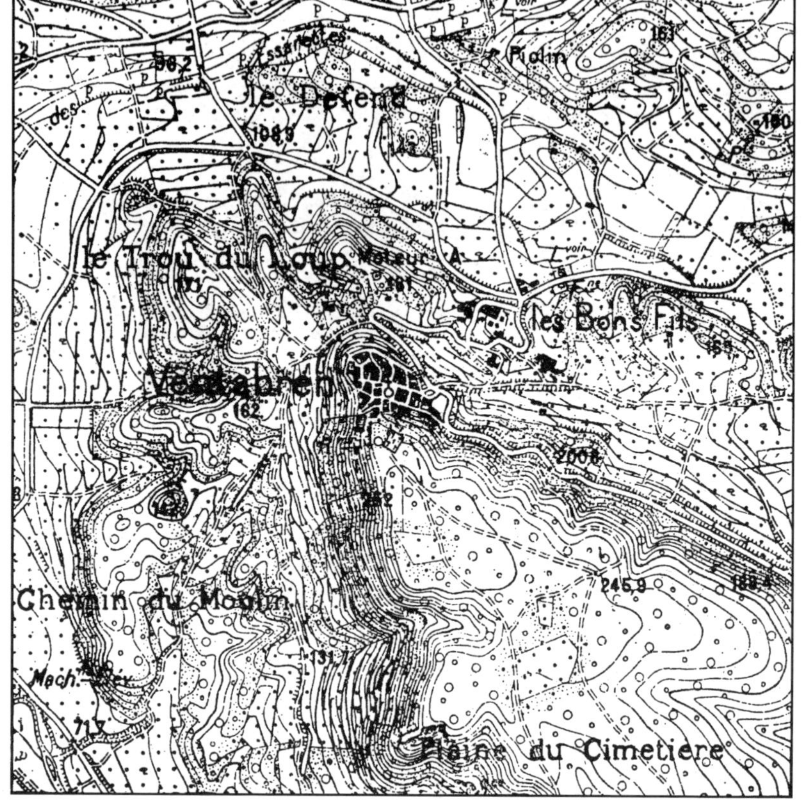

图 28　旺塔布朗村(罗讷河口省)

图中主要地名:le Trou du Loup　勒特鲁迪卢

le Defeno　勒德方

piolin　皮奥兰

les Bon Fils　莱邦菲斯

Plaine de Cimelière　锡梅蒂耶尔平原

Chemin du Moalin　金曼迪穆兰

Ventabren　旺塔布朗

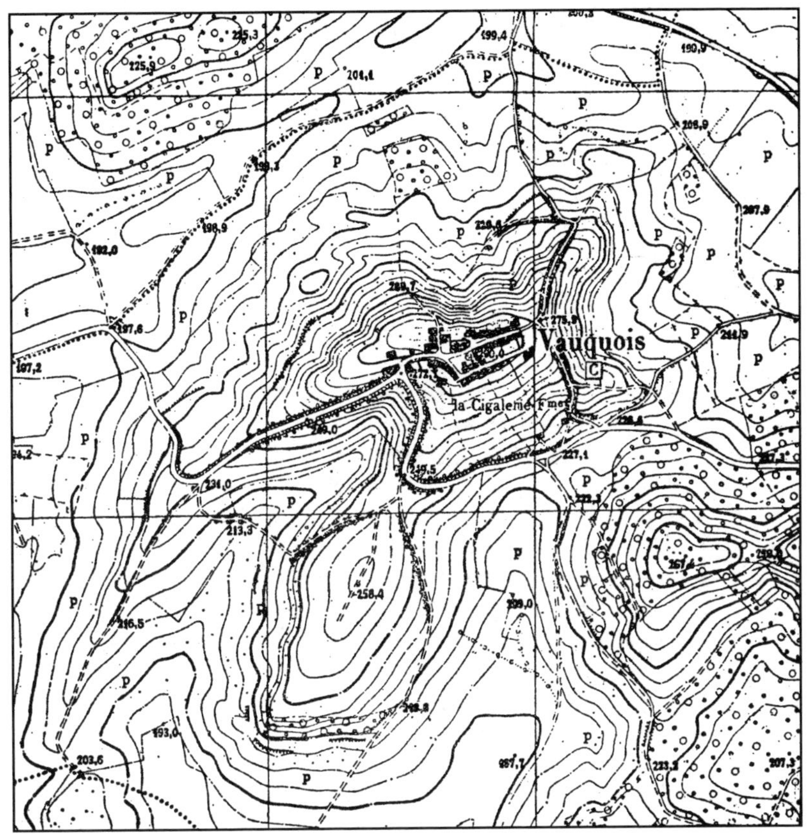

图 29　沃科瓦村(默兹省)

图中主要地名:Vauquois　沃科瓦

la Cigalerie F.　拉锡加勒里农庄

图 30　拉加尔德村(瓦尔省)

图中主要地名:la Garde　拉加尔德
le Touar　勒图阿尔
la planquette　拉普兰凯特
st. Anne　圣安娜
Carr.　采石场
station　车站
les Savels　莱萨韦尔

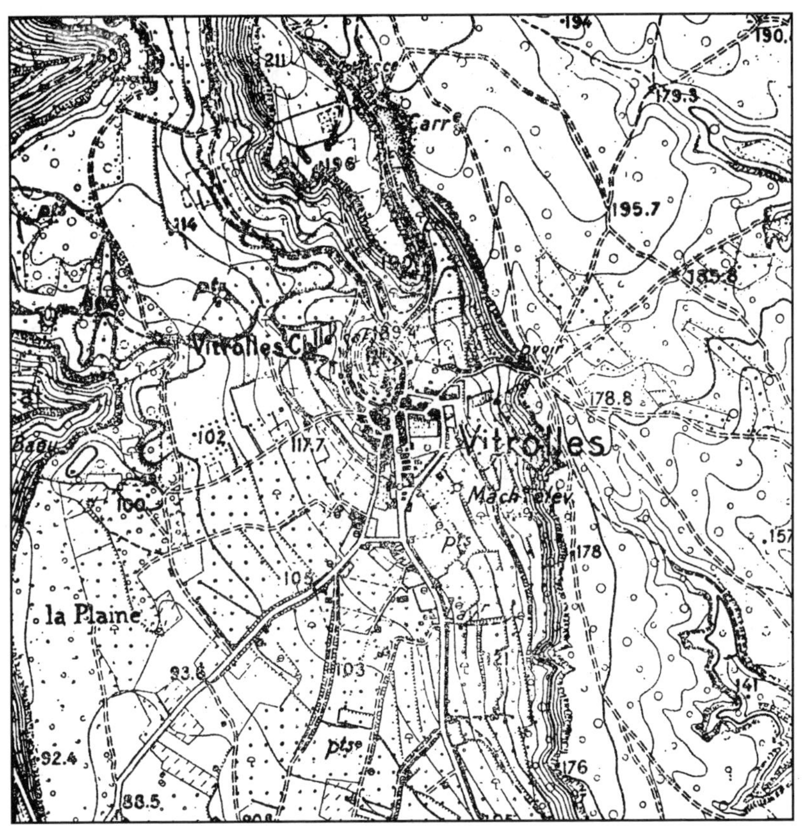

图 31 维特罗勒村(罗讷河口省)

图中主要地名：Vitrolles 维特罗勒

Carr. 采石场

Vitrolles Ch. 维特罗勒教堂

Baou 巴乌

Ia plaine 拉普莱纳

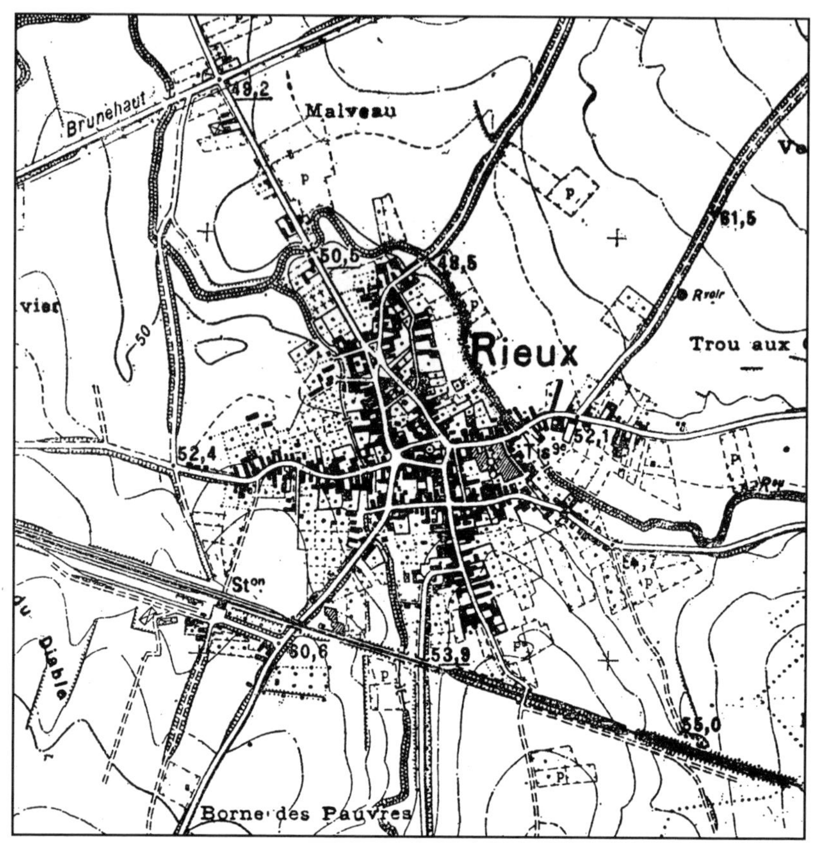

图 32　里约村(诺尔省)

图中主要地名:Rieux　里约

Brunehaut　布里纳欧

Malveau　马尔沃

Trou aux　特鲁奥克斯

station　车站

Borne des pauveres　博尔纳德波夫尔

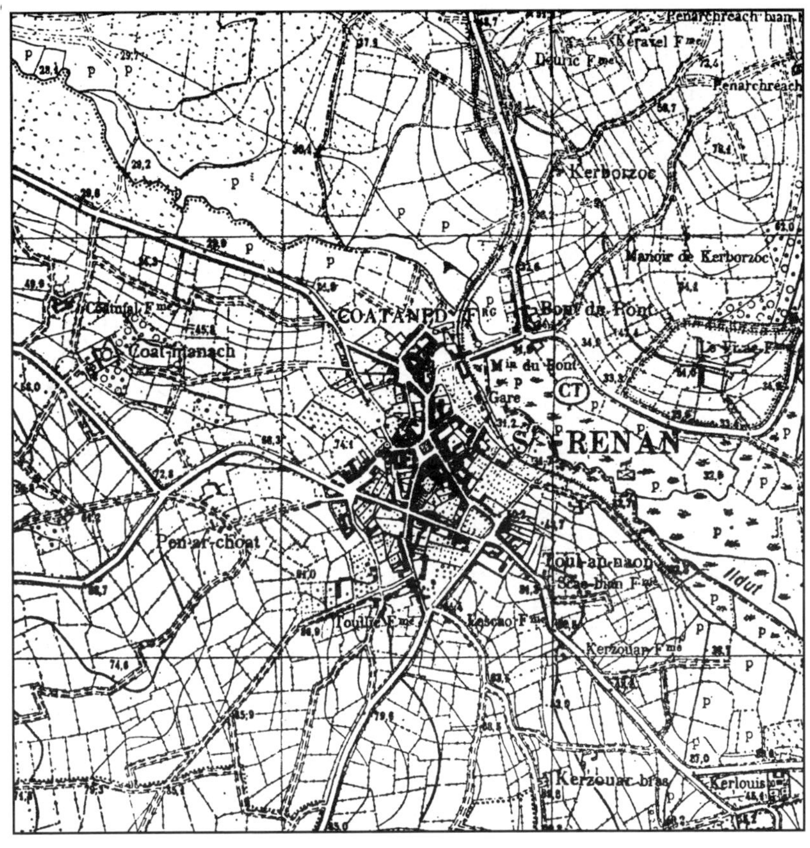

图 33　圣勒南村(菲尼斯泰尔省)

图中主要地名:St. Renan　圣勒南
Coataned Fer.　科阿塔内铁厂
Bout du pont　桥头;Kerborzoc　凯尔博佐克
Keravel F.　凯拉丰农庄
Coat-manch　科阿马纳克
Toul-an-naon　图兰纳翁
Kerzouar bras　凯尔祖阿布拉
Kerlouis　凯尔路易;pen-ar-Choat　庞纳治阿
Gare　车站;penarchreach　佩纳尔克雷阿克

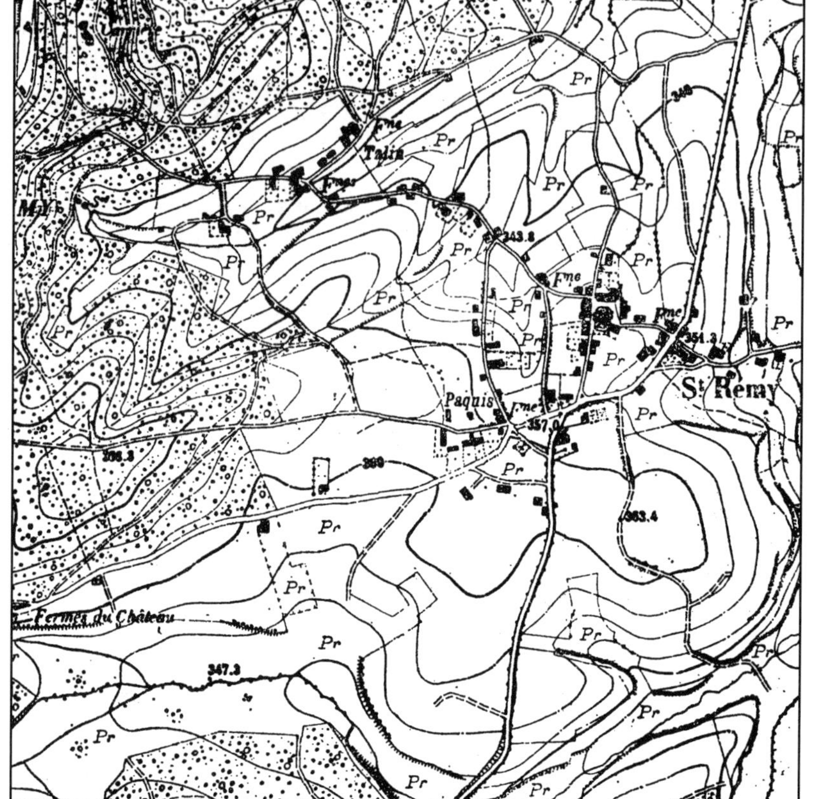

图 34　圣雷米村(孚日省)

图中主要地名:St. Remy　圣雷米

Talin　塔兰

paquis F.　帕基农庄

Fermes du Château　沙托农庄

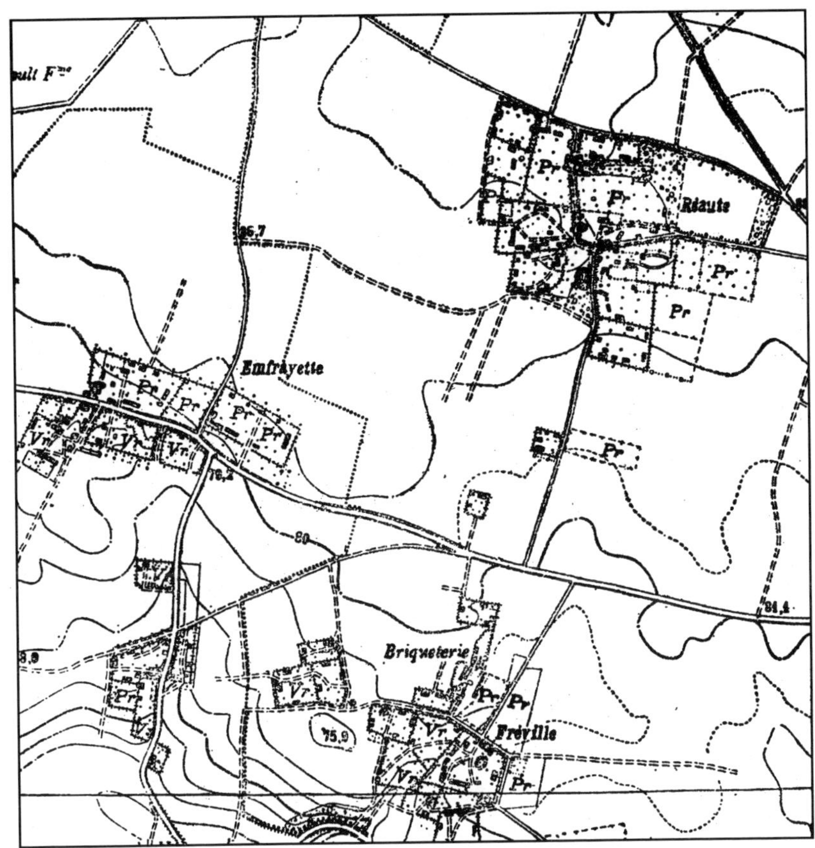

图 35　蒙蒂维伊埃各村(下塞纳省)

图中主要地名:Réaute　雷奥特
Emfràyette　昂弗赖耶特
Briqueterie　砖厂
Fréyville　弗雷维尔

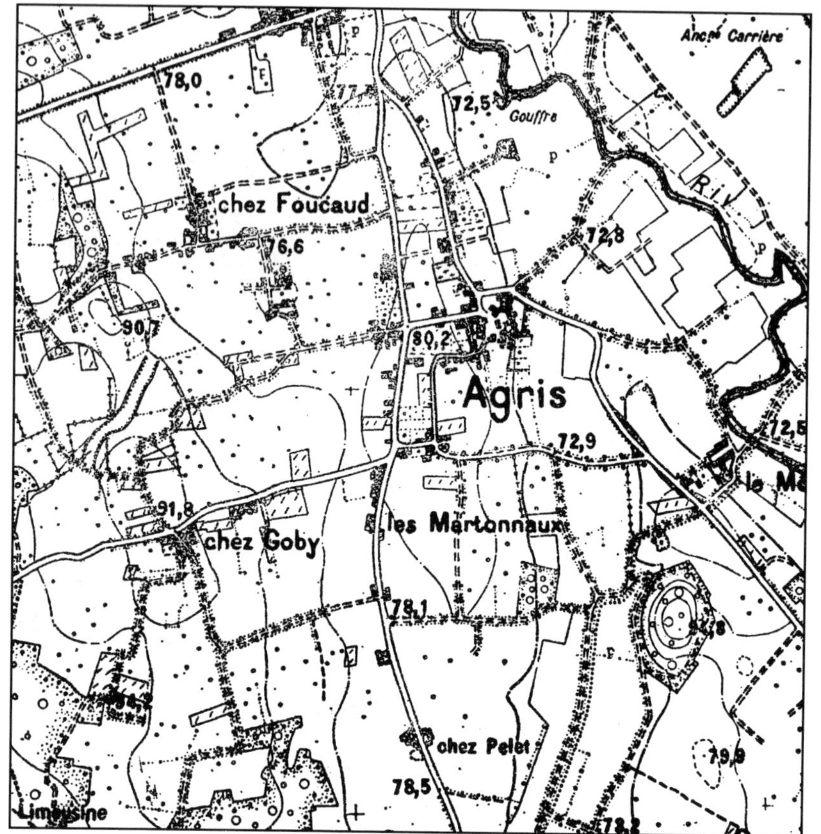

图 36　阿格里村(夏朗德省)

图中主要地名:Agris　阿格里

Chez Foucaud　谢富科

Gouffre　深潭

Ancien carrière　旧采石场

Ies Martonnaux　莱马尔托努

Chez pelet　谢佩莱

Chez Goby　谢戈比

Limousine　利木济纳

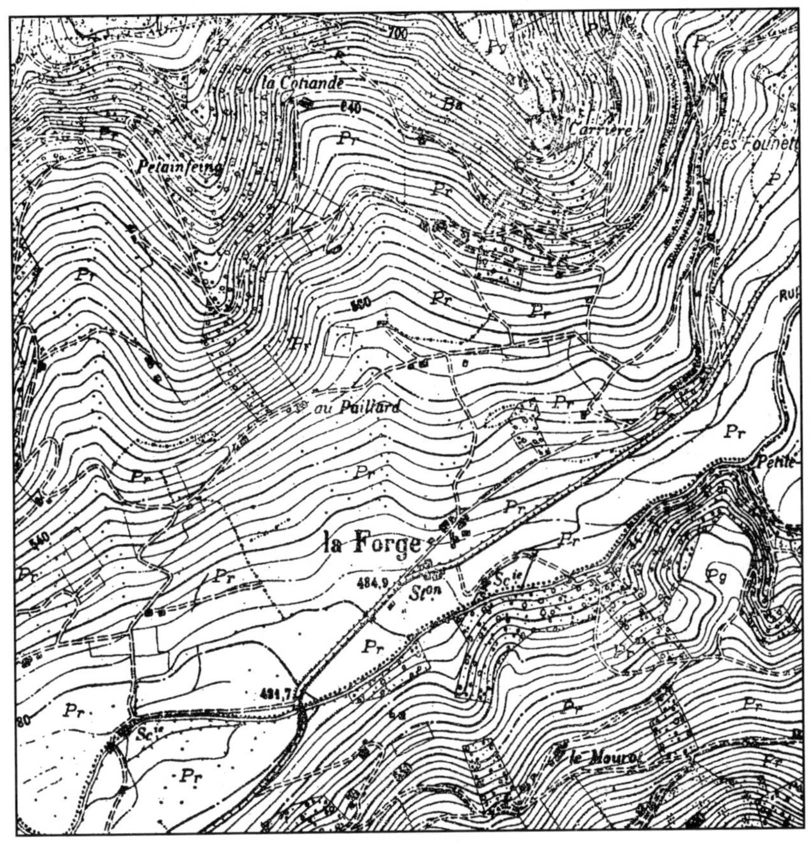

图 37　拉福尔日(孚日省)

图中主要地名:la Forge　拉福尔日;station　车站
au paillard　奥帕伊亚;le Mourot　勒莫罗
petite　佩蒂特;les Founètt　莱富内
Carrière　采石场;la cotiande　拉科蒂昂德
Petainfeing　佩坦费茵

图 38　基兰姆乡，在翁斯科特附近（诺尔省）

图中主要地名：F. Veruseulem　维吕塞朗农庄
Lentenburgh　朗坦比尔
F. Jérémie planquel　热雷米普朗凯尔农庄
F. Bolengier　博兰日耶农庄
F. Courrier　库里耶农庄
F. paette　皮代特农庄
Puythoeck　皮托埃克
F. Vondnev　旺迪内农庄

189米的岩石顶上，是一个建在城堡废墟上的小教堂，这里也是古村庄占据着高坡地，和拉加尔德一样，它也在放弃高地而向平原下移。

三、星形村庄

星形村庄不像长形村庄和块状村庄那样是产生于一种对农村生活条件直接适应的初级形态。它们意味着一种发展，一种对商业活动的适应。向这些地点辐合的道路束，显示出它们和周围农村间的经常联系，显示出一个市场的存在。以前农民把他们家庭作坊的产品拿到这里来，现在又在规定的日子到这里进行贸易。在这一由道路勾画出的星形辐射中，人们已经感觉到一种形成城市的趋势。在诺尔省内离卡尼耶尔及康布雷分别为4及9公里的里约村（图32），延伸在康布雷西两条细小干谷的会合处；原始的村庄无疑是聚集在教堂的周围。但在今天，它形状的重要之处，是沿着道路向各方延伸的触手状格局。菲尼斯泰尔省内离布雷斯特14公里的圣勒南（图33），向我们提供另一个具有中央广场和辐射状道路的村庄—市场的例子。在主房屋群的周围，分出四个各沿道路向外延伸的小群，俨然形成四个郊区。

四、趋向分散的阶段

长形村庄、块状村庄、星形村庄虽然形态各异，但都属于同一的聚居类型。即使这些村庄的内部结构有空隙，一些园子或牧场使房屋松开，它们仍然是聚居的。随着房屋的分散，在我们的面前就出现一种从根本上与此相反的殖民类型,因为它起源于另一些农业和历史条件。在分散类型中,我们观察到一些程度上的不同和亚类间的差异。有时房屋在分散中保持某种秩序和某些沿着道路的排列,它们的形状很像一种星云中拖曳的条痕。有时房屋聚成小群,这是小村殖民区。有时是全面的分散,房屋分散在田野间、山头上和谷地内。

在孚日省圣迪耶区内离拉翁莱塔普 11 公里的圣雷米(图 34),是一个星云状村庄,它的房屋分散在牧场、泉水、山谷洼地中间。这是孚日山地的居住方式,我们知道,出现这种情况的年代并不很久。小村的居住方式在科地区的某些部分占有优势。在下塞纳省内勒阿弗尔附近的蒙蒂维伊埃乡有许多小村:雷奥特、弗雷维尔、昂弗雷耶特(图 35)。它们由一些长满草、栽上苹果树的院子组成,四周环以被大树加固的土堤。每个院子都形成"宅基",农庄的房屋就分散在宅基上。在这些真正有人居住的树围小村之间,铺展着无围篱的开放的田地。

在夏朗德省内离拉罗什富科及昂古莱姆分别为 8 及 20 公里的阿格里地区内(图 36),我们看到一块位于树围田野中央、由小村及孤立农舍组成的居住地。我们在莫塞洛特河支流吕德克勒里河谷地两侧,离勒米尔蒙 14 公里的拉福尔日地区内(图 37),看到完全是纯粹的全面分散式孚日人居住地,那是无数分散在牧场甚至树林内的小农舍,它们所处的海拔高度从 485 直至 700 余米。最后,在法国的另一端,即在翁斯科特(诺尔省)附近佛兰德地区的基兰姆乡,在沿海平原(图 38)排水渠网所构成的方格子中,都是一些孤立大农庄。农庄的房子很分散,田地也分配给它们的居住者耕种。这两个分散的例子,属于四个大“分散居住岛”中的两个,这四岛(佛兰德、科、布里、孚日)像是法国北部和东部巨大村庄领域内的林中空地。

法国北部与美洲的联系[①]
——商业地理概要[②]

在仅是古老的制造业欧洲一角之地的法国北部，与这个拥有多种经济类型——从新英格兰的大工业到潘帕斯的牧场——的辽阔美洲大陆之间，存在着许多商业联系。这是我国最贵重的财产之一，也是欧洲向那些巨大的白人殖民地区扩张最有代表性的事实之一。人们看到，那里正在发展着由生产如此不同、文明程度如此悬殊的各个国家和地区的经济能力引发起来的这么大量、这么多样、这么复杂的贸易。走向法国北部的是由产量巨大的新国家发送的纺织原料、肥料、燃料、谷物、矿砂；与此相反，发送往美洲的则是由非常专门，甚至极其精巧的人工所造的无数产品。一方面

---

① 本文载于《地理学年鉴》，XXII，第 122 期，1913 年。

② 我们的资料主要得自在北部地区对一些能较好地提供情况的商人、企业家、友人进行的一次调查访问；我们在此向他们表示深切的谢意。在这些口头或通信的来源之外，还有：北部地区各个商会的《商业和工业形势》，《鲁贝商业与工业通报》，敦刻尔克公路桥梁工程处常任工程师 R. 埃克尔先生关于《法国北部及东部货运量在敦刻尔克与安特卫普两港口间的分配》的一份非常有意思的手写报告（海运局 1910 年 6 月 14 日）。本报告承敦刻尔克商会图书管理员巴隆先生惠予借阅。最后是法国科学协会第 38 次大会上的一篇精彩的报告：《1909 年的里尔及北部地区》，参看《地理新书目录》，XIX，第 292 期，1909 年。

是大量的未加工产品，另一方面是真正的“外销小商品”。一句话：生产的两个极端类型，白人文明的两种形象。

推动这一强烈的产品运动的商业组织，反映出这么多类似的、竞争的、对立的利益集中于这么狭小地区内的西欧的经济情况。为了产品的卖和买，人们已经创造出一种惊人的工作专门化，一种细致的区分。购买和销售中心的分布，与原料生产中心及制造业中心的分布之间，看不出有什么直接联系。进入法国北部某些美洲商品的市场，是在伦敦、安特卫普、勒阿弗尔或波尔多。从法国北部运往美洲的某些商品的市场是在巴黎或伦敦。甚至——像鲁贝和加来两地那样——布匹的销售就在制造它的城市内进行的情况下，买卖的商行和厂家之间也有分工。再有，在这个实际上已形成同一的商业都市的整个西欧境内，一个通常的现象是买和卖常由外国人进行。这些外国人在西欧各国的工厂附近，形成一些脱离其本国——英国、德国、比利时，甚或美国——的资本家殖民地。

对法国北部和美洲之间的运输来说，人们看到和贸易相同的“中心偏移”现象。除了由于其地理位置而成为本地区的港口敦刻尔克及加来之外，还有另一些港口如安特卫普、勒阿弗尔，甚至波尔多、伦敦及汉堡，也在寻求法国北部这个主顾。就分隔美国和加来海峡海域的巨大距离来说，几十海里的差别算不了什么，只有贸易方便的利益才能使得这条或那条路线占有优势。

因此我们应当在它的欧洲环境内，在依靠同样普遍联系而生存的制造、贸易、海运等各个集团结合成的这个整体中，观察法国的北部。即使每个集团都能从局部的土地上取得生存的条件，它也必须适应国际的情况才能得到发展。不思考这些联系，就不能理解我们法国北部和美洲这个原料库及制造品销售市场之间的特殊关系。

一、贸易

法国北部有求于南美洲，特别是拉普拉塔河各国的，首先是鲁贝和图尔宽大工业的原料——羊毛。法国北部在1910年通过敦刻尔克接受来自乌拉圭、阿根廷，尤其是布宜诺斯艾利斯、蒙得维的亚及布兰卡港等市场的羊毛，总计达68 500吨。它是阿根廷的最大主顾，甚至蓬塔阿雷纳斯的羊毛也开始来到图尔宽。人们在阿根廷羊毛这项进口中，观察到一些由制造上的变化所带来的波动：因为它们是杂交绵羊的羊毛，所以时尚的改变，可能使人们更喜欢用澳大利亚更精美的羊毛织成的料子。另一些畜产品已跟随羊毛踏上来法国之路：加来和敦刻尔克的海关接受了很多阿根廷羊肉，现在图尔宽商行购买的大量角和骨头正在供应瓦兹的纽扣制造业；同样，还进口一些供应阿拉斯硬脂精工厂的动物脂，供应里尔和鲁贝地区制革厂和整理工厂的生皮革。畜产品以外还有农产品：供应北部甚至东部面粉厂的小麦，供应港口及大城市马匹的燕麦，供应敦刻尔克和阿拉斯榨油厂的亚麻籽，大量地代替燕麦来喂养及肥育牲畜，和因酒精价高而被蒸馏工业增加用量的玉米。一句话，这是一个粗放农业及人口稀少的国家，和一个制造业、集约农业及人口稠密国家之间的贸易。

一个经过改进的农业的需要，已经创造了一股强大的把智利的苏打硝酸盐运进法国北部的贸易流。在1910年，敦刻尔克接受

了244 500吨硝酸盐，并将其分配到整个北部地区及香槟、勃艮第一带。北方这个硝酸盐的大消费者，在长时期内是全法国的供应商，南特和帕利斯已经成为法国中部的硝酸盐分配港口。敦刻尔克在1902年接受法国的进口硝酸盐的86%，到1908年仅占70%。一些美洲的矿砂来到了我们的冶金工厂：智利的铜矿砂——确实，这是间接地，而且不经过敦刻尔克；尤其是从巴西运到法国北部和东部的锰矿砂。这种沉重的物质，成为运送谷物和羊毛的船舶的一种压舱物。

在殖民活动的发展上，南美洲仍处于单纯开发土地的农业阶段。对于工业地区来说，它是一个巨大的开放的销售市场，而且毫无疑问，在今后若干年内仍将如此。借助于对原料的购买，法国北部已经在那里为它的制造品创造一个重要的市场。人们可以说，这些制造品出现于南美洲所有的港口：伯南布哥、巴伊亚、里约热内卢、蒙得维的亚、罗萨里奥、布宜诺斯艾利斯、瓦尔帕莱索、安托法加斯塔、伊基克、阿里卡、莫延多—阿雷基帕（Arequipa）、卡亚俄—利马、瓜亚基尔。但和我们联系的密度，在这广大的沿海地带的各个地点上不是到处一样的。它从属于经济的和地理的因素，而这些因素就太平洋各国、巴西及拉普拉塔河各国来说是不相同的。

法国北部同智利、秘鲁、玻利维亚及厄瓜多尔做的生意很少。它主要向它们出售鲁贝—图尔宽的商品，如好看的呢绒、羊毛的细布、棉布、缝衣线、地毯、家具布；妨碍联系的是距离，尤其是缺乏经常性的交通。巴西的经济正在进展，它已进入工业阶段。仅仅在四年以前，巴西还向鲁贝—图尔宽大量购买呢绒、哔叽、羊毛细布、高度花哨的毛织物。现在它开始关门了，因为本国的织造厂已经建成：里约热内卢和圣保罗制造男人用的呢绒。法国卖给巴西的消费性织物，远远少于供应织造厂的毛线和棉纱。目前法国的这些产品在巴西市场上占有优势。

最活跃的贸易中心是在拉普拉塔河各国境内；和法国北部保持最珍贵联系的是布宜诺斯艾利斯、罗萨里奥及蒙得维的亚。这些国家没有工业，还在移民和垦殖，缺少现代经济的一些主要工具，期待老欧洲向它们供应一部分消费品。它们从法国北部取得一个面向土地的年轻地区向一个先进的、拥有大型制造工业的地区能够要求的一切。拉普拉塔河各国不仅进口一个富起来的社会所要求的奢侈品：鲁贝—图尔宽的毛织呢料、轻薄织物、贵重织物、家具布，里尔的女人衣料，加来及科德里的花边和绢网。而且进口它们的运输、建筑，甚至食用所需要的最简单的加工产品：德南和东部的铁和钢，菲夫和布朗—密塞隆的铁轨和枕木，阿登的螺钉、带钩、螺栓及螺母，莫伯日的弹簧、铁构件和环扣，布洛涅的水泥，朗德勒西的方砖和陶瓷铺砌材料，费尼的大理石，热蒙的玻璃、窗玻璃、玻璃板，拉费泰苏茹瓦尔的砂轮，敦刻尔克的油，康布雷的菊苣，更不用说经过北部地区运去的法国几千种产品了，如巴黎精炼厂的糖、诺曼底的毛刷、香槟的酒。

和拉普拉塔河各国的联系，不限于产品的贸易。在这些拉丁国家内，法国的影响渗透得较深较亲切。通过它的资金和人员，法国北部对阿根廷的开发作出了贡献。鲁贝、图尔宽及里尔的批发商已经在那里建立起资金贸易，有些人在经营抵押贷款给阿根廷产业主的银行中有股份；另一些或者就是上述的那些人，由于他们对该国情况了解深刻，能使法国的贷方和阿根廷的借方进行直接的联系。价值约 7 000 万法郎的资金已经用于该国的经济发展：把牛牧场改变成绵羊牧场，把苜蓿田改变成耕地。许多法国北部的人——有一些里尔人和敦刻尔克人，但主要是鲁贝人和图尔宽人——已经在布宜诺斯艾利斯，甚至布兰卡港地区成为大地产—“大庄园”的主人。大家知道，我们很难对法国人的这种殖民活动进行统计，但可以肯定，它扩及的土地面积很广，投入的资金数额很大。直接的殖民甚至是很常见的事实：人们提到一些在阿根廷定居已久的弗拉芒人经营管理的农庄，还有一些北部的大家族，被大西洋分隔成两个集团。

法国北部和阿根廷的这些联系，提供了法国人在国外殖民的一个独特类型。对一个人口稀少的国家来说，它没有向国外大量移民的必要，它没有尽力去做，它似乎也不想那样做，因为在1885—1890 年前后，人们未能成功地把滨海佛兰德、巴约勒及阿兹布鲁克的农民送往阿根廷。它殖民活动的成功，是通过金融力量的运用和企业的精明管理。

在北美洲实现的经济形式不同于南美洲。除了仍在进行殖民活动的地区以外，还有一些靠大工业生活的地区。那里已没有像拉普拉塔那样能吸收我们各种各样制造品的地区，美国的工厂提供了国家消费的主要物品；只有新大陆还不会制造的精工制品才能侵进去。另一方面，这个大国的工业发展虽然和南美洲不同，但在拥有大量自己不能消费而送往欧洲的未加工产品这方面，却和南美洲相似。因此，法国北部从北美洲取得一些原料。它使用一些从美国产地或在勒阿弗尔及利物浦市场上购买的美国棉花。在棉纱纺制型号很细的里尔地区，人们使用美国棉花少于埃及棉花；在 1911 年，那里有 1 141 000 纺锭，其中只有四分之一使用美国棉花。与此相反，鲁贝和图尔宽都纺制较粗的棉纱，进入那里的美国和印度棉花就比较多；到达图尔宽的原棉大部分来自美国。圣康坦每年也买 1 000 万法郎左右的美国棉花。另外，在北部地区有四五家商行买美国和加拿大的羊毛。大量的磷酸盐从坦帕及彭萨科拉运抵敦刻尔克，以供应里尔、绍尼、欧比、阿尔特勒、欧蒙、特里圣莱热的工厂(1910 年为 3 万吨)；但突尼斯的竞争，有大大减少美国磷酸盐进口的趋势。我们也从美国买来一些石油原油、皮革和用于制造细木护壁板、家具及船桅的北美油松木。

但长期以来，人们已经看到在从美国来的进口品中有了制造品：棉籽油(它和花生油一样都是人造奶油的原料)、机床、鞋、耕作机具。拥有本国市场的美国工业，竟然到我们这里来争夺我们的市场；它甚至采取一些显示其实力的扩张形式。在 1909 年，在克鲁瓦—瓦斯克阿尔建立起一个美国的农业机器制造厂。在边界的庇护下，它逃避掉保护主义的关税，并且在这个工人区内招募劳工；在这个厂的旁边，一家金属熔炼厂即将建成。

因此，首先是由于那些还保持其不可仿制性的精美织物，法国北部才保住北美洲这个主顾：人们估计，单是诺尔省卖给美国布匹的价值，就将近 4 000 万法郎。

鲁贝—图尔宽的工厂，由于美国毛纺工业的兴起及麦金利、丁格利的保护税法的实行而大受损失。这个工业在 1880 年使用 6.15亿法郎的原料，1909 年是 13.66 亿法郎。这项生产上的发展，是和向高质量——向男装用的精纺毛料和向女衣用的华美织物——的变化同时发生的。人们估计,在1880—1885年间,每年由法国向美国出口的女衣料价值是1.5—2.0亿法郎,其中约1亿法郎属于北部地区。现在数字已下降到全法国约1 000万法郎,鲁贝的轻薄精美的产品——如巴里纱、软烟罗、绉锦、塔夫绸以及精美的家具布——衰落尤甚。鲁贝和加拿大的关系似乎有了进展,但厚重的和普通的织物抵抗不住仍然得到关税支持的英国织物的竞争。法国风格的轻而薄的产品,在魁北克、蒙特利尔及多伦多很畅销,可惜,它们时常失去国籍,因为它们要经过英国,贴上英国标签再付减低的关税而进入加拿大。

和它们在鲁贝—图尔宽的邻居相反,里尔地区的纺织工业与北美洲做的生意很少。阿尔芒蒂耶尔向美国输出少量的绉纹布制品。1910年里尔在纽约当地售出约300万法郎的女衣用布,但该项商品苦于时尚的变化,经常处于困难之中。实际上,里尔的工厂是纺织厂的一个大车间,它的主顾在加来、科德里、圣康坦、塔瓦勒、罗阿讷、里昂,它的产品要经过这些地方才能到达最后的目的地美洲。在圣康坦地区内,一些到现在还不能仿制的特产仍向美国出口:除凸纹布、绣有包花的棉布、白色或彩色花哨小商品外,还有一些花边和编织品,尤其是博安制造的花哨丝织品。

我们可以说,绢网和花边之城加来的工业依靠美国的市场。尽管有危机和挫折,它的织造品仍然是法国北部的较独特、较精妙、较富于艺术性的生产。但这是一种纤弱的和前途难卜的财富,它难以禁止时尚的改变和别处的剽窃,它遭受空前繁荣和深刻萧条交替的影响。像美国这样一个拥有巨大财富的国家,当然是加来的一位可贵的主顾；在1876年，10名制造商已经代表加来的工厂参加了费城的世界博览会，那是一个销售的黄金时代。但就绢网和毛织品来说，美国正在胜利地同我们的普通产品进行较量。仅在1909年初，它已建立150多架织机。这些新英格兰的工厂用最新的技术装备——欧洲的织机，从诺丁汉或加来招雇的工人、画师甚至管理人员，一下子就建成了。可是在这个受到威胁，同时也受到里昂、诺丁汉、格拉斯哥、圣加尔及普劳恩竞争的市场上，加来的工业仍然保持一个优越的地位。在1909年生产的总值达9 000万—9 500万法郎的绢网和花边中，加来输出了74%，其中33%去美国。那年共有515 000公斤的棉花边、117 560公斤的无纹饰棉绢网、127 200公斤的丝花边经由加来港前往美国。这些数字不代表加来的全部销售量：它们涉及的是从海上走的商品，不包括经铁路去勒阿弗尔及巴黎的那一部分。1910年比1909年有所减少。

法国北部和北美洲的关系不限于产品的交换。人们看到一股从东向西的人、资金、主动精神和技术发明流。不存在成群的人从法国北部向美国移居。在不久以前美国开始创建大织造厂的时候，有些圣康坦的工人曾受到高工资的吸引，但后来几乎全回来了。法国北部的工人过惯了宽裕的生活，在生活费用高的地区内竞争不过德国、意大利及爱尔兰的工人。同样，在几年以前，鲁贝和里尔的一些被失业驱迫的工人移居到底特律，但他们的移民地一点也不兴旺。最后，在更近的一个时期，一些鲁贝的织造厂建在新英格兰境内，鲁贝的许多工人被招雇到那里，但这个运动已经几乎全停了。法国北部的人始终是一个住在外国的离乡背井的人，他怀念他的旧习惯、滚木球的球场、小咖啡馆、射箭场；他一感到不自在就回来，而雇用他的美国企业家就从当地招工来代替。

我国在美国境内的作用，不是通过移民的定居，而是通过一些考虑更周到和也许更深刻的影响来发挥的。和以前弗拉芒的工人把经过改进的羊毛织造法带到英国的情况一样，现在被美国企业家找去培训其工人的，还是法国的工人。就在不久以前，美国的一个大染料和精加工厂，是按照加来的模式建成的。这种模仿和拉人的做法有时达到抢劫的程度，但从中显示出一件意义更为深远的事实，即法国智力的传布。另一形式的可以看到，但难以确切计量的影响是：对加拿大的农业、矿业、林业开发的投资，这些活动特别引起里尔人的注意。

法国北部的经济扩张还干出另一些事情。鲁贝—图尔宽的制造商眼见对美国出口的织物日渐减少，便决心绕过关税的壁垒，他们在美国土地上建工厂。这一工业殖民活动是一种真正的资金、智力和技术输出，它使用法国的工头和管理人员。鲁贝—图尔宽的三个厂家已经在文索基特（罗得岛州）开办了梳—纺厂。另外三家联合起来在法兰克福（费城）开一个织造厂和一个印染厂，这个织造厂从鲁贝引进新产品的式样和思想。由于美国的时尚落后于我国，所以他们有时间去适应当地的爱好，能够在鲁贝的新产品“去”巴黎的时刻生产出“巴黎的时新服装用品”。在新英格兰的这些弗拉芒企业，全都有过艰难的开始，因为它们是在经济危机深刻的时期到达那里的，而且还未赢得顾客的信任。但现在它们生意兴隆了。来自这么富于主动性和灵活性的鲁贝环境的这些企业，是一种非常精细干练的殖民形式：在一个较年轻的国家内，创建一个在方法、资金及传统方面都优越的企业，使这个企业能适应一个新环境的条件。

二、批发交易

在法国和美洲之间，在美洲和法国之间，在每一生产中心和每一消费中心之间，贸易的行动不全是直接进行的。在商品流的发送地和到达地这两极之间常常插入另一些中心、另一些机构。它们负责销售和购买，生产者和消费者通过它们而发生联系；企业物资供应的方便和销售市场的进入，依次地依靠它们的分布、设备、组织和可进入的程度。这些销售和购买的机构——批发商行，有时就在生产或消费的地方，但按照必要的分工，它们很少和生产企业混杂在一起。这些批发商行和这些市场的分布，以一种奇特的方式反映出聚集这么多工厂、企业，有这么多道路交叉的西欧的经济情况。

法国北部消费的羊毛贸易，几乎全部集中在鲁贝和图尔宽，特别是后者；它是法国羊毛买卖的大中心。一直到 1865 年前后，羊毛是经过伦敦市场而间接运来的，那时拉普拉塔河各国还不是首要生产者。就在面临着南美洲增长的生产，和伦敦依然是殖民地羊毛的几乎唯一货栈的时候，鲁贝—图尔宽的批发商已经毫不犹豫地向阿根廷打招呼，在 1867 年做成第一批直接从拉普拉塔河各国进口的交易；在 1875 年，布宜诺斯艾利斯开设第一家买羊毛的鲁贝人商行。不久以后，一些不受束缚的批发商甚至去澳大利亚直接购货。目前在布宜诺斯艾利斯、蒙得维的亚、布兰卡港，全有一个从事购买羊毛的图尔宽人和鲁贝人的移民区。这项贸易构成该两城市业务活动的一个完整的方面。为了它，人们在图尔宽建立一些存放借款抵押品的仓库，并定期公开销售；为了它，在1888年10月建立了精梳羊毛的期货交易，成交额在1906年达3 519万公斤，1910年3 315万公斤，1911年3 452万公斤。

这项贸易还引起法国北部和拉普拉塔河各国之间人员的经常来往。在剪羊毛的10月，一些阿根廷商人、招徕生意者，跑遍乡村去买大庄园的羊毛。这些羊毛被运到有法国买主的布宜诺斯艾利斯、蒙得维的亚及布兰卡港的市场上；在极少的情况下，有些法国人到生产者那里直接购买。这批购买者是批发贸易的真正关键人物。为了评定羊毛的不同质量，他们只用手指捏一下或用鼻子闻一下就行了，这种本领只有长期在工厂当分类工和具有真正的个人品质才能学到手。他们商号的财运时常就靠这些人，他们每两三年回鲁贝一次，而且由于他们的花费，这个年轻而富裕的城市更显得生活阔绰。鲁贝拥有欧洲最大的羊毛商行，资金雄厚，通过现金购买和出售期货而赚得巨额利润。

羊毛经过敦刻尔克进入法国，因此该城的财富和我们北部的纺织中心紧密相连。羊毛从敦刻尔克经由铁路而至鲁贝—图尔宽，这样可节省这一宝贵物资的运输时间。因此，我们的大毛纺业中心能控制消费的羊毛市场。除这种控制外，它还有该地区的港口。这一支配地位几乎一直是完全的，因为伦敦在鲁贝—图尔宽的供应方面只有不甚重要的作用。直到不久以前，蓬塔阿雷纳斯的羊毛都取道泰晤士河；鲁贝—图尔宽的一些商行最近已在那个遥远的港市建立一个代理机构。作为这两个城市生命的羊毛贸易和工业，甚至使它们转向另一些能显示全部商业精神的活动形式。

由于这项贸易的时期只有4个月，而且有时遭受行市波动的损失，所以鲁贝的一些商行已经找到其他能补充或平衡的活动。利用他们对阿根廷情况的了解，某些鲁贝商人已成为别种商品的出口批发商，例如充当香槟酒、科尼亚克酒、汽车、食品罐头厂家的代理人。因此，这个由商业产生，并被工业生产造成批发中心的城市，它的贸易资产就更为丰足了。

虽然羊毛市场能被固定在鲁贝—图尔宽，而其他进入我们北部地区的商品却不是这样。在智利，硝酸盐的贸易属于德国人和英国人，我们的硝酸盐订货要经过利物浦和汉堡商行的中介，仅仅在近几年内才有一家波尔多商行加入他们的行列。因此硝酸盐的批发贸易完全避开了法国北部，而该处的消费量却如此之大。敦刻尔克不懂得像波尔多那样抓住它，固定住它。

敦刻尔克的运输职能没有造成批发职能。这个位于边界上的贸易港口的发迹，为时并不很久，它既没有勒阿弗尔、波尔多或马赛这类较老海运港口的经验，也没有像它们的仓库。它的资金、大农业及大工业的产品都和远距离的活动相抵触，那里的人没有企业精神——一种海运贸易传统的果实，也就是一句英国人老话：所谓的商人冒险家的精神。由于和安特卫普或勒阿弗尔的陆上距离太近，敦刻尔克未能像它们那样成为商品的集散点、市场和堆栈。它只是一个经过的车站，一个转口的地点。它没有真正的商人、批发商人，但它有货物转口代理人、经纪商、受委托人。卸下来的商品不属于当地的商行，这些商行的任务只是以预付提单上价款的方式协助收货人——即购买者和内地整批购进的商人；这是银行家而不是批发商的角色。距离谷类、种子、羊毛、橡胶的交易市场安特卫普不远的敦刻尔克，不是一个贸易场所，而是一个车站办公室及一个银行营业窗口。

从事我们大纺织地区出口业务的批发交易，几乎一直与进口批发无关。它有时活动于工厂附近，集中它们的产品，对比其种类和亚类，编制品种名录，让收购者可以进行选择。鲁贝和加来的一大部分织物，就这样通过鲁贝和加来的商行中介而进入贸易领域。它有时活动于巴黎这个时尚大都会及全世界购买者的会面地点，这样，圣康坦、博安、科德里、鲁贝、里尔、加来的织物就全来到巴黎了。有时在较少见的情况下，通过某些厂家自己的努力，批发交易移到哈得孙河或拉普拉塔河沿岸的消费地方。就同一个生产中心来说，批发交易的组织常随销售地而变化。卖到美国的织物通过鲁贝的商行；如果它们是销往南美洲的，就通过巴黎的商行。

加来和鲁贝的许多商行在工厂的门口活动。但商人和企业家往往不属于同一阶层。企业家出身于当地世代是法国人的家庭。商人是从外国来的英国人、德国人、比利时人，甚至还有美国人。在这些外国，国际联系的长期实践已经造成一种较敏锐和较机巧的商业意识。在外来因素未能到处将民族性格引到这个方向上的法国，商业精神似乎表现出较少的主动性，胸襟也比较地不开阔。勒阿弗尔、兰斯及马赛的历史不是有点这样吗？自汉萨同盟那个古老时期以来，北海沿岸大商业城市的历史不也是如此吗？

外来批发商移民区对加来的作用比对鲁贝的要大得多。加来对美国的贸易，几乎全部由设在加来的居间商行经营。这些商行全是英国或德国的犹太人的，常常是诺丁汉商行的分行；加来没有一个大的法国代理商行。加来的织物贸易，几乎完全受这些外国商行控制;商品一经出厂,制造厂主可能不知道它的去向、历程和买主,这些事全交给批发商去管。批发商有时甚至以银行家的身份支配着生产。可是在加来有两种销售花边和绢网的方式:某些摆脱中间代理人的美国大进口商,在加来拥有自己名下的收购办事处;同样,某些销售量很大的美国大百货商店——如芝加哥的马歇尔·菲尔德——在加来拥有一家单独的收购商行。但总起来看,由于实现了劳动分工,支配加来和美国商务关系的,还是代理贸易。在涉及美国以外的国家时,加来织物的贸易不是专一地集中在加来。除当地的代理商行外,还有一些设在伦敦及巴黎的代理商行分担对加拿大及墨西哥的贸易;更有一些设在巴黎、伦敦及诺丁汉的代理商行,从事对南美洲的贸易。人们甚至提到一些柏林和汉堡的代理商行,它们为美洲的顾客在加来买花边。

在鲁贝,以前创造羊毛市场的那种商业精神,已经建立一些不仅得到外来移民的资金,而且首先获取本地资金支持的商行。鲁贝的这项批发交易,不专管鲁贝产品的销售,它把地区内为销往美洲而织造的一切产品全弄出去,一些商行供应南美洲,另一些供应美国。其中一家全面经营销往纽约和芝加哥的货品:鲁贝、图尔宽、富尔米、兰斯的单色和花哨的毛织物,女用的毛织物;圣康坦的最时新的料子;鲁贝及图尔宽的家具布;阿尔芒蒂耶尔及康布雷的布;加来、科德里及圣康坦的镂空花边及花边;鲁贝及亚眠的棉绒。企业主在主要的部门主任陪同下,每年访问美国买主两或三次。为了拯救这个关闭的,和购买量在 15 年内减少五分之四的销路,必须奋力斗争和想办法。关于向加拿大销售的事,则由伦敦的批发商承揽鲁贝及图尔宽的织物。

在所有这些经济联系中，巴黎居于压倒一切的地位。这个地位是它作为贸易的中心，及作为全世界和法国其余部分的接触地这种主要作用的象征。这个作用在一个拥有众多的工厂、生产大量独特产品的工业环境内是必需的。除了几家生产各类织物的大工厂以外，一个普通的工厂只能向买主提供某几种产品。对于分散在我们土地上的众多制造商来说，他们需要为来光顾而又没有很多时间的买主开设一种中心商场，一个共有的橱窗，一个经过艺术地、舒适地布置而又能够展示各种织物的店铺。这个长期的橱窗，精彩的店铺，就在巴黎，订货单和买主们从各处涌来的地方就是这里。在通常居住在中部各区的代理商的家里，外地来的买主打听新产品、翻看样品册和洽谈生意。在许多情况下，制造商在巴黎交货，而订货单也几乎总是在巴黎签订。这样，巴黎就成为圣康坦和博安输往美国的一切货物，以及为鲁贝、加来、科德里、阿尔芒蒂耶尔及康布雷西卖给南美洲的一部分货物的中转地。阿根廷的一些大商行，甚至在巴黎拥有自己的为搜集所有法国产品的购买代理处；加拿大的一些供应其国内主要城市的大百货商店的联合公司，也同样有一个代理机构。因此，巴黎的市场支配着输往美洲的一部分法国北部产品的销售。

这些代理商行和代理中心显然为分工所必需的不可缺少的机构，没有多少工厂能单独应付在国外组织直接销售的代理商行的费用。比较正常的情况似乎是企业主留在厂内，让另一有本领的人从事贸易联系。代理商把他工作地区的所有厂主的样品和他专营的商品都聚在手边，他将它们提交给外国的买主，甚至不等其来到法国就直接送给这个人；他在厂主跟前为这个国外买主的付款期限作担保。但他有时被导致向买主优先推荐给他佣金最多的法国,甚至外国厂主的商品;他可能不是始终公正的;据说有人在加来曾看到想模仿生产方法的某些美国企业主,获得了代理商行的帮助,因为商行对当地情况直接了解,能观察正在制造中的新产品。因此某些工厂主想直接在美洲销售。鲁贝和图尔宽在阿根廷,特别是在布宜诺斯艾利斯,已经有了一些代理机构。最近在鲁贝的一个出口商行的成立,标志着为组织这种销售方法的一次新的努力。加来也想改变它的出口方法,一两家工厂尝试直接在布宜诺斯艾利斯售货,不过没有成功。对北美洲的销售已经有过三次尝试:一次在1902年,另一次在1909—1910年,最后一次是在最近同里昂的商行协作进行的。在1912年初,在绢网和花边制造商中开展了一次积极的活动,目标是组织一个在纽约直接销售的集体代理机构。人们可以在这一来自对付竞争需要的扩展运动中,看到商业精神的觉醒。到现在为止,除鲁贝和图尔宽以外,这个商业精神在法国北部几乎到处都和创造精神及工业精神有着深刻的不同。

三、运输

法国北部的沿海地带拥有两个对外的港口——加来和敦刻尔克,后者尤其重要。它们和其工业及农业腹地的交通,得到一个由运河及疏通航道的河流组成的优良水运网的保证。这两个港口处于本地区产品前往美洲,和美洲产品运向法国北部的最短路线上。事实上,敦刻尔克的进口贸易的四分之一来自美洲(1910):223 000吨来自阿根廷(羊毛、燕麦、玉米、亚麻籽),252 000吨来自智利(苏打硝酸盐),75 000吨来自美国(磷酸盐、石油、棉花、木材、小麦),19 000吨来自巴西(锰),13 000吨来自蒙得维的亚。它出口贸易的五分之一前往美洲:67 000吨去阿根廷,27 000吨去美国,15 000吨去巴西,12 000吨去蒙得维的亚。但是,法国北部和美洲的贸易不全经由敦刻尔克,敦刻尔克影响所及的区域和勒阿弗尔、安特卫普、某些英国港口,甚至汉堡的影响区,有不同程度的重合现象。

在进口方面,某些条件保护着敦刻尔克。由于靠近比利时和突出在一个多港口的海内的位置这两件事实,如果没有边界的保护,它的处境必然受到严重威胁。在边界的庇护下,它得到免征附加税的好处。因为欧洲以外的产品,如果经过一个欧洲国家,就要付 100 公斤 3.60 法郎的附加税;不支付这笔重税,羊毛和硝酸盐都不能经过安特卫普而进入法国。由于这些实际情况,敦刻尔克成为法国北部来自欧洲以外国家商品的天然输入港。不过,需要补充说明的是:对于里尔—鲁贝—图尔宽地区来说,敦刻尔克保有距离最近的优势。由于这些原因,安特卫普的竞争对敦刻尔克的进口业务影响不大。与此相反,敦刻尔克向南却遇到法国领土上的勒阿弗尔的竞争。安的列斯群岛的木材,特别是美国的棉花,都经勒阿弗尔来到法国北部。来到敦刻尔克的棉花不断减少,因为勒阿弗尔这个棉花市场与美国有直接的运输和业务联系;里尔、鲁贝、圣康坦、亚眠对棉花的大量购买,都在勒阿弗尔进行。

在出口方面,不再有任何关税上的好处而能把货运量引向敦刻尔克。我们的出口货是由大量的、时常价值昂贵的制造品组成的,它们不能单独装满一条船,它们是选择运输路线的商品,因为

它们寻求快速和准时，也负担得起增加的费用。每个港口都在热烈地争取它们。我们可以说，我们输往美洲的制造品的出口面，在加来海峡两侧，从汉堡一直延伸到波尔多。具体的路线，随着导致运费和速度利益变化的一切环境改变而改变。为了较远的法国港口及外国港口的利益而货运，从而避开敦刻尔克及勒阿弗尔的情况并不罕见。

就南美洲来说，安特卫普吸引去一部分由法国北部及阿登区销往拉普拉塔河各国的钢轨、工字钢、车轴、弹簧、玻璃制品。鲁贝—图尔宽的一些织物输往安特卫普，以便搭载一条德国航线（不来梅的罗兰德航线，或汉堡的科斯莫斯航线）的船只。鲁贝的另一些织物前往汉堡，加来的花边经由勒阿弗尔及波尔多输出。在许多情况下，这些发送的货物都聚到伦敦，那里有为南美洲工作的大代理商行。利物浦的太平洋汽船航运公司的船，定期经过拉帕利斯，把鲁贝及图尔宽的织物带往太平洋的港口。向阿根廷及乌拉圭去的货物，除安特卫普的航线外，人们也通过邮寄的方式而利用阿姆斯特丹的路线，这种组合可使商品直接卸在布宜诺斯艾利斯及蒙得维的亚。

就北美洲来说，竞争更加激烈，因为联系大西洋两岸的航线为数更多。鲁贝销往美国的一些织物取道勒阿弗尔（30%）；另一些经过安特卫普，那里的红星航线提供更有利的条件。此外，在鲁贝有一家比利时的代理机构。发往加拿大的货物有时经过勒阿弗尔，但主要是经过利物浦，包裹要先经过沿海航行去到那里。从鲁贝—图尔宽发送的包裹，也经过中间站布洛尼而利用南安普敦的白星运输公司船只。由于商品运输量大，这个公司的运费不高。

从加来发出的货物主要取道英国，有时经过勒阿弗尔或安特卫普。因此，航道从各方面侵进法国北部，商品即经由这些航道而离开它们的地方性销售市场。世界上没有一处聚集着比这里更多的航线，更多的贸易机构；没有一处交叉着比这里更多的影响范围。

法国北部和它的美洲销售市场的联系，不是经过它自己港口的唯一中转地，而是经过许多别的法国及外国港口。敦刻尔克的所有竞争者中，最可怕的是安特卫普，它由于人所共知的一些原因，拥有广阔得多的腹地。通过在广大地区内的疏干排水工作，它能保证大量等待外运商品的不断到达，从而有可能使船舶满载。对应这一可能性，人们开辟了许多定期和频繁开航的正规航线。对于法国北部的制造品来说，航线的问题超过其他问题；它们当然走向交通条件最好的港口。

目前(1912)敦刻尔克和南美洲只靠"联合装运者"(Chargeurs Reunis)一条航线来联系。它每月开航两次，9 日及 19 日。虽然这条航线的船为了补充货载，在到达南美洲以前在许多港口停靠：勒阿弗尔、波亚克、维哥、莱克索斯、里斯本、达卡尔，但它在南美洲只到里约热内卢、桑托斯、布宜诺斯艾利斯、蒙得维的亚四处。可是安特卫普和南美洲却有许多条航线联系(兰波尔特与霍尔特、汉萨、普林斯、休斯敦、林赞、阿根廷比利时王家公司、北德劳埃德、汉堡—美洲、汉堡—南美洲)。这些航线中有许多条在到达美洲以前中途不停靠，最后在美洲停靠的地方却多得多(不仅是布宜诺斯艾利斯、蒙得维的亚、桑托斯及里约热内卢，还有南里奥格兰德、巴伊亚、伯南布哥、帕拉、马瑙斯，以及罗萨里奥、布兰卡港、蓬塔阿雷纳斯、瓦尔帕莱索、伊基克、卡亚俄、瓜亚基尔，1909)。因此我们看到法国出口商行的90%的工字钢取道安特卫普，钢轨和玻璃制品也是如此。至于轻商品，许多经由巴黎的织物，则分头前往勒阿弗尔、波尔多、帕利斯、阿姆斯特丹、安特卫普及汉堡。在吸引货运方面，船期稳定可靠的重要性是有目共睹的，甚至只有一条航线的敦刻尔克，也能把输往拉普拉塔河各国的英国（染料、沙丁鱼、种子、罐头食品）、瑞士（涅斯莱）、比利时（列日的枪弹）的商品引向它的港口。

敦刻尔克和北美洲几乎没有联系。它确实有一条前往纽约的定期航线（1912），但要停靠波尔多，而且行程是19天。因此，需要快速运输的织物——这种高价商品，就前往勒阿弗尔，从那里搭上大西洋轮船公司的定期、直接的航班；或去安特卫普，那里有红星及凤凰两家航运公司的航班；或去南安普敦，那里每星期有两个航班开往纽约（从加来快班至多佛尔，再从多佛尔至南安普敦）。与北美洲缺乏直接联系的这种状态，似乎已经促使大西洋轮船公司决心开辟一条从敦刻尔克前往纽约及魁北克的新航线。

法国北部虽然工业繁荣，人口众多，但不是一个海上贸易地区。它不掌握向美洲的运输。定期航线的组织不仅受阻于出口运费的微少，也受阻于出口运输和进口运输的一种不相容性：这两者不能利用同一条船装载。大量的硝酸盐、磷酸盐用帆船运到敦刻尔克，可是在敦刻尔克的出口中，几乎没有任何商品适于用这些慢船运输。它们带着压舱物离开，然后去英国装煤。法国北部也不完全控制批发贸易。它的境内不包含所有销售产品的市场，它不自己处理全部购、销业务，它不拥有一个海运市场。它和它的工业对手美洲同命运，新大陆的工业发展，促使法国北部也在不断地发展。加来和鲁贝的工厂放弃粗糙商品的生产，转而从事美洲工人还制造不了的精美昂贵商品的生产。最后，在当前的世界经济地理中，法国北部和美洲之间的联系，使我们能够想象出两种发展不同的文明类型。一种：局限在人口过剩的、不能供养全体居民的小区域内，但通过不可仿效的人工的积累，创造了供出售和出借的财富；另一种：分布在广大的地域上，未加工产品超过自己的需要，通过这些产品的贸易向老欧洲索取资金和制造品。

德卢斯——铁矿与该市的飞跃发展①

在苏必利尔湖低地区内，在世界最大湖盆地的西端，靠近加拿大的边界、离密西西比河源地不远处，在不到30年内形成一个城市居民区：德卢斯与苏必利尔城连同它们的郊区共有居民15万以上②。

乍一看来，没有比明尼苏达州西北部出现如此众多的人口这一事实更令人惊异的了。当人们从南或西面来的时候，是离开一些被殖民的、盖满庄稼的平原而进入一个荒凉寂寞的区域：这里似乎只有森林被破坏，才能够表明人的存在。以前这

① 本文载于《地理学年鉴》，XXII，第122期，1913年，系横穿美国大陆旅行报告节录。

② 我们非常感谢：领导我们旅行的“奥利弗铁矿公司”的代表；赠送许多小册子给我们的德卢斯“商会”的成员；访问过明尼苏达铁矿并让我们阅读有意思的资料的法兰西学院教授卡耶先生。人们可以参阅下列著作：Ch. K. 利思，《明尼苏达的梅萨比产铁区》，美国地质调查局，《专论》，卷XLIII，华盛顿，政府印刷局，1903年，4开本，第316页，附图12幅，插图33幅。Ch. R. 冯·海斯与Ch. K. 利思，《苏必利尔湖区域的地质》，同上，卷LII，1911年，4开本，第641页，附图76幅，插图49幅。N. H. 温彻尔，《明尼苏达的各铁矿山和它们的差异》，《明尼苏达科学院通报》，卷V，1期，1911年，第29页。Eug. 范·克利夫，《德卢斯的地理研究》，《美国地理学会通报》，1912年6月，第401—417页；1912年7月，第493—506页。美国国防部工程兵部队，《通报》21期，《北部与西北部湖泊调查》，美国湖泊调查所，底特律，密歇根，1912年，8开本，第427页。最后，卡耶先生让我看铁矿工程师多姆先生关于美国采矿工业的一份未出版的报告。

个地区生长着一片连续的针叶树和桦树森林，它和加拿大及西伯利亚还保存着的森林一样巨大茂密。现在一些宽广深入的空地已经打开了森林的缺口，只是没有把耕作业带进去。如果在火车上凭窗眺望，许多小时过去了，眼前仍然是单调的冰碛物堆成的地面，不时有磨光的及带擦痕的漂砾突露，树干细长瘦削的密集小树林更是一个接着一个：这些都是被人类用火及斧头毁掉原有成分——一个森林的贫瘠不值钱的第二代。有时你会突然发现一股青烟从地上升起，那是一场大火已经烧完的标志。在另一些地方，充满树根的荒原提醒人们，伐木工人已经走过去了。在林间空地内，到处是一些长满发育不良的乔木和欧洲越橘灌丛的沼泽，一些泥炭沼，一些小湖，为数不多的人类建筑物，一些屋梁糙拙的小农舍，一些在贫乏的牧场上吃草的牲畜。

在 1880 年，在蜂拥向西的移民们心目中还不存在这个荒凉地区。使本区摆脱孤立而向移民开放，并显得生气勃勃的，是巨大铁矿层的发现。在苏必利尔湖低地区内的，天然地便于把铁矿石运往东部煤矿区和冶炼工厂的地点，发展了两个对立的城市：明尼苏达州的德卢斯，威斯康星州的苏必利尔。德卢斯已经取得优势，人们在那里看到一个初具规模的大城市。它不满足于它的转运港的地方性职责，它渴望通过它的资金、贸易和工业转变成为西北部的一个大都会。

一、铁矿石

明尼苏达州(图 39)目前生产美国的五分之三铁矿石：1901 年，

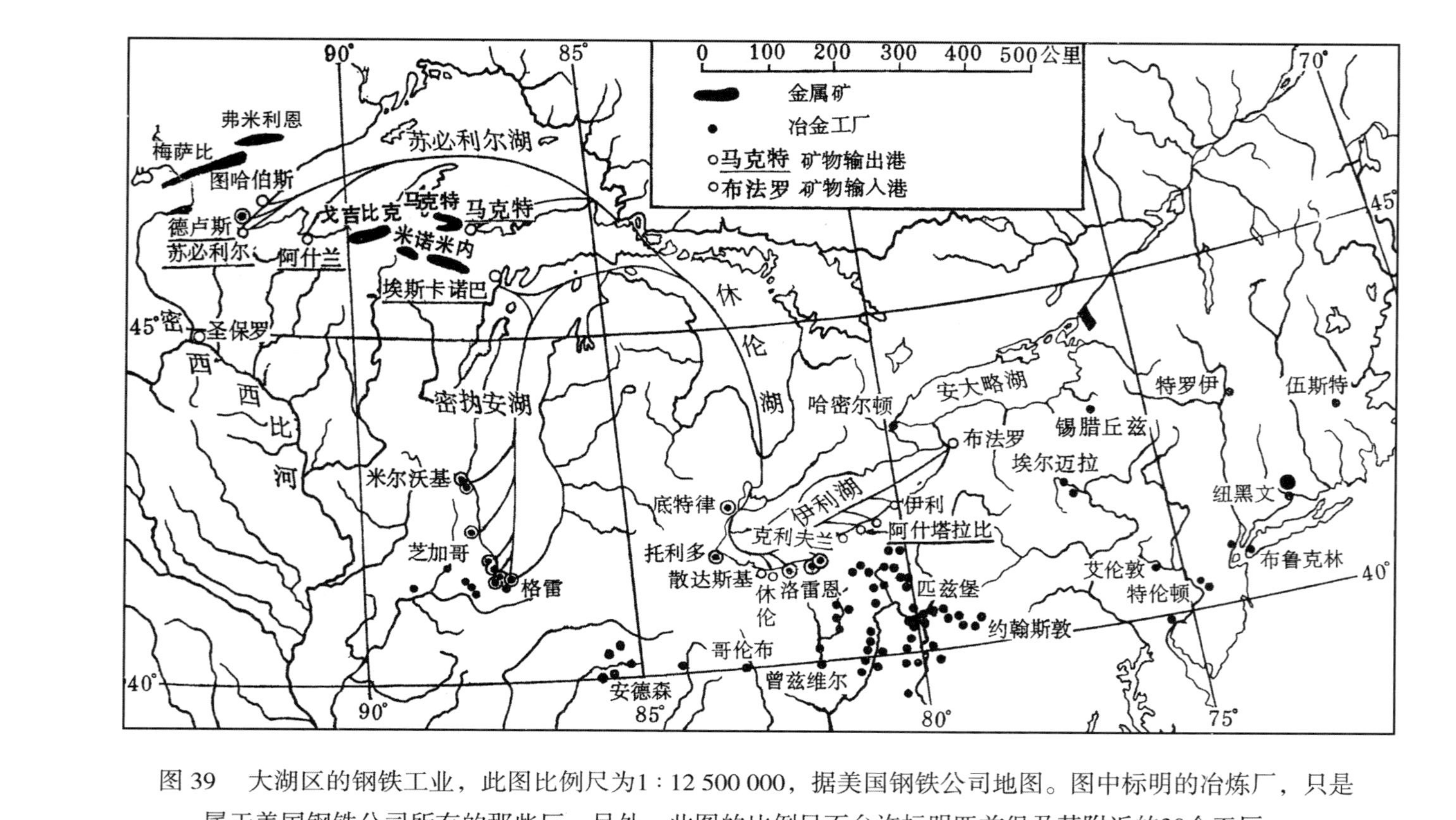

图 39　大湖区的钢铁工业，此图比例尺为1∶12 500 000，据美国钢铁公司地图。图中标明的冶炼厂，只是属于美国钢铁公司所有的那些厂。另外，此图的比例尺不允许标明匹兹堡及其附近的30个工厂。

30 404 000 吨;1911 年,23 182 000 吨。到 1912 年 1 月 1 日,从矿山开始采掘(1884)以来的总产量,已达到278 584 000吨这个巨大的数字。从 1910 年起,明尼苏达的两个盆地(弗米利恩与梅萨比)产量已超过密歇根州的著名矿山(马凯特、梅诺米尼、戈吉比克)。人们估计,整个苏必利尔湖区域的铁矿储量是 19.05 亿吨:其中 16.70 亿吨在明尼苏达州。大量生产是美国经济的一个特点:就铁来说,它应归功于明尼苏达。

明尼苏达矿山的飞跃发展　在不多的几年内,这些资源几乎是一下子就进入了市场。在长时期内,在这个交通困难、树木很多的地区,人们只能乘小船沿着河流探险。最早记述这个地区的是 Z. M. 派克(1810)、J. 阿兰与 H. R. 斯库尔克拉夫特(1832)、J. N. 尼科莱特(1842)。第一个画出本区地图的是尼科莱特,但图上的"米萨贝高地"的标注还很不完全。第一个提到铁矿的是 J. G. 诺尔伍德,他于 1852 年指出冈弗林特湖边有铁矿。直到 1875 年,纽约的 A. H. 切斯特教授才对梅萨比山进行科学勘查。不久以后,大约在 1880 年以前,弗米利恩山可采矿层的发现,暂时转移了人们对梅萨比山的注意,开采工作也就从那时开始。三条"山岭",三个矿区,相继登场:弗米利恩山于 1884 年发出第一批矿石;梅萨比山在 1892 年;库尤纳山在 1911 年。没有一处能比得上梅萨比那样可怕的发展的:从 1892 年的 4 000 吨增至 1895 年的 270 万吨,从 1900 年的 780 万吨增至 1910 年的 2 900 万吨;在 20 年内它单独提供约 2.5 亿吨矿石。

在这一不寻常的进展中,当然要看到矿层的卓越条件的作用,但也要看到东部的强大作用:西部是在东部的努力下造成的。在

东部的各老州和西部的新地区之间，存在着一种密切的联系。这不仅是铁矿生产者和煤炭生产者之间那种必需的联系，也是使一个富于资金和人力的区域与一个未开发区域互相结合起来的那种联系。明尼苏达铁矿被开采的时期，正是东部积累了大量从工业中取得资金的时期；这些资金从一开始就给人以深刻的印象。直到1890年前后，密歇根的铁矿是由小企业家或资金不多的公司开发的，可是开发明尼苏达地下宝藏的，则系资金雄厚的大公司或许多大公司的组合体。从1886年起，弗米利恩山的全部所有权，其中包括矿山、铁路、码头及租让地，都归属明尼苏达铁公司，随后不久又转入美国钢公司之手。东部的全部制钢的一个公司在梅萨比拥有铁矿。就在不久以前，匹兹堡的一个高炉公司在库尤纳山开办一个铁矿企业。明尼苏达矿藏的四分之三以上属于奥利弗铁矿公司，它是美洲钢公司的子公司。人们如果要了解这些新地区的迅速发展，就不应忘记这些资金大量集中的影响，因为它们是一项发展的力量。矿业公司或铁路公司几乎控制着这里的全部经济生活：矿山的经营、工业的建立、土地的开发、地区的殖民，全由它们组织安排，科尔雷恩市就是奥利弗铁矿公司的产业。多亏它们，这个地区才像使用魔术般地改变了面貌；只有用它们行动能力的强大，才能同时解释进行开发的能量和采掘吨数的巨大。

矿石地层与矿山经营　由于矿石的开采，从地层及矿量的某些特殊情况中得到这么多好处，所以它的非凡发展是不足为怪的。

在弗米利恩山区，从陶尔附近至加拿大境内只有两个商品矿层，分别在伊利和陶尔。这些夹在太古代岩系中的矿石层斜度很大，或呈直立状，以致开采工作只能通过地下的工程设施——井和巷道——来进行。在陶尔附近的明尼苏达矿山，地下工事东西长达 1 350 米，向下深达 450 米。矿石（赤铁矿）常常密实坚硬；可是在伊利的则较为松散易碎。矿层的这些情况，使开采费用相当高昂。但矿石的品位高，在 1909 年，它的平均含量高达 63.70%。

在德卢斯以西 145—160 公里的库尤纳山，矿层从未露头。一层厚约 25—100 米的冰川堆积物普遍一致地覆盖着它，矿层分散而不连续，坚硬而且储量相当大的赤铁矿矿石，储存在直立的地层中。它的质量好，但人们夸大了它的数量。人们只能指望在梅萨比采尽时，再以库尤纳来代替它。

梅萨比矿山具有一些不寻常的优点。它从密西西比河上的大急流城向东北延伸 150 公里而至伯奇湖附近，在那里隐没于辉长岩流之下，然后在加拿大边境上的冈弗林特湖附近重新出现。所有商品矿石的矿床，都位于大急流城和梅萨比车站之间，尤其是圣路易斯县境内。属于上休伦统的巨大含铁岩系，由含铁燧石构成，它包含一些富矿扁豆体，1906 年的平均含铁量是 60.7%，1909 年是 58.83%。

梅萨比铁矿床的某些特点——虽然不遍及全盆地——非常有利于开采的程度，开始时几乎使人难以相信：即它们的连续性，水平的层位，不大的埋藏深度，松散的性质。某些矿石扁豆体的长度常超过 800 米，宽达 400 米，厚度从几分米至 150 米。其中有一个长 2.5 公里，宽 800 米，在某些地点的厚度超过 100 米。与苏必利尔湖所有的其他地区不同，这里铁矿层的产状几乎是水平的，它们平铺在冰川堆积层之下，两者间没有其他岩层插入。矿石常储存在密实岩层内，但也常呈粉状和土状。这些优点联合起来，使人们能进行集约开采和大量生产。

在美国工程师的指导下，露天开采成为一种巨人般的、独特的行动；它的主要工具汽铲，每次能铲起4.5吨。人们先以10米为一层，剥去冰川堆积物。汽铲在20分钟内，装满由18节各载重15吨的车辆组成的一列火车。在希宾，在布法罗与萨斯奎汉纳公司的采矿场内，矿层以上需要铲走的沉积物厚度是45米，也就是要用汽铲铲5层。这些清除行动，造成一些巨大的台阶式坑洼，矿石出露在坑洼的底部。没有比这些被挖成围场形的巨大采矿场更壮观的景象了：一些道路沿着台阶互相交错，牵引矿石列车的巨大火车头在坡地上噗噗地喷气，一股浓烟在巨穴上空展布成黑云。经过计算，从开始采矿到1911年1月1日，人们从梅萨比搬走1.9亿立方米泥土和矿石，可是巴拿马运河的总开挖量不会超过1.3亿立方米。

露天开采有许多胜过地下开采的好处：不用支架，工人较少，照明较少，矿石完全运走，而地下开采则要损失10%；选矿方便，运输经济，因为铁路上的牵引代替了矿井内的上提。人们计算，露天开采的费用是每吨1.5法郎，而地下开采则是5法郎。由于费用减少得这么多，所以人们可以开采一些因品位较低而被忽视的矿石：在盆地西端，矿石和沙子混杂，铁含量有时只达45%。人们在科尔雷恩建立一些洗矿场，能在24小时内接受2万吨矿石，并将含铁量40—45%混有沙子的矿石，精选为含铁量60%的优质矿石。由于这些方便，人们已经能够在梅萨比山实现廉价矿石的大量生产。

矿石的运输　矿石不能在当地利用，必须将其运到东部的煤和石灰石的旁边。它从矿山经铁路运到苏必利尔湖的港口，在那里上船直达冶炼工厂。运输的组织丝毫不比开采的组织逊色，它以惊人的廉价和罕见的完善，在苏必利尔湖低地、图哈伯斯、苏必利尔城及德卢斯等处把巨大的集中和转运机构联合起来。

矿区铁路网的发展受惠于铁矿，另一方面，没有它铁矿也不能生存。四条竞争的路线分担矿石的运输。1. 德卢斯与铁山铁路在1884 年把图哈伯斯和弗米利恩山联系起来，1886 年到达德卢斯，1892 年和 1893 年到达梅萨比；它在图哈伯斯拥有装船的码头。2. 德卢斯—梅萨比—北方铁路于 1892—1893 年联结梅萨比山（铁山、比瓦比克、希宾）与德卢斯，它在普罗克托有工场和编组站，在德卢斯有码头。3. 大北铁路于 1893 年进入铁矿区，它主要供希宾地区的独立矿山使用，它在苏必利尔有一些工场，在阿卢埃有一些码头。4. 加拿大北方铁路是不久以前（1912）的新来者，它已将其温尼伯—梅萨比山线延长至德卢斯，它经过弗吉尼亚而将矿石运至德卢斯的码头。

铁路公司不仅从事运输，还要按收货人的要求，对矿石进行精选和掺和。在德卢斯—梅萨比—北方铁路线上，这项工作在离德卢斯 6 英里的普罗克托进行。每列火车都要在自动磅秤上一辆一辆地过磅，速度是 15 或 20 分钟过一列 50 节的火车。选矿站在火车一开动时，就通过电话从发车站取得各节车内矿石的分析资料。它按购买合同上写明的成分进行掺和，并重新编组开往装船处的列车。如果人们知道，在德卢斯—梅萨比—北方铁路上，7 个月（1910 年 4 月 30 日至 11 月 27 日）内向德卢斯的码头运送 313 776 节车厢，内装矿石13 609 107吨的话，就能想见这项工作是什么样的场面了。“最高数字”是24小时142 000吨。

在港内，在码头上，一切向船上转装的工作都是机械化和自动化的。火车开到伸入湖中的长形木质或钢质码头上，矿石通过可移动的底部而落到巨大的储矿池内，等待船舶到来。这些装矿船的型式很特殊：机器在后面，货舱在前面，并且不分隔，以便以全部空间装货。当船准备装货时，储矿池底部即行张开，矿石经过滑槽而进入货舱。所有的操作过程都很迅速，平均6小时装满一条载重1万吨的船。但有人说，科雷号汽船在1911年9月8日曾用25分钟装上9 456吨矿石。在湖的另一端，卸船也同样迅速：W. P. 帕尔默号汽船在康尼奥特只用3小时就卸下11 000吨矿石。从矿山到高炉的运输就是这样地迅速、便宜，而且不需用人力。矿石从火车到码头，和从码头到船上的费用是每吨20生丁(100生丁=1法郎)。

在矿石的装船港和卸船港之间，各大湖的水域为这项巨大的货运提供令人惊异的方便，尤其是在进行转运的德卢斯—苏必利尔港内。这个由圣路易斯河的沉溺河口形成的港口，与苏必利尔湖之间，隔着一个叫作明尼苏达角的沙嘴。它是一条自然堤，能遮蔽来自东北方的风暴，为运输提供极大的安全保证。在明尼苏达角的后面，湖湾为船的转动提供广大空间，同时河口两侧有很长的河岸供建筑码头之用。虽然货运在发展，但码头只占用了可用空间的七分之一。这个港口比利物浦或汉堡的港域广大，码头也比它们长几公里。这些是德卢斯—苏必利尔港的天然优点，其他的优点是人干出来的。湖湾有两个缺陷：狭窄的入口——南部靠苏必利尔一侧弃置未用——和不大的深度。在 1873 年，人们挖掘一条横过明尼苏达角北端、直达德卢斯的人工入口或船渠；这个入口在 1900—1901 年有两道防波堤，到 1907 年深度是 9 米。另外，经常的疏浚使湾内能保持一些深 6.50—7.80 米的航道和水域。再有，深度还随着船舶吨位的增大而逐步加深。在 1884 年，第一批矿石是在一条载重1 427吨的船上运走的。目前，在 400 艘运矿石的船中，有几艘的吨位达到 12 000—14 000 吨。这些船来到图哈伯斯、苏必利尔及德卢斯接运矿石。但德卢斯的发送量占一半以上，铁矿石构成该港吨数的 78%。德卢斯和苏必利尔加在一起，总吨数在 1907 年超过 3 500 万吨，1910 年 3 300 万吨，1911 年 3 600 万吨（进和出）。

这宗巨大的货运，只是每年 7 个月的事情：苏必利尔湖与下游各湖间的航运受阻于冰冻达 5 个月之久。在 1911 年，各湖间的运输始于 4 月 18 日，终于 12 月 9 日。由水路停止使用而造成的这个闲季，深刻地影响矿区的生活：采掘停顿，许多雇员被解雇，许多来自欧洲的工人回了家。尽管有这种不利，把每吨矿石从德卢斯运到密歇根及伊利两湖港口的费用，仍然只要 3.5 法郎，如果经由铁路，却需 4 法郎。

世界上任何地方的矿石，都没有遇到这样便宜的运输条件。从矿山到运入工厂的车辆，每吨只付 9 法郎。这项运费包括两次装卸，160 公里以上的铁路和 1 600 公里的船运。所有下列的条件加到一起，使得明尼苏达的铁矿石在美国工业中起了极其重要的作用：采掘容易，含铁量高，运输便宜，机械操作，大量生产。它使美国在钢生产中位居世界各国的前列。

二、德卢斯的飞跃发展

在这股巨大矿石流的通道上，在湖上船舶接受车辆载来矿石的地点，成群的人聚在转装机器和设施的周围，三个靠转装工作生存的港口就这样地产生了。但是，在图哈伯斯仍然是个单纯的装船站和苏必利尔不超过中等城市规模的时候，德卢斯却有了大城市的气派。什么原因造成它这个突出的地位？

城市的成长　长时期内，在德卢斯这块地上只有一个猎人和毛皮商人的临时居住地，这一多树、荒僻地区的河流沿岸，分布着不少这类的地点。这个居住地于1855—1856年被命名德卢斯，用以纪念丹尼埃尔·德·格雷索隆——这位德卢斯的先生。他是密西西比河上游的探险者之一，曾在1679年夏季到过五大湖的顶端。在1870年，德卢斯还只有1 200个居民；1880年，3 500个。由于铁矿的迅速发展和处于矿石前往苏必利尔湖的路线上的位置，它表现出跳跃式的成长：1890年33 000居民，1900年53 000，1910年78 000。它的面貌中带有这种迅速成长的迹象。毫无疑问，人们在那里的物质和精神文明、爱好和习俗中，能辨认出一种——我不知怎么说才好——年轻、大胆、实用和待完成的东西。它是美国生活的标记，它使美国各城市这么彼此相似。但是它形成一大群仍然是混杂的人口，混杂的各种成分还没有融合。指挥事务和管理城市的人中，有许多来自中部和西部，还有一些来自外国。在他们的周围，居民中的大多数，主要是加拿大人和斯堪的那维亚人。在某些居住区内，许多别致的细节使人想起了斯堪的那维亚：人的特征，他们的服装，他们的房子，他们有栏杆的小车，甚至还有他们

常做的滑雪运动。

人们不能说，德卢斯的地点促进了它的扩展。该城在俯临湖边的石质丘陵上，建成围场形的市区。它沿着湖岸延展达 20 英里，某些主要街道，顺着侧坡上的层叠阶地朝向东方。工厂和商业区都环绕港口而聚在西部；向东，在悬岩、树林、公园和湖泊中间散布着别墅、住宅和俱乐部。对一个大城市的发展来说，这个地点比苏必利尔的一片平地差得多了。德卢斯的平地，只见于湖滨低地及圣路易斯河口的沿岸。由于是坡地，所以人们要花费更多的劳力和金钱去运输建筑材料，开挖房基，行驶有轨电车和修建铁路。德卢斯所以占上风，是因为在三个能争夺梅萨比山货运的港口中，它有距离上的优势。德卢斯处于梅萨比和苏必利尔之间。对矿山来说，苏必利尔位在德卢斯的后面，矿石与其多付 12 公里铁路的费用去苏必利尔，不如直接到湖边的德卢斯。毫无疑问，铁路公司的竞争和较偏南地区矿层的发现，都会损害这种原有的优势，而且事实上已经损害了。但是，一个大转运港口职能所需要的工人和商人，已经定居在德卢斯了。这一群人的本身，就是今后的一股物质力量。德卢斯已成为一个富有生命力的、强大的存在实体，它不再害怕费率的竞争。

事实上，在德卢斯已经大规模完成的这种原始的职能之外，这个城市正在着手开发利用其他的发展和生活原则。它将仅仅是矿石的转口港吗？有没有某种比使其成长壮大的短暂性财富存活得更连续、更久长的东西？实际上德卢斯已经看着铁矿以外的地方。它向我们展示一种在今日欧洲确实罕见，但在美国及加拿大的远西新地区却很常见的景象：受到一个年轻、富裕城市的热情和力量哺育的，正在形成中的一个区域集体；在全新的地区内开始发展的，有能力去吸引和扩张，有能力去寻求与远方财富相结合的一个强有力核心，初具规模的以德卢斯为引力中心的一群经济星座。

区域的发展 在德卢斯的后面，有一个近在咫尺、由于矿工的涌入而被非常迅速地殖民的内地区域。铁矿已经在一片荒凉的土地上播种下一些生气勃勃的中心，它们正在增大、扩展。城市连同它们的教堂、学校、自来水、下水道、电一齐从地下长出来。被大火毁灭以后，它们像初生时那样迅速地从灰烬中再生。那里的一切都提醒人们，它们是昨天在森林里突然出现的：烧焦的树干和突露在多砾石沉积物表面上的伐根，未铺路面、满是车辙的街道，住宅之间的空地，新房屋的刺眼的色彩。某些房屋只是放置在地上；它们跟着铁矿迁移。这些城市中的大部分，在 1890 年时还未出现，可是在 1910 年，希宾已有居民 8 800 人；弗吉尼亚，10 400；齐瑟姆，7 700。圣路易斯县的居民，从 1890 年的 45 000 增至 1900 年的 83 000 和 1910 年的 163 000 人。如果除去德卢斯及其近郊的人口数字，人们就看到矿区的人口从 1890 年的 10 000 增至 1900 年的 25 000 和 1910 年的 75 000 人。

这个人口中包含大多数的外国成分。希宾的 75％居民来自外国：匈牙利、奥地利、希腊、门的内哥罗。由于矿山的工作在 11 月停止，到 5 月重新开始，许多工人在闲季返回欧洲。一般地说，他们在积聚一点资金以后，就离开这个地区不再回来了。为了使这个劳动人口成为德卢斯内地的一项发展资源和生活的一个长远希望，就必须把他们留住，把他们拴在这里。但是，怎么办呢？

以前森林是本区一大富源。它吸引来第一批移民，并且创造了第一个城市——大急流城。它混杂有桦树、杨树和槭树的厚密针叶树林，曾经覆盖过全地区；它现在在一种实际上是破坏行为的生产经营前面向后退缩。从 1884 年以来，明尼苏达北部发生过几次森林大火；现在每天仍然给它带来损害。其次，矿山每年要消耗一些森林。虽然木材工业仍然在弗吉尼亚有几家大工厂，在克洛凯和国际瀑布城也有一些纸浆工厂，但人们可以说它正在衰落，而且有在德卢斯的整个内地区消失的危险。

耕作业似乎也不给殖民活动以更多的希望。在从 12 月至 3 或 4 月地面积雪的严酷气候下，在砾石有时多到不能犁耕的土地上，在需要大量劳动去消除树木伐根的垦区内，人们不应当设想：有像明尼苏达西部较细堆积物上的优良土壤所允许进行的那种大田耕作业。铁路公司为使农业殖民活动进入明尼苏达的东北部，已经作出很多努力。德卢斯与矿山铁路公司拥有约 25 万公顷土地的经营特许权，它力求吸引农业移民到它的土地上来，让他们定居在那里，从而保证该地区殖民事业的发展。它只按 16 至 32 公顷的地块出售；这样的范围适于小农户的经营。它只在有公路的地区出售，它开办一个试验农场和一所农业学校，它出版一些吸引人的广告说明书。其他公司都在模仿它。在希宾和德卢斯的周围，已经建立一些农业移民区。它们生产蔬菜(土豆、胡萝卜、花菜、洋葱、芹菜)，它们出售蛋和奶制品，但局限于它们的销售市场——城市附近。圣路易斯矿区的面积达 170 万公顷的土地中，只有十分之一让与进行耕作。在这十分之一中，又有不足十分之一属于一个农业企业。最后，每一个农户只有 2—4 公顷被耕作。因此，德卢斯不能指望在其农村领域内起到圣保罗—明尼阿波利

斯或芝加哥所起的那种作用。事实上它不得不输入大量食品。它的粮食和其他消费品都来自远方，这是一个巨大的、建在森林区内铁矿附近的城市移民区。

商业的发展　但向西到矿区以外，德卢斯正在扩展其遥远的和有利的联系。大湖区的顶端，通过德卢斯而前移至加拿大、南—北达科他和明尼苏达的小麦区，以及蒙大拿、阿西尼博亚和艾伯塔的新地区。对于正在移垦、定居的整个西北部来说，德卢斯由于位置优越控制了其进路，正在转变成它的发货和分配中心；较偏南的地区则留给芝加哥。这个愿望不再是一个梦想：德卢斯已经在扮演西部一个大都会的角色。

德卢斯和西北部产小麦各州的距离，比芝加哥同它们的距离短 800 公里。它位于大湖航运的终点，有 14 条铁路线从那里向外伸展；它不仅控制着矿石的地方性道路，也控制着东西向横贯大陆的道路。因此，运往东部的大量谷物都经过该城：在 1911 年，来自明尼苏达和南—北达科他的 1 900 万市石（100 升）谷物到达德卢斯港（1910 年，2 000 万；1907 与 1908 年，3 100 万）。巨大的谷物仓库在那里进行筛选、分类、装载，那些最大的能容纳 100 万市石以上的谷物。人们曾见到一条船，以每小时 3 万市石的速度装货。毫无疑问，西部的大部分小麦仍然经过明尼阿波利斯，因为那里有铁路费率上的好处。但德卢斯的商业作用正在发展：加拿大北方铁路公司已经把它的铁路延伸到苏必利尔湖低地区，从而创造了运往加拿大的煤流，和运往德卢斯的小麦流。甚至一些未来的梦想，也已在雄心勃勃的规划中逐渐明确了：如把明尼阿波利斯的面粉，引向五大湖转口的明尼阿波利斯—德卢斯航道，或是把温尼伯湖区的木材引向德卢斯的运河。

反过来，德卢斯又向西北部分配东部的工业产品，有大量煤炭从伊利湖各港口来到德卢斯。该港拥有为此而装置的第一流设备：在5年内，电力装备的煤码头从1增加至11个；起重机能每小时卸煤500吨。因此，从1900年以来，煤的来量已从250万吨增至850万吨(1911年)；一部分留在当地供应工业及家用需要，另一部分再经由铁路分配到美国和加拿大的西部。在德卢斯已开设几家巨大的商行，它们向西部销售必需的物品。70多家商店售卖远西部严酷气候下不可缺少的厚重织物和服装，有几家甚至开始制作这些商品。德卢斯已有了两家大的五金公司，它们向西部的农村供应各种工具和器械；四家巨大的食品杂货店，向这些只产小麦的地区出售不得不去买的东西。人们估计，德卢斯的商业部门向这个广大内地区域推销的产品价值在3亿法郎以上①。

最后，自己从事制造的德卢斯已成为一个工业中心。多年以来，德卢斯已有一家叫作“天顶熔炉”生产生铁和焦炭的大工厂。大北公司的一个水电工厂，在城市上游截住圣路易斯河的水，利用115米的落差，发电45 000马力来供应德卢斯和苏必利尔的电车和照明、港口的机器及许多工厂的需要。将来德卢斯还要把电流送到圣保罗、明尼阿波利斯以及梅萨比、弗米利恩和戈吉比克等矿区。但这些都只是影响范围较狭小的企业。另外一个在意义和力量上都大大超过它们。为了顺应移煤就铁矿石，而不是移铁矿石就煤的新潮流，美国钢公司通过其子公司明尼苏达钢公司的中介，

① Eug. 范克利夫，前引著作。

此时正在德卢斯的圣路易斯河边、离城市火车站15公里的地方，建一座大炼钢厂，造价在5 000万法郎以上，这还不算买地皮、建码头和铁路、建副产品工厂的费用。在这家巨大工厂的周围，已经打算创造一个工人城。该厂主要制造钢轨，卖给西部所有正在开放、定居、装备的新殖民区。这样，德卢斯的影响就将更加深入地侵进这个界限未定、正梦想取得经济霸权的帝国。

这肯定是远西部广大地域内最新奇的特征之一。那里的所作所为，都是在追求一个明确的目标，即形成区域性的大城市。毫无疑问，德卢斯和西雅图，都是这一代城市中最激动人心的例子。

埃及农村生活的现实问题与新面貌[①]

人们有时谈到埃及的农村生活并不变动。人们往往把尼罗河流域的农民列入东方民族一类，他们好像总在落后于时代的文明里睡大觉，甚至当地的情景似乎也常证实这种委靡不振的印象。考古学家们发现，现在埃及农民家里的农具、庄稼，甚至住宅，和在古代建筑物里常见的那些东西并无不同。这些农民悲惨生活的场面，确实使人产生这样的想法：他们不反抗物质生活的困苦，他们一直处于被压垮的状态。可是在当地的经济及居民的情况中，人们现在觉察到一种深刻变化的某些征象。

这块古老的土地不再像以前那样被耕种，它的农民不再全都是封建领地的奴隶，他们中的大部分人已经争得小地产者的地位。在传统的作物之外，另一些如棉花、埃及车轴草及玉米等，在农田内占有广大的面积，它们强迫实行新的轮作，它们引起对水的新需要，它们要求人们在一年内进行更多的劳动。村庄不再是农民的唯一居住地，人们看到一些孤立农舍建在不受古老村庄约束的地方。

① 本文载于《地理学年鉴》，XXXV，第 194 期，1926 年。

这些变化是在不到一世纪的时间内实现的，人们因而预料在未来的世代内，农业劳动和社会生活的情况将有越来越深刻的改变。为了准备和完成这项新文明的任务，只要有两种本质不同，但被历史发展连在一起的力量就行了：一是人口的非常的增加，它使人们有必要设计新的生活手段；二是欧洲文明的侵入，它把一个长期只从事家庭消费性生产的农业转向商业性生产。

一、埃及土地的肥沃性，裂缝的作用

一个人在说埃及是尼罗河礼品的时候，他想到的是该河洪水每年带来的泥和水。但这两个因素不足以解释那块土地著名的肥沃性。如果人们考虑到埃及农业几千年的收获，就会对这块土地竟能在不施肥料、未经耕耘的情况下，这么长期地保持肥沃，并且每年按时地提供收获的事实感到惊奇。人们不耕地，人们满足于向刚刚脱离洪水，仍然潮湿柔软的农田上播撒种子。为何不需要耕翻去使这些粘质土壤通气和松散呢？一些由英国及法国科学家①着手进行，又经 M. V. 莫塞里②先生按照严格的科学观念，并根据实地的观察，在开罗继续努力完成的出色研究，已经证明：如果没有气候，单凭土地和水是不

① S. 库什曼、阿勒顿、科默、约翰、拉塞尔爵士、盖吕萨克等人的著作。

② V. M. 莫塞里与 Ch. 奥德博·贝，《裂缝在埃及土地长期脱盐和净化中的作用》，《苏丹农业协会技术部通报》第 11 期，1923 年，插图 4 幅。V. 莫塞里，《论漫灌制度下的埃及土地》，同上，第 12 期，1923 年，第 41 页。R. 罗什，《试论上埃及土地的自然性状》，《埃及研究所通报》，第 5 系列，II，1907 年，第 47—67 页。

能保持埃及土地的肥沃性的。

气候的决定性影响发生在非常炎热、非常干燥、被称作“沙拉吉”(charaqui)的夏季休闲期间：5月至9月。在此期间，被太阳烧灼、被干燥裂开的土地，是使它新生的那些最重要现象的发生场所。那么，沙拉吉对土地有什么影响呢？通过炎热和干燥，沙拉吉能杀死大部分野生植物——栽培植物之敌，还能消灭病菌和寄生虫。但它更大的好处是使土地裂开。埃及的土壤非常粘重，极易收缩。在炽热的阳光下，它经受着55—70℃的温度；它的湿度只有3—4%。于是人们在已经干燥的、被淹没过的地区内，看到无数以各种角度互相交叉的巨大裂缝，把土地切割成形状不规则的多边形地块。裂缝的深度自0.25至1.50米——有些地方可能更深些，它的最末端是毛细管道网。这些裂缝的宽度，可使裂缝面积和土地面积的比例有时达到35:100，或者更多一些。裂缝是栽培植物的致命性危害，侧根由于土地收缩而折断，太阳又透过缝隙去烘烤它们。但在以前的农村经济中，土地在沙拉吉期间是光秃的、无生命的；它那时成为——现在有时仍然成为——进行一种有益的、为未来的种植做准备工作的场所。

首先，裂缝帮助土地脱盐。在所有的干燥地区，可耕地的获得，要依靠对伤害植物的盐分作斗争。在埃及，尼罗河的洪水含有一些溶解态的有害盐类，它们的数量不大，但长期积累后就足以使土地不长庄稼。尼罗河的水在洪水期浸进土地以后，在干燥期又通过毛细管而上升至地表，它蒸发，把盐分留在地表及裂缝侧壁上。当洪水突然到来时，就把这些盐分溶解在大量的水里，以后，随着水位的下降，裂缝又把它们从地下送走。

其次，裂缝使土地松散和通气。在沙拉吉期间，土内被空气占有的容积至少增加35—45％。这种通气作用在各个方向——垂直的与水平的——进行。这些被分裂的土地，孔隙度之大和渗透率之高，达到了最好的器械也不能实现的程度。这就是在淹没地区内的旧农业制度中，人们不经过预耕就进行冬播的原因；裂缝补齐了农民浅耕的不足。罗什先生说："没有裂缝，这种浅耕的习惯就不能形成，因为土地会很快地要求更深的耕翻。"现在人们仍然能看到通过裂缝来通气和松土的现象。莫塞里先生说："在上埃及，如果时间不是过早的话，在洪水以后不经翻耕就点播玉米的做法，是一种习惯；产量受到影响，但没有人们想象的那么大，……一些深耕的试验田的棉花产量，并不显著地高于那些未经翻耕，自己裂开和自己风干的土地。"

第三，裂缝帮助土地提高肥沃性。在强烈的热力作用下，矿物盐类出露在缝壁上，"脱水、收缩、裂开或粉碎。它们向在土内循环的水暴露新的溶解作用面"。这就造成更富于营养物质的溶液。于是"在每次沙拉吉以后，土地总因此而处于某种更新的状态"。土地的这种复苏，还受到沙拉吉施加于它的部分消毒作用的刺激。在干燥期以后，有益细菌的繁殖全面地再爆发，它们加速有机物质的硝化作用，从而给予土地更多的可吸收氮素。

这些就是长期令人赞美的那种不施肥料、未经耕耘而能保持的，经常的——更确切地说，高度的肥沃性的原因。它确实是沙拉吉——气候强加给农业的一个干、热的长休闲期——的工作成果。

但人类的干预已经改变了这些自然的情况，目前，埃及的农业有背离那些受情况简单性支配的简单方法的趋势。

二、埃及农业的发展

轮作的安排，水的利用，种植的方法，牲畜的作用，农业投机买卖的精神，一切都在我们眼前发展，一切都在欧洲思想的影响下，和养活增长中人口的需要下改变。

1. 轮作 在洪水淹没区的旧制度下，轮作的进行非常简单。在被沙拉吉更新、被洪水浸透、被河泥增肥的土地上，人们播种谷类或经济作物（亚麻），下一年播种豆科作物——例如蚕豆。由于有了豆科作物的根，谷类在土内获得氮素的供应。50 多年以来，我们看到另一种更复杂、更密集的轮作在取代原先的简单轮作。例如在下埃及，占优势的是两年轮作制，它的轮作情况是：

2 月至 10 月，棉花。

11 月至 5 月，小麦（或长期的埃及车轴草）。

5 月至 7 月，部分休闲（沙拉吉）。

8 月至 11 月，玉米。

12 月至 2 月，短期的埃及车轴草。

这种轮作的组成，说明一场使三类基本植物广泛进入农业的革命：喂牲畜的埃及车轴草，给人吃的玉米，卖给外国的棉花。

这种紧凑的作物轮换，有逐渐改变土地肥沃性的危险，它在第一年取消、第二年减少沙拉吉。许多人惋惜这个珍贵休闲的消失，他们也很不安地看到，商品作物在一个人口日增的国家里的扩展。因此，人们希望在不牺牲任何作物的情况下，恢复沙拉吉来全面发展生产。人们考虑采用三年轮作制的可能性，而且已在某些地区进行试验：用于每种作物的轮作田减少，用选择繁殖较快的高产品种的办法来补偿①。

这种轮作的情况是：

第一年——11 月至 3 月，埃及车轴草；4 月至 10 月，棉花。

第二年——11 月至 5 月，冬季豆科作物；5 月至 11 月，沙拉吉。

第三年——11 月至 3 月，冬季谷类：小麦，大麦；3 月至 6 月，部分沙拉吉；6 月至 10 月，玉米。

2. 灌溉制度 需水作物——如棉花、玉米、埃及车轴草——的栽培，导致灌溉制度的一场真正革命。在农业区的旧制度下，人们让洪水期的泥水淹没田地。这些田地只在洪水期内得到水，农业是洪水的奴隶。由于水淹田地的时期是从 8 月直至 10 月，人们只能栽培适应冬季温度的越冬作物（谷类、蚕豆、兵豆、饲料）。但要栽培像棉花这种需要夏季高温的作物，就得准备在夏季——即尼罗河的枯水期——向它供水。由此产生了与河流季节流量无关的长期灌溉制度。这个制度，随着为它创造条件的水坝和渠道工程的进展，正在逐步代替洪水漫灌的制度。在埃及的 530 万费丹（1 费丹＝42 公亩）耕地中，有 410 万费丹得

① V. 莫塞里，《论埃及的土地》，第 39—40 页。同时参看 M. 索利芒，《埃及农业辛迪加的创立和未来》，巴黎，萨戈，1923 年。

到长期灌溉，其中100万在中埃及，310万在下埃及。下埃及已没有旧制度，在中埃及正逐渐消失，在上埃及的大部分地区依然存在。在许多世纪内，服从自然规律的尼罗河谷地逐渐被置于人的约束之下。

要想全部实现漫灌地区的这种改变，和开发三角洲上的广大荒地，目前可以使用的夏季河水流量是不够的。人们甚至预测，阿斯旺水坝计划中的加高和上尼罗河上蓄水工程的建设，也将不能保证必要的供水。因此，人们想到使用一些比农民使用的更强有力的手段，来利用河谷内的地下水①。在整个尼罗河谷地内，凡是还有漫灌区的地方，人们都看到成千的土制小工具——埃及的牛力水车——在汲取地下水，人们计算在上埃及约有41 000个。在它们周围漫灌区内灰色有裂缝的土地上，农民们以艰苦繁重的劳动为代价，保持一些夏季作物的小绿洲。将来人们要汲取的，还是这些被牛慢慢转动的拙劣机器所汲取的水，不过那时使用的将是大流量的机械水泵。

此外，尝试已经开始。上埃及目前有几百个这样强有力的装置，农民对它们很赞赏。它们大部分属于大地产者所有，这些人用它们来灌溉自己的土地，把多余的水卖给小农。小农们明白，买水比用时间长而又费力多的牛力水车取水有利。例如在下埃及的“埃及农业协会”的地产内，一个蒸汽泵在夏季从35—40米深的地下水层取水。在整个埃及境内，如果不再有漫灌区的话，开采地下

① V. M. 莫塞里，《埃及地下水库的利用》，《埃及农民协会通报》，1914年3月，第61—115页。

水也许就能补足夏季作物的供水。

3. 种田的方法　自从轮作制度和灌溉制度改变以来，人们看到一些新的方法和新的肥料慢慢进入农业实践。

为了长期灌溉，人们必须平整土地①。在漫灌制度下，土地的高低不平没有什么关系，因为水深，可把地面全盖住。可是在新的长期灌溉制度下，就不允许有坑洼和隆凸，因为在坑洼中水就停滞，在隆凸上有盐分积累。但在灌溉区内的地表存在着自然的高低不平：洪水冲挖的水道，风积物的小丘，垃圾和废墟的岗阜。因此，为了便于分配水量，节约用水，减轻役畜的劳动，和促进作物的正常发育，必须进行平整。本地的小农户和新型的大农庄都有自己的平整工具。前者的，简单；后者的，强大有力。这样一来，农民的任务就比较重了，他必须用许多时间和精力去做这种时间长而又艰苦的活动。

农民工作的本身也正在改变。在漫灌制度下，从洪水退去、人能走进田地的时候起，农民就用力向田内撒种，但不耕田；他满足于用犁刮土去覆盖种子。这种几乎和古代文物里的摆杆步犁一模一样的本地造的犁②，是一种轻便、便宜、容易使用和修理的工具。人们在中、上埃及的灌区内还能到处看到它，农民总是喜欢用它，甚至在为种棉花和糖甘蔗而耕田时也用它。可是在把埃及车轴草深埋作绿肥这类情况下，这种老式工具就不顶事了，一种有犁壁的

① V. M. 莫塞里与 Ch. 奥德博·贝，《埃及土地的平整》，《埃及研究所通报》，V，XII，1918 年，第 61—104 页。

② Ch. 奥德博·贝与 V. M. 莫塞里，《埃及的耕田法》，《埃及研究所通报》，V，X，1916 年，第 83—127 页。

犁比它好得多。因此,大农庄都使用改进过的犁,有些甚至实行机耕。小农户虽然热爱他们的传统工具,但这股进步之风毫无疑问地已渐渐吹到他们家里了。

埃及农民越来越多地采用商品肥料,在仿效许多欧洲农民的榜样。除洪水漫灌区外,尼罗河的泥已不再作为肥料。对那些不再被洪水淹没的土地,必须以肥料的形式提供作物所吸收的成分。埃及土地特别缺乏的是含氮的成分。埃及农民一贯为某些苛求的作物细心寻找和收集这类成分。鸽粪应当列为氮肥肥源之一。每村都有鸽舍,它们是真正的农村大厦,以其庄严高大的形象傲视柴泥筑成的低矮小屋。出售鸽子是某些农户的一笔大收入,爱护棕榈树的埃及农民,对每棵树都施加鸽粪,但这一珍品数量有限。现在越来越少的另一些肥料,以前曾被大量使用,这就是从古村庄遗址的瓦砾堆中掏出来的陈土①,它们含有许多世纪累积起来的人和牲畜生活的残遗垃圾。它们的价值在于硝酸盐——有机物硝化作用的产品。罗什先生说:"这些堆积物,含有若干世纪以来农作物从埃及土地中夺取的物质的大部分,只有丢在沙漠里的死人骨头不在其内。"但这些废墟肥料很快就要枯竭了。

人们向农庄的土粪索取另一宗氮肥。埃及农民把沟渠里的土刮出来,摊开在牲畜的脚底下,让这种垫圈的固体物质和牲畜的尿混和在一起,一个月以后,把这种土粪掏出来送到田地里。可惜许

---

① R.罗什,《对上埃及的塞巴克的研究》,《埃及研究所通报》,V,I,1907年,第101—110页。V.M.莫塞里,《废墟塞巴克或陈土塞巴克》,《埃及农民协会通报》,9—10月,1921年,第141期,第105—125页。

多农民保持着用土粪作燃料的坏习惯。再有，他们中间的大多数人只有一头黄牛或水牛，拿不出足够的土粪去供应越来越苛求的作物：小麦、玉米、大麦、糖甘蔗。但他们懂得用种植更多的埃及车轴草或施加化肥的办法，向田地提供氮素。在二十世纪初刚被他们知道的这些肥料，现在对他们已经很熟悉。氮素的消费量从1902年的2 152吨提高到1913年的71 654吨；苏打硝酸盐从50吨增至56 000吨[①]。

4. 牲畜的作用　尼罗河谷地内定居农民的日常生活，是和家畜联系在一起的，后者是他们的助手，也可说是伴侣。失去一头牲口是埃及农民的一大不幸。索利芒说："埃及农民爱牲口，牲口是他财产的大部分。人们有时看到一位农民由于害怕偷窃或报复，而把黄牛或水牛关在自己卧室里过夜，而本人则睡在门前，这是不足为怪的。"黄牛和水牛是田间的劳动者，它们拉犁、转动水车或拖动打麦橇。从古以来，这些职责一点未变。没有水牛的农民是很穷的；水牛提供家中奶喝，他从奶里提取黄油及粗劣的干酪。他也常有几只山羊及绵羊，它们被孩子引到渠旁吃草，或者被一个共同雇用的牧羊人带往村庄的牧场上。在这个没有公路的地区，如果没有驴和骆驼，农业运输将是不可能的。每两个农民中大致就有一人家里养着一头驴，用以去市场、驮庄稼及肥料、收集垫圈的河泥。人们有时在横穿田野或沿着渠堤的小路上，遇到络绎不绝的小驴，每头驴都驮着从市场回来的主人，而被重担压弯腰的妇女则跟在后头。

① 《苏丹农业协会年鉴》。

只有富裕农民才有骆驼。拥有一头骆驼，是家里有钱的标志。出租牲畜给别人干活，一天可赚 30 皮阿斯特(埃及货币名称)。但在农村运输繁忙期间，牵骆驼的贝都因人，就从沙漠来到谷地内担负庄稼的运输任务。

这种情景只能令人想起过去时代的习俗，可是农村生活已经出现一些变化。最具决定性的变化之一，是埃及车轴草或亚历山大苜蓿已经在轮作制里争得了地位。它占有耕地面积的五分之一，和棉花差不多，略多于小麦，略少于玉米。按照 M. 莫塞里的说法，它是埃及农业的重要部分，因为：它向土地提供氮素，喂养役畜和奶畜，增加农家土粪的生产。它给埃及农村经济带来的有益变化，和十八世纪末人工饲料给西欧农业带来的变化是一样的。在冬季不冷的气候下，长期灌溉允许人们在不同的轮作位次上，全年栽培埃及车轴草。40 天后可以第一次收割，以后每 25 天一次，一共 4 或 5 次。许多牲畜在田内吃埃及车轴草。人们把不鲜吃、不深埋的埃及车轴草晒干，同麦秸及蚕豆拌起来喂牲畜。由于这种不可缺少的作物产量丰富，埃及农民不再害怕牲畜缺饲料了。

不幸的是，饲料丰富不是牲畜繁盛的唯一条件。从 1903 至 1923 年，黄牛的数目已从959 669减至634 459头，水牛从718 023减至656 288头。这种在田间劳动和人的饮食两方面都使人牵挂的牲畜减少，是由于埃及农民的无经验和无学识。他们不懂得保护牲畜，不懂得防止退化，也不懂得防治动物流行病。为使饲料栽培业飞跃发展所带来的变化完全有利，就要对农民进行教育。

一种经济作物：糖甘蔗[①]　长期灌溉已使棉花和糖甘蔗这两种经济作物走了红运。看看它们怎样在这个老国家内争得地盘和现在处于何种地位，是很有意思的。关于棉花这个受到全世界祭献的埃及之神的一切，已经天天谈，谈了不知多少次了。它占有22％的耕地面积，而糖甘蔗仅占0.76％（1923年23 470公顷）。但糖甘蔗提供一个值得注意的经济作物和资本家企业类型，它的存在情况非常独特。

这个夏季作物在上埃及得到必需的高温，5—6星期后已高达30厘米；它平均每天长1厘米。3月初种下，到10或11个月后才能收割，因此它必须在田内越冬。在干燥的大陆性气候下，冬季有时出现低温。在几乎处于热带纬度的考姆温布，1—2月份气温降至4℃、3℃、2℃甚至1℃的情况并不罕见。因此必须选用能承受这样温度变化和缩短生长期的甘蔗品种。在波多黎各，甘蔗根能生产9年，在古巴能生产15年；而在埃及，同一棵植株就没有这样长的生产期，产量会迅速降低。再有，要让土地充分生产，土地是世界上最贵的。在考姆翁布和哈马迪村，甘蔗根留在田地里的时间，从来不超过3或4年。

糖甘蔗需要大量的水。在上埃及，平均每费丹（42公亩）每天需要50—60立方米（棉花28—30）。每10天浇一次水，这样一直浇到8月；以后每15天或20天一次，浇到10月。因此种植园必须拥有强大的装备从尼罗河取水。1902—1903年，建于一座古庙

①　哈马迪村制糖厂厂长罗什先生和考姆翁布制糖厂厂长费弗尔先生引导我们参观并向我们提供情况，谨在此向他们表示感谢。

所在的陡峭凹岸和阶地上的泵送工厂，属于那个享有并经营考姆翁布大农场的公司。伸进河中的巨大吸水管的直径达2米，能供应满槽流量达14立方米的渠道。水泵全力开动的时期是7—8两月，它们必须满足灌溉和蒸发的耗水量。在夏季，蒸发作用有时能每天带走22毫米厚的水层。从温特图尔进口的蒸汽机燃用玉米秸、棉花细枝、甘蔗秸，并以重油及煤作备用燃料。一组水泵用柴油机发动。在哈马迪村，甘蔗田由一个公司的一家工厂供水。这个公司的主顾约有1万户，其中有几户远达30公里。1916年建成的这个泵送站，把尼罗河的水提到7.40米，有时到8.50米的高处，泵送量是每小时3万立方米。因此在哈马迪村的水利企业，并不从属于农业企业。

为了栽培糖甘蔗，人们有时不得不创造、夺取所需的土地。哈马迪村的甘蔗田分布在河流冲积物厚达10米的可耕土层上，其深达30或40厘米的表层非常肥沃。但就是这样优良的土地，如不勤加耕耘和施用肥料，也不能长期生产。人们在此实行集约的5年轮作制：三年甘蔗，一年冬季作物(埃及车轴草、兵豆、蚕豆)，一年休闲。人们施加大量的苏打硝酸盐和陈土。这个糖厂土地的平均产量在第一年最高达每费丹1 250康塔尔(或每公顷1.34万公斤)。在考姆翁布，人们在沙漠里创造种植园，它位于高出谷底24米的尼罗河阶地上，阶地表层是4—5米的河泥。当人们打算开发时，地表被太阳烤得光秃而毫无生气。人们为了开垦它，在建立泵送工厂后还必须使其脱盐。经过大量淋洗后，从第一年起人们获得极好的小麦收成。它每年接受大量氮肥、苏打硝酸盐和陈土那一类东西。可耕地还未全部利用，阶地向上游延伸，人们准备在沙漠性的未耕地上开辟新的糖甘蔗田。

一旦克服了自然条件的缺陷，人们还要战胜不利的经济条件。糖甘蔗的劲敌是棉花，它售价很高，为使甘蔗能抗得住，就要尽可能降低成本。这个问题曾使甘蔗经历几次危机，将来也难免不再出现危机。亏得穆罕默德·阿里的努力，甘蔗在埃及站住了脚，而成为大种植园农业。但在美国南北战争时棉花涨价，甘蔗衰落了。被伊斯梅尔大规模恢复后，它又差一点陷入使主人破产的危机。但它得到一家私有公司的挽救——埃及糖厂及精炼厂总公司购买了凯迪夫的各工厂；现在这个公司仍然控制着糖甘蔗的生产。在二十世纪初，甘蔗有一次非常的兴旺（1902 年 36 900 公顷），接着由于棉花的竞争，出现一次新的衰落（16 800 公顷）。第一次世界大战时，欧洲交战国放慢或停止甜菜糖的生产，从而给予糖甘蔗栽培业一次前所未有的兴旺。

不得不与棉花争地的事实，迫使工厂经常关心原料的供应，它们必须保证能有一块经常栽培甘蔗的土地。考姆翁布和哈马迪村的两个例子表明，为了实现这一条件，他们采取了不同的方法。考姆翁布的糖厂由一个股份有限公司大农场供应原料。这个公司的名称是瓦迪考姆翁布公司，主持人是哈拉里·帕夏。这个农场有17 000公顷农田，其中6 000公顷种甘蔗，生产的方法按小麦、玉米、棉花、糖甘蔗、兵豆、埃及车轴草的次序轮作。甘蔗田和棉花田都实行机耕。农田分配给几千个佃农；公司规定他们的轮作。为了运输肥料和收割的甘蔗，农场拥有一个窄轨的铁路网。一个合同规定农场向工厂供应原料。农场的许多股东也是糖厂公司的股东。

哈马迪村的糖厂，拥有自己供应甘蔗的农场。该场面积5 000公顷，不久就要增至7 000公顷。组成这个农场是一项长期的棘手工作。农场的大部分土地是从当地业主那里租来的，并且被聚合成30来个大块。人们不能把它们连成一片，因为许多本地的业主拒绝出租土地，这样，就在大农场形成一些飞地。这种被迫的分块情况，使灌溉的组织工作非常困难。由于一大部分土地位于漫灌区内，所以必须用堤埂把它们围隔起来，然后再为之配备渠道，这样做是很费钱的。人们已在农场内建造250公里铁路。干这样的事情要拿出大量资金：人们计算，一块210公顷的农田，按当前（1925年6月）的兑换价格，相当于200万法郎的资金。但是，由于花了这些钱，工厂可从自己农场内取得70%的原料；而邻接的尤塞夫·帕夏·凯马尔亲王的农庄提供15%，附近的小农户提供15%，将近25 000吨甘蔗从尼罗河上运来。这个工厂虽然自己生产所需甘蔗的四分之三，却遇到考姆翁布工厂未遇过的困难：农业劳动力的招募。甘蔗需要的劳动力比任何作物需要的都多，因为它要整地、准备和栽植插条、中耕、收割。人们用手割甘蔗，为的是能在近地面处割下，从而尽可能地减小蔗秆的损失。可是全面收割甘蔗的时期，正是当地人收割小麦和蚕豆的时期，人们必须适时地招集2 000至10 000工人。以前尼罗河谷地是人力的源泉，自从夏季作物发展以来，埃及农民都在自己家里干活，不再受雇到大农场来了。人们必须通过铁路从远处——代什内、埃尔阿拉巴、阿布舒沙，也就是还未栽培夏季作物的地方

去招募劳工。招募者在当地招定后，把他们带来哈马迪村。这些勤劳精干的农业工人不是背井离乡的人，他们在村里保持着自己的家，每 15 天回家一次去取食粮。

在上埃及有 5 家大制糖厂：谢赫法赫德、阿布库加斯、埃尔芒特、哈马迪村及考姆翁布。它们在 1917—1918 年产糖79 500吨，1921—1922 年 110 000 吨，1923—1924 年 10 万吨，1924—1925 年75 000吨。所产的糖在离开罗 27 公里的哈瓦姆迪耶大工厂里精炼。为了全年生产，这个炼糖厂不满足于埃及的糖，它到国外去买糖，例如爪哇(第一次世界大战前到俄国去买)。像离阿斯旺 42 公里、离开罗将近 1 500 公里的考姆翁布这类大制糖厂，其运行包含着某种程度的独立性。这些沙漠中的工业殖民区，需要自己配备多种服务性设施。在几乎全是法国工程师的指导下，它们集合起一些可能会分散在欧洲的机件和人才。它们不仅要有甘蔗磨碎机、制糖装置、化验室，而且要有修理工场(因为远离冶金工厂)、车辆零件铸造厂、气焊工场、铁路上的火车头和车辆、供应动力和照明的电厂，和连小钉子都要准备的仓库，甚至肉店、面包店、饮用水过滤器等。它们不仅要解决在沙漠里晒干的甘蔗茎秆、重油及煤这些燃料的供应问题，而且要做好来自远处、现在由于参加工会而对工资讨价还价，以致难于指挥的 1 800—2 000 位工人的招募工作。所有这些建在沙漠边缘、土著居民中间的工厂，都是欧洲殖民事业非常独特的成就。

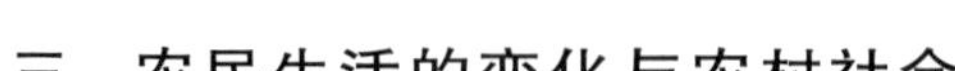

三、农民生活的变化与农村社会

人们可能要考虑，农业经济的变化是否对农民的生活方式有

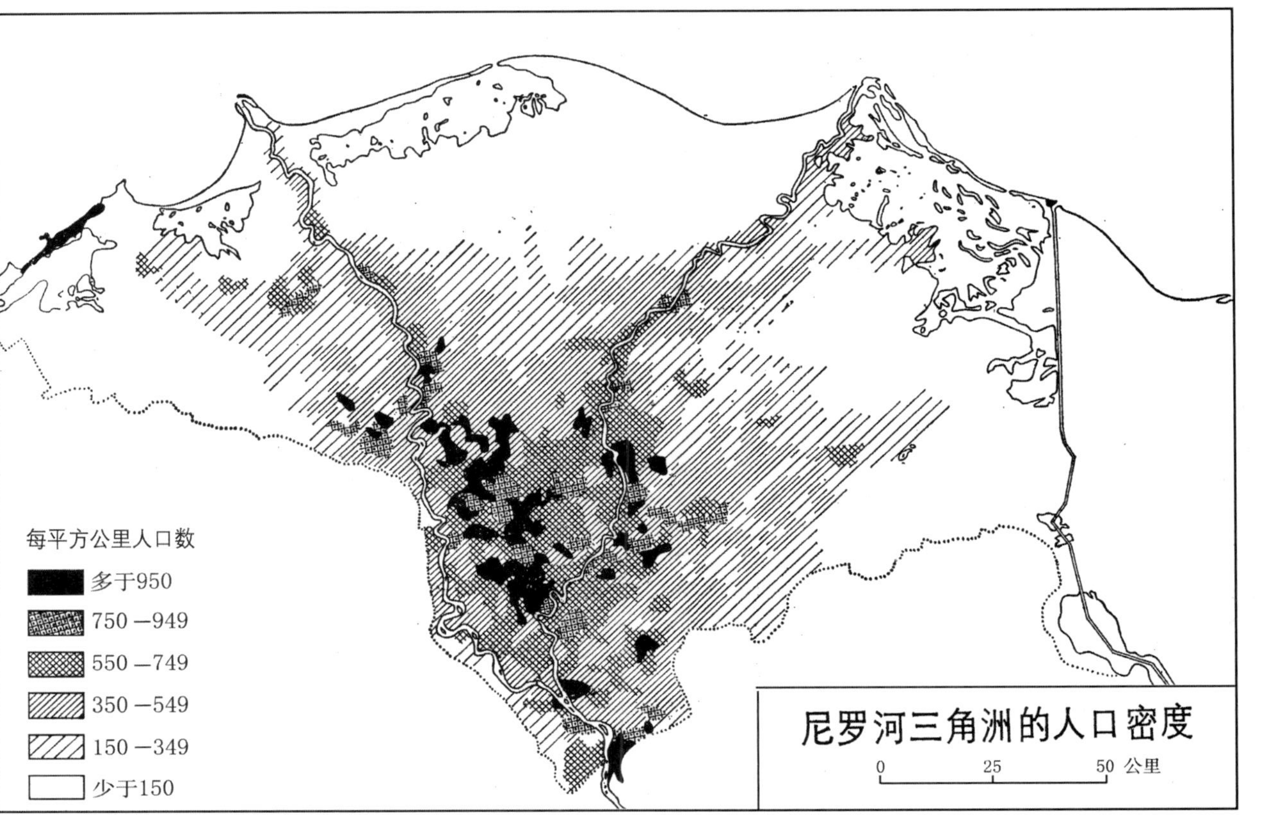

底版由Y.M. 莫塞里先生提供

影响，新形式的财富对社会现象是否有影响。人们已经在产业状况和居住方式中看到一些改变，但改变程度不像人们所能想象的那么广泛，那么深刻。为了了解埃及的社会发展，何以落后于经济发展，我们应当想到：人们的劳动不能单独地决定生活情况；还有他们的数量、密度这类不总是他们物质资源的直接函数的因素。一个农民能够向田地、家及村庄要求的安全和福利，并不总是取决于个人的努力，他面临着由愿意同他分享这种安全和福利的人数强加给他的一种限制。因此，现在支配着埃及文明发展的，是由惊人的出生率维持的它的不寻常的人口密度。人们在尼罗河的谷地和三角洲内，看到一个难以相信的密度：每平方公里 360 人，这个密度自从能被计算以来，一直在增长。埃及的居民数从 1800 年的 246 万增至 1850 年的 469 万，1900 年的 10 176 000，1922 年的 13 551 000 人。死亡率虽高，但 1922 年出生超过死亡的人数，仍然达到 243 536 人，或 18‰。当人们走过一个埃及村庄时，满眼都是孩子。忠于传统和伦理的埃及农民，即使是最穷的，也不想限制自己的后代。他甚至认为，这一大群还很年幼就已能为他做事的孩子们，是他一宗真正的财富。现在，给这个农村社会以最独特的风貌的，是埃及土地上这种人口的增加。

1. 农民的产业　土地是这些农村人民一切物质、安全的坚实基础。这条原理启发了穆罕默德·阿里的农业改革。阿里是一位天才人物，他认为国家的利益和农民的利益是混在一起的。在他以前，埃及没有人拥有私人地产；农民只有谁也剥夺不了的有保证的土地使用权。穆罕默德·阿里在建立土地册以后，于 1813 年把公有的土地分配给农民，使所有在劳动年龄的农民都有一份大致相等的土地——约 3—5 费丹(1 费丹＝25 公亩)。这种最初以终身名义、后来以世袭名义取得的授予,逐渐转变成完全的产权,最后的限制于 1880 年废止。亚库布①写道:"这是自从穆斯林征服以来,埃及农民第一次以自己的名义拥有一块有限的、确定的、载入官方登记册的土地。"农民于是常常成为小地产者。

这些有地产的农民和我们的农民同样地热爱土地。他们不惜一切代价去取得土地以便扩大地产。法律甚至不得不防止他鲁莽从事。有些想扩大地产的人,觉得自己的积蓄不够买一块地,就向银行要求贷款,糟糕的是他们也向高利贷者借钱。人们估计,埃及土地的 10%或 12%已经被他们抵押出去了。他们时常由于不能还清债务,被借贷者剥夺了产权。基奇纳勋爵于 1912 年公布的一条法律禁止剥夺,并且宣布,一切不超过 5 费丹(约 2 公顷)、属于农民自己耕种的农业地产不得扣押。此外,由世界大战造成的经济情况,也有利于埃及和交战国的农民得到土地。在上埃及,许多小地产者摆脱掉他们的抵押。另一些不顾高价(例如在米尼耶,400 英镑一费丹)而买了田地。

想买的人越多,珍贵的土地就越使人垂涎。人们看到地产在逐渐被分成小块。人口的增加导致一系列使地产细碎的继承性瓜分。1890 年有地产 767 000 个,至 1924 年增至 1 972 365 个。每个地产的面积,从 1896 年的 6 费丹减至 1924 年的 2.9 费丹。在某些省内,这个平均数减少得更多:默努菲耶(下埃及),1.4;阿西尤特(上埃及),1.8;盖尔加(上埃及),1.6。在 1924 年,少于 5 费

① A. 亚库布,《埃及的地产》,开罗,1883 年。

丹的地产占地产总数的92%。人们说巴利亚纳(阿拜多斯)有一份四分之一费丹的地产,但这家人的祖父拥有50费丹。在哈马迪村有一些十分之一费丹的小地产。这种无限分割提出一个可怕的问题:这些小地产是否养活得了它们的耕种者。人们已看到一些乡村——如爱尔兰境内的——被它们不再能养活的那群小人物压垮了。

2.小土地经营　从农业观点来看,小地产者数量的优势,表现为小土地经营者的优势。小土地经营的作用,由于大地产自身常被置于小农制之下这一事实而得到加强。

在埃及,特别是在大型灌溉工程和排水工程已经开发荒地的那些省内,存在着一些大农庄。50费丹(21公顷)以上的地产,占有布海拉省的三分之二,盖尔比耶、查尔基耶及代哈利耶(三角洲上的省份)的二分之一以上的土地;它占有埃及40%的耕地面积。人们提到一些巨大的地产:在哈马迪村,18 000费丹;在米尼耶,8 000及10 000;在阿西尤特,6 000;在下埃及,甚至达30 000费丹。但是,除三角洲外,这些大农庄很少与大土地经营相对应。它们常分成小块出租给农民;农民对土地的要求越迫切,付的租金越高。这些佃农(分成制与包租制)中的许多人,占有的土地平均不超过5费丹。这样的大小,当然是在模仿自耕农户的普通规模。

因此,埃及的普通农民,是在一片不大的土地上艰苦生活的小农。如果他自己没有足够的土地,就到别人那里去租地耕种。如果他不能养家糊口,就到别人那里当农业工人。为了生活,孩子们在很小的时候就要参加劳动。但不管是有地的、租地的,还是当日工的,埃及农民的生活几乎是一样的:一个土地奴隶者的顽强而艰苦的生活。人们轻率地责怪这些农民懒惰。这至少是漫灌时期的表象：三个月洪水泛滥，一个月耕种，三个月等待收获，一年内有一段时间没事干。但从夏季作物发展以来，无情的田间劳动已经要人们一年干到头了。农民每天干14小时，甚至在严格遵守的封斋期内也是如此。在这快要累死人的劳苦情况下，他们竟然还未取得能产生发自内心的自尊感、减轻劳动条件的艰苦程度和企求更舒适生活的思想解放，叫人感到多么惊讶！

3. 农民的生活水平 甚至在几乎算是富裕的农民家里，生活水平仍然是低的，到处是一种不求进步的气氛。在吃和住的方面，农民的要求不多，也许正是这种少得可怜的消费，才使埃及能维持这么多的人口。农民主要吃玉米窝头，和常常是未做熟的蔬菜。他只用火蒸窝头，很少用火做菜。有时有一点刀豆汤和蚕豆汤，偶尔喝点茶，通常的饮料是尼罗河的水，或微咸的井水。在吃得起的人家内，每月吃一两次羊肉；在其余的人家，一年只在拜兰节吃一回。

住宅，也许是这个农村文明的一个更可怜的方面：晒干土坯垒的矮墙，人和牲畜挨靠在露天睡觉的小内院，平屋顶上覆盖着人们晒干作燃料的芦苇、玉米秸和棉花枝、秆，只有一间狭小的、勉强一人高的房子，踩实的地面，有门无窗，不通风，光线暗弱，大群的苍蝇、蚊子和寄生虫，有时牲畜、家禽和一家人都混杂地聚到那里。几乎没有家具，要有，就是几件农具、几个棕榈叶编的筐、几条席子、一个木板箱子。在院子的一角，有一个低的土灶，人们在那里蒸窝头，还有几个盛粮食的圆柱形土瓮。人们仅仅在三角洲的某些部分，能看到较舒适的农民房屋，有时还有专用的畜厩。其他各处的农民，似乎也没有使小而肮脏的房子变好和干净一点的意思。

埃及农民的例子证明，物质生活的舒适程度，并非必然地按照生产手段的节奏提高。如果我们想到某些布列塔尼和爱尔兰茅屋的悲惨情况；如果我们回忆起 50 年前，在离巴黎不远的法国乡村内，还能看到的只是一间有门无窗、地面没有铺砌的房子的小农舍，这还有什么值得惊讶的呢？

4. 居住形式的分布　可是埃及农村生活的这种不变动性，似乎正在局部地屈服于外来的推动力。我们看到了农村居住地分散的开始，居住形式有从聚居向散居发展，从村庄向“埃兹贝”(eзbeh)①转变的趋势。

不论我们追溯历史到多么久远的时期，我们总是看到埃及农民一直住在房屋密集的村庄里。这种聚居的方式有许多原因。在以前的漫灌制度下，人们必须躲避每年的洪水泛滥，人们把房屋靠拢在谷地边缘、堤坝或谷地内部的人造丘冈上。此外，漫灌区的农业经济，也不需要农民住在靠近田地的地方；洪水退去后，农民到田里播种，从田里回到家中，以后只在收获时才去到田间。我们现在仍然能看到在漫灌区种田的村民做这种临时性的迁移。最后，只要不存在私有的地产，也就是在十九世纪初期以前的时代，没有一所住宅想和别的住宅分开，因为没有一个人拥有自己的、能够在那里定居的土地。聚居村内的生活，也对所有的人强加某些集体的约束。在 1846 年以前，全村要对任一村民拖欠的捐税负责。公共牧场把全村的牲畜都聚到公用的土地上。人们觉得，长期以来，

① 农村住宅的名称。

村庄一直是一个坚实的社会单元。

在尼罗河谷地缺少变化的景观中，只有村庄的地点及其密集、巨大的外观，显得生动别致。村庄都在棕榈林内，有时耸立在碎屑物质的高地上，环以矮厚的土堤；有时坐落在岸边努比亚层状砂岩区的石质小丘上。它们的土墙草房，聚在棕榈树的树荫下，因为树在这里是人的伴侣、合作者，和他居住地的标记。有时在昏暗的夜空突然出现一道闪光：这是一场火灾；它在吞噬不远以外的那群草顶而又彼此连接的简陋房子。在夏季，村庄的火灾是长期的、几乎每天有的事件。1923 年初，报纸曾报道下埃及的三个村庄毁于火灾，32 个农民被活活烧死。

但聚居的村庄已不再是适合新型经济某些需要的居住形式，现在已经出现莫塞里和奥德博·贝所精辟分析的某些分散迹象①。洪水漫灌制度的消失，使大村庄的居住形式无用，而且很不方便。随着长期灌溉和苛求的夏季作物（如棉花）的来临，农民已经愿意接近他们的田地。另一方面，当人们开垦荒地和创造新田地的时候，就在田地中央，而不在遥远的村庄内建造农业工人的住宅。因此，就发展了一些"埃兹贝"：建在农民耕地之内的农村住宅，以免人和牲畜过于长途跋涉。一世纪以来，数量已经相当多的这些孤立农舍，是新殖民活动的基本单元，而不是旧村庄分散的碎块。但它们开始了一次最终将迫使离耕地过远的村庄不得不分散的运动。在三角洲上，在开罗以北、离占有未改变的漫灌区内冈丘的老

① V. M. 莫塞里与 Ch. 奥德博·贝，1.《埃及的农村建筑物》，开罗，1921 年，4 开本，第 172 页。2.《埃及的埃兹贝的简史》，《埃及研究所通报》，III，1921 年 1 月 10 日，第 27—48 页。

村庄不远的地方，人们已经看到沿着灌溉渠道分布的一列列小房子和小村子，这是由三角洲上农业变化产生的新一代的居住形式。

这种新的殖民形式，毫无疑问，将随着人们对其必要性认识的增强而逐渐发展。现在在实行长期灌溉的地区，人们看到村庄里的居民，在冬季和他们的牲畜一起住到苜蓿田的附近。一些扎尔比耶或轻便的麦秸窝棚被搭了起来，以便大家在里面过夜。村民在那里过着野外生活，有时从12月到3月，直至所有的饲料被吃光为止。很明显，这些暂时性迁居的目的，是避免村庄和田地之间的每日往返。难道不可能迟早有一天，当田野里有充分的安全和良好的通行状态的时候，农民们将会明白家离耕地较近的好处，并且离开村庄而孤独地住到田地里去？到那个时候，我们将会像在西欧和法国北部那样，看到两类居住地——即村庄与农舍或小村，它们是农业殖民的两个时代的见证。

北海的渔业和渔港[①]

若干世纪以来，北海的多鱼水域为海上渔民提供卓越的渔场。若干世纪以来，同样的冒险生活把沿岸的居民聚到同样的地点，这和牧人去牧场的情况一模一样。我们在这个日耳曼人地中海的海边，到处看到海鱼的捕捞和贸易活动。自从贸易范围扩大以来，这些北方人纷纷前往地中海和东方各国去卖他们的鱼。渔场的占有，导致政治力量的冲突；它引起汉萨同盟与丹麦的战争，引起英国与荷兰的战争。在雅茅斯及阿姆斯特丹，和在汉堡及卑尔根一样，它都表现为头等的国家利益。在我们的这个时代，对海域的开发，一直是这些国家独特的文明形式之一。它和以往的若干世纪一样，一直为这些国家带来大量财富，但它们现在是按照更集约的方法、本着支配我们经济生产的工业精神行事。

在长时期内，北海上的渔业几乎完全受鲱鱼和鲭鱼出现的定期性所支配，人们用沉入水中不深处的漂网捕鱼。在定期的渔季之外，人们谋求在观察和经验所指出的沿岸海域内较接近海底的海水中，捕捞鳕鱼等几种鱼类：这是钓鱼。用漂网捕鲱鱼及鲭鱼和

① 本文载于《国际经济杂志》，布鲁塞尔，1926年6月；承该杂志负责人惠允转载于此。

用钩子钓鳕鱼，是传统渔业的两大类。

在十九世纪末发生的拖网捕鱼——这一特殊海底渔业——的非常发展，是一场真正的革命。这种渔业主要用汽船拖网捕鱼，全年开发这些总是丰产的地区。它配备快速的运输手段，使它的产品能在新鲜状态下去供应消费者；而用漂网捕得的鲱鱼中，很大一部分则只能在腌或熏制后送出去。

这样，就同时并存着两类渔业：一是依靠鱼群定期出现的老式渔业，二是不受季节决定、体现工业文明的方法和需要的新式渔业。

一、老式渔业

它的特点、方法和产品　北海渔业的非常财富来自鲱鱼。库维厄说得好（多少有点夸张地）："由于其无穷尽的繁殖力，鲱鱼是一种能用以决定一些帝国命运的自然产品。大政治家和最精明的经济学家把鲱鱼渔业看作最壮观的海上出征。他们给它以伟大渔业的绰号。"这种鱼之所以取得在经济生活中如此重要的地位，是由于它在夏半年定期地出现于大不列颠的东海岸。若干世纪以来，从未有过它届时不到的情况。它每年以几百亿个体的大群出现，人们每年从北海中捕鱼 5 亿多公斤，而且这样大量的捕捞并没有使这项活资源有枯竭的迹象。

北海西部水域内鲱鱼群的到来，为渔业提供了最好的条件。首先，它发生在气候好的季节，从而使渔船避开冬季的恶劣气候。其次，它从北向南渐次前进，从而使整个近岸水域内的捕捞作业，不在同一时期内进行。它在 6 月先到北面的设得兰群岛和奥克尼群岛附近，7月、8月继续南行到苏格兰的东海岸外，9月到斯珀恩角附近，10月是雅茅斯和洛斯托夫特两港的渔季，它们的作业范围直至北海的南部，从万圣瞻礼节到2月是法国的渔季，它从面对敦刻尔克的弗兰德滩开始，至英吉利海峡内的塞纳湾(即瑟堡)与普利茅斯之间的海域结束。渔季的这种先后相继的情况，使同一条船能继续不断地先后在苏格兰，雅茅斯，甚至英吉利海峡内进行捕捞作业。

在大不列颠东海岸捕鲱鱼的习惯，起源于很久以前。在诺曼底人征服英国之后50年，弗拉芒和皮卡底的渔民就已到英国海岸旁去撒网了。在十二世纪，在福斯河口湾前捕鱼的英格兰、弗拉芒和苏格兰的船，向梅岛的修道院交付什一税。从那时起，一年一度的规律再未被打破，那简直是定期来到这些地方迎接鱼类迁徙的一次人类迁徙。

在英国西南方水域捕鲭鱼的活动，与捕鲱鱼的活动情况类似，但规模较小。从十六世纪起，它吸引来几百艘比斯开、加利西亚、葡萄牙及法国的船。捕鲭鱼活动在3月末从爱尔兰的金塞尔岸外海域开始，向西至班特里湾和丁格尔湾，然后向南移动至接近英吉利海峡入口处，止于锡利群岛(即索灵群岛)周围的海域。每年春季都有马恩岛、苏格兰、爱尔兰、雅茅斯、洛斯托夫特、布洛涅及费康的船到爱尔兰和康沃尔间的海面上来，每年都从这里满载而归。

渔民用漂网捕鲱鱼和鲭鱼。漂网是在水里张开的有网眼的竖墙，高约20米，没有固定的支撑点，随海流漂荡，鱼入进口即被捉住。这是最老的捕鱼方法之一；除船的动力和网的造法以外，现代的进步对它几乎没有触动。那是在1820年，马瑟尔堡(苏格兰)建立起第一家使用织网机的制造厂。用棉花代替大麻而织成的网，重量轻，因而可以增加网的长度；某些捕鲱船的网可长到6、7甚至8公里。人们计算过，在捕鱼旺季，北海中的捕鲱网总计长达8 000至10 000英里。用这些简单之极的工具所取得的渔获量，每年超过50万吨。

捕鲱船虽然用上了蒸汽和石油，捕鲱渔业却很少具有工业的特点，它不怎么适合大资本的大企业经营。小额资金就能置备漂网，许多帆船和机动船都属于自己从事捕鱼的渔民。同样地，捕鲱渔业也不集中在几个大渔港内，例如苏格兰的捕鲱船港，在先后相继的捕鱼阶段到来之前，就已沿着海岸排好阵势、准备收鱼了。渔民们在捕鱼的实践中依靠习惯和经验的程度，多于依靠科学的程度。他们从水的轻微波动，从一闪而过的微光，就能知道接近水面的鱼群所在的地点；他们也接受水的颜色和海鸟姿态的指引。当他们汇总了这些迹象后，就撒网了。除非在极少的例外情况下，他们不在夜间捕鱼，因为鱼群的移动似乎依赖光的条件。由于他们知道渔网不能被看见，所以把渔网做得非常纤细，而且颜色也和水色相似。渔网一经入水，渔船就静悄悄地漂流许多小时。把这些网都拉上来要用5—6小时，在坏天气时甚至需要十几小时。正像克利尼所说的："海面上一旦波涛汹涌，船就要随着波峰直立起来，又向着波谷俯冲下去。水手们穿着大靴子和防水衣，在汹涌的波浪和从网上泼下来的海水之间艰苦工作。船灯的闪光照到鲱鱼群，照见了鱼鳞。"

鲱鱼的捕获量如此丰富，以致不可能一下子全送到消费市场。因此，当人们知道把鱼放在盐里保存的时候，于是又获得一宗新的

财富。这种做法的开始时期很难确定。十一世纪的文献，曾提到在列日、鲁昂、雅茅斯、丹麦腌鱼的事情。但直到十四世纪末，人们才完善了腌鱼的方法。比尔弗利特城有一个叫伯克尔孙的荷兰人，发明了后来使他同国人发财致富的一套腌制工序，这就是先把鱼腹掏空，使其较难腐坏，并且在海上船内进行腌制和装桶。荷兰的鲱鱼因此取得了优势和声誉。

当在港口附近捕鱼的英国渔民把鲜鱼运回来送到工场“腌制装桶”的时候，荷兰及德国的渔民却在船上把鲱鱼腌好、装桶、放到底舱，等到满载时再回到港内。从北海捕获的鲱鱼中，有五分之四是腌后装桶运到外国去的。如果人们把腌鲱鱼和熏鲱鱼——纽卡斯尔的、雅茅斯的、法国的——以及汽船运回来的冻鲜鲱鱼加到一起，就几乎看到了捕鲱渔业的全部贸易情况。

北海处在另一有重大经济价值的鱼类——鳕鱼——分布区的南部边缘。鳕鱼不像鲱鱼那样出现在海水上层，而是在其底层；人们用装上钩子的钓鱼线去捕它。人们对鲱鱼常到的海域虽然知之已久，但对于富产鳕鱼的海底却是逐渐地，而且常常是偶然地发现的。最早的和最著名的捕鳕区，位于北海南部(多格滩)的中央；但人们在北海以外又遇到另一些产鳕区。捕鳕业变成航海学的一大学派，而且唤醒了冒险精神，人们来到了奥克尼群岛、设得兰群岛、法罗群岛、冰岛。

从3月至9月，各国的渔船都聚到冰岛的水域。从十六世纪起，布里斯托尔、法国、葡萄牙的捕鳕船经常在6—10月间去新地滩。稍后至十九世纪中期，一些设得兰人去开发戴维斯海峡。更晚至1861年，一位从格陵兰返航的船长向罗科尔滩投下了钓鱼线，竟获得大量鳕鱼。虽然这个海域波涛汹涌，作业冒很大危险，而且渔区狭隘，但苏格兰和格里姆斯比的渔船仍然经常去那里捕鳕鱼。

因此，捕鳕渔民的行动范围扩大到美洲，而且直达北极地区的门口。人们可以说，北海的渔民已经到达北大西洋的所有渔场。

渔港的地理分布　在所有濒临北海的国家内，渔民们老早就定居在富产鱼类的水域旁边：首先是东英吉利亚，然后是东苏格兰，再后是荷兰的莱茵河口与默兹河口，最后是面对苏格兰的挪威峡湾。与此相反，在远离这个丰饶的养鱼池的地方，渔民就少了或没有了。因此，丹麦半岛的北海沿岸就很荒凉，它的渔民住在东岸的海峡旁边和波罗的海的群岛上。同样地，在暴露于大西洋风暴之前、受到深而贫于生物的海水冲刷的英国西海岸，与极其有利于海洋生物繁育的东海岸之间，存在着显著的对比。在爱尔兰人、威尔士人及苏格兰高地上的人总是陆居的同时，东海岸却每一个小湾、小港、河口都有航海人的居住区。

英国的西部　几乎在整个大西洋沿岸地区内——爱尔兰及苏格兰，除最北端外，对渔民居住的有利条件很少。来自大西洋的猛烈暴风雨袭击着海岸，鱼群出现没有定期，地区的位置孤立，远离市场。居民对海有反感，只在农活的间隙才到那里去。西部眷恋土地的爱尔兰人害怕海上的冒险生活，他到海边时不是以海员的身份，而是以内河船员的身份去的。他只常去仍然属于陆地的内地水域，他用旧式的不坚固的小船运送泥炭和牲畜去市场，运送藻类植物去肥田，运送人去做弥撒。它的渔船不敢面对波涛汹涌的海洋。有时在没有船的情况下，他骑着马向水里撒网。以前在唐宁湾内，人们看见这些可怜的人把被单缝起来作渔网，在铺好的布上按比例分配捕得的鲱鱼。在别处，如科克及凯里这些小海湾内，人们乘用桨划的小艇去放置捕鲭鱼的大拉网。捕鱼只是农民的副业。因此，统计数字表明，自十九世纪中期以来，爱尔兰西海岸的渔民人数不断减少。自 1890 年以来，人们努力挽救爱尔兰的渔业：造实验室，造模型船，配备人员，探索渔场。但把一个农村人口引向海上生活的工作似乎是困难的。

在英国西部只有两个靠海生活的地区，它们是勇敢海员的故乡：马恩岛和德文—康沃尔半岛。没有任何一个地区的渔民，在总人口中的比例比马恩岛再高的。他们在该岛以西爱尔兰海的浅滩上捕鲱鱼，他们到爱尔兰南海岸外和康沃尔人、苏格兰人及布列塔尼人一起捕鲭鱼；由于长期以来是航海艺术的行家，他们拥有一种形式独特的船和帆。

就在一些狭窄海域的入口处、通往爱尔兰海和北海的“海峡”岸边，我们看到另一个渔民之乡：德文与康沃尔。这些位置已经偏南、富产鲭鱼和沙丁鱼的海域，和阿摩里卡海域的联系比和北海的联系更密切。从彭赞斯到普利茅斯之间一系列小港口的海员，在那里同马恩、雅茅斯、洛斯托夫特、苏格兰及布洛涅的渔民们会合到一起。他们在爱尔兰水域捕鲭鱼，把鱼卸到纽林、彭赞斯，甚至米尔福德港（在威尔士），再以快车运往伦敦和利物浦。以 5 月为高潮的鲭鱼季一过，就开始了从 7 月至 12 月的沙丁鱼季。实际上，沙丁鱼向东不超过斯塔特角，向北也不超过特里沃斯角。人们在距岸 10—12 英里处用漂网捕沙丁鱼。到渔季末期，由于鱼游近岸边，人们可以用大拉网捕捉；一些观察者那时立在海边悬崖上，发布鱼群来到的信号。人们在圣伊沃湾内，曾看到一天捕3 000万尾的丰收情况。可惜沙丁鱼的出现期很不规律，有时好几年不见踪影。沙丁鱼腌后散装在桶内运往西班牙和意大利。

英格兰的东海岸　秋季，鲱鱼群在诺福克、萨福克及埃塞克斯岸外的定期来临，在很久以前就使那一带成为渔场的中心。建于670年的巴金（埃塞克斯）修道院的年鉴，提到对鲱鱼征税的事。末日裁判书列举出以鲱鱼付给塞福克一些领主宅邸和修道院的年金。这种渔业的演变过程，被概括在雅茅斯的历史中。人们从六世纪起，就在那里捕鲱鱼。在十一世纪时，每当鲱鱼旺季，那里总要举行一次市集，诺曼底、法国、佛兰德、荷兰、弗里泽、瑞典都有人来参加贸易。在1344年，该港装备250艘船，腌、熏鲱鱼输出到地中海各国。在将近三个世纪的时期内，渔业的霸权掌握在荷兰人手中。但从十八世纪中期起，财富又回到英格兰海岸及其所有港口，它们在鲱鱼季内繁忙热闹：北希尔兹、斯卡伯勒、赫尔及格里姆斯比，尤其是雅茅斯和洛斯托夫特。这两个比邻的港口形成真正的鲱鱼之都，它们装备渔船300艘，每年卸鱼10万吨。沿着耶尔河口湾的腌鱼工厂区在闲季一片寂静，在10月及11月期间即恢复活力，到处都是专门招雇来的季节性工人。

苏格兰的东海岸　伟大的捕鲱渔业在苏格兰发展较晚，它和航海生活同时起飞。在长时期内，苏格兰人只在自己的海湾——马里湾、福斯湾、克莱德湾——内捕鲱鱼，避免外海和远方的冒险。他们长期地学习荷兰人，模仿荷兰人的渔船型式，请荷兰海员来教他们操作。

在十九世纪初期，企业精神像它已经改变农业经济那样，也改变了航海经济。通过苏格兰渔业局的创立(1808),国家支持这一民族的跃进。它建立政府检查合格证制度,强迫用好木材造鱼桶,控制腌制和装桶的操作过程。这样,就创立了苏格兰鲱鱼的商业信誉。伟大的夏季捕鲱业于1836年在阿伯丁开始,逐渐地扩展到威克、瑟索、赫姆斯代尔等港口。到处建立起腌、熏鲱鱼的厂房,以便和雅茅斯、洛斯托夫特竞争。捕鱼量以巨大的比率增加,从1809年的9 000桶增至1874年的100万桶以上。在产量最高的1907年,苏格兰渔民从船上卸下319 000吨鲱鱼;1908—1913年,259 000吨(年平均);1919—1922年,153 000吨。在1908—1913年期间,鲱鱼独占苏格兰捕鱼量的62%;以后由于中欧及东欧市场的疲弱,这个比率下降至1919—1922年的52%。但同英格兰相比,这仍然是苏格兰渔业的一大特点,因为英格兰的鲱鱼只占总捕鱼量的34%(1908—1913)和28%(1919—1922)。

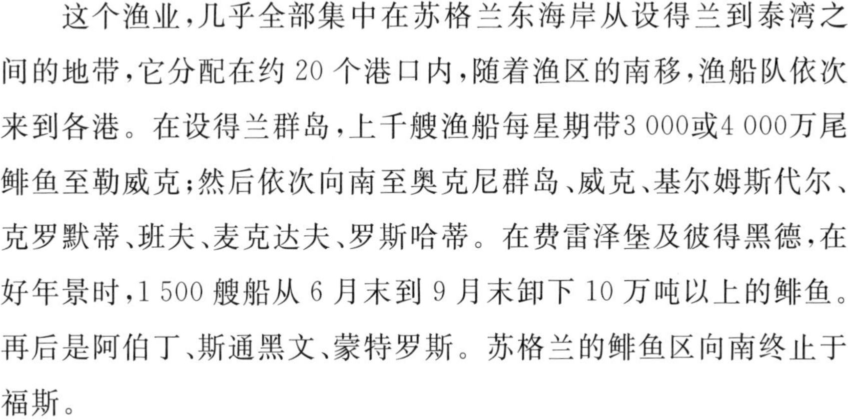

这个渔业,几乎全部集中在苏格兰东海岸从设得兰到泰湾之间的地带,它分配在约20个港口内,随着渔区的南移,渔船队依次来到各港。在设得兰群岛,上千艘渔船每星期带3 000或4 000万尾鲱鱼至勒威克;然后依次向南至奥克尼群岛、威克、基尔姆斯代尔、克罗默蒂、班夫、麦克达夫、罗斯哈蒂。在费雷泽堡及彼得黑德,在好年景时,1 500艘船从6月末到9月末卸下10万吨以上的鲱鱼。再后是阿伯丁、斯通黑文、蒙特罗斯。苏格兰的鲱鱼区向南终止于福斯。

英国渔业的特点 不管是苏格兰那样的分散在许多港口,还是英格兰那样的集中在雅茅斯及洛斯托夫特,捕鲱业在整个英国东海岸保持着一种独特的活动方式。这种方式的基础是鱼群每年由北而南、从 6 月至 11 月的移动，它把一宗特别的财富送到海岸居民的手边。在捕鲱船卸鱼岸边的每一个地点，人们都看到季节的回返，就像某些地区的大地春回那样，使生命强烈地再度新生。没有一处的捕鱼条件比这里更好的了。由于捕鱼区离港口很近，捕得的鱼不在海上经受任何处理，渔船时常返回渔港，汽船每天返航，帆船一星期至少三次。渔民们从这些往返的航行中，得到另一种技术性的好处；由于人们能够这样随时修理渔网，因而可以使用比远离港口作业的法国渔民所用的，更细、更轻、更有效的渔网。在每次返航中，船长都从情报人员那里获得关于捕鱼地点及捕鱼条件的最新消息。

渔船的往返，给苏格兰各港口带来一片繁忙的景象。这是我们的港口在捕鱼船队出发后看不到的情况。勒威克在冬季是一个只有 4 000 居民的小镇，无草无树，满目凄凉；在捕鱼季节，它成为一个有 15 000 人口的城市，弥漫着虽然短暂，但很热烈的气氛。在滨海的每一港口，鲱鱼一经卸船，即进入工场被处理、腌制和装桶。这些工作由妇女来干，她们几乎全是苏格兰的小姑娘。她们穿上靴子和油布服，露天站在鱼筐前面，能够机巧地用小刀一下子就把鲱鱼腹掏空；然后把鱼装入桶内，盖上一层盐。这种工作虽然艰苦，但她们心情愉快，不住地同过往行人说笑，嘴里哼着家乡的陈年小调。北方的工作结束后，腌、熏、包装鲱鱼的工人又跟着船队南下。从设得兰到洛斯托夫特，在每年气候宜人的季节，人们总是这样地看到一群人在迁徙，一幅富饶的图景在水中悄悄地移动。这项财富是沿岸地区最重要的经济资源。捕鲱业为联合王国创造的价值是：1913 年，4 572 300 英镑；1920 年，5 174 566 英镑；1922

年,2 046 400英镑。苏格兰所占的份额因年而异,大致在54%或50%左右。英格兰和苏格兰合在一起,占所有国家在北海的鲱鱼总捕获量一半以上。

荷兰 历史向我们表明,在大不列颠的对面,埃斯科、默兹、莱茵三条河的河口,存在着另一个为时已久的航海生活发源地。开始时,渔业中心在佛兰德、格拉沃利讷、敦刻尔克、纽波特,然后和贸易中心一起向北迁移。在十四世纪时到了泽兰德,十五世纪在荷兰及弗里泽。从十四世纪起,荷兰把渔业看作国家的问题;在1410年苏格兰人抓了几条荷兰人的捕鲱船以后,荷兰伯爵进行了一次报复性战争。

从1532—1541年,因为苏格兰人赶走了进入他们水域的荷兰船,苏格兰与荷兰又打了一仗。在十六世纪,整个英格兰东海岸外成了荷兰捕鲱渔民的广大领域,荷兰的君主保护他们的臣民去反抗汉萨同盟的人。主宰着夺自汉萨同盟的中欧及东欧渔业贸易的荷兰人,也控制着北海内的渔业,把它看作"他们的金矿"。为了进行伟大的捕鲱业活动,在6月份经常有1 500艘帆船离开荷兰及泽兰德。它们在从设得兰至泰晤士河的英国水域内,一直捕捞至12月份。人们估计,在1614年,这支船队的人员多达32 000人。荷兰人以腌鲱和熏鲱供应全欧洲,甚至也供应英国。输出鲱鱼的船在返航时,把法国和西班牙的油、葡萄酒、蜂蜜、羊毛,地中海的布和辛香作料,波罗的海的谷物、大麻及木材带回阿姆斯特丹。渔业产品因而是荷兰商品贸易的基础之一。

荷兰人对渔区的霸权,随着政治霸权的终止而终止。腌鱼船的艘数,由十七世纪中期的2 000降至1794年的196,和1587年的90。但从十九世纪起，人们看到荷兰的渔业在其富饶而又人口众多的内地影响下，走向恢复和振兴。荷兰的捕鲱船再度大量地从6月至11月出现于自苏格兰到加来海峡的英国水域。它们在船上腌鱼，鱼舱一满，就把腌好的鱼交给汽船带回荷兰。它们的装备港口是在弗拉尔丁恩、马斯勒伊斯、斯海弗宁恩、卡特韦克、艾默伊登；但弗拉尔丁恩单独接受一半以上的荷兰船卸鲱鱼。荷兰的北海捕鲱渔业，拥有800多艘渔船和9 500名船员，1922年的捕鲱量达38 000吨。鲱鱼的腌制工作是如此精心、如此严格控制，因而荷兰的腌鲱鱼在所有的市场上，尤其是德国市场上极受珍视。

按照渔民们长期形成的轮替作业的习惯，弗拉尔丁恩和马斯勒伊斯的渔船在夏、秋捕鲱以后，于11月末前往多格滩的水域去钓捕鳕鱼；最后的出航期在3月及4月，人们仍然在船上腌许多鳕鱼，但弗拉尔丁恩的从事钓捕的汽船，则把鲜鱼带到艾默伊登。

德国的海岸 在荷兰以北，埃姆斯、威悉及易北三条河流注入的大海湾内，早就有了海上的活动。从中世纪起，汉堡和不来梅的海员，已在斯堪的那维亚诸海峡及苏格兰的海域捕鲱鱼。但从港口到渔场的距离妨碍了他们的作业。在英格兰和苏格兰的船能当天往来于渔场和港口的情况下，德国船却要航行250—300英里才能到达最近的荷兰海域，450英里方可到达设得兰海域。基地和它们之间的漫长路程，限制了在远洋捕鲱业中的作用。

德国的渔业只提供德国腌鲱鱼消费量的五分之一。可是这点微小的产量，却体现了德国渔业的巨大进展。他们的捕鲱船队，从1885年的14艘增至1913年的300艘。虽然它们的基地在盖斯特明德、布拉克、莱尔、费格萨克及格吕克施塔特，却能在从设得兰到多格滩的水域中，从 7 月捕捞至 12 月中旬。渔业主要集中在埃姆登，它单独提供德国腌鲱鱼总量的五分之二。在 1924 年，德国的捕鲱船在北海的捕获量高达 44 750 吨。

斯堪的那维亚的海岸 在从松德到卑尔根的斯堪的那维亚岸外的海域内，捕鲱业不是在外海，而是在近岸的海面、小岛之间和海湾内进行的：是岸边渔业，不是远海渔业；甚至在罗弗敦的捕鳕渔业也是这样。实际上，在某些时期鲱鱼突然接近海岸，出现在海湾最靠里的地方，使得经验最少的人也能动手捕捉。人们在布胡斯省海岸的沿斯卡恩拉克海峡一带，看到农民们从农庄来到那里捕鱼，用很简陋的工具把鱼从水里取出来。至于渔民们的工具则是长约 300 米的大拉网。他们或是把鱼围在网内，或是用网拦住鱼群游进的海湾湾口。因此，这已不再是北海上的捕鱼方式，也不是远海上的长时期漂流，鱼群的出现也没有规律。没有比这种岸边渔业的产量更不稳定的了。挪威峡湾在 1903 年夏季产鲱鱼 50 万桶，1906 年只有 9 000 桶。峡湾的渔业虽然变化难测，但它的经济意义却很重大。正是由于这种渔业，卑尔根、克里斯琴桑德及哥德堡才和汉萨同盟的城市保持着密切的联系。从十三世纪起，吕贝克及罗斯托克从中取得巨额的收入；目前，它们的产量占全挪威渔获量的五分之一。许多城市都在仿效雅茅斯和弗拉尔丁恩，把鱼加工后出售。斯塔万格从事腌鲱鱼，海于格松从事熏鲱鱼，鱼的销售市场是德国和俄国。卑尔根、克里斯琴桑德、特隆赫姆，尤其是斯塔万格的一些工厂，为外国人制造几种著名的产品：腌鲱鱼、鲱鱼网、鱼布丁（一种糕点）及熏鲱罐头。

可是这个具有如此独特性质的渔业中心，并不过着一种与别

处无关的独立生活。峡湾的捕鲱旺季是在冬天，是英国渔场睡觉的时候，因此，克里斯琴桑德及卑尔根的鱼行把挪威的鲜鲱鱼送到赫尔的工厂，有时甚至送到比灵斯盖特——伦敦的鱼市场。再有，斯堪的那维亚的海员现在不再满足于在峡湾内捕鱼，他们乐意地离开岸边水域，在夏季前往北海的大滩，甚至到冰岛去。

鱼的贸易　北海的资源是如此丰富，以致开发它的人们不得不在很久以前走向渔业产品的贸易活动。这项资源是如此易于腐坏，以致不得不为了卖它而学会去保存它。因此人们可以说，北海是极好的出产腌鱼的地区，也是世界上出产腌鱼最多的地区。那里的渔业繁荣经常是经济强大的标志。在历史的过程中，汉萨同盟、英格兰人、荷兰人，然后是英格兰人及苏格兰人，他们曾经先后相继地控制过鱼的市场。现在每一个国家都在努力去夺取销路，因为消费将要无力吸收全部产品。联合王国在 1913 年输出 504 000吨鲱鱼，1924 年是325 000吨。荷兰将五分之四的鲱鱼送往外国。全世界都接受北海的鱼。自中世纪以来，它的主要销售市场是在拉丁人、日耳曼人及斯拉夫人的国家，鱼是基督教社会的斋期食品。在中世纪，英国的腌、熏鲱鱼销往那不勒斯、威尼斯、里窝那、热那亚、的里雅斯特、加的斯。现在欧洲和美洲的西班牙人及葡萄牙人还是买英国的鱼。另有一些腌鱼在复活节时运往希腊。但北海渔业的最好主顾是德国和俄国。在 1924 年，德国单独从英国、荷兰及挪威进口 183 000 吨腌鲱鱼。在第一次世界大战以前，英国出口的鲱鱼中 65％去德国，18％去俄国；人们可以理解到这场战争对苏格兰和英格兰的鱼贸易有多么严酷的影响。就荷兰来说，它的腌鲱鱼几乎有十分之九是卖给德国的。

二、新式渔业

它的特点、方法和产品 人们现在已经看到一种与旧的漂网捕鲱、捕鲭渔业有着深刻差异的渔业正在成长壮大，它的基础是一种新工具——拖网——的使用，和对陆边海深部的开发。它在多鱼海域中取得进展的时候，也正是北海诸国的工业文明通过蒸汽机的使用而增加了渔船的效能，通过巨大城市居民区的形成而扩大了商品鱼的销路，和通过铁路而取得了迅速到达消费中心的手段的时候。鲜鱼的消费量极大地增加。为了满足这种需要，必须工业化地组织渔业生产，像工厂集中在工业地区那样，渔船也要集中在一些装备良好的港口，这些港口正在像工厂中心那样发展成为大城市。

海底鱼的捕捞与拖网渔业 长期以来，对海底鱼类——鳎、鲽、大菱鲆、小鳕、菱鲆、无须鳕鳐、鳕——的捕捞，是以钓捕方式进行的。但这种捕法需要长时间的劳动，而且花费很大，有些船有时放下长达30公里的钓鱼线，装置多达3万个钩子。人们可以想到：把每个钩子都安上鱼饵，要花费多少精力。就是寻找鱼饵这件事，也要付出许多辛苦和费用。用作饵料的某些贝壳类动物越来越少，也使钓捕渔业走向衰落。例如在荷兰，钓捕渔业在1892年还拥有50艘船及3万个桶，至1922年只剩下8艘船及2 330个桶。

与鱼钩的情况相反，拖网这个具有大嘴的、在海底上方被拖移的强大工具，节省了时间和劳力。它施展出更大的捕捞能力，它到达200甚至400米的深处。由于有了拖网，人们能够在高出海底若干米的深处实行真正的大规模捕捞。人们捕到更细嫩的、价值比上层水中含油种类更大的鱼。拖网和钓钩的功效差别，等于机动织机和臂摇织机的差别。但拖网渔业的条件是对海底情况的了解，不存在能从水面察觉海底鱼类的征象，人们只能逐步探明这些秘密。

渔场的扩大　拖网渔业似乎诞生在德文和康沃尔的沿海地带。大家知道，十六世纪时，布里克瑟姆的渔民在托尔湾的浅水域中用拖网捕鱼；稍后，他们把作业区向东扩展。这些人于 1813 年为开发拉伊湾而定居在多佛尔，1821 年到桑讷特滩附近的拉姆斯盖特，1828 年到巴金与哈里奇，1835 年到多格滩的南部。在浅滩内部，储存着意想不到的宝藏。他们的发现引起一场真正的冲动。在 1837 年，人们在多格滩南部的大锡尔弗海穴探查到这一资源，人们从那里带回来的鳎鱼多到几乎要撑破渔网的程度。拖网渔船从四面八方蜂拥而来。一直在流动着的布里克瑟姆人，于 1840 年前后定居在赫尔。探查活动逐渐扩展到整个北海海域：1860 年到日德兰外海的叙尔特，1868 年到霍恩斯里夫，1870 年到整个多格滩，1875 年到大菲舍滩。不久，人们走出了北海。1891 年夏季，格里姆斯比的拖网渔船发现了冰岛南岸的富饶海底，后来另一些海底情况也被探明：1902 年西班牙及葡萄牙海岸，1903 年摩洛哥及毛里塔尼亚海岸，1905 年巴伦支海。现在拖网捕鱼区的范围，从北极地区延伸到热带地区的边缘。

汽船　没有速度高、功率大、迅速回港、全年行驶的船，这样的扩展是不可能的。

由于船体脆弱，经受不住冬季的风浪，所以拖网渔业在长时期内是夏季渔业，人们不能全年用拖网捕鱼。如用帆船，人们不能在远离海岸的地方捕鱼，因为必须把鲜鱼带回来。最后，因为拖网要下到很深的地方，所以用手臂提网时非常吃力。蒸汽的使用，使人们有了大、快、坚固的船，这种船能够远航和全年作业，还能大量装鱼、迅速返港。人们在船上安装汽动绞盘，把沉重的拖网吊上船舷。因此，从1860—1870年起，汽船逐渐代替帆船去进行拖网捕鱼。汽船所占的高比率，成为新式渔业中心的一个特征。英国汽动拖网渔船的艘数，从1889年的230增至1907年的1 609及1922年的1 800。荷兰在1922年有610艘。每个新式汽轮的捕鱼效能，是老式帆船的7或8倍，由此，人们可以想见拖网从北海水域中夺取了多少活鱼：1922年363 000吨。年平均的捕获量中：131 000吨小鳕鱼和42 000吨鲽鱼。

这样巨大的捕获量，只有在迅速运到出售地点的条件下才能找到市场。鱼是易腐坏的商品，必须尽快地从渔民手里转到消费者手里。在1850年前后，用冰保存鱼的办法是一件大事，它允许人们到更远的地方捕鱼。但不管怎样，必须加快鱼在海上和陆上的运输。在海上，人们已经组织了渔船和卸鱼港之间的快艇运输服务。一些英国拖网渔船不是单独地在北海捕鱼，它们组成船队一起出发，并在捕鱼地方逗留2—4星期。它们轮流地以其中一条船运鱼回港口，再把供应品带回船队。这项任务也常交给一些专职汽船，它们每天早晨来船队接收鱼，并运往市场：赫尔、格里姆斯比、伦敦。

在陆上，铁路能适应渔业的需要。英国的运鱼火车已成为海上“航班”不可缺少的助手。人们不仅把鱼装入专用快车，甚至搭上客运快车。在英国，几乎所有的大铁路公司都建立自己的拖网渔业港口：大中公司在格里姆斯比，大西公司在弗利特伍德，米德兰公司在希舍姆。运鱼车很快驶抵内地城市，鲜鱼市场随运输速度加快而扩大。

拖网渔港的地理分布　新式渔业创造了新式港口。大船需要有足够的海水深度，汽船需要煤和干船坞；为了鱼的运输和贸易，需要有制冰厂、靠船码头、卸船工具，组织完善的火车编组站，能一下子接受大量鱼的货场和站台。总之，需要一些造价昂贵的、人们不能多建的设施。它们都建在接近煤和渔场的城市前面：离英国大工业城市不远的格里姆斯比和赫尔，接近苏格兰低地中部人口稠密区的阿伯丁。在大陆上，每个国家都已建立一个强大的渔港：法国的布洛涅，比利时的奥斯坦德，荷兰的艾默伊登，德国的盖斯特明德，丹麦的埃斯比约；它们互相争夺中欧的市场。几乎所有这些港口都有类似大工业城市的那种发展过程：迅速的增长，劳动的专门化，劳动力的集中。格里姆斯比港建于1858年，艾默伊登建于1897年。

英国的渔港　都柏林、弗利特伍德、利物浦、米尔福德、布里克瑟姆、普利茅斯、拉姆斯盖特都有拖网渔船队。但是，只有在面对北海的多鱼浅滩、接近约克夏郡和兰开夏郡城市居民区的亨伯河岸边，才建成两个拖网渔业大城市：赫尔及格里姆斯比；后者凭借其年轻活力和较好的地理位置，现在超过了前者。

在1840年前后，从经常迁移的布里克瑟姆渔民在赫尔建立一个紧挨著名的锡尔弗海穴鱼类宝藏的临时住所的时候起，这个城市便已着手装备一些拖网渔船。因此，它起步比格里姆斯比早，但它凌驾其年轻对手的时间不长。赫尔离海远，渔船要去该城，必须溯河上行20英里，而且有时是在雾中行船。拖网渔船在赫尔不能经常地像在格里姆斯比那样，利用一次涨潮的时间来靠船、卸鱼、再离开。另外，位于亨伯河左岸、第一座铁路桥上游远处的赫尔城，同伦敦的铁路联系也不如格里姆斯比那样的直接。由于这些原因，赫尔主要以船队的方式捕鱼，船队每隔 4—5—6 甚至 8 星期才回港一次。一些快艇每天把鱼送到伦敦，为船队带回来新鲜食品、渔网及备用零件。

格里姆斯比提供一个新式的、世界最大渔港的典型形象。它在 1845 年还不是一个渔港。赫尔的船主在该处定居和铁路通到那里的时间，是在 1858 年。它在 1850 年是一个有 9 000 居民的小镇，到 1923 年已成为有 85 000 居民的城市，装备着近 600 艘拖网渔船，配备船员 6 000 名，每年捕鱼 175 000 吨。它的特点是创造一个工业化的港口，只装备专用的汽船，几乎只用拖网捕鱼。由于它是大中铁路公司创建的，所以能确保在运输方面最大限度的方便和速度。它拥有一些与商业港区分开的拖网渔船港区，一个长达 2 公里的巨大货场。鱼在这里卸船、出售和包装。货场一边是靠船的码头，另一边是编组列车的铁路，和一些把制冰厂、煤库、航海用具库聚在尽可能小的空间内的建筑物，以及一些将鲜鱼高速运往伦敦、利物浦、曼彻斯特及其他大城市的海鲜专车；还有成百万的送鱼上门的邮包。格里姆斯比独占英格兰东海岸渔获总量的三分之一。它不仅在鱼贸易的规模上，而且在主动精神及商业意识上，都凌驾于所有其他港口之上。最先去冰岛的几乎未经开发的海底捕鱼，是格里姆斯比的拖网渔船。

苏格兰的拖网渔业起步晚。水太深、海底岩石太多，伟大的捕鲱业在那里支配一切。第一批汽动拖网渔船，在 1883 年才出现于

阿伯丁;在 1887 年鲜鱼捕获量还只有 410 吨。现在苏格兰拖网渔业集中在阿伯丁,苏格兰的 400 艘拖网渔船中,有四分之三属该港所有。利斯的大部分拖网渔船也把鱼运到阿伯丁。海鲜火车把鱼从阿伯丁送往格拉斯哥及苏格兰的其他大城市,甚至还去伦敦。

大陆的渔港 大陆上每个国家都有自己的大拖网渔港,它们没有一个达到格里姆斯比那样强大的程度。但它们都有一些共同的特点:创建的时间近,组织的工业化,它们是真正专门从事海鲜产品工业的工厂。

在比利时的佛兰德多沙海滩上,大渔业的传统似乎久已消失,但内地的城市发展,却使建在奥斯坦德的拖网渔港有了长期存在的机会。奥斯坦德的拖网渔船经常去英吉利海峡、爱尔兰海,到丹麦海岸为止的北海、法罗群岛附近的海域,甚至还去西班牙的沿岸海区;奥斯坦德集中了比利时海上渔业的十分之九。

与奥斯坦德渔港依附商港的情况相反,荷兰的艾默伊登则是建在北海运河——阿姆斯特丹的主要出海航道——出口处的完完全全的渔港。船可在那里长期漂在水上,随时乘潮出入。1897 年,在沙丘中突然出现的艾默伊登是装备齐全地开始营运的,它拥有一个最初从外国购买的汽动拖网渔船队,一个巨大的、于 1905 年再度扩大的鱼市场,一些制冰厂、煤库、渔网工厂、铁路。因此,它已成为北海最活跃的拖网渔港之一;1902 年卸鱼 13 000 吨,1912 年 52 000 吨,1922 年 35 000 吨。它的财富几乎全靠德国市场,主要是威斯特伐利亚和莱茵地区的市场。它在这些地区战胜了对手盖斯特明德港。

德国在十九世纪末的经济发展对渔业有深刻影响,使它逐渐成为一种工业活动。第一艘汽动渔船于1885年出现在盖斯特明德,1887年2艘,1890年20艘,1910年250艘。和荷兰的情况一样,德国人以巨大的投资,只一下子就建成一些新式渔港。威悉河右岸的盖斯特明德和左岸的诺登哈姆,是在1896—1897年由私人资本建成的。易北河边的库克斯港在1902—1905年成为渔港,它属于汉堡州政府。这三个港都位于德国海运中心不来梅与汉堡的附近。盖斯特明德完全是人工港,它位于不来梅港商港区以外原先是威悉河一个河汊的故道上,得到一条堤的保护。这三个港几乎具有同样的设施,都和邻接的商港没有关系:允许汽船随时乘潮进入的船坞,毗连靠船码头和铁路的鱼市场,与铁路上海鲜列车班次的密切联系,主要机构(邮局、电报局、商店、制冰厂)的集中。它仿效美国的派头,一开始就显得规模宏大。但是,在推动工业集中的趋势下,其中一个已明显扩大,并且超过了另外两个:这就是盖斯特明德,它在世界大战以前,拥有120艘汽动拖网渔船(诺登哈姆,43;库克斯港,15),卸鱼3万吨以上。

丹麦的埃斯比约港依靠德国市场而生存。正是这一经济的原因,才使得日德兰的西海岸上存在着一个大渔港。那里的漫长滨海沙滩和没有自然屏蔽的沙丘,本来是很不吸引人的。长期以来,所有的海上活动都涌向东海岸的阿尔堡、腓特烈港,它们都在波罗的海边。它们的捕鱼量,是丹麦西边的北海沿岸的6—7倍以上。但在易北河流入的德国大海湾内,有一些繁生大量海底鱼类——鳕、小鳕,尤其是菱鲆——的沙质浅滩。正是通过对这些渔场的开发,埃斯比约才发展扩大。那里的渔民使用一种长100米的大拉网(当地人称之为snurrevaad),作业时以两根缆索拖拉。这种网对鱼的损伤比拖网轻得多。渔民驾驶的是一种特殊类型的船(当地人称之为 bouticlars),用煤油发动,既灵活机动又强大有力,能随时通过所有的航道。在不长的时期内,这个得到近在咫尺的德国市场保证的渔业,已经使埃斯比约富了起来。它的居民从 1887 年的2 000人增至 1920 年的20 000人。放在大活鱼槽内的活菱鲆,被运往汉堡和柏林。埃斯比约的渔业产值,占丹麦西海岸渔业总产值的五分之四。

鱼的市场 新鲜海产,现在借助于铁路能到达远离海域的各地。在不列颠群岛上,它深入到最小的市镇,它是每天食用的大众化佳肴。所有的英国城市,天天有鱼上市。伦敦以吃鱼多于吃肉而著名,它有世界上最大的鱼市场,每天上市鲜鱼达 700 多吨。伦敦人把鱼当作点心甜食一类的东西,到吃饭的时候,人们在东区沿街零售,煎鱼的气味扑鼻而来。在大陆上,奥斯坦德和艾默伊登把它们的鱼一直推销到科隆、巴尔(即巴塞尔)及苏黎世。盖斯特明德不能满足德国内地的需要,而埃斯比约实际上只是为德国捕鱼。快班火车从北海海边驶向各方,把新鲜海产带到大陆的内地;在这些地方,鲜鱼正在逐渐地取代腌鱼。几乎所有的欧洲人都从北海这个巨大养鱼池内拿鱼吃。

三、北海的渔业中心作用

面积相当于法国五分之四的北海,把沿海各国居民的海上活动都吸引到它那里。他们中间有许多人也去别的海域。但他们的主要财富来自北海。英格兰东岸的渔业收益是大西洋沿岸的 4 倍;苏格兰北海沿岸是大西洋沿岸的 9 倍。从格里姆斯比、赫尔、雅茅斯、洛斯托夫特4港出海的渔民，将近全英格兰的三分之一。整个威尔士沿海的渔民人数，还少于洛斯托夫特一个城市的渔民人数。在德国，在海底鱼少、渔船小、只有近岸渔业的波罗的海，与拥有大河口湾、汽动拖网渔船、工业化港口及远海渔业的北海之间，存在着类似的对比；西面的渔获量是东面的4倍。在1922年，北海向渔民提供将近100万吨的鱼。

要想了解这些渔场的重要性，首先必须想到去那里的渔船数量和种类。很难确切地知道有多少渔船，因为很多不在被统计之列；但人们可估计在3万艘以上，其中三分之二属于英国。渔船的类型，则因海域的航行情况及人的发明才能而异。有不远离海岸、每晚返港的小船：在丹麦沿海拉着大拉网、在海底捕鱼的小摩托艇，荷兰须德海及各河口湾的平底船，挪威峡湾的无甲板船，弗拉芒沿海的小拖网帆船，数不清的各国拖网帆船和钓捕帆船。有出海远航的大船：法国、荷兰、德国的捕一腌鲱鱼的三桅帆船及二桅帆船，汽动漂网捕鲱船及汽动拖网渔船——它们五分之四属于英国所有。

在捕鱼高潮时期，北海某些海域的海面覆盖着浮动的、喧闹的、忙碌的城市，许多国家的渔民都到此会面。有时好几个国家的渔船向同一个鱼群撒网。由于这么多的利害关系碰到一起，就产生了国际法律。应该考虑到会有关于丢失或弄错渔网的争执，关于渔船互撞的争执；应该组织起来进行监察、保安，甚至卫生工作。以前有许多叫做小卖艇的特种船，在渔船队中巡回售卖烟酒。在海牙国际会议(1886)以后，酒已被禁售。在英国船附近，有些教会船来来往往，从事医疗及宗教仪式工作。他们简直是在北海渔船上工作的一个大城市的居民：总数将近13万人，其中38 000英格兰人，32 000苏格兰人，20 000德国人，20 000荷兰人，8 000挪威人。除船上的人以外，还有陆地上在腌鱼、熏鱼工场，在制桶、制网工厂、造船厂、运输企业，以及在鱼店鱼行里工作的人。人们估计，单是英国就有约25万渔业人员，毫无疑问，这也意味着将近100万人靠渔业吃饭。

最后，在海边还建立或发展一些专门或部分靠渔业生存的大城市：雅茅斯（55 000居民）、洛斯托夫特（45 000居民）、格里姆斯比（85 000居民）、赫尔（297 000居民）、阿伯丁（159 000居民）、卑尔根（92 000居民）、斯塔万格（43 000居民）、弗打尔丁恩（27 000居民）、奥斯坦德（44 000居民）、布洛涅（55 000居民）。

这样强烈的人类活动，主要靠海内几乎无穷尽的资源来支持。虽然渔场内某些平常鱼类的贫乏化，似乎引起一些合乎情理的不安，但另一些鱼类——如小鳕鱼及鳕鱼——则没有减少的征象，鲱鱼更是如此。渔船卸鱼的吨数现在几乎普遍减少。与1913年相比，荷兰在1922年的吨数仅达65%，同年英国仅达75%。但这种减少，主要是由于欧洲大陆上鱼市场的萎缩。北海的丰产性依然如前。人们计算，每平方公里拖网渔区的年生产率是：英吉利海峡与大西洋，580公斤；地中海，390公斤；北海高达3 500公斤。在从北极区海域至摩洛哥大陆架上所有的渔场内，北海产鱼量为943 000吨，占各渔场产鱼总量的42%（1922）。渔获量按国家的分配比率是：英国居首，59%；其次荷兰，22%；挪威，9%；德国，5%；丹麦，4%。北海是这些国家的长年财源之一，它在这些国家经济中占有突出地位，它的渔场是沿岸居民海上活动的起源地，它们是这个向全世界传布的最强大的航海文明的学校。

主要参考文献目录

F. G. 阿弗拉诺，《英格兰与威尔士的海上渔业》（*The Sea Fishing Industry of England and Wales*），伦敦，1904 年，8 开本，第 386 页。

A. 博琼，《荷兰海上渔业史》（*The History of the Dutch Sea Fisheries*），国际渔业展览会文献，伦敦，1883 年。

D. 布卡厄与 J. 米利，《英格兰与荷兰的几个渔港》（*Quelques ports de pêche anglais et néerlandais*），《比利时市政工程年鉴》，1922 年，第 285—321 页。

海洋勘查国际常设委员会，哥本哈根，不定期刊第 12 期，1904 年。《欧洲北海鱼类目录，附当地语言的俗名》。

J. W. 德科，《鲱鱼与捕鲱渔业》，（*The Herring and the Herring Fishery*），伦敦，哈密尔顿，1881 年，12 开本，第 159 页。

P. 克利尼，《鲱鱼的渔业与工业》（*La pêche et l'industrie du hareng*），《海上渔业职业专科教育通报》，1909 年，第 1093—1114 页。

J. C. 坎宁安，《帝国的产品》（*Products of the Empire*），牛津，1921 年，第 VI 章，《食用鱼类》，第 40—59 页。

《渔业》（*Fisheries*）。英格兰与苏格兰渔业局年度报告。

J. St. 加德纳，《英国渔业地理》（*Geography of British Fisheries*），《地理杂志》，1915 年，I，第 472—497 页。

哈特，《渔港》（*Les ports de pêche*），海上渔业大会，奥洛讷滩，1919 年，卷 II，第 257—383 页。

N. 格林,《北海的渔业》(*The Fisheries of the North Sea*),伦敦,1918年。

M. A. 埃律贝尔,《海上渔业的今昔》(*Pêches maritimes d'autrefois et d'aujourd'hui*),巴黎,吉尔莫托,1910年。

E. W. H. 霍尔兹沃思,《深海捕鱼与渔船》(*Deep Sea Fishing and Fishing Boats*),伦敦,斯坦福,1874年,8开本,第430页。

J. A. 霍恩达克,《关于北海的大渔业》(*De grootvisscherij op de Noordzee*),哈勒姆,1893年,8开本,第350页。

J. I. 詹金斯,《海上渔业》(*The Sea Fisheries*),伦敦,康斯特布尔,1920年,8开本,第309页。

J. 约翰斯顿,《英国的渔业》(*British Fisheries*),伦敦,1905年,8开本,第350页。

E. 勒达诺亚,《英吉利海峡与大西洋的食用鱼类》(*Les poissons comestibles de la Manche et de l'Atlantique*),巴黎,1921年。

M. 林德曼,《海上渔业》(*Die Seefischereien*),《彼德曼通报》,增刊,第60期,1879—1880年,第96页。

W. C. 麦金托什,《海洋资源》(*The Resources of the Sea*),第二版,剑桥,1921年,8开本,第352页。

A. 米克,《鱼类的洄游》(*The Migrations of the Fish*),伦敦,阿诺德,1916年,8开本,第427页。

J. M. 米彻尔,《鲱鱼》(*The Herring*),爱丁堡,1864年,8开本,第372页。

北海渔业调查委员会,自1906年起向英国国会提出的报告。

E. 波埃,《德国的海鱼贸易》(*Le commerce du poisson de mer en Allemagne*),《海上渔业职业专科教育季刊》,1911年,第772—846页;及1912年,第22—91页。

M. 鲁瓦,《关于北海渔业的报告》(*Rapport sur la pêche dans la mer*

du Nord),同上,1909 年,第 401—544 页。

舍恩(博士,冯),《比利时的海上渔业》(*La pêche maritime de la Belgique*),《海上航运与渔业通报》,1912 年,第 185—206 页。

G. 肖特,《大西洋地理》(*Geographie des Atlantischer Ozeans*),汉堡,1912 年,4 开本,第 330 页。

汤普森(达尔西·温特沃思),《欧洲北部各国海上渔业统计通报》(*Bulletin statislique des pêches maritimes des pays du Nord de l'Europe*),海洋勘查国际常设委员会办公处出版,关于 1921—1922 年度的第 XII 卷,哥本哈根,1925 年,8 开本,第 145 页。

W. H. 惠勒,《北海:它的自然特点,潮汐,海流及渔业》(*The North Sea: its physical characteristics, Tides, Currents and Fishery*),伦敦,波特,1908 年。

C. 德·齐泰尔,《比利时海上渔业调查》(*Enquête sur la pêche maritime en Belgique*),布鲁塞尔,勒贝格,1909 年,第 634 页。

尼日尔河流域(法属西非洲)的土著殖民和整治工程[①]

人们可能在思考,在这个仍然为欧洲的殖民活动提供卓越场地的黑非洲内,最好的开发办法,即既对白种人也对土著人有利的办法是什么。这个问题现在已不再是理论性的了,它已走上实验的道路,我们能够在西非洲研究这个问题,法国在那里的工作成绩,值得所有的殖民国家重视。

一、三个政策

法国在其非洲领地内想到三个可能的,并不完全互相排斥的政策:1.听任经济市场的规律行事;2.使土著人的经济得到发展;3.创建一种指导经济。

听任经济市场的规律行事,就是继续在雨水滋润最稳定可靠、人口最多、交通最方便的沿海地区,发展适应自然条件的农作物。这个政策已经使塞内加尔成为花生产区,聚来80万土著居民,其

① 此报告由意大利皇家科学院亚历山大·伏特基金会第VIII次伏特会议出版,罗马,4—11,10月,1938—XVI。伦理与历史科学部主办,罗马,1938—XVI。承意大利皇家科学院惠允转载于此。

密度为每平方公里 50 人。这个成果是得自花生作为经济作物的价值和海运贸易的方便。同类的殖民活动,也由于可可而在法属象牙海岸(现为象牙海岸共和国。——译者),尤其是在英属黄金海岸(现为加纳共和国。——译者)地区取得进展,而且在某种程度上油棕的栽培也使达荷美出现类似的情况。这个政策使殖民的商人和海运界高兴。但许多有识之士认为,我们不应当集中力量在沿海地区殖民,因为在我们的黑非洲内,存在着广大的经常害怕饥荒的内陆地区。

使土著人的经济得到发展,是一个利益较广泛,但期限肯定较长的解决办法。它要让土著人在他们的文明范围内发展,并且寻求提高他们生活水平的手段。这个政策意味着向土著人经济中添加新的思想和方法。以农业为主的土著人经济是怎样组成的呢?它是单靠雨水的支援,按照祖先传下来的办法,生产基本食物:高粱、黍子和玉米。土著人只经常耕种拥有土地的一小部分。在每个村庄的周围,只有经常施肥的若干公顷土地被年年耕种,其余的仅在间隔一段或长或短的时间以后才耕种。一些田地在连续生产 3—4 年以后,即被弃置休闲 5—6 年。其他的,即绝大部分的土地,则在星星点点地提供一些收成之后,进入约 30 年的休闲期。在此期间,草和灌木组成的自然植被乘机侵进。此外,土著人用以耕地的工具效率很低,主要是锄或达巴(daba),不使用家畜。苏丹人有很多牛,但从来不用牛去牵引,很少用牛去运输。人们可以想见这种农业的生产率是多么低。经过奋力的艰苦劳动,“一个有 3 人种田的 12 口之家,只能从 7—8 公顷的土地中收获 4 吨,即勉强够

吃的谷物和一点点花生、棉花及蔬菜”。农业对土著人衣食的保证,还不断受到雨水不稳定而且时常不够的威胁。人们曾想使这种土著经济发生变化和取得进展。有些人则认为这是不可能的,因为黑人拒绝改变劳动方式。但这些人错了,所有的优秀观察者都批评他们的意见不对。“虽然黑人没有发明过什么,但他模仿得既快又好。如果他认识到一件新事物有用,就没有任何旧习惯能束缚住他。”因此,人们开展了一场有力的教育土著农民的运动。运动的内容包含:教他们用犁而不用锄(因为犁的工效是锄的8倍);教他们养牲畜,以便有更多的粪去肥田,更多的力量去耕田和深耕休闲地;甚至还设想为他改建房屋和村庄。这些教育活动已经在扩展普及,而且农业因此而取得进步,粮食既增产,人口也增加了。

剩下来的第三个政策可以和另两个取得协调,但它的特点是迅速创造一个指导经济。这就是通过灌溉的手段,像魔棒敲地那样使农田增产,和利用强大的技术,使那里突然出现一些富饶的和有人定居的小岛,造成一个高产值的经济。我想在这里阐明其目标和成果的就是这个政策。实际上我们觉得它是一个人——贝利姆工程师——的意志的产物。他从1919年以来,为这个政策付出全部精力。当时法属西非洲总督派他去尼日尔河研究在巴马科与德博湖之间实行灌溉的计划。接着,人们于1924年设立尼日尔河技术处,后来又将其改组为尼日尔河管理局。人们进行了大量的工作去测绘地形图,观测气候现象,测量水文情况。人们研究三个问题:土地(殖民活动能在哪些地方进行);水(在这些干燥地区怎样向农田供水);人(怎样招募移民到这些几乎是荒漠的地区内定居)。这三个问题如何解决,将决定殖民活动的前途。

二、土地的问题

大家知道,尼日尔河是由两条河组成的:它们长期各自分流,后来在通布图—布雷姆地区连到一起。上尼日尔河发源于福塔贾隆,从西南向东北流,穿过一片大平原而到达通布图。这片大平原不是别的,而是一个内陆大三角洲——在干燥气候下不再扩大的死三角洲。下尼日尔河起自撒哈拉地区,从西北向东南流,经过一个活的大三角洲而注入几内亚湾。

由粘土和沙组成的内陆死三角洲平原,坡度非常小,是灌溉农业的理想地区。它们沿着河流两岸延伸,但主要是在左岸。它们形成一个大三角形:底边是塞古和德博湖之间的尼日尔河道(500公里),高约200公里。这些以前曾是尼日尔河支汊的死河谷并在一起,勾画出一个巨大的扇形轮廓。这些老河汊高于其邻接的平原,它们的河岸与河床都已被河流的沉积物抬高。如果人们能将河水重新引入这些自然的流路,就可获得一个绝妙的灌溉渠网。如果人们能疏通这个死的水道网,并使其重新流水,就能获得150万公顷农田。大家知道,在这片土地中有一些黑色而又富含粘土及腐殖质的优良地段。此外,土著居民已经借助于洪水泛滥而耕种河流沿岸的土地。但这些农田的收成是靠不住的,因为它们依靠的是变化莫测而且有时很凶猛的洪水。如果人们能保护这些优良的沉积物,使其不受洪水侵害,土著居民就会竭力求取它们。如果人们能用人为的方法,把尼日尔河河水重新引入这个三角洲,并使其肥力突然提高,那就更有理由能把黑人农民吸引到这里来。

三、水的问题

关于向这些平原供水的研究,开始于1920年。灌溉要倚靠尼日尔河的热带型水文变化。该河的洪水期起于6月中旬,最晚的年份止于1月中旬。因此不能长期灌溉,只能在夏季灌溉。长期灌溉也不是完全不可能,但要使用机械来提水,那就得大量花钱。因此,只能利用重力进行灌溉。人们想到可以在三角洲的起点桑桑丁那个地方,在整个洪水期内提取——因年而异——最大流量为450—600立方米/秒的河水;在洪水最高峰时可能提取到更大的流量。

人们能种什么呢?大家看到尼日尔河的洪水期与棉花的生长期符合:7月—1月。旱作的棉花在苏丹已经分布很广,可惜这种土著棉花纤维很短。人们不得不寻求较好的品种。人们认为来自印度的一个热带品种布迪(Budi)和一个美洲的品种可能好些。在巴南科罗的棉花试验站内,人们取得的产量是:美洲棉花,800—1 000公斤;热带棉花,1 000—1 200公斤。此外,英—埃苏丹的例子是令人鼓舞的,灌溉棉田的面积,已从1926年的32 000公顷增至1933年的80 000公顷。为什么法属苏丹不能作出同样的努力?这些棉花的销路是有保证的,因为法国的工业需要它。

棉花是出口的作物,而米则是使土著居民免于饥饿的食用作物。从1927年起,栽培稻米的试验已在贾法拉贝进行。人们指出,已经局部地栽培的品种,比外来品种收成好。

稻米和棉花将在三角洲上各自占有天然的领域。在三角洲上离尼日尔河较近、有时还受洪水漫溢的部分(马西纳),由于土壤呈酸性而底土又不透水,主要的作物是稻米。与此相反,在三角洲上较干燥部分,即萨赫勒地区,棉花是主要作物。毫无疑问,这两个地区之间将会建立分工:马西纳的稻米卖给萨赫勒的种棉农民。

所有这些以及和苏丹及印度的英国企业做长期对比的试验、研究、计划,已经导致人们建造两个规模悬殊的灌溉系统:一个是索图巴系统,它在三角洲上游 250 里、巴马科下游不远的地方,开工于 1925 年,完工于 1936 年;另一个是三角洲系统,它受塞古下游不远处的桑桑丁水坝控制,于 1929 年开工,现在工程已近尾声,可望于 1941 年完成。

索图巴系统的目的,是灌溉那些延展在巴马科下游、尼日尔河右岸的冲积土地区。当人们建造它的时候,就是打算先在小片土地上,对灌溉和土著人殖民这两件事进行试验。它的主要部分,是位于巴马科下游 3 公里、索图巴急滩上游 3 公里的一个水坝。这个水坝没有尼罗河上阿斯旺水坝那种积水成湖的宏伟规模。它是一座简单的分水坝,从坝下开出一条 21 公里长的引水渠。此渠末端,又开出一条长 20 公里、分成 3 支的配水渠,水由配水渠进入灌溉畦内。

三角洲系统的工程量比前者大得多了,它的建设目标是为了在尼日尔河的内陆三角洲上殖民。主要工程是在桑桑丁上游 10 公里处的一座调节水坝,它要把河水水位提高 5 米,使其达到需要灌溉最高土地的高度。调节坝由一道长 1 813 米的土堤,和一道长 812 米、具有活动闸板的拦水坝组成。它也不像阿斯旺水坝,因为后者是水坝—水库;但和建在阿斯旺下游的尼罗河上的那些水坝相似。在此坝上游左侧，有一条引水渠，把水引向尼日尔河的两条旧支汊，使其成为两条灌渠。一是马西纳灌渠，它把水引向三角洲上仍然“活着”的那一部分（土堤使其不受洪水淹没的那一部分三角洲）；二是萨赫勒灌渠，它把水引向三角洲的已经“死掉”的那一部分。

总之，它们是各沿一条死河道的人造灌溉渠道，它们在洪水期把水引向那里，因为在枯水期内，河水水位低到不可能取水的地步。而在洪水期内，河流能提供1 000立米的流量，足以灌溉100万公顷的土地。这个系统将于1941年全部建成。目前，由于马西纳及萨赫勒的灌渠已完成150公里，人们已经能够利用它们在尼日尔河洪水高峰期间、河水可以到达的两个灌溉畦区内进行种植。这样，将从1941年全部投入使用的这套水利装置，现在就开始运转了。

四、人的问题

土地和水都已有了保证。人们还要解决一个最重大的问题。怎样使这些荒凉的地方有人居住？怎样为被灌溉的土地提供移民？

事情很明显，要在苏丹的土地上殖民，必须有热带地区的农民。如果这些农民不是苏丹人，殖民活动就不可能进行。不少恶意的预言家说，苏丹的人口密度低（刚够每平方公里3人），人们不能从那里招募到足够的移民去100万公顷的土地上定居。这些反对意见没有中断尼日尔河管理局的工作。经过调查，人们了解到在苏丹境内存在着局部的农民人口的储备，从那些地方招募移民是可能的。首先是那些和灌溉区域邻接的行政区，它们的辖境内有 30 万土著居民，由于降雨不稳定而生活在不稳定的状态中(马西纳、塞古、纳拉、尼亚丰凯、卡米尼扬杜古、莫普提等行政区)。这些行政区已经向灌溉地区送去若干全员迁出的村庄，例如在 1938 年的头 3 个月内，2 000 多班巴拉人及米尼扬卡人已经登记去做移民。另外，在瓦加杜古以北的尼日尔河河湾地带，存在着一个有 100 万以上优秀农民的地区(邦贾加拉、多里、代杜古、瓦希古亚、卡亚、法达、恩古尔纳、廷科多戈、瓦加杜古等行政区)，那里的移民招募工作已经深入到莫西人当中，这是非常了不起的：一种毫不强迫、只靠说服的巧妙宣传工作的成果。在 1935 年，瓦希古亚地区莫西人的伟大首领亚唐加·纳巴访问了管理局的殖民中心。他对灌溉的可能性非常感兴趣，当时就允诺派 125 名莫西人移民到科克里定居。这是令人高兴的开始，因为殖民者来自如此遥远的莫西人地区，这还是第一次；苏丹人口最多地区之一的瓦希古亚被召唤来提供移民了。

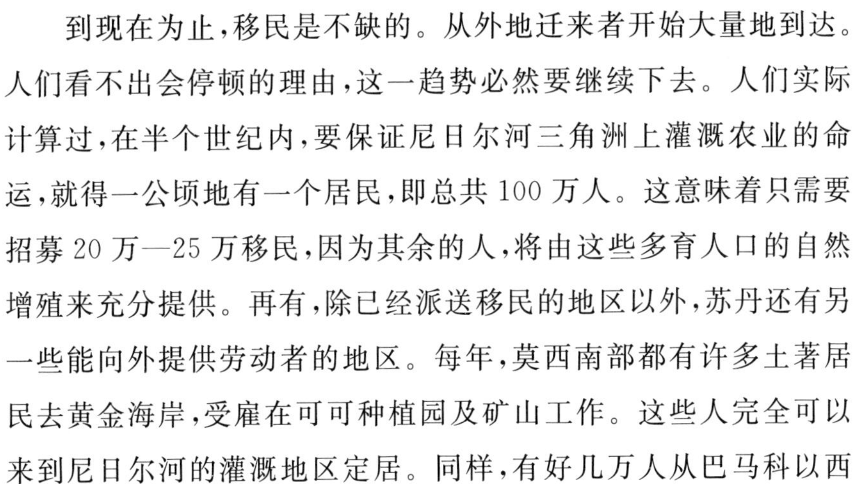

到现在为止，移民是不缺的。从外地迁来者开始大量地到达。人们看不出会停顿的理由，这一趋势必然要继续下去。人们实际计算过，在半个世纪内，要保证尼日尔河三角洲上灌溉农业的命运，就得一公顷地有一个居民，即总共 100 万人。这意味着只需要招募 20 万—25 万移民，因为其余的人，将由这些多育人口的自然增殖来充分提供。再有，除已经派送移民的地区以外，苏丹还有另一些能向外提供劳动者的地区。每年，莫西南部都有许多土著居民去黄金海岸，受雇在可可种植园及矿山工作。这些人完全可以来到尼日尔河的灌溉地区定居。同样，有好几万人从巴马科以西的一些行政区，去塞内加尔种花生。人们甚至想到去阿尔及利亚招募柏柏尔农民，他们能够适应苏丹萨赫勒的气候。不管怎样，到现在为止，招募移民的工作没有遇到困难，许多土著居民都乐意应募。迁移从未有过强迫命令的情况，总是经过本人自由同意才进行的。迁移的方法不让人有强烈的背井离乡感，不迁移个别的人，而是根据情况，迁移全村或全家。

灌溉地区对移民具有一种真正的吸引力，因为定居情况使他们产生信心。和所有的灌溉地区——从美国到印度——一样，这里不采用大农庄的制度，即不让土著移民只当拿工资的工人。人们实行家庭经营的制度，准备形成一个先有土地使用权、后有土地所有权的黑人农民阶级。地产的规模，是每个劳动者5公顷。黑人移民现在完全相信，当他们归还政府贷款的时候，农田和小屋都属他个人所有，他将是无可争议的地产业主。

移民在到达的时候，就得到劳动和生活所必需的最好的装备和最好的教育。他们乘卡车前去，被授予一份已经被开垦、深耕、清除荆棘，而且具有主要灌溉渠网的租让土地。他们得到一份预借的、借以等待第一次收获的口粮，一座泥墙草顶小屋，一小块园地、三头牛和一个金属犁，一把安好的锄。他们在新村里有一些砖井。人们打算用畜力戽斗水车来代替臂力水泵，这将使人们能在干季浇灌园子，并将尚未插秧的稻田暂时转变成养鱼池。

所有这些为把人“种”在灌溉土地上的努力，使人们能得到一个信念：黑人具有惊人的适应能力。人们有时认为，这个使他们转向这种新经济的计划是幻想。事实表现为相反的情况。黑人具有令人钦佩的农民品质——对种田的敏捷智力。“所有黑人都承认我们的方法和工具的优越性。而且在接受这些方法和工具之前,他们希望被告知它们的价值。要听从,必先理解:这和我们的农民完全一样。"它们已经接受并且不费力地实行套牲口的农业,和用犁耕田。他们已经懂得联合起来,共同购买肥料及器材、共同出售收获物的好处。在不长的时间内,我们灌溉中心的移民,在无人强迫的情况下,从他们的原始经济转入了一种受欧洲经济影响的经济。人们可以说,这些黑人农民在新事物的前面,不像印度农民那样停步不前。

在我们的 4 个灌溉中心——涅内巴勒、索图巴、科克里及纽诺——区内,现有黑人居民共计 10 300 人。他们庆幸自己的境遇,表现出在那里定居和享受各种比在荆棘丛林内宽裕得多、安全可靠得多的生活条件的意愿。他们的人口统计学特点是,每10 000人中出生数超过死亡数 132,这个数字高于波兰和意大利。

五、农业中心

目前,存在着 4 个灌溉中心:其中两个是为了试验、探查在尼日尔河畔进行灌溉农业的可能性(涅内巴勒及索图巴),另外两个的目标是开发尼日尔河三角洲(科克里及纽诺)。

涅内巴勒 1922 年梅兰总督决定,在尼日尔河右岸、库利科罗上游不远处的涅内巴勒,建立一个实验站来研究决定实行灌溉的可能性。这个站在不久以后改作一个殖民中心,它的第一个村庄贾拉布戈建成于 1925—1926 年。该村土地 200 公顷,其中三分之一由一个小泵送站抽水灌溉。从附近招来 15 户人家。移民们在欧洲人干部的指挥下种田,并领取一份工资和一份口粮。这个制度从一开始就使他们不高兴，以后被苏丹小农喜爱的家庭占有制取代。另两个村庄建成于 1930 年及 1935 年。试验显示了“黑人农民的职业可塑性和殖民能力”。现在涅内巴勒中心的 3 个村庄有居民 1 435 人，牛 855 头，种稻 355 公顷，花生 372 公顷，棉花 90、黍子 315、安哥拉豌豆 125、木薯 97 公顷……；总计耕种土地 1 483公顷。经过这一试验以后，人们还不知道能否建立一些由类似尼罗河上某些水利设施来控制的灌溉中心。索图巴的水利系统就是为了达到这个目标。

索图巴 索图巴系统延展在巴马科下游几公里的尼日尔河右岸上。它由一个水坝和一条灌渠控制，开工于 1925 年末，完成于 1929 年。现在(1938)有居民 5 600 人，分居在 15 个村庄，有牛 1 860头，犁 595 个。村民种稻3 285公顷，棉花 720、木薯 385、黍子 106、花生 150、饲料 743、香蕉 37 公顷，等等，共计种田5 469公顷。灌溉中心在姜法拉，有一个碾米厂。1936 年它卖出2 871吨稻米和 343 吨棉花；1937 年它向巴黎市场送去一些芒果。涅内巴勒和索图巴所做的试验证明，人们能够在苏丹经营灌溉农业，能够引导黑人农民离开本村，并且适应欧洲的农业方法。因此，人们决定整治三角洲的中部。原先的实验中心土地有限，面积不能扩展，但三角洲单在河流左岸就能提供 100 多万公顷的土地。

三角洲：博基韦雷(科克里)及纽诺 由桑桑丁水坝控制的工程要到 1941 年才能完工。只有到那个时候，这一灌溉系统才能全部运转。但人们希望不等到那一天。由于人们能够利用已经挖好的渠道，把尼日尔河的洪水流送到离取水处至少 60 公里的地方，灌溉农田约 100 天左右，所以就决定开发两个大约各有 10 000 公顷农田的灌溉畦区：一个(博基韦雷)倚靠马西纳渠，它主要种稻；另一个(纽诺)倚靠萨赫勒渠，它主要种棉花。

科克里中心在博基韦雷畦区的殖民活动，开始于1935年，到1938年已有9个村庄，共2 950名居民，耕种土地2 348公顷，其中稻米1 627、黍子331、棉花195、花生195公顷。在纽诺畦区内，殖民活动在1937年才开始。由于本区要种棉花，所以灌溉方法与稻区不同，不是在堤埂间进行漫灌，而是通过犁沟向棉田内渗透。水不和植物直接接触，但在流过一系列平行的犁沟时渗入棉田。现在这里只有一个村庄，共310名居民，耕地300公顷，其中三分之一是棉田，三分之一黍子，三分之一花生。棉花产量有时达每公顷800公斤。对于一个由萨赫勒渠供水灌溉、将有约60万公顷的垦区来说，这只是第一株嫩苗。

在这些宏伟的可能性完全成为现实之前，人们可以说，在所有正在进行的工程如期完成，和用于这些工程的资金完全用尽的时候，人们将在1941年拥有：由马西纳渠灌溉的(博基韦雷、桑加及马西纳3个畦区)60 000公顷土地用于种稻、种棉和养牛；由萨赫勒渠灌溉的(上卡拉、下卡松及库鲁马里3个畦区)191 000公顷土地用于种棉、种花生和养牛，总计约251 000公顷。

总结

这就是人们在法属苏丹进行的——已经部分实现的——事业，它展示了黑人殖民和灌溉农业的美好前景。这项事业的主意是一位有才能的、大胆而又务实的工程师贝利姆首先提出来的。它没有赢得一般人的赞同，它受到拘守旧俗和坚执偏见的阻挠。

但它获取殖民地政府、宗主国政府以及开明和公正舆论的帮助和支持。我之所以愿意和你们说这件事，不仅是因为它为我们的国家增添荣誉，而且是因为它指明黑大陆某些地区的经济能朝什么方向发展。它的思想根源是寻求一项明智的殖民政策，使土著居民能完全免除对饥荒的恐惧，能利用他们的卓越适应能力，去创造一个享有自己田产的黑人农民阶级，并使工业欧洲能确保这些农民给予合作，从而把苏丹建成一个棉花大产区。

附录　阿尔贝·德芒戎的地理著作

1902 年　《布里斯戈地区凯撒施图尔城地理》(*Contribution à la géographie du Kaiserstuhlen Brisgau*),《地理学年鉴》,XI,56 期,3 月 15 日,第 144—152 页,照片 1,插图 7,附图 2。

1905 年　《皮卡底平原:皮卡底、阿图瓦、康布雷西、博韦西。法国北部白垩平原的地理研究》(*La plaine picarde: Picardie, Artois, Cambrésis, Beauvaisis. Étude de Géographie Sur les plaines de craie du Nord de France*),巴黎,阿尔芒·科兰出版社,495 页,图、地图及简图 42,照片 17。

《国家档案馆中法国地理学的原始资料》(*Les sources de la géogra-phie de la France aux Archives nationales*),巴黎,新出版公司,第 120 页。

1906 年　《卡拉哈里,据西格夫里德·帕萨格先生的书》(*Le Kalahari, d'après le livre de M. Siegfried Passarge*),《地理学年鉴》,XV,79 期,1 月 15 日,第 43—58 页。

《阿图瓦与皮卡底》(*Artois et Picardie*),《巴黎杂志》,第 13 年,卷 V,9 月 1 日,第 119—146 页。

1907 年　《图解地理学词典—手册。地方、旅行家、探险家及地理学家名录。——地球物理学,气象学,地形学,植物、动物及人文地理学,工业、商业、航海及政治地理学的定义。——制图学的定义》(*Dictionnaire-manuelillustré de Géographie. Nomenclature des noms de lieux, de voyageurs, explorateurs et géographes.—Definitions de physique terrestre, de météorologie, de morphologie, de géographie botanique, zoolog ique et humaine, de géographie industrielle, commerciale, maritime et politique.—Definitions de cartographie*)。协作者:J. 布拉雅克、I. 加洛、J. 西翁、A. 瓦歇。巴黎,阿尔芒·科兰出版社,第 VIII—860 页。

《大学里的地理教学法》(*L'enseignement de la géographie dans les universités*),《国际教学法杂志》卷 III,上半年,第 197—204 页。

《罗得西亚的遗址》(*Les ruines de la Rhodésie*),《地理学》,XV,第 271—280 页。

《档案中的地理学研究》(*Les recherches géographiques dans les archives*),《地理学年鉴》,XVI,87 期,5 月 15 日,第 193—203 页。

《瓦兹的山口》(*La trouée de l'Oise*),出处同上,XVI,88 期,7 月 15 日,第 309—315 页,地图 1,缩自卡西尼1∶86 400的地图(插页)。

1908 年　《第四次大学校际旅行》(*Quatriéme excursion interuniversitaire*),出处同上,XVII,94 期,7 月 15 日,第 351—354 页。

《纳马兰与卡拉哈里,据新近的一本著作》(*Le Namaland et le Kalahari, d'après un ouvrage récent*),出处同上,XVII,94 期,7 月 15 日,第 319—327 页。

1909 年　《区域调查研究:调查表的形式》(*Enquêtes régionales. Type. de questionnaires*),出处同上,XVIII,97 期,1 月 15 日,第 78—81 页。

《在苏格兰高地区内:从格拉斯哥经过斯基岛到爱丁堡的旅行》(*Dans les Highlands d'Écosse. Voyage de Glasgow à Édimbourg par l'île de Skye*),《里尔地理学会通报》,LII,第 129—144 页,附图、照片 9。

1910 年　《爱尔兰的印象》(*Impressions d'Irlande*),《诺曼底地理学会通报》,XXXII,第 118—132 页。

《利穆赞的地形》(*Le relief du Limousin*),《地理学年鉴》,XIX,104 期,3 月 15 日,第 120—149 页,文内附图 4,1∶2 000 000及1∶750 000地图各 1 幅,1∶600 000的沿维埃纳河和威泽尔河的剖面图各 1 幅,插入照片 20 幅。

1911 年　《利穆赞地区的山地:人文地理学研究》(*La Montagne dans le Limousin. Étude de géographie humaine*),出处同上,XX,112 期,7 月 15 日,第 316—337 页,1∶320 000地图 1,照片 4,图版 XIX—XX。

《在利穆赞的山地区内》(*Dans la Montagne limousine*),《里尔地理学会通报》,XV,第 37—51 页。

1912 年　《大不列颠的内地航运》(*La navigation intérieure en Grande Bretagne*),《地理学年鉴》,XXI,115 期,1 月 15 日,第 40—49 页。

1913 年　《德卢斯：铁矿与该市的飞跃发展》（*Duluth. Les mines de fer et l'essor de la ville*），出处同上，XXII，第 122 期，3 月 15 日，第 120—133 页，地图 1，照片 1。

《法国北部与美洲的联系：商业地理概要》（*Les relations de la France du Nord avec L'Amérique. Esquisse de géographie commerciale*），出处同上，XXII，第 116 期，5 月 15 日，第 227—244 页。

1914—1915 年　向《地理学年鉴》的《地理学记事》供稿：

《加斯通·格拉维埃》（*Gaston Gravier*）（讣告），第 454 页。

1918 年　《安特卫普》（*Anvers*），《地理学年鉴》，XXVII，148—149 期，7 月 15 日，9 月 15 日，第 307—339 页。

《法国的一些港口和商业中心与美洲的关系》（*Relations des ports et des centres commerciaux de France avec l'Amérique*），《法国北部》，下半年，第 1—11 及 44—50 页。

1919 年　向《地理学年鉴》的《地理学记事》供稿：

《须德海的排干》（*Le dessèchement du zuyderzee*），第 390—391 页。

1920 年　《欧洲的衰落》（*Le déclin de l'Europe*），《政治与经济丛书》，巴黎，帕约出版社，第 314 页。

《城市生活的研究与巴黎市区》（*L'étude de la vie urbaine et la Ville de Paris*），《地理学年鉴》，XXVIII，159 期，5 月 15 日，第 216—219 页。

《法国的农村住宅：划分主要类型的尝试》（*L'habitation rurale en France Essai de Classification des principaux types*），出处同上，XXIX，161 期，9 月 15 日，第 352—375 页，文内附图 8，插图 4。

《保加利亚》（*La Bulgarie*），出处同上，XXIX，162 期，11 月 15 日，第 401—416 页，文内附地图 1。

向《地理学年鉴》的《注释与通讯》供稿：《现代英国运输手段的发展，据 W. T. 杰克曼》（*Le développement des moyens de transport dans l'Angleterre moderne, d'aprés W. T. Jackmann*），第 60—65 页。

向《地理学年鉴》的《地理学记事》供稿：《比利时经济的复兴》（*La renaissance de la Belgique*），第 312 页。《大洋洲的经济关系》（*Les relations économiques de l'Australasie*），第 75—78 页。《中国的铁路》（*Les chemins de fer de la Chine*)，第 234—235 页。

1921 年 《西阿尔卑斯山的道路》（*Les routes des Alpes occidentales*），《地理学年鉴》，XXX，164 期，3 月 15 日，第 125—132 页。

《棉花制造业国家之间的竞争》（*La rivalité entre pays manufacturiers du coton*），《国民的进步》，5 月 14 日，第 20—22 页。

《巴西圣保罗州的经济发展》（*Le développement économique de l'État de Saint-Paul, au Brésil*），《地理学年鉴》，XXX，165 期，5 月 15 日，第 288—294 页。

《1789 年法国铁工业的分布》（*La répartition de l'industrie du fer en France en 1789*），出处同上，XXX，168 期，11 月 15 日，第 401—415 页。

向《地理学年鉴》的《地理学记事》供稿：《里昂的蚕丝商业与工业》（*Le commerce et l'industrie de la soie à Lyon*），第 308—310 页。

1922 年 《不列颠的问题》（*Problèmes britanniques*），《地理学年鉴》，XXXI，169 期，1 月 15 日，第 15—36 页。

《军事地理学与政治地理学，关于最近的一些论著》（*Géographie militaire et géographie politique, à propos d'ouvrages récents*），出处同上，XXXI，171 期，5 月 15 日，第 197—204 页。

向《地理学年鉴》的《注释与通讯》供稿：《德国的经济状况》（*L'état économique de l'Allemagne*），第 269—272 页。

向《地理学年鉴》的《地理学记事》供稿：《法国人在马其顿的殖民》（*La colonisation française en Macédoine*），第 183—184 页。《在大湖区与大西洋之间开挖运河的计划》（*Un projet de canal entre Les Grands Lacs et l'Océan Atlantique*），第 521 页。

1923 年 《不列颠帝国：殖民地理学研究》（*L'Empire britannique. Étude de géographie coloniale*），巴黎，阿尔芒·科兰出版社，1923 年，第 VIII—280 页。

《爱尔兰与大不列颠的关系》（*Les relations de l'Irlande avec la Grande-Bretagne*），《地理学年鉴》，XXXII，177 期，5 月 15 日，第 227—239 页。

向《地理学年鉴》的《注释与通讯》供稿：《历史学的地理引论，据 L. 费弗尔之书》(*Introduction géographique à l'histoire, d'après le livre de L. Febvre*),第 165—170 页。

向《地理学年鉴》的《地理学记事》供稿:《鹿特丹港及其与海的关系》(*Le port Rotterdam et ses relations avec la mer*),第 88—89 页。《荷兰境内马斯河的运河化》(*La canalisation de la Meuse en territoire néerlandais*),第 89 页。《大不列颠的毛纺工业》(*L'industrie lainière de la Grande Bretagne*),第 374—375 页。《英国工业中的停产》(*Le chômage dans l'industrie britannique*),第 374—375 页。《爱尔兰人的移居国外》(*L'émigration irlandaise*),第 376 页。《比利时人的 Bærenbond》(*Le Bærenbond belge*),第 376—377 页。《对丹麦渔业的研究》(*Recherches sur les pêcheries danoises*),第 377—378 页。

1924 年 《大不列颠的经济发展,据安德烈·西格弗里德先生之书》(*Évolution économique de la Grande-Bretagne, d'après le livre de M. André Siegfried*),《地理学年鉴》,XXXIII,184 期,7 月 15 日,第 365—373 页。

《欧洲人在美国殖民的开始,据 M. D. 帕斯凯之书》(*Les débuts de la colonisation européenne, d'après le livre de M. D. Pasquet*),出处同上,XXXIII,185 期,9 月 15 日,第 543—566 页。

《智利与阿根廷境内的潘帕(斯)与普纳:一个沙漠的人文地理学,据 I. 鲍曼先生之书》(*Pampa et Puna dans le Chili et l'Argentine. Géographie humaine d'un désert, d'après le livre de M. Isaiah Bowman*),出处同上,XXXIII,186 期,11 月 15 日,第 567—574 页。

向《地理学年鉴》的《注释与通讯》供稿:《多德莱希特》(*Dordrecht*),第 70—73 页。

向《地理学年鉴》的《地理学记事》供稿:《J. F. 尼尔梅耶》(*J. F. Niermeyer*),第 182 页。

1925 年 《农耕制度对西欧居住地形式的影响》(*De l'influence des régimes agraires sur les modes d'habitat dans l'Europe occidentale*),开罗国际地理学大会(文件),1925 年 4 月,第 92—97 页。

向《地理学年鉴》的《注释与通讯》供稿:《法国大革命时期北部的农民,

据 M. G. 勒费弗尔之书》(*Les paysans du Nord pendant la Révolution française, d'après le livre de M. G. Lefebvre*),第 62—66 页。《美国的经济地理学》(*La géographie économique aux Etats-Unis*),第 174—176 页。《一次到荷兰去的大学校际旅行》(*Une excursion interuniversitaire en Hollande*),第 559—560 页。

1926 年　《埃及农村生活的现实问题与新面貌》(*Problèmes actuels et aspects nouveaux de la vie rurale en Égypte*),《地理学年鉴》,XXXV,194 期,3 月 15 日,三版插图与一幅整页地图,第 155—173 页。

《海外法国概观》(*Une Vue d'emsemble sur la France d'Outre-Mer*),《新欧洲》,IX,5 月 1 日,第 582—585 页。

《北海的渔业与渔港》(*Pêcheries et ports de pêche de la mer du Nord*),《国际经济杂志》,布鲁塞尔,第 18 年,卷 2,6 月,第 472—505 页。

《农村居住地调查表》(*Un questionnaire sur l'habitat rural*),《地理学年鉴》,XXXV,196 期,7 月 15 日,第 289—292 页。

《自 1881 至 1912 年法国人口的变化》(*Les variations de la population de la France*),出处同上,XXXV,198 期,11 月 15 日,第 499—510 页。与 M. 马特律肖合写。

向《地理学年鉴》的《注释与通讯》供稿:《语言地理学,关于 M. F. 布吕诺的书》(*La géographie des langues, à propos du livre de M. F. Brunot*),第 271—273 页。《比利时的农村居住地,据 M. A. 勒费弗尔小姐之书》(*L'habitat rural en Belgique, d'après le livre de Mlle M. A. Lefèvre*),第 367—370 页。

1927 年　《不列颠群岛》(*Les Iles britanniques*),在维达尔·德·拉·布拉什和吕·加鲁尔指导下出版的《世界地理》卷 I,巴黎,阿尔芒·科兰出版社,第 VIII—320 页,插入照片 113,文内附地图及图 80,插入地图 1。

《比利时、荷兰、卢森堡》(*Belgique, Pays-Bas, Luxembourg*),同上,卷 II,巴黎,阿尔芒·科兰出版社,第 250 页,图 50,照片 40,插入地图 1。

《农村居住形式地理》(*La Géographie de l'habitat rural*),《地理学年鉴》,XXXVI,199 期,1 月 15 日,第 1—23 页;同上,200 期,3 月 15 日,第 97—114 页。

《美国一个大城市的发展：克利夫兰（俄亥俄）》（*Le developpement d'une grande ville americaine：Cleveland，Ohio*），出处同上，XXXVI，202期，7月15日，第347—355页。

向《地理学年鉴》的《注释与通讯》供稿：《现代大工业，据新近一本论著》（*Les grandes industries modernes，d'après un ouvrage récent*），第150—154页。《西爱尔兰的语言学地位与经济状况》（*La situation linguistique et l'ětat économique de l'Ouest irlandais*），第169—173页。《城市住宅的研究，据新近一本书》（*L'étude de l'habitation urbaine，d'après un livre récent*），第265—269页。《套牲口用具与原动力，据勒费弗尔·德·诺埃特少校的一本书》（*Attelage et force motrice，d'après le livre du commandant Lefebvre des Noëttes*），第457—460页。《一本锡兰地图集》（Un atlas de Ceylan），第460—461页。

1928年　向《地理学年鉴》的《注释与通讯》供稿：《旧制度（指1789年以前的法国王朝。——译者）末期的一个农村市镇》（*Une commune rurale à la fin de l'ancien régime*），第82—83页。《比利时的人口普查（1920）》（*Le recensement de la population de la Belgique，1920*），第84—86页。《英国，欧洲与世界，据埃里希·奥布斯特先生的一本书》（*L'Angleterre，l'Europe et le monde，d'après le livre de M. Erich Obst*），第268—270页。《人文地理学在日本》（*La géographie humaine au Japan*），第359—361页。

向《地理学年鉴》的《地理学记事》供稿：《橡胶问题》（*La question du caoutchouc*），第372—373页。《铝工业》（*L'industrie de l'aluminium*），第373—374页。《苏伊士运河的运输》（*Le trafic du canal de Suez*），第374页。《钻石工业》（*L'industrie du diamant*），第374—375页。《工业卡特尔的发展》（*Le développement des cartels industriels*），第375页。《合成氮的生产与消费》（*La production et la consommation d'azote synthétique*），第375—376页。《一种新的地理杂志》（*Une nouvelle revue de géographie*），第376页。《法国的外国工人》（*Les travailleurs étrangers en France*），第376页。《洛林煤矿》（*Les mines de houille lorraines*），第377页。《1927年法国丝的生产》（*La production de la soie en France，en 1927*），第377—378页。《法国与美国之间的贸易》（*Le commerce entre la France et les Etats-*

Unis)第 378 页。《法国的船舶制造》(*Les constructions navales en France*),第 378—379 页。《法国与其殖民地的贸易关系》(*Les relations commerciales de la France et de ses colonies*),第 379 页。《波兰的亚麻》(*Le lin en Pologne*),第 381 页。《波兰的制糖工业》(*L'industrie sucrière en Pologne*),第 470 页。《丹麦的工业》(*L'industrie danoise*),第 407—471 页。《荷兰的工业》(*Les industries néerlandaises*),第 471 页。《阿姆斯特丹的资本市场》(*Le marché des capitaux d'Amsterdam*),第 471—472 页。《荷兰荒原土地的征服》(*La conquête du sol sur les landes aux Pays-Bas*),第 473 页。《荷兰的商船队》(*La marine marchan de néerlandaise*),第 473—474 页。《荷兰的煤矿》(*Les mines de charbon des Pays-Bas*),第 474 页。《荷兰的内地航运》(*La navigation intérieure aux Pays-Bas*),第 475 页。《法国的农业统计》(*La statistique agricole de la France*),第 554 页。《法国的内河航运业》(*La batellerie française*),第 554—555 页。《巴黎港的船只进出》(*Le mouvement du port de Paris*),第 555 页。《阿尔萨斯的大运河》(Le grand canal d'Alsace),第 556 页。《莱茵河的航运》(*La navigation du Rhin*),第 558 页。《1927 年巴尔的莱茵河港》(*Le port rhénan de Bâle en 1927*),第 559 页。《莱茵河的德国港口》(*Les ports allemands du Rhin*),第 559 页。《安特卫普与莱茵河的航运》(*Anvers et la navigation du Rhin*),第 559 页。《冈和布鲁塞尔的海港》(*Les ports maritimes de Gand et de Bruxelles*),第 560—561 页。

1929 年 《国际经济现状》(*Les aspects actuels de l'économie internationale*),《地理学年鉴》,XXXVIII,211 期,1 月 15 日,第 1—9 页,及 XXXVIII,212 期,3 月 15 日,第 97—112 页。

《皮卡底的葡萄园》(*La vigne en picardie*),《经济与社会历史年鉴》,7 月 15 日,第 430—434 页。

《语言地理学》(*La géographie des langues*),《地理学年鉴》,XXXVIII,215 期,9 月 15 日,第 417—426 页。

向《地理学年鉴》的《注释与通讯》供稿:《关于美国的一本书》(*Un livre sur les États-Uuis*),第 175—177 页。

向《地理学年鉴》的《地理学记事》供稿:《居民外移国家与居民移入国

家》(*Pays d'émigration et pays d'immigration*),第 409 页。《保加利亚的煤矿》(*Les charbonnages en Bulgarie*),第 518—519 页。《1930 年的农业调查与农业专论的全国协作》(*L'enquête agricole de 1930 et le concours national de monographies agricoles*),第 626—627 页。《北非的小麦贸易》(*Le commerce du blé dans l'Afrique du Nord*),第 628—629 页。《1929 年上半年阿尔及利亚主要港口的船舶进出》(*Les mouvements des principaux ports d'Algérie pendant le premier semestre de 1929*),第 629 页。《1928 年突尼斯的矿石输出》(*L'exportation des minerais de Tunisie en 1928*),第 629 页。

向《经济与社会历史年鉴》的《论坛》供稿:《渔业》(*Les pêcheries*),第 127—128 页。

1930 年　洛扎赫与胡格合著《埃及的农村居住地》(*L'habitat rural en Égypte*)的《序言》。埃及王家地理学会出版,开罗法国东方考古研究所印刷,1930 年,第 XXIII—208 页。

《公路与铁路》(*Le Rail et la Route*),《地理学年鉴》,XXXIX,218 期,3 月 15 日,第 113—132 页。

《莱茵河与罗讷河》(*Rhin et Rhône*),出处同上,XXXIX,219 期,5 月 15 日,第 225—243 页。

《自十九世纪初以来的国际迁移》(*Les migrations internationales depuis le début du XIX° siècle*),《经济与社会历史年鉴》,第 2 年,7 期,7 月 15 日,第 418—420 页。

《欧洲与美国的保护政策》(*L'Europe et le protectionnismeaméricain*),出处同上,8 期,10 月 15 日,第 591—593 页。

向《地理学年鉴》的《注释与通讯》供稿:《糖的世界生产》(*La production mondiale du sucre*),第 88—90 页。《世界小麦生产》(*La production du blé dans le monde*),第 90—91 页。《高山地区的生活》(*La vie dans la haute montagne*),第 91—94 页。《十八世纪大不列颠的煤炭工业》(*L'industrie houillère en Grande-Bretagne au XVIIIe siècle*),第 98—101 页。《澳大利亚的农业发展》(*L'evolution agricole de l'Australie*),第 101—103 页。《远东的人口过剩与外移》(*Surpopution et émigration en Extrême*

Orient),第 422—423 页。

向《地理学年鉴》的《地理学记事》供稿:《国际经济》(*L'économie internationale*),第 206 页。《一种新统计杂志》(*Une nouvelle revue statistique*),第 206 页。《比利牛斯山与西南地理杂志》(*Revue géographique des Pyrénées et du Sud-Ouest*),第 207 页。《法国经济杂志》(*Revue économique française*),第 207 页。《国际统计学研究所》(*L'institut international de statistique*),第 208—209 页。《世界白金生产》(*La production mondiale du platine*),第 209 页。《世界亚麻生产》(*La production du lin dans le monde*),第 210 页。《世界咖啡的栽培》(*La culture du Café dans le monde*),第 211 页。《世界煤炭生产与欧洲煤炭业的形势》(*Production du charbon dans le monde et situation charbonnière en Europe*),第 212 页。《地中海经济情报期刊》(*La Feuille d'informations économiques méditerranéennes*),第 214—215 页。《俄国农业的新情况》(*Conditions nouvelles de l'agriculture en Russie*),第 215 页。《意大利的汽车贸易》(*Le commerce des automobiles en Italie*),第 216 页。《马赛在东半球内的扩展》(*L'expansion de Marseille dans le monde antique*),第 331 页。《世界大战造成的大量死亡》(*La mortalite causée par la guerre mondiale*),第 333—334 页。《比利时的葡萄栽培》(*La culture de la vigne en Belgique*),第 334—335 页。《荷兰的花葱栽培与贸易》(*La culture et le commerce des oignons à fleurs en Hollande*),第 335—336 页。《国际历史地理学大会》(*Congrès international de géographie historique*),第 336 页。《有价证券公开发行统计》(*Statisque des émissions publiques de valeurs mobilières*),第 436 页。《法国与捷克斯洛伐克的贸易关系》(*Les relationscommerciales de la France et de la Tchécoslovaquie*),第 436 页。《大不列颠与俄国的经济关系》(*Les relations économiques entre la Grande-Bretagne et la Russie*),第 438—439 页。《世界羊毛生产与绵羊畜牧业》(*La production de la laine et l'élevage du mouton dans le monde*),第 656 页。

向《经济与社会历史年鉴》的《论坛》供稿:《关于黄麻工业的三本书》(*Trois livres sur l'industrie du jute*),第 287—288 页。

1931 年　《一个工业中心的发展:伯明翰》(*l'évolution d'un centre industriel*:

Birmingham)，《经济与社会历史年鉴》，第3年，9期，1月15日，第104—105页。

《一个欧洲协议的经济基础》(*Les bases économiques d'une entente européenne*)，出处同上，11期，7月15日，第449—454页。

《伦敦的生活与工作》(*La vie et le travail à Londres*)，出处同上，12期，10月15日，第584—590页。

向《地理学年鉴》的《注释与通讯》供稿：《语言地理学》(*La géographie des langues*)，第71—73页。《十七世纪爱尔兰政治地理》(*La géographie politique de L'Irlande au XVIIe siècle*)，第84—87页。《经济地理学手册》(*Un manuel de géographie économique*)，第175页。《冶金的洛林》(*La Lorraine métallurgique*)，第179—182页。《纽约港》(*Le port de New York*)，第205—208页。《景观，文明的镜子》(*Le paysage, miroir de la civilisation*)，第301—303页。《英国的港口，据J.H.舒尔茨的一本书》(*Les ports anglais, d'après le livre de J.H. Schultze*)，第311—314页。《大马士革绿洲》(*L'oasis de Damas*)，第314—317页。《勃艮第门与阿尔萨斯的门户》(*La porte de Bourgogne et d'Alsace*)，第420—423页。

向《地理学年鉴》的《地理学记事》供稿：《斯特拉斯堡，商业货栈与商品分配中心》(*Strasbourg, entrepôt commercial et centre de distriebution de marchandises*)，第106—107页。《罗讷河的整治问题》 (*La question de l'aménagement du Rhône*)，第107—109页。《法国国有铁路经营的地理条件》(*Les conditions géographiques de l'exploitation des chemins de fer de l'État français*)，第109—110页。《法国与其殖民地的贸易》(*Le commerce de la France avec ses colonies*)，第110—111页。《荷兰的冶金工业》(*La métallurgie dans les pays-Bas*)，第212—214页。《阿姆斯特丹的钻石工业》(*L'indastrie du diamant à Amsterdam*)，第214—216页。《阿尔萨斯与洛林的语言状况》(*L'état linguistique d'Alsace et de Lorraine*)，第682页。

向《经济与社会历史年鉴》的《论坛》供稿：《愿人们能预料原料的行市》(*Peut-on prévoir le cours des matières premières*)，第290—300页。《人的交易》(*Échanges humains*)，第602—603页。

1932年　《国际经济的新面貌：第一篇》(*Aspects nouveaux de l'économie in-*

ternationale: Premier article),《地理学年鉴》XLI,229 期,1 月 15 日,第 1—21 页。

《政治地理学》(*Géographie politique*),出处同上,第 22—31 页。

《国际经济的新面貌:第二篇》(*Aspects nouveaux de l'économie internationale: second article*),出处同上,230 期,3 月 15 日,第 113—130 页。

《法国农村史》(*L'histoire rurale de la France*),出处同上,XLI,231 期,5 月 15 日,第 233—241 页。

《对一种原料的生产进行限制的尝试:橡胶与史蒂文森计划》(*Un essai de limitation dans la production d'une matière première: le caoutchouc et le plan Stevenson*),《经济与社会历史年鉴》,第 4 年,16 期,7 月,第 399—401 页。

《伦敦的工业》(*Les industries de Londres*),出处同上,第 4 年,17 期,9 月,第 481—482 页。

《一个欧洲联盟的地理条件:欧洲联邦或区域协约》(*Les conditions geographiques d'une union européenne. Fédération européenne ou ententes régionales*),出处同上,第 4 年,17 期,9 月,第 433—451 页。

向《地理学年鉴》的《注释与通讯》供稿:《比利牛斯山区的牧业与农业生活》(*La vie pastorale et agricole dans les Pyrénés*),第 88—91 页。——《大沙特斯和韦科尔山地》(*Les massifs de la Grande-Chartreuse et du Vercors*),与 M. 吉尼乌合写,第 201—206 页。《一本印度地图集》(*Un atlas de l'Inde*),第 211 页。《地球上的人口》(*La population de la Terre*),第 291—294 页。《在法国的外国人》(*Les étrangers en France*),第 408—411 页。《地理发现与地理探险史》(*Une histoire de la decouverte et de l'exploration géographique*),第 513—514 页。《伦敦港与泰晤士河》(*Le port de Londres et la Tamise*),第 523—526 页。《殖民先驱与殖民前线》(*Pionniers et fronts de colonisation*),第 631—636 页。《加龙河中游地区(阿让纳与下凯尔西)》(*Les pays de la Mogenne-Garonne* (*Agenais et Bas-Quercy*)),第 640—643 页。

向《地理学年鉴》的《地理学记事》供稿:《居民多于 100 万的城市》(*Les villes de plus d'un million d'habitants*),第 104 页。《英国糖甜菜的栽培》

(*La culture de la betterave à sucre en Angleterre*),第 105 页。《德国的出生率》(*La natalite en Allemagne*),第 105—106 页。《雅克·勒凡维尔》(*Jacques Levainville*),第 217—218 页。《格勒诺布尔城郊人口的来源》(*Les origines de la population dans l'agglomération grenobloise*),第 222—223 页。《下多菲内的丝织业》(*Le tissage de la soie dans le Bas-Dauphiné*),第 223 页。《欧洲与美国的贸易》(*Les échanges de l'Europe et des États-Unis*),第 325 页。《巴西的咖啡政策》(*La politique du café au Brésil*),第 335 页。

向《经济与社会历史年鉴》的《论坛》供稿:《爱尔兰农民对土地的征服》(*La conquête de la terre par le paysan irlandais*),第 209—211 页。

1933 年　《法国:本土与殖民地》(*La France. Métropole et Colonies*),地理学图像教学丛书。与 A. 肖莱及 Ch. 罗贝基合编,教学出版社。

《巴黎,城市及其郊区》(*Paris, la ville et sa banlieue*),省区专论,巴黎,布勒利埃出版公司,第 II—62 页,照片 24,地图 31。

《农业的危机》(*La crise agricole*),《经济与社会历史年鉴》,第 5 年,19 期,1 月,第 87—90 页。

《一幅居住地地图》(*Une carte de l'habitat*),《地理学年鉴》,XLII,237 期,5 月 15 日,第 225—232 页。

《村庄与村社》(*Villages et communautés rurales*),出处同上,XLII,238 期,7 月 15 日,第 337—349 页。

《埃及的棉花政策》(*La politique cotonnière de l'Égypte*),《经济与社会历史年鉴》,第 5 年,24 期,11 月,第 586—588 页。

《法国铁路》(*Les chemins de fer français*),《地理学年鉴》,XLII,239 期,9 月 15 日,第 449—460 页。

向《地理学年鉴》的《注释与通讯》供稿:《斯特拉斯堡与下阿尔萨斯的经济》(*L'économie de Strasbourg et de la Basse-Alsace*),第 310—313 页。《法国乡村史》(*Une histoire de la campagne française*),第 410—415 页。《克尔特人,据亨利·于贝尔》(*Les Celtes, d'après Henri Hubert*),第 636—642 页。《一幅电厂与输电网分布地图》(*Une carte des usines et réseaux électriques*),第 648—649 页。

向《地理学年鉴》的《地理学记事》供稿:《不列颠的人口外移》(*L'émigration britannique*),第104页。《须德海的工程》(*Les traveaux du Zuydersee*),第105页。《比利时的农业合作》(*La coopération agricole en Belgique*),第330页。《阿尔贝运河(比利时)》〔*Le canal Albert* (*Belgique*)〕,第330页。《国际贸易》(*Les échanges internationaux*),第439—440页。《汽车工业与汽车贸易》(*L'industrie et le commerce des automobiles*),第440—441页。《橡胶的生产》(*La production du caoutchouc*),第441—442页。

向《经济与社会历史年鉴》的《论坛》供稿:《经济展望》(*Perspectives économiques*),第77页。《不列颠扩张史》(*Une histoire de l'expansion britannique*),第93—94页。《不列颠殖民地的治理》(*L'administration des colonies britanniques*),第94—95页。《第一帝国的政治结构》(*La constitution politique de l'Empire*),第95—96页。《澳大利亚的经济发展》(*L'évolution économique de l'Australie*),第96—97页。《南澳大利亚的殖民》(*La colonisation de l'Australie méridionale*),第70页。《国际工业协议》(*Les ententes industrielles internationales*),第174—176页。《中欧联盟的计划》(*Un projet d'union de l'Europe centrale*),第176—177页。《当代的关税政策:法国》(*Politique douanière contemporaine: la France*),第177页。《直至十八世纪末的大不列颠棉纺织工业》(*L'industrie cotonnière de la Grande-Bretagne jusqu' à la fin du XVIII*[e] *siècle*),第425—428页。《利兹巨大毛纺工业的起源》(*Les origines de la grande industrie lainière à Leeds*),第428—429页。《美国石油资源的保护》(*La protection des ressources pétrolières aux États-Unis*),第516—518页。

1934年　《农业经济与农村殖民》(*Economie agricole et peuplement rural*),《地理学年鉴》,XLIII,241期,1月15日,第1—21页。

《大不列颠煤炭工业的起源》(*Les origines de l'industrie charbonnière en Grande-Bretagne*),《经济与社会历史年鉴》,第6年,26期,3月,第166—168页。

《两种农村经济》(*Deux variétés d'économie rurale*),《经济与社会历史年鉴》,第6年,28期,7月,第392—394页。

向《地理学年鉴》的《注释与通讯》供稿:《法国的煤炭经济》(*L'économie charbonnière en France*),第 85—89 页。《东方铁路的起源》(*Les origines du chemin de fer de l'Est*),第 182—185 页。《东比利牛斯—大西洋地区的生活方式,据 M. Th. 勒费弗尔先生的一本书》(*Les modes de vie dans les Pyrénées atlantiques orientales, d'après le livre de M. Th. Lefebure*),第 193—196 页。《巴黎商会图书馆》(*La bibliothèque de la chambre de Commerce de Paris*),第 311—313 页。《卢瓦尔谷地,据 M. 迪翁先生的著作》(*Le Val de Loire, d'après l'ouvrage de M. Dion*),第 315—319 页。《法国的地中海沿岸地区,据 J. 西翁》(*La France méditerranéenne, d'après J. Sion*),第 319—321 页。《美国的一本经济与社会地理学教程》(*Un manuel américain de géographie économique et sociale*),第 417—418 页。《在多姆山省内的农业调查》(*L'enquête agricale dans le Puy-de-Dôme*),第 427—428 页。《塞纳—瓦兹省内的农村居住地》(*L'habitat rural en Seine-et-Oise*),第 532—535 页。《关于不列颠群岛的一本书》(*Un livre sur les Iles britanniques*),第 541—542 页。

向《地理学年鉴》的《地理学记事》供稿:《一种新地理杂志》(*Une nouvelle revue de Géographie*),第 106 页。

向《经济与社会历史年鉴》的《论坛》供稿:《横渡大西洋贸易的历史》(*L'histoire du trafic transatlantique*),第 300—399 页。《苏伊士运河与经济形势预测》(*Le Canal de Suez et la prévision des conjunctures économiques*),第 300—301 页。《农业与世界危机》(*L'agriculture et la crise mondiale*),第 412 页。《北非的农业经济》(*Économie agricole de l'Afrique du Nord*),第 414 页。《兰开夏(1861—1865)的棉纺织工业》(*L'industrie cotonnière dans le Lancashire*),第 611—612 页。

1935 年　《莱茵河,历史与经济问题》(*Le Rhin. Problèmes d'histoire et d'économie*),巴黎,阿尔芒·科兰出版社,1935,第 XII—300 页,附图、地图及平面图 16,与 L. 费弗尔合著。

《罗讷河的问题》(*La question du Rhone*),《地理学年鉴》,XLIV,247 期,1 月 15 日,第 51—57 页。

《一个城市及其郊区的发展:布鲁塞尔》(*L'évolution d'une agglo-*

mération urbane：*Bruxelles*)，《经济与社会历史年鉴》，第7年，32期，3月，第196—199页。

《美国的石油工业》(*L'industrie du Pétrole aux États-Unis*)，出处同上，第7年，34期，7月，第403—406页。

《1857—1859年的经济危机》(*La crise économique de 1857—1859*)，出处同上，第7年，35期，9月，第495—496页。

向《地理学年鉴》的《注释与通讯》供稿：《马赛，据G.朗贝尔》(*Marseille*，*d'après G. Rambert*)，第80—86页。《图像中的希腊》(*La Grèce en images*)，第86页。《开罗，据M.克莱热》(*Le Caire*，*d'après M. Clerget*)，第86—89页。《布列塔尼地区一个市镇的专论》(*Monographie d'une commune bretonne*)，第311—313页。《公路与铁路》(*La route et le rail*)，第410—411页。《农村景观》(*Paysage ruraux*)，第534—540页。

向《地理学年鉴》的《地理学记事》供稿：《两种城市规划杂志》(*Deux revue d'urbanisme*)，第326—327页。

向《经济与社会历史年鉴》的《论坛》供稿：《一本德国区域地理》(*Une géographie régionale de l'Allemagne*)，第222—223页。《德国的转口贸易》(*Le commerce de transit de l'Allemagne*)，第430—431页。《殖民政策》(*Politique coloniale*)，第431页。《威尔士的经济发展》(*L'évolution économique du Pays de Galles*)，第522页。

1936年 《原料生产的控制》(*Le contrôle de la production des malières premières*)，《经济与社会历史年鉴》，第8年，41期，9月，第473—476页。

向《地理学年鉴》的《注释与通讯》供稿：《中央高原地理，据A.梅尼埃》(*Géographie du Massif Central*，*d'aprés A. Meynier*)，第89—90页。《电力工业的发展》(*L'évolution de l'industrie électrique*)，第306—307页。《人文地理学的三种调查表与三项调查研究》(*Trois questionnaires et trois enquêtes de géographiehumaine*)，第512—518页。《外国政策研究中心》(*Le centre d'études de politique étrangére*)，第646—648页。

向《地理学年鉴》的《地理学记事》供稿：《农业史》(*L'histoire de 1'agriculture*)，第663页。《关于波罗的海国家的一种新杂志》(*Une nouvelle revue sur les Pays baltiques*)，第663页。

向《经济与社会历史年鉴》的《论坛》供稿：《南非的黑人与白人》(*Noirs et blancs dans l'Africa du Sud*)，第485页。

1937年　《人类的房屋，从茅屋到摩天大楼》(*Les maisons des hommes, de la hutte au gratteciel*)，《知识之乐》，巴黎，布勒利埃出版公司，第127页，附图、照片、素描或平面图81，与A. 韦勒合著。

《农村房屋的定义与类别》(*La definition et le classement des maisons rurales*)，1937年《国际博览会指南》。在阿·德芒戎和G. H. 里维埃指导下筹备的："法国农村房屋。"

向《地理学年鉴》的《注释与通讯》供稿：《1937年巴黎国际博览会上的地理学》(*La géographie à l'Exposition Internationale de Paris 1937*)，第172—173页。《大科斯(石灰岩高原。——译者)，人文地理学研究》(*Les grands Causses, étude de géographie humaine*)，第186—188页。《地中海》(*La Méditerrannée*)，第307—308页。《安特卫普港，据M. S. 弗朗索瓦(François)》，第401—402页。《东京(越南北部旧地区名称。——译者)三角洲上的农民，据P. 古鲁》(*Les paysans du delta tonkinois, d'après P. Gourou*)，第404—407页。《加拿大，据M. A. 西格弗里德》(*Le Canada, d'après M. A. Siegfried*)，第518—520页。

向《经济与社会历史年鉴》的《论坛》供稿：《波斯的经济》(*L'économie de la perse*)，第166页。

《对一个比利时城市的研究：沙勒罗瓦》(*Étude d'une ville belge: Charleroi*)，第315—316页。《安特卫普港》(*Le Port d'Anvers*)，第316—317页。《糖的问题》(*La question du sucre*)，第407—409页。《石油与石油经济学》(*Le Pétrole et sonéconomie*)，第409页。《运输手段的发展》(*L'évolution des mogens de transport*)，第416页。《景观的演变》(*L'évolution des paysages*)，第632—633页。

1938年　《农村房屋分类的尝试》(*Essai d'une classification des maisons rurales*)，第一届国际民俗学大会论文集。巴黎，1937，8，23—28。图尔，阿罗，1938，第44—48页。

《尼日尔河流域(法属西非洲)的土著殖民与整治工程》(*La colonisation indigène et les travaux de bonification dans la vallée du Niger*)，(A. O.

F.)，意大利皇家科学院，亚历山大·伏特基金会，第八次伏特会议，罗马，1938年10月4—11日。

《人口过剩问题》(*La question du surpeuplement*)，《地理学年鉴》，XLVII，266期，3月15日，第113—127页。

向《地理学年鉴》的《注释与通讯》供稿：《白种人的前途，据M. H. 德居吉》(*Le destin des races blanches, d'après M. H. Decugis*)，第58—61页。《圣太田及其工业区域》(*Saint-Étienne et sa région industrielle*)，第70—72页。《比利时山地水道测量图》(*Une carte orohydrographique de la Belgique*)，第190—191页。

向《经济与社会历史年鉴》的《论坛》供稿：《不列颠帝国经济史》(*L'histoire économique de l'Empire britannique*)，第191页。《经济与空间》(*Économie et espace*)，第270—271页。《海港港址的确定》(*La localisation des ports de mer*)，第273页。《非铁金属的国际控制》(*Le contrôle international des métaux autres que le fer*)，第270页。

1939年　《供研究"法国农业中的外国人"的资料》(*Documents pour servir à l'étude des étrangers dans l'àgriculture française*)。在阿·德芒戎指导下进行的调查研究，与G. 莫科合作。社会研究大学委员会，巴黎，哈特曼，1939年，654页。

《农村房屋与露天博物馆》(*Maisons rurales et musées de plein air*)，《农民民俗学》，巴黎，新系列，I，1939年，第33—35页。

《法国农村聚落的类型》，《地理学年鉴》，XLVIII，271期，1月15日，第1—21页，地图31。

《政治地理学，关于德国》(*Géographie politique, à propos de l'Allemagne*)，出处同上，XLVIII，272期，3月15日，第113—119页。

向《地理学年鉴》的《注释与通讯》供稿：《洛林地理》(*Géographie lorraine*)，第68—69页。《诺尔省的农业》(*L'agriculture dans le d'epartement du Nord*)，第74—75页。

向《社会历史年鉴》的《论坛》供稿：《大不列颠的工业改组》(*La réorganisation industrielle en Grande-Bretagne*)，第337—338页。《大不列颠的工人人口》(*Les populations ouvrières de Grande-Bretagne*)，第338—

339 页。

1940 年 《热带地区的白人殖民》(*La colvnisation blanche sous les tropiques*),《地理学年鉴》,XLIX,278—279 期,4—9 月,第 98—105 页。

向《地理学年鉴》的《注释与通讯》供稿:《心理地理学》(*La géographie psychologique*),第 134—137 页。《法属索马里》(*La Somalie française*),第 143—145 页。

1941 年 《评有关法国的几本书》(*Revue de quelques livres sur la France*),《地理学年鉴》,L,281 期,1—3 月,第 1—21 页。

向《地理学年鉴》的《注释与通讯》供稿:《边疆地理学》(*Géographie des frontières*),第 58—60 页。《蜂蜜的文明》(*Une civilisation du miel*),第 141—143 页。

正在印刷中的:《法国,经济的与人文的》(*La France économique et humaine*),《世界地理》,在维达尔·德·拉·布拉什与吕·加鲁瓦指导下出版,卷 VI 第 2 及 3 册,巴黎,阿尔芒·科兰出版社。

人名译名对照表

Aflalo,F. G.　阿弗拉罗
Ali,Mohamed　穆罕默德·阿里
Allan,J.　阿兰
Allen,G. C.　阿伦
Allerton　阿勒顿
Angot　昂戈
Arbos,P.　阿尔博
Arnaud,G.　阿尔诺

Baron　巴隆
Basserre　巴塞尔
Beauchet,L.　博谢
Beaujon,A.　博琼
Beaverbrook　贝维布鲁克
Bélime　贝利姆
Bénévent　贝内旺
Benn,E.　本恩
Berghans　贝格汉斯
Bernard,A.　贝尔纳
Bernhard,H.　伯恩哈德
Beukelsen　伯克尔孙
Bey,Ch. Audebeau　奥德博·贝
Blache,Vidal de La　维达尔·德·拉·布拉什
Blanchard,R.　布朗夏尔
Blayac,J.　布拉雅克
Blink,A.　布林克
Boissieux,A.　布瓦西厄
Bonn,J.　波恩
Bonn,M. R.　波恩
Bortkiewicz　鲍特基维茨
Bouckaert,D.　布卡厄
Bourdin,L.　布尔丹
Bowen,A. G.　鲍恩
Bowman,I.　鲍曼
Brants,V.　布朗
Brenac,V.　布雷纳克
Bride,M.　布里德
Brosseau,A. J.　布罗索
Brunhes,Jean　让·布吕纳
Brunot,M. F.　布吕诺
Brutails,A. J.　布鲁塔伊
Burgdoefer,F.　布尔格迪费

Cambrensis,G　坎布伦西斯
Cardot,E.　卡多

Cassel, M. 卡塞耳
Caux, J. M. de 德科
Cayeux 卡耶
Cereceda, Dantin, J. 但丁·塞雷塞达
Chantriot, E. 尚特里奥
Chester, A. H. 切斯特
Chevalier, A. 舍瓦利埃
Cholley, A. 肖莱
Cleef, Eug. Van 范·克利夫
Clerget, M. 克莱热
Cligny, P. 克利尼
Colson, M. 科尔森
Comber 科默
Condliffe, J. B. 康德利夫
Courtot 库尔托
Credner, Wilhelm 威廉·克雷德纳
Cressey, G. B. 克莱西
Creutzburg, Nikolaus 尼古劳斯·克劳茨堡
Crooke, W. 克鲁克
Cruveilheir, V. 克律韦耶
Cunningham, J. C. 坎宁安
Cunningham, W. 坎宁安
Cushman, S. 库什曼
Cutchen, G. M. 顾诚
Cuvier 库维厄
Cvijic, J. 斯维伊斯

Danois, E. Le 勒达诺亚
Daum 多姆
Davis, W. M. 戴维斯
Decuqis, M. H. 德居吉
Deffontaines 德方丹
Delattre, F. 德拉特
Delisle, Léopoed 莱奥波德·德利尔
Dion, M. 迪翁
Drapayron, L. 德拉佩隆
Duchemin 迪什曼
Dunn, F. S. 邓

Eage, M. 埃日
Elliot, M. 埃利约
Erulteas 埃律尔泰亚
Estienne 艾斯蒂安

Faucher, D. 福歇
Febvre, L. 费弗尔
Félice, R. de 德·费利斯
Ferenczi, I. 菲伦济
Finch, Vernor, C. 弗诺·芬奇
Fisher, T. 费舍尔
Flach, J. 弗拉希
Fleure, H. J. 弗勒尔
Foncin 丰森
Fourier 傅立叶
Fournier, A. 富尼埃
Foville, A. de 德·福维尔
François, M. S. 弗朗索瓦

Gallaud, I.　加洛
Gollois, L.　加鲁瓦
Gardiney, J. S.　加德纳
Gay-Lussac　盖吕萨克
Geisler, Walter　瓦尔特·盖斯勒
Gignoux, M.　吉尼乌
Gliwic, H.　格利威克
Goetz, W.　格茨
Gomme, J. L.　高默
Gouro, P.　古鲁
Gracht, W. A. J. M. Van, waterschoot Van Der　旺·瓦特肖特·旺·代尔·格·拉赫特
Gradis　格拉迪
Gradmann, R.　格拉德曼
Grandeau, L.　格朗多
Gravier, C.　格拉维尔
Green, N.　格林
Grotkopp, W.　格罗特科普
Guerard, M. B.　盖拉尔
Guillelmon, J.　吉耶尔蒙

Hart　哈特
Heckor, R.　埃克尔
Heek, M. F. Van　冯·黑克
Herbertson　赫伯森
Hermant, M.　海尔曼
Hérodote　希罗多德
Hérubel, M. A.　埃律贝尔
Hirt, F.　希尔特
Hise, C. R. Van　冯·海斯
Hitier, H.　伊蒂埃
Holdsworth, E. W. H.　霍尔沃思
Hoogendijk, J. A　霍恩达克
Hoops, J.　霍普斯
Hottenger, G.　霍腾格
Hubert, Henri　亨利·于贝尔
Humboldt, A.　洪堡

Jackman, W. T.　杰克曼
Jaeger, Fritz　弗里茨·耶格尔
Jaeger, M.　耶格尔
Jessen, Otto　奥托·耶森
Joerg, W. L. G.　乔尔格
Johnstone, J.　约翰斯顿
Jones, J. H.　琼斯
Jonkins, J. J.　詹金斯

Kain, A.　卡安
Kemae, Yousef Pacha　凯马尔, 尤塞夫·帕夏
Kitchener　基奇纳
Klute, M. F.　克鲁特
Knibbs　克尼布斯
Kuczynski　库钦斯基
Kühn, Fraz　弗兰茨·屈恩

Lacger, L. de　德·拉克热
Lacombe, P.　拉孔布
Larna, P.　拉纳

Lattimore, O.　拉铁摩尔
Leadan, J. S.　李达姆
Leclerc, M.　勒克莱尔
Lecoeur, S.　勒戈尔
Lefèbvre, M. C.　勒费弗尔
Lefevre, M. A.　勒费弗尔
Leith, Ch. K.　利思
Leland　利兰
Lemasson, S.　勒马松
Lemire　勒米尔
Lemoigne　勒穆瓦涅
Lennard, R.　伦纳德
Léon, Paul,　保罗·莱昂
Leroux, A.　勒鲁
Leroux, L.　勒鲁
Leroy-Beaulieu, P.　勒罗伊—博留
Letouzé, P.　勒图泽
Lewinski, J. St.　刘温斯基
Lindeman, M.　林德曼
Logan, L. M.　洛甘
Longy, A.　隆吉
Lorenzi, A.　洛伦齐
Loucheur, M.　路舍尔
Louis, Herbert　赫伯特·路易

Mackinder　麦金德
Mackintosh, W. C.　麦金托什
Malthus　马尔萨斯
Marchand　马尔尚
Marinelli, O.　马里内利
Markham, M.　马卡姆
Matruchot, M.　马特律肖
Mauco, G.　莫科
Maucourant, B.　莫库朗
Maurette, F.　莫雷特
Mayr, M.　迈尔
Meek, A.　米克
Meitzen, A.　迈村
Meynier, A.　梅尼埃
Mexlin　梅兰
Mill, J. S.　米尔
Mitchell, J. M.　米彻尔
Monchicourt, C.　蒙希库尔
Mosséri, M. V.　莫塞里
Moulins, de　德·穆兰
Mouralis, D.　穆拉利
Mullie, J.　米利
Musset, R.　米塞

Naba, Yatenga　亚唐加·纳巴
Nahlik, S. E.　纳利克
Nicollet, J. N.　尼特莱特
Norwood, J. G.　诺尔伍德

Obst, M. Erich　埃里希·奥布斯特
Ohlin　奥林
ott, A.　奥特

Pàcha, Harari　哈拉里·帕夏
Paravicini, Eugen　欧根·帕拉菲西尼

Parent,P. 帕朗
Pasquet,M. D. 帕斯凯
Passerat,Ch. 帕斯拉
Powell,Baden 巴登·鲍威尔
Peake,H. 皮克
Pearce,G. 皮尔斯
Philippson,A. 菲利普松
Pike,Z. M. 派克
Plantadis 普朗塔迪
Platt 普拉特
Poher,E. 波埃
Pomfret,J. E. 彭福雷特

Quantin 康坦

Rambert,G. 朗贝尔
Ratzel 拉策尔
Reclus,Elisée 埃利泽·雷克吕
Reithinger 雷辛格
Reynier,E. 雷尼埃
Ribbe,de 德·里布
Rist,M. 李斯特
Ritter,Karl 卡尔·李特尔
Rivière,G. H. 里维埃
Roax,Le 勒鲁
Robequain,Ch. 罗贝基
Roche,R. 罗什
Ross 罗斯
Roy,M. 鲁瓦
Runciman,M. 隆西曼
Russel,John 约翰·拉塞尔

Sanderson,Dwight 德怀特·桑德斯
Saunders,A. M. Carr 桑德新
Sarmont,G. 萨尔芒
Say,J. B. 塞
Schlüter,O. 施吕特尔
Schoch,A. 肖赫
Schoen 舍恩
Schoolcraft,H. R. 斯库尔克拉夫特
Schott,G. 肖特
Schultze,J. H. 舒尔茨
Schumacher,K. 舒马赫
Seebohm,F. 西博姆
Semple 森普尔
Siegfried,André, 安德烈·西格弗里德
Sion,J. 西翁
Slater,G. 斯莱特
Smith,Adam 亚当·斯密
Soliman 索利芒
Sorre,M. 索尔

Tawney,R. H. 陶尼
Taylar,Griffith, 格里菲思·泰勒
Thompson,Warren S. 沃伦·滑普森
Thucydides 修昔的底斯

Vacher,A. 瓦歇

Vallaux, C.　瓦洛
Vergez　惠尔热
Vinogradoff　维诺格拉多夫
Voshchinin, V. P.　沃施奇宁
Vujevic, P.　符耶维克

Wahl　瓦尔
Weiler, A.　韦勒
Wentworth, d'arcy　达尔西·温特沃思
Wenzel, Hermann　赫尔曼·温策尔
Wheeler, W. H.　惠勒
Whittlesey, Ch. R.　惠特雷赛
Willcox, W. F.　威尔科克斯
Wilson, J.　威尔逊
Winchell, N. H.　温彻尔
Wirth, W.　维尔特
Woeikof. A.　沃埃科夫
Woibel, Leo　莱奥·韦贝尔

Yocoub, A.　亚库布
Young, C. W.　杨

Zimmermann, M.　齐迈尔曼
Zuttre, C. de　德·齐泰尔

图书在版编目(CIP)数据

人文地理学问题/(法)阿·德芒戎著;葛以德译.—北京:商务印书馆,2017
(汉译世界学术名著丛书:120 年纪念版:珍藏本)
ISBN 978-7-100-14430-8

Ⅰ.①人… Ⅱ.①阿… ②葛… Ⅲ.①人文地理学—文集 Ⅳ.①K901-53

中国版本图书馆 CIP 数据核字(2017)第 151109 号

汉译世界学术名著丛书
(120 年纪念版·珍藏本)
人文地理学问题
〔法〕阿·德芒戎 著
葛以德 译

商 务 印 书 馆 出 版
(北京王府井大街 36 号 邮政编码 100710)
商 务 印 书 馆 发 行
北京中科印刷有限公司印刷
ISBN 978-7-100-14430-8

2017 年 12 月第 1 版 开本 710×1000 1/16
2017 年 12 月北京第 1 次印刷 印张 29
定价:145.00 元